新媒体营销

New Media MARKETING

主　编　刘清华
编　委　黄　洁　付青叶
　　　　郑淞月　江　霞

ZHEJIANG UNIVERSITY PRESS
浙江大学出版社
·杭州·

图书在版编目（CIP）数据

新媒体营销 / 刘清华主编. -- 杭州 ：浙江大学出版社，2024. 8. -- ISBN 978-7-308-25171-6

Ⅰ. F713.365.2

中国国家版本馆CIP数据核字第2024P8J771号

新媒体营销
XINMEITI YINGXIAO

刘清华　主编

策划编辑	柯华杰　李　晨
责任编辑	胡佩瑶
责任校对	李　晨
封面设计	春天书装
出版发行	浙江大学出版社
	（杭州市天目山路148号　邮政编码310007）
	（网址：http://www.zjupress.com）
排　　版	杭州晨特广告有限公司
印　　刷	杭州捷派印务有限公司
开　　本	787mm×1092mm　1/16
印　　张	20.25
字　　数	455千
版 印 次	2024年8月第1版　2024年8月第1次印刷
书　　号	ISBN 978-7-308-25171-6
定　　价	66.00元

编委会

主　编　刘清华

编　委　黄　洁　付青叶　郑淞月　江　霞

PREFACE 前言

党的二十大报告指出,"推动战略性新兴产业融合集群发展,构建新一代信息技术、人工智能、生物技术、新能源、新材料、高端装备、绿色环保等一批新的增长引擎"。在数字经济背景下,互联网、大数据、云计算和人工智能技术发展给市场营销带来了前所未有的机遇和挑战,极大地改变了市场营销的基本理念和运营策略与方法。这对新时期的市场营销教学提出了高的要求,构建适应数字经济的市场营销底层逻辑和运营方法是时代的迫切需要。

本教材采用了"底层思维—基础理论—基础战略—运营策略"的框架构建内容体系,总结了营销思想的深层逻辑和最新演变趋势,并试图结合不同学科领域的最新发展,发挥作者团队在学术研究、教学实践中的经验,融合互联网数字经济时代的最新企业营销实践案例,力求使本教材的内容结构既有专业理论深度,又兼具实际操作的价值。

在具体写法上,本教材把理论知识的梳理、归纳作为内容基本线索,也把大量的典型企业新媒体营销案例和丰富的相关知识、实践材料等整理为延伸阅读材料,使教材理论知识内容在形式上相互配套、内涵上相互配合,既兼顾理论性,又具有较好的可阅读性。

本教材共分为八章。前四章介绍新媒体营销的基本原理,包括:基本概念和思维方法、理论基础、基本战略、总体策略。后四章介绍新媒体营销的具体策略,包括:内容运营、用户运营、场景运营和计算运营。

第一章介绍新媒体营销的概念、趋势和思维方法。本章结合数字经济的时代特点,介绍了新媒体营销的一般性定义,对其特点和发展趋势进行了梳理和解释,并重点介绍了在技术变革的大趋势下,市场营销要求新的思维,包括认知能力层的逻辑思维、系统思维和创新思维,方法应用层的互联网思维、平台思维、大数据思维、流量思维和社会化思维等。

第二章介绍了新媒体营销的理论基础。本章从四个方面介绍了新媒体营销的理论基础,包括经济学理论的最新成果,即双边市场理论;管理学理论中的平台战略理论;社会学理论中的社会网络理论;传播学理论中的复杂网络信息传播的动力学理论。这些理论的交叉融合,催生了数字时代新的市场营销理念和方法。

第三章介绍了数字经济时代新媒体营销的大连接战略。本章重点解释了营销是建立与多边市场主体的连接，市场的价值是在海量的数字化连接中涌现的，并且说明营销的本质是编织与利益相关者的连接，营销战略就是构建营销生态圈。

第四章介绍了新媒体营销的开放共享总体策略。本章结合大数据在市场营销中的作用，指出新的市场细分理念是"细分到每个人"，通过大数据分析洞察每个人的行为和情感。在此基础上，市场定位是精确设计价值主张。本章结合数字经济时代的市场特征、消费者的行为变化、企业数字化营销的迫切要求，提出新媒体营销的基本要素是用户、内容、场景和计算，这些要素组合起来形成了"新4C"营销组合。在"新4C"营销组合策略下，新媒体营销活动的典型特征是：开放共享。

第五章介绍内容运营，核心内容是传播与价值。本章首先介绍了内容与消费者行为的关系，毫无疑问，内容影响行为，内容商业化是互联网时代新媒体传播的本质特征。然后从内容生产、内容分发和内容变现三个方面介绍内容运营的基本方法和策略。

第六章介绍用户运营，核心内容是用户成长与裂变。本章重点解释了用户观在新媒体时代的巨大变化，用户分享和裂变行为的营销意义已经远远超过了用户的消费行为本身，它可以为企业创造价值。用户运营的基本定位不再是单纯的用户价值获取，而是用户成长和裂变带来的连接规模爆炸式增长。如何实现这一点？设计用户激励策略，从而实现用户裂变。

第七章介绍场景运营，核心内容是场景化表达与体验。本章指出移动互联网带来的碎片化，要求更高的营销效率。而场景就是长尾市场上的"碎片收集器"。场景营销的基本逻辑是使移动互联网时代的个体孤独转变为群体狂欢。在这个过程中，场景营销的方法是结合计算机科学的交互式设计理念，创造营销用户的沉浸式体验，实现用户的情感认同，从而达到用户心智构建，实现营销目标。

第八章介绍计算运营，核心内容是计算机和人工智能技术在市场营销中的运用带来的深刻变化：使能与创造。本章指出数字经济最新增长引擎——人工智能的广泛应用已经非常清楚地表明，计算已经成为十分重要的营销要素。回顾人类发展历史，可以发现，计算和计算思维是推动社会发展的底层力量。把计算纳入营销范畴，是历史的必然。计算在市场营销过程中起到一种使能作用，企业可以通过开放式创新构建计算能力。本章指出，在互联网市场中，交易是企业能力的流动，因此营销就是计算能力分发的过程。而计算能力运营已经产生了软件、硬件、云计算、数据和解决方案等多种模式，这构成了数字经济中企业营销的基本形态。

本教材作为市场营销专业的核心教材，吸收融合了经济学、管理学、社会学和传播学的前沿成果。例如，双边市场理论是近十年来经济学理论的热点，基于双边市场理论的平台战略是本教材的基本线索之一；传播学理论中的基于复杂网络传播动力学理论，被充分融合在本教材的内容传播策略和用户裂变策略中；在计算机程序理论中的交互设计原理，被充分应用于场景设计和运营；基于"普适计算"的万物互联、云计算、人工智能等的先进计算理念更是作为营销要素被引入营销策略组合中。希望能够使市场营销专业的教学内容紧随理论发展的前沿趋势。

本教材归纳了新媒体营销的基本战略和策略，在双边市场理论基础上，提出新媒体营销的基本战略是连接生态圈;基本策略是基于"新4C"的能力开放策略。这不仅承载了互联网数字经济背景下新媒体营销的时代特征,也完全符合云计算、大数据、人工智能等新技术发展对市场和营销方式变革的要求。这些策略的归纳是基于数字经济时代新媒体营销的广泛实践,期待高校营销专业的教学能够紧扣新媒体营销商业实践的脉搏,赋能营销专业的学生,使他们能够更好地适应社会的需要。

本教材由重庆工商大学市场营销系数字化营销课程群的多位教师集体编写,总体历时三年,期间同步进行了新媒体营销课程教学实践,并且组织了三届新媒体营销实践营,邀请数十家企业参与研讨,开展了多次课程建设讨论会和说课。其中刘清华博士编写第一、七、八章;黄洁副教授编写第二、三章;付青叶副教授编写第四章;郑淞月副教授编写第五章;江霞博士编写第六章;樊少华老师参与第八章前三节的编写,合计4万字。在教材的编写过程中,莫小平教授、李湘蓉博士、樊华博士等多位老师还提出了宝贵意见并给予支持。在编写过程中,本教材还引用了其他学者的观点、互联网平台的典型案例,使本教材的内容更具专业性和可读性。在此,我们谨向对本教材出版提供过帮助的老师、朋友们表示衷心的感谢。

随着数字经济和互联网的快速发展和变化,市场营销的理论和实践也在不断演进。我们期待本教材的出版能够丰富市场营销专业教学的内容,为学生赋能。囿于作者的能力和知识边界,教材中难免存在不足之处。尤其随着时间的推移,教材也需要不断迭代优化。对教材中存在的偏颇之处,我们恳切期待读者批评指正,也真诚欢迎讨论交流。

刘清华

2024年6月

于重庆工商大学学府苑

CONTENTS

目录

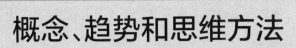

第一章
概念、趋势和思维方法

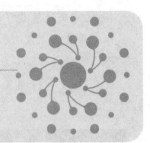

前导案例

一个会捉妖的虚拟美妆达人——柳夜熙

横空出世

2021年10月31日,虚拟人物柳夜熙横空出世,其定位为"一个会捉妖的虚拟美妆达人",出道仅三天的她仅仅用一条视频便征服了平台内的所有观众,视频上线三天涨粉230万,首发视频超过250万点赞。

视频中,小男孩看到一群人在围观,走上前发现一个背对着大家的古装女子正在对着镜子化妆,此人正是柳夜熙,柳夜熙转过头后围观者都被吓坏了,只有小男孩一个人没后退。

只见柳夜熙披着一头柔顺的黑长直发,脸上的古风妆容格外独特,口红只涂了唇中一部分。小男孩走下滑板车问她:"你在这里化这么丑的妆,是想吓唬人吗?"而柳夜熙用她手里那支好看的笔,让小男孩看到了自己的世界。

这条两分钟的视频拥有电影级的画面质感、剧情、后期特效,并将美妆元素和元宇宙概念引入其中，完美地展现了现实与科幻的碰撞。

作者为其加上了"现在，我看到的世界，你也能看到了"的文案，并标注了"虚拟偶像、元宇宙、美妆"的标签。

截至2021年11月3日，该视频上线三天收获了252万个点赞，柳夜熙个人抖音账号粉丝超过234万。

一石激起千层浪

视频评论区内更是引来众多大V（微博上获得个人认证及拥有众多粉丝的用户）为其站台。粉丝190万的美妆博主"一一只是黑猫"留言称："你干美妆博主吧，我不干了。"粉丝280万的抖音音乐人"JF"留言称："以后你拍短视频吧，我不拍了。"粉丝350万的歌手李明霖也表示，这条短视频是他那天看到的最大的惊喜。

除此之外，其余众多短视频博主集体感慨，柳夜熙的出现简直是降维打击，内容行业已"内卷"至此了吗？

一条两分钟的视频让观众看到了抖音内容创作的新领域，但比起柳夜熙火了，更多人关心的是她是如何火的。有人说是因为元宇宙概念，有人说是因为虚拟偶像概念，还有人说是因为电影级的画质特效……

事实上，柳夜熙的走红并不单纯因为某一个因素，而是这一IP同时具备上述所有条件，才能在一夜之间实现爆红出圈。当看遍了现实生活中的真人美妆博主后，一个自带元宇宙概念的虚拟美妆博主出现在观众面前，一切赞美的言辞都显得苍白无力。

不可否认，柳夜熙是近年来网络上能够看到的质量最高的虚拟人物之一，视频中的虚拟人物几乎做到了以假乱真的程度，评论区内不少粉丝甚至发问，这到底是真人还是假人？

如今的虚拟人物已不再是不温不火的小众圈层，而是逐渐发展成为一种新兴大众文化，与此同时，虚拟人物的商业价值也随之水涨船高。直播电商、广告代言、音乐演唱、综艺节目……随处可见的它们正在势不可当地迅速填补着各行各业对"偶像"的需求。

值得注意的是，以美妆赛道为切入点的柳夜熙比起普通的虚拟人物有着更加明确的品牌定位。在虚拟人物的大潮下，踩着元宇宙的概念横空出世，柳夜熙让观众再一次看到了抖音的内容新方向，同时也让制作方和品牌方看到了一个更具商业价值的虚拟IP。

电影般的画面质感,完美技术和创意的融合,柳夜熙的诞生将内容创作者的水平拔到了一个新高度。一夜涨粉百万的柳夜熙绝不仅仅是一个简单的网红,她的出现在平台内掀起了一波浪潮,也代表了一个新时代的来临。

思考

1. 柳夜熙短视频成功的因素有哪些?

2. 请分析柳夜熙所代表的虚拟偶像在内容创造方面的发展趋势及其商业价值。

第一节 新媒体营销的概念、特点

当前,互联网和数字技术已经渗透到社会的各个方面,新媒体已经成为人们生活中不可忽视的事物。由互联网、新一代移动通信、物联网、人工智能等技术带来的社会网络化、信息数字化、交互实时化的现实,已经成为真实而普遍的生存方式,时刻在线已成为许多人的生活常态。个性化、精准化、人本化、以需求为导向的生产方式以及由此所掀起的生活方式变革正在成为新的时代特点。

一、媒体的范畴

媒体是传播信息的媒介,是指人用来获取信息与传递信息的工具和手段。传统的四大媒体分别为电视、广播、报纸、期刊(杂志)。此外,传统媒体还有户外媒体,如路牌、灯箱等。

互联网时代的新媒体类型丰富多彩,新的形态层出不穷。门户网站、搜索引擎、网络浏览器、电子邮箱、虚拟社区、网络游戏、博客、视频网站、直播平台、电商平台、即时通信工具等,已经成为人们获取和传播信息的渠道。

新媒体是相对于传统媒体而产生的一种新型媒介方式。新媒体是对传统媒体的传承与更新,在互联网还没有广泛发展的时候,人们在生活中获取外界信息的主要途径只有电视、广播、报纸、期刊(杂志)。如今数字化浪潮兴起,互联网通信技术的发展日新月异,以往在电视、报纸上才能显示的事物通通都汇聚在了网络平台上。

新媒体是以数字技术为基础,以网络为载体进行信息传播的媒介。与传统媒体相比,新媒体的变化主要体现在以下几个方面。

主体:从专业机构到社会化媒体。传统媒体主要由专业机构运营。内容制作、媒介资源、媒体运营等各个方面,都由媒介领域的专业人士负责。随着互联网的普及,媒介资源得到了极大的丰富,越来越多的社会力量参与到信息传播和服务中来。从门户网站开始,社会化媒体逐步在门户网站、搜索引擎、电商平台、视频平台等领域成为不同时期的中坚力量。与传统媒体不同,用户是新媒体内容的主要生产者,也是内容服务的对象。

【延伸阅读】
新媒体成为
人们自我呈
现的舞台

方式:从单向传播到实时交互。传统媒体的传播过程是单向、固定的,承载的信息量和传播效率有限。在互联网时代,传播的时间和空间限制不断被突破。人们可以随时随地获取想要的精准信息,而且信息获取过程由线下单向传播转变成了线上实时交互。碎片时间、碎片信息在新媒体时代汇聚成完整、连续的信息流,减少了社会沟通成本。

内容:从大众化到个性化。 在一对多的场景下,传统媒体的内容是大众化的。随着大数据和人工智能技术的不断融合应用,自媒体主体不仅可以生产个性化内容,还可以实现针对每个人的精准信息传递。

【延伸阅读】
精准推送

功能:从传播到社交。 新媒体的出现改变了社会形态和人们的生活方式。互联网把人们带进了数字化空间,从而极大地扩展了人们联系的方式和范围,在线社交成为新的生活方式,这是新媒体与传统媒体最核心的区别。

新媒体的"新"是一个相对的概念,它仍然在不断地发展和演变。首先,新媒体的"新"是对于传统媒体而言的;其次,新媒体是一个时间上的相对概念,在一定的时间段内代表这个时间段的主流新媒体形态;最后,新媒体是一个发展概念,它永远不会终结在某个固定的媒体形态上。

影响:从信息传递到价值创造。 媒体天然的职能是信息传递。在互联网时代,信息传递已经成为价值创造过程中的一个环节。在传统媒体时代,媒体的价值创造效应并不突出。在数字化时代,新媒体的价值创造效应被不断地重视和激发出来,也正因为如此,新媒体正在带来新的市场营销方式和方法变革。

二、新媒体营销的概念

新媒体营销是指利用互联网新媒体平台进行的营销方式。

互联网的兴起,对社会各个领域都产生了深刻影响,也带来了新的营销方式。从本质上讲,市场营销组合是资源要素的组合。在微观层面,市场营销可以配置的要素包括土地、资金、技术、人才、信息、品牌、文化。在经典的市场营销理论中,这些要素的不同配置可以组成不同的营销策略。随着数字化浪潮的兴起,企业的生产方式、商品的流通形式、人们的生活方式、信息的传递方式都发生了巨大的变化,信息成为市场营销策略中起主导地位的核心要素,与工业经济时代的传统资源要素配置方式不同,由此带来了营销方式的变革。

【延伸阅读】
交易费用

在市场营销的定义中,有一个经典的概念:在合适的时间、合适的地点,以合适的价格向合适的顾客提供合适的产品。这个概念显著地说明了市场营销的目的。"合适"从制度经济学的角度来看,是交易费用的有效节约。在交易费用结构中,搜寻成本是最重要的组成部分。一个有效的市场,也是一个能够高效获取信息、有效降低搜寻成本的市场。这恰恰是互联网和新媒体的基本出发点。利用新媒体信息传播高效的特点,有效降低交易双方的搜寻成本,达到市场营销中的"合适",是新媒体营销的核心内涵。

三、新媒体营销的特点

新媒体营销已经成为数字化时代最重要的营销方式,它具有以下特点。

信息匹配更加精准。 在数字化时代,大数据和人工智能技术的广泛应用使交易双方可以更加高效地定位和匹配。从需求侧看,消费者拥有了更多的方式去了解商品相关的信息。例如,可以通过搜索引擎查询企业和产品信息;可以通过买方平台直播直观地了解商品的功能、性能、使用方法、售后服务、客户评价等相关信息。从供给侧看,企业可以对消费者精准画像、精确匹配需求,进而实现精准沟通和营销。

双方交互性更强。 与以往任何时候相比,新媒体营销更加强调双方的沟通和互动。在早期电子邮件、博客、论坛等营销方式中,人们可以通过邮件往来和留言等方式进行低频互动。随着抖音等视频平台以及淘宝、京东、拼多多等电商平台的直播带货兴起,交易双方可以大规模、高频次互动。随着社群和企业公众号的运营价值被重视,交易双方的沟通变成了实时、持续的交流。兴盛优选、十荟团等在2020年更是借助微信群和公众号实现了快速崛起。

网络社交成为主流。 伴随新媒体的爆发式生长,互联网社区展现出了更大的影响力。不管是自觉的还是自发的,人们在互联网上都属于不同社区,且参与程度高、互动性强、主题特定、具有心理归属感。互联网上各类社区很多,仅小米公司就有数十个社区。这些社区在网络上聚合,形成各类如兴趣型、幻想型、交易型等专区,从而形成交流互动。从新媒体营销的角度看,互联网社区都是在某些方面具有同质性的消费者的集合,角色或兴趣的共通使信息在社区中的传播非常有效。互联网社区不仅是营销工具平台,也是顾客对商品或品牌发表评论的信息集散地。

【延伸阅读】
全球主流社交媒体

市场成本更低。 在新媒体平台上,网红拥有海量粉丝,可以轻松实现全域内容营销。粉丝在新媒体营销中的价值是多层次的:从消费的角度看,粉丝是现有或潜在的客户;从推广的角度看,粉丝可以自发传播,通过社交网络的信任纽带,粉丝的推荐具有更高的成功率,粉丝甚至可以成为合作伙伴和商业代理;从产品的角度看,粉丝可以反馈产品的体验报告,成为产品优化的参考。

【延伸阅读】
2021年12月31日的博主的粉丝数据

在新媒体基础上的社交网络,通过线上和线下的互动、虚拟和现实的结合,从参与性、交互性、精准性、可重复性、实时性等几个方面降低市场营销边际成本,极大地改变了传统市场组织中研发、产品、渠道、促销、宣传和客户管理方式,企业可以从"重资产"投入转向"轻资产"运营,有效地整合营销价值网络,实现信息流引领和主导的营销过程。

用户体验更友好。 移动互联网完整、生动地记录了每个人的生活轨迹,大数据平台精确地建立了每个用户的特征画像。人工智能在此基础上,直接赋予用户最合适的体验和感知:在认知建立阶段,根据用户兴趣和关注定制推荐的商品和内容,激发用户的购买欲望;在信息搜寻阶段,新媒体平台以视频和直播的方式展示商品的特点、功能、使用方法、使用效果和注意事项,提高用户获取信息的及时性和准确性,此外还通过好友推荐、其他用户使用体验评价等方式,提高用户购买动力;在购买决策阶段,通过提供线上红包、优惠券、赠品等各种方式降低用户决策门槛;在物流阶段,提供线上订单查询、送货时间保证、送货上门和物流保险等服务,保证用户对物流配送的良好感知;在售后服务阶段,提供七天无理由退货、免费上门取退、退换货运费险、极速退款等服务,提升用户的幸福感。

第二节　新媒体营销的现状和发展趋势

一、新媒体营销现状

新媒体出现伊始，就以它的开放性、交互性、即时性等优势不断促进市场营销创新。伴随着新媒体的迅猛发展和用户行为的变化，市场营销也在理论、方法、工具方面持续演进。当前，新媒体营销的主要特点可以归纳为以下几个方面。

（一）用户结构和行为变化

1.用户结构变化

截至2022年6月，我国网民规模达10.51亿人，较2021年12月增长1919万人，互联网普及率达74.4%。我国手机网民规模达10.47亿人，网民使用手机上网的比例为99.6%。

近年来中国的网络用户人数的增长速度有所放缓，互联网普及率将进一步提高，用户结构也在悄然发生变化，体现在以下两点。

农村地区网民数量增长较快。截至2022年6月，我国农村网民规模为2.93亿人，占我国网民总数的27.9%；城镇网民规模为7.58亿人，占我国网民总数的72.1%。从城乡地区互联网普及率来看，截至2022年6月，我国城镇地区互联网普及率为82.9%，较2021年12月提升1.6个百分点；农村地区互联网普及率为58.8%，较2021年12月提升1.2个百分点。

中老年群体增长快。从年龄结构来看，截至2022年6月，20～29岁、30～39岁、40～49岁网民占比分别为17.2%、20.3%和19.1%，高于其他年龄段群体；50岁及以上网民群体占比为25.8%。

【延伸阅读】
抖音电商用户

2.用户行为变化

截至2022年6月，我国网民人均每周上网时长为29.5个小时。网络购物成为驱动消费的重要支撑，网络支付持续向乡村下沉，推动普惠金融进一步发展，网民使用率分别达80.0%和86.0%。

同时，互联网新技术应用场景不断丰富，围绕社交、娱乐两大核心主题，交通、旅游、办公、医疗、教育等应用平台的出现，使线上生活成为主要生活方式。

【延伸阅读】
人们上网做什么？

（二）流量入口争夺激烈

80后、90后是中国移动互联网的主要用户群体，规模达7.24亿，整体用户比例已趋向稳定。

在流量总体规模增长空间有限的情况下，流量入口争夺更加激烈。传统的流量已经形成以阿里巴巴、腾讯、百度、字节跳动等互联网巨头为代表的市场格局，它们在存量市场上形成了自己的独特竞争优势，原有入口平台分别掌握了电商、社交和资讯入口的最大话语权。

以人工智能为代表的新技术正在不断打开互联网生活的"新入口"，工业互

【延伸阅读】
流量入口争夺

联网、物联网、虚拟现实、区块链等新应用正在以不同的方式加速进入人们的生活,新应用、新商业模式将带来新的入口。

(三)平台赋能营销生态

随着新媒体连接的用户规模越来越大,互联网成为流量汇聚的中心,也自然成为商业生态系统的核心平台。例如以百度搜索引擎、淘宝、微信为代表的互联网平台,分别代表了互联网对人类社会最大的改造,即信息生产的方式、商品交换的方式、人与人互动的方式,也形成了完整的营销生态系统。

平台在生态系统中处于绝对的主导地位,他们一方面连接最终用户,另一方面连接生产者、供应商和其他第三方服务者。为支撑平台商业价值链的完整和商业活动的运行,平台企业对不同参与方的成员赋能,通过技术、产品、市场等多方面的培育和支持,保证整个生态系统的竞争力。

【延伸阅读】
骑手和佣金,美团怎么做这道加减法?

(四)IP化内容营销

IP(Intellectual Property),直译为知识产权,在互联网领域已经引申出了新的含义,指借助创造音乐、文学、艺术和其作品,借助新媒体进行内容分发,形成流量,成为一种标志或者精神象征。

IP形成于内容创造。只要具备内容衍生、知名度和话题的品牌、产品乃至个人,都可以看作一个IP。通常IP产生于内容创造,比如综艺、影视、音乐、游戏、小说等。

IP通过内容营销实现价值变现。因为与粉丝建立了情感连接,IP成为极具潜力的营销传播载体。它的商业逻辑是通过持续不断地进行内容分发,向用户传递一种价值观,通过价值认同来聚拢粉丝。粉丝认可了价值观,实现了身份认同和角色认可,就会信任其产品。通过IP实现产品和品牌的人格化,是一种可以产生裂变传播的营销方式。

【延伸阅读】
李子柒:经典的文化IP

李子柒是一个具有多重含义的IP,具有巨大的潜在商业价值。但她没有直接传播任何营销内容。这代表着IP化营销传播的根本意义:经营用户而不是经营产品。例如小米社区,在通常情况下,它始于技术交流,扩展到用户体验沟通,最终展示了极大的营销价值。再例如好莱坞电影IP《变形金刚》和《星球大战》,由于它们在全球拥有无与伦比的粉丝基础,已经持续多年成功地进行商业价值开发,除了系列芯片的成功发行,还成功开发了各层次IP衍生品市场。

(五)KOL传播势力崛起

对市场营销而言,KOL(Key Opinion Leader)不是新生事物,它是指关键意见领袖,今天却变成了多维概念。作为一个群体,它活跃于互联网领域,尤其指在社交媒体覆盖广、影响大的一群人。

KOL影响力的核心是信任。互联网时代的商业看重用户群和人脉,而真正维系社群发展的因素是信任。互联网改变了人们的生活方式和社会关系,而唯一不变的,就是信任的连接。在社会网络中,KOL是关键节点,作为社交经济中"带流量"的人,他们在产品与用户之间架起了桥梁,是指拥有更多、更准确的产

【延伸阅读】
种草

品信息,并且被相关群体所接受或信任,对这些群体的购买行为有较大影响力的人。关键意见领袖提供了一种新的营销观念和方法,影响甚至改变了一群人的生活。

(六)场景化裂变营销

在传统电商模式中,电商企业除了依托淘宝、京东等中心化巨头平台获取流量外别无选择。由于过于依赖这些平台,商家很难把握主动权,常常是平台出现什么规则,成千上万的企业只能顺应遵守。例如,花额外费用去竞价排名,只为客户在输入关键字时第一眼看到的就是自己的产品。为了追求利益,大多数中小型电商企业在这样的电商环境中只能采用薄利多销、性价比高的营销策略模式。

在移动互联网时代,众多的平台、商家、应用,甚至是各种各样的内容IP层出不穷,线上、线下的界限越来越模糊,人们的注意力不断地被撕裂和碎片化,企业再也难以建立一个聚合型的流量中心,也难以构建低成本获得流量的能力。这意味着孕育一个中心化的巨头是十分困难的。但移动互联网时代也在不断地涌现一些碎片式的领域和场景。企业和个人通过微博、微信、直播平台,建立自有流量入口融入消费者的数字化生活方式之中,融入并丰富消费者的消费场景,从而影响消费者的购买偏好、购买习惯和购买决策。

移动互联网时代的各种平台为用户提供了彰显个性的机会,消费者可以在购物平台上发表自己的评价,可以在内容平台上分享自己的消费体验。这些信息沿着社交路径扩散,影响着其他人的消费行为,由此形成的营销裂变效应远远超过以往任何时候。

二、新媒体营销的发展趋势

尽管当前数字生活已融入人们的日常工作生活,以信息化、数字化、智能化为特征的新技术革命仍然在不断加速。《中华人民共和国国民经济和社会发展第十四个五年规划和2035远景目标纲要》明确提出,加快数字化发展,建设数字中国,以5G、人工智能、大数据、工业互联网等为代表的新型基础设施建设加速发展,推动数字经济与实体经济深度融合发展。新的媒体形态会持续演变,新的营销方式将不断迭代。尽管我们无法预测一些具体的营销形式、一些具体的媒体形态,但长期演变的方向是可以被归纳出来的,主要包括以下几个方面。

(一)传播:虚拟与现实结合

虚拟现实技术作为传播媒介,有最核心的两大优势:一是高度仿真现实情境的"复现"能力;二是接触传感器模拟人体感觉器官,使受众"沉浸"于新闻现场、故事情节或游戏场景的临场效果。显然,这符合新媒体营销未来的传播形式,即以下两点。

传播即到达,到达即满足。虚拟现实是一种环境,但也是一种媒介,从前者来说,虚拟现实已经能够基于感官需求为人们创造出一种新型的传播环境,甚至我们可以说,它为我们创造出一个理想的世界。我们可以看到,当虚拟现实达成的时候,我们能在一瞬间置身于一个新的世界里,就是传播即到达。

传播即体验,互动即营销。经济水平和消费水平的提升在某种程度上增加了人们对于休闲、娱乐以及情感的诉求,虚拟现实迭代了之前几乎所有的媒介,将功能集合,增加了互动感以及体验感,满足了人们的本质需求。

拓展知识 ....

VR、AR、MR、XR是什么?

VR(Virtual Reality):虚拟现实

虚拟现实技术是利用设备模拟产生一个虚拟世界,为用户提供关于视觉、听觉等感官的模拟,有十足的"沉浸感"与"临场感"。简单地说,就是用户戴上一副VR眼镜后(注意:戴上后就看不到现实世界了)看到的所有东西都是计算机生成的,都是虚拟的。

AR(Augmented Reality):增强现实

增强现实技术是一种将真实世界信息和虚拟世界信息"无缝"集成的新技术,它把原本在现实世界的一定时间、空间范围内很难体验到的实体信息(视觉信息、声音、味道、触觉等),通过电脑等科学技术,模拟仿真后再叠加,将虚拟的信息应用到真实世界,被人类感官所感知,从而达到超越现实的感官体验。真实的环境和虚拟的物体实时地叠加到了同一个画面或空间,并同时存在。

MR(Mixed Reality):混合现实

VR和AR各自还没有走到极致,就已经有了融合迹象,这就是混合现实技术,即MR=VR*AR。MR的定义是:将真实世界和虚拟世界混合在一起,产生新的可视化环境,环境中同时包含了物理实体与虚拟信息,并且必须是"实时的"。

XR(Extended Reality):扩展现实

扩展现实技术是指通过计算机技术和可穿戴设备产生的一个真实与虚拟组合的、可人机交互的环境。扩展现实包括虚拟现实(VR)、增强现实(AR)、混合现实(MR)等多种形式。换句话说,为了避免概念混淆,XR其实是一个总称,包括了VR、AR、MR。XR从通过传感器输入的虚拟世界到完全沉浸式的虚拟世界,分为多个层次。

(二)要素:数据赋能

需求无限和资源有限是一对终极矛盾。这对矛盾的存在,推动人们不断进行技术创新和制度创新,不断提升资源配置效率。近年来,新一代信息技术与实体经济深度融合,数字化已经成为推动发展的主要动力,这使数据成为驱动经济发展的新要素。

一方面,数据这一新的生产要素,相比于其他生产要素,存在着非竞争性和非排他性的特点。例如,可以通过互联网平台上的海量数据,训练出个性化服务算法,实现精准营销,使企业利润增长,这是非排他性的体现。另一方面,数据的价值具有溢出效应。如数据要素可深度融入劳动力、资本、技术等每个单一要素,转化为人力大数据、金融大数据、用户大数据等,提高其他要素的生产效率。

要素市场的增值必须基于要素的流通才能实现。新媒体营销传播是实现数据生产要素流通的基本方式。互联网新媒体的快速传播促进数据与其他生产要素结合,创造出了新的商业模式,如大数据经济、共享经济等,使资源的利用效率成倍地提高,经济迸发出强劲的发展活力。

数据要素结合新媒体,已经给人们的生活带来了各种变化:按个人兴趣及偏好的网络阅读与购物推荐、更具个性化与人性化的消费服务……

拓展知识

共享经济与营销

"共享"概念早已有之。在传统社会,朋友之间借书或共享一条信息,包括邻里之间互借东西,都是一种形式的共享。

共享经济这个术语最早由美国德克萨斯州立大学社会学教授马科斯·费尔逊和伊利诺伊大学社会学教授琼·斯潘思于1978年提出。其主要特点是包括一个由第三方创建的、以信息技术为基础的市场平台。个体借助这些平台,交换闲置物品,分享自己的知识、经验,或者向企业、某个创新项目筹集资金。共享经济涉及三大主体,即商品或服务的需求方、供给方和共享经济平台。共享经济平台作为连接供需双方的纽带,通过位置应用、动态算法与定价、双方互评体系等一系列机制的建立,使供需双方进行交易。

共享经济的出现带来了全新的资源配置方式。人们首次打破了传统概念:使用权和所有权可以分离,并分别进行交易。共享经济通过互联网新媒体,将大量的碎片资源整合在一起,以实现全社会范围内最大化的供需匹配。一方面,个人手中和企业中大量的闲置资源可以通过共享经济的方式得到充分使用,从而减少对资源的浪费;另一方面,现有的产能过剩、产品积压的主要原因是生产企业无法及时了解需求,而共享经济可借助大数据解决信息不对称的问题,做到按需生产,达到对资源的有效分配和高效使用。

未来的营销过程,传播更多的是商品的使用价值。凯文·凯利2016年在武汉大学演讲时指出:"实际拥有权不是最重要的,使用权才是最重要的,使用权在很多情况下比所有权更重要。这就是一个趋势,我不会去购买电影,我可以使用所有这些电影,我可以在网络上看到所有电影。我们也不用再去购买音乐了,可以在网上找到这些音乐,随时可以买到。我们也不用再购买书,可以通过Kindle看到所有的书,这种使用比拥有它们更加重要。"

(三)社交:场景式传播

人天生是社交动物。新媒体的出现使人际所蕴含的种种价值资源被发现和激活。为追求用户之间长期、牢固的连接,通过社交营销形成的流量池,可以为企业建立一道坚实的护城河:不仅可以保证稳定的销量,而且意味着未来的更多可能。

在互联网时代,每个用户都是挑剔而且苛刻的。想要与之建立连接,通过传统媒体的传播方式,效果微乎其微。只有通过场景化的服务、个性化的传播,才能抓住用户的注意力,让用户参与和体验。

"场景"一词原指戏剧、电影等艺术作品中的场面,侧重表达空间背景。场景概念被应用于经济活动中,主要是指经济活动的背景或情境。在短缺经济中,因为产品供不应求,无须重视场景。但是在买方市场上,供应商必须创造差异化,才能凸显自己的独特价值。尤其是在互联网新媒体时代,消费者面对大量的选择,供应商只有更加突出自己的差异性才能增加成交的可能。于是场景被引进来,作为一种细分方式,把自己的产品和服务置于特定的场景中,实现用户的精准连接。

市场营销连接着技术创新与市场需要,始终与最新科技发展保持同步。营销场景随着技术进步而不断升级、迭代。美国记者罗伯特·斯考伯和谢尔·伊斯雷尔2014年在《即将到来的场景时代》中提出:"以移动设备、社交媒体、大数据、传感器和定位系统为代表的五种原力构成场景传播的核心技术。"今天,人工智能、区块链、虚拟现实技术的最新应用,已经把场景化传播带入了元宇宙时代。

(四)流量:入口创新

在互联网行业中,流量竞争是每个企业都必须面对的问题。所有的企业都想在移动手机端构建内容信息流,于是流量被"分流"的速度远比想象中来得快,"流量焦虑"成了一种普遍现象:移动互联网用户发展接近天花板,电商市场GMV(Gross Merchandise Volume,商品交易总额)增长速度下降,竞争必然推高流量成本。这好比蛋糕还是那么大,但吃蛋糕的人更多了,于是蛋糕变贵,每个人吃到的蛋糕变少。

"跑马圈地"式地追求规模经济,这种互联网"上半场"惯用的发展方式早已退出历史舞台。在"长尾理论"的预言下,用户场景每天被无限细分,瞄准低频消费,可能会抢占互联网"下半场"经济趋势的先机。美国学者克里斯托弗·苏达克认为:"场景化把消费者的生活分解成了成千上万个个人片段。在每一个片段中,消费者都存在即时的需求和渴望,从而开创出一个特殊的、有时间和空间限定的市场。由于这些市场具有特殊性,那些能满足消费者需求的公司就能在一瞬间创造出更高的消费者价值。"因此,如何寻找和发现利基市场,垂直深耕小众领域,着力低频弱关系消费,将成为未来流量入口创新的新趋势。

技术进步为流量入口创新带来新的空间。例如,新一代移动通信技术(5G、6G)的主要特征是高带宽、高可靠、大连接,这促成了云计算、大数据、人工智能、互联网、区块链和工业互联网这些新一代信息技术的无缝融合,打通了数据采集到分析的全过程,发挥了数据作为生产要素的作用。信息技术与产业经济深度融合的结果是多元化的流量入口时代到来了。从短视频时代的李子柒,到元宇宙时代的美妆达人柳夜熙,都是在这个过程中的现象级传播代表。

【延伸阅读】
虚拟歌手
Vsinger:洛天依

(五)价值链:生态化重构

价值链模型首先由迈克尔·波特在1985年提出,强调单个企业的竞争优势。在经济活动中,价值链无处不在,价值链上的每一项价值活动都会对组织最终能够实现的价值产生影响。在工业经济时代,人们对于单向的价值链存在已经习以为常。然而在互联网时代,数字经济大潮涌起,对传统产业链形成了全面的解构和重塑。在新的商业模式下,客户、供应商、合作企业和它们之间的信息流构成了动态网络——价值网。

从本质上讲,价值网是一张蕴含无限可能的生态网,人们通过这张网在合作中创造或者获取更多的价值。价值网中的成员实现了互为主体、资源共通、价值共创、利润共享,进而实现单个组织和多个组织协同无法实现的高水平发展。

以用户在价值网中的角色为例,可以清晰地看到其在价值创造、价值传递和转移过程中扮演的不同角色。价值链将用户视为营销对象,通过市场手段向其推销产品,并开展售后服务;而价值网则把用户看作整个生态的一部分,营销的目的是为生态创造更多的价值。例如,在线地图中的使用者既是价值消费者,也是价值创造者。客服工作中,我们往往将客服和投诉看作成本,更倾向于单向的服务,殊不知其中埋藏着需求和机会,比起客户调研,投诉蕴含着巨大的宝藏。用户不仅是消费者,也是生态系统参与者、(机会)贡献者。

(六)秩序:从混沌到治理

2015年12月16日,以"互联互通·共享共治　构建网络空间命运共同体"为主题的第二届世界互联网大会在浙江乌镇开幕,中国共产党中央委员会总书记、中华人民共和国主席习近平出席大会开幕式并发表讲话。习近平指出,网络空间同现实社会一样,既要提倡自由,也要保持秩序。自由是秩序的目的,秩序是自由的保障。既要尊重网民交流思想、表达意愿的权利,也要依法构建良好网络秩序,这有利于保障广大网民合法权益。网络空间不是"法外之地"。网络空间是虚拟的,但运用网络空间的主体是现实的,大家都应该遵守法律,明确各方权利义务。

即使是互联网的数字空间,全部成员结成的整体仍然是相互影响、相互协作的关系,这种协作关系形成了一种抽象整体意义上的整体关系,即秩序。每个人都要遵守必要的制度规范和道德规范,这是降低交易费用的基础。

互联网行业目前存在的主要问题包括头部平台不当追求垄断、非法套路欺诈、过度和非法采集数据、利用大数据实施"杀熟"等违规违法行为,从而导致行业无序发展。国家已经出台了一系列规范和办法进行互联网治理。2021年7月26日,中华人民共和国工业和信息化部发布消息称,在前期App专项整治的基础上,决定开展为期半年的互联网行业专项整治行动,主要聚焦扰乱市场秩序、侵害用户权益、威胁数据安全、违反资源和资质管理规定等四方面八类问题。

【延伸阅读】
国家网络治理典型事件

第三节　新媒体营销的思维方法

"学而不思则罔,思而不学则殆。"孔夫子的这句名言告诉我们,思维的深度决定人生的高度。在数字化浪潮中,无论是技术革新、传播媒介,还是商业模式、营销方式,其变化都一日千里。从新一代移动通信技术到万物互联,从大数据到人工智能,从云计算到区块链,从新零售到社区电商,从流量聚合到裂变营销,在这个"乱花渐欲迷人眼"的互联网时代,学习和保持正确的思维,才能透过现象看本质,保持与时俱进,历久弥新。

【延伸阅读】
升维思考、降维打击

新媒体营销是一门跨学科的应用科学,不仅融合着经济学、管理学等市场营销专业基础内容,也兼容着传媒科学知识,更涉及互联网和数字技术领域。那么,适合学习和应用新媒体营销的思维包括哪些呢? 事实上,人们从不同层次和角度提出了很多思维方法,诸如创新思维、颠覆性思维、极简思维……林林总总,不一而足。为更好地理解和掌握新媒体营销,编者把它分为两个层面。

一、认知能力层思维

认知能力层思维是基础、底层思维,主要有逻辑思维、系统思维、创新思维。

(一)逻辑思维

逻辑思维是指正确、合理思考的能力,即对事物进行观察、比较、分析、综合、抽象、概括、判断、推理的能力,也是指采用科学的逻辑方法,准确而有条理地表达自己思维过程的能力。逻辑思维能力是学好各门学科知识必须具备的基础能力,也是处理各种社会经济问题、日常工作和生活所必需的能力。

逻辑思维过程是一个"求真"的过程,基本的逻辑思维方法包括:抽象与概括、分析与综合、归纳与演绎、对比(求同、求异)、原因与结果。市场营销的核心在于对消费者需求的洞察,要求对市场敏感,对形势能够作出快速、清晰的判断。

在互联网时代,新媒体"风口"不断变换,这要求我们具备由已知推理出未知的能力。同时,商业模式、客户需求、产品形态、服务方式都在不断演化,又需要我们善于分析、解读,从中总结和归纳出规律和趋势。在市场上,常常需要进行对比和类比,主要是因为从来都不会有完整的资料和数据,只有充分运用逻辑思维,才能有效组织市场调查、总结市场规律,充分运用头脑风暴探寻竞争对策,通过案例分析总结经验得失,向有价值的伙伴学习。

【延伸阅读】
创业伪命题
和庞氏骗局

(二)系统思维

系统思维就是人们运用系统观点,把对象互相联系的各个方面及其结构和功能进行系统认识的一种思维方法。整体性原则是系统思维方式的核心。

系统思维是一种逻辑抽象能力。市场营销活动是企业利用内部可控因素(4P)对外部不可控因素(政治、经济、科技、法律、文化)做出积极动态反应,以促进商品销售的过程,处处都需要系统性思考。这要求我们做到以下两点。

学会整体性思考。系统方法早已为市场营销思想的重要内容,要求营销决策要在一个系统范围中作业,注意市场营销要素之间的相互影响。市场营销常常用到SWOT分析、PEST分析、营销价值链分析、波士顿矩阵等经典分析方法,都是整体观、大局观的具体体现。

学会动态地看问题。市场是运动的,在营销活动中,我们不仅要看到现在,还要充分考虑未来,产品管理常用的PDCA模型、营销计划执行的甘特图等都要求我们动态地思考问题。

在市场的运行中,很多现象并不像它实际表现出来的那样,它背后都有自己的一套运行逻辑。移动互联网时代的新媒体营销,更需具备整体性思考和动态地看问题的能力,才能作出正确的营销判断。例如,共享单车和打车软件推出之初大幅度优惠的原因是什么? 拼多多为什么给新用户红包? 农夫果园为什么可以免费领水果? 这些产品和服务没有成本吗? 支撑"烧钱"的商业模式是什么? 更为重要的是,对手"烧钱"的时候,我们能够跟进吗?

【延伸阅读】
商业生态系统

(三)创新思维

创新思维的本质在于用新的角度、新的思考方法来解决现有的问题。创新是人类社会进步的动力,如何创新是人们持续关注的问题。

通常,我们认为市场需求引导着技术和制度的创新、进步。在移动互联网时代,运用创新思维指导新媒体营销过程,对企业开拓领域、打造二次增长曲线具有更加重要的意义。那么如何建立创新思维呢?

打破三大创新思维障碍:思维定式、思维惯性、思维封闭。例如,2018年短视频全面兴起,抖音和快手的估值之和高达280亿美元。实际上,早在10年前,互联网巨头就开始布局视频了:在三大视频网站中,优酷于2006年12月上线,爱奇艺于2010年4月上线,最晚的腾讯视频也于2011年4月上线。而且,他们的背后都是财大气粗的BAT(中国互联网公司三巨头,百度、阿里巴巴、腾讯的首字母缩写),要技术有技术,要资金有资金。他们为什么会错过短视频赛道呢? 很显然是原有市场的成功带来的思维定式和惯性,使他们忽略了新的市场机会。

建立多向思维,尤其是逆向思维。多向思维在市场上往往可以带来意想不到的效果。把鞋子卖给非洲人、把冰块卖给爱斯基摩人,都是典型的逆向思维。在新媒体营销中,逆向思维带来的创新案例很多。例如,互联网众筹就是打破"先生产后销售"模式,进行"先销售后生产"的典型营销创新。

【延伸阅读】
《逻辑思维》
的众筹营销

培育敏锐的市场洞察力。敏锐的市场嗅觉往往可以让人发现潜在的市场机会。例如,雷神游戏本是由海尔电脑部门的几名员工研发的,他们在玩游戏的过程中发现笔记本有很多短板,于是结合网上对于游戏笔记本上万条的吐槽,整合了社会资源,推出了雷神游戏本。雷神游戏本在短短十个月内从零起步,跻身国内游戏笔记本市场的第二名。

敏锐的市场嗅觉首先需要对市场痛点有及时的洞察和思考。摩拜共享单车创始人胡玮炜2014年回到杭州虎跑景区,想要骑行,希望能租一辆公共单车。但办卡小岗亭关门,所期待中的骑行没有成功。结合她在瑞典哥德堡也遭遇过租赁公共单车失败的经历,胡玮炜从汽车朋友圈里拉了一支团队,成立共享单车项目,这才有了后来大名鼎鼎的摩拜共享单车。

二、方法应用层思维

方法应用层思维主要是基于某些特定的工具、概念、理念解决问题。其一是基于某些工具视角的思维,如互联网思维、平台思维、大数据思维;其二是从某一概念出发的思维,如流量思维、跨界思维;其三是运用某一理念或视角解决问题的方法,如用户思维、社会化思维。

(一)互联网思维

百度公司创始人李彦宏提出互联网思维。他指出:"我们这些企业家们今后要有互联网思维,可能你做的事情不是互联网,但你的思维方式要逐渐以互联网的方式去想问题。"互联网思维,是指要按照互联网特点和规律来思考。

互联网是新媒体营销的基础。在新媒体营销过程中运用互联网思维,意味着营销要遵守互联网的特点、规律和演变趋势。

开放、平等、互动、协作、共享,目前被公认为互联网最重要的几个特点。这种观念已经逐步被越来越多的企业家,甚至企业以外的各行各业、各个领域的人所认可。原因是什么? 互联网正在颠覆各种各样的传统产业。互联网在进入大规模应用时期以来,几乎对所有传统行业和管理模式都形成了巨大颠覆:金融业、商业、制造业、物流业、出版业、医疗业……使不少行业和企业陷入困境,同时也不断孕育和培育了一批又一批的独角兽公司和上市公司。互联网已经成为新一轮科技革命的时代标志,相应地,互联网思维成了客观需要的社会思维,不单单是个人思维;成了时代思维,不单单是一种阶段性思维。因此,对于每一个企业来说,互联网思维不是一种可有可无的思维,而是必备思维。没有互联网思维,难以适应时代的生活,就会落后于时代。

【延伸阅读】
失控——全
人类的最终
命运和结局

(二)平台思维

"平台"是商业、经济和互联网中最常用的词,大多数时候是指为各业务模块提供操作系统的基础设施,即系统平台。

当今的时代是一个以互联网平台为主导的时代。因此,我们可以将平台理解为一个市场,生产者和消费者在这里进行信息、资金和商品的交换。

互联网平台是一个载体,一个开放共建、互动、不断变化的事物。每一个依托这个平台生存的个体,共同构建了这个生态系统,如微信、微博、百家号等。每一个在这个平台上发布信息的个体,都需要充分遵守平台的规则。因此,平台思维强调平台商业模式的特点,它包含两个方面。

平台是一个多边构成的生态系统。例如,百度不但拥有搜索引擎,而且汇聚了软件开发商、手机制造商、手机用户、广告商等多方群体。这些群体组成的生态圈不再是单向流动的价值链,而是需要指定兼容多边群体的机制。

平台具有网络效应。平台生态圈里的群体,一旦一方因为需求增加而壮大,另一方群体的需求也会随之增长。如此一来,一个良性循环机制便建立了,通过此平台交流的各方也会促进对方增长。梅特卡夫定律指出,一个网络的价值等于该网络内的节点数的平方,而且该网络的价值与互联网的用户数的平方成正比。这正是越来越多的企业平台化转型的动力所在。

拓展知识

需求规模经济

通常,规模经济是指随着生产数量增加,生产效率使生产产品或服务的单位成本降低。这是供应规模经济。

平台网络效应带来了一个全新的经济现象:需求规模经济。它是指产品价值随着购买这种产品及其兼容产品的消费者的数量增加而不断增加。例如电信系统,当人们都不使用电话时,安装电话是没有价值的;而电话越普及,安装电话的价值就越高。传媒、电商、金融等行业普遍存在网络效应。

在具有网络效应的产业中,"先下手为强"和"赢者通吃"是市场竞争的重要特征。

(三)大数据思维

维克托·迈尔·舍恩伯格指出:"就像望远镜让我们感受宇宙,显微镜让我们能够观测到微生物一样,大数据正在改变我们的生活和理解世界的方式,成为新发明和新服务的源泉,而更多的改变正在蓄势待发。"大数据颠覆了千百年来人们的思维惯性。

什么是大数据思维? 实际上它包含三个相互关联的思维转变。

不是随机样本,而是所有数据。一般情况下,人们通常采用抽样调查,抽样的好处很明显,但是坏处也显而易见。首先在很多情况下不能抽样,其次从理论上讲,抽样的结论是不稳定的。抽样的一丁点错误就容易导致结论的"失之毫厘,谬以千里"。

随着科技的发展,人类已经越来越具备了解所有样本的能力。这时对获得的全部样本进行研究,将有可能输出接近100%的真相。

不是精确性,而是混杂性。执迷于精确性是数据缺乏时代和模拟时代的产物,只有接受混杂性,我们才能打开一扇从未涉足世界的窗户,纷繁的数据越多越好,这是容错思维。"讳疾忌医""因噎废食"早就告诉我们,世界本身就是不完美的,宽容错误会带给我们更多的价值。

不是因果关系,而是相关关系。大数据的经典案例"啤酒尿布"现象——将尿布和啤酒放在一起,这两样产品的销量会同时增加。如果我们要分析类似现象背后的因果关系,将产生高昂的成本。事实上,知道怎么做就够了!

大数据分析在新媒体运营中的应用越来越广泛。这不仅是技术进步的体现,更是新媒体营销的必然要求。在当今信息爆炸的时代,信息数据就是资源,新媒体已经成了企业推广、宣传、营销的首要手段。在新媒体营销的过程中,需要处理的信息数据非常庞大,这时候就需要具有大数据思维,才能更好地利用大数据分析来进行营销决策。

【延伸阅读】
AI思维

(四)流量思维

流量早已不是新的概念,人们对流量的关注和焦虑更是延续了千年。

数字化提供了广阔的时空,然而流量焦虑却更甚以往。为了获得流量,各种"烧钱"手段更是层出不穷:免费、红包、补贴……叠加新媒体的传播效应,更是"乱花渐欲迷人眼"。流量运营需要什么思维? 从消费者心理和行为出发,基本的流量思维包括三个方面:流量源于价值、场景基于需求、入口源于习惯。

流量源于价值。给消费者带来价值,才会有真正的流量。借用"民生三感"来解释,所有权带来"获得感",使用权带来"幸福感",售后服务带来"安全感"。价值只有在创造、实现和转移的过程中，才能形成真正有效的商业模式。在互联网时代所有的赛道上，首先要为消费者创造价值。

场景基于需求。简单粗暴的"跑马圈地"流量红利时代已经过去，企业越来越聚焦于各个垂直领域的细分市场，也就是场景。在移动互联网时代占据领先地位的流量头部力量，都是抓住场景机会的高手。发现和抓住所谓的刚需，是碎片化时代拥抱场景的不二法门。尽管百度已经抢占了搜索场景、阿里巴巴和腾讯抢占了支付场景、字节跳动抢占了视频分享场景，但人们的欲望是无穷的，需求是无限的，这意味着机会总是会不断地涌现，关键在于是否具有发现机会的敏锐市场嗅觉。

入口源于习惯。所谓入口，是指流量汇聚的地方。有一种观点认为移动互联网时代有三大入口：移动浏览器、移动 App 和搜索引擎。这仍然是一种产品观念。按照这种观念，三大入口中有两个已经完全被垄断，移动 App 虽然是一个长尾市场，但每个垂直领域都由寡头占据。站在市场和消费者角度，入口是生生

【延伸阅读】
流量分发

不息的，关键在于对用户习惯的引导和把握。这正是市场营销的有趣之处，也正是颠覆性创新、创造性破坏的源泉。众所周知，线上消费颠覆了传统购物；移动支付取代了传统支付；即时通信正在改变传统通信；智能语音输入正在替代传统键盘输入……争夺流量入口的关键不完全在于技术进步，更多在于市场创新。发现和引导消费者习惯，是打造流量入口的核心。

（五）跨界思维

人们通常将事物从某一种特别属性发展到与原来属性不一样的过程称为跨界。跨界是一种商业模式创新，有人把传统商业模式比喻为"羊毛出在羊身上"，跨界大致可以理解为"羊毛出在猪身上"。因此，跨界思维本质上是一种开放、创新、发散的思维方式。

新媒体的本质是互联网，互联网最大的特点是开放，只有开放，才有可能产生更多可能。在新媒体营销过程中，跨界思维可以帮助我们打破思维定式，寻找新的增长点。例如，利用互联网思维来改造传统农业，越来越多的"三农"产品在新媒体的助力下焕发了勃勃生机。

跨界思维需要我们超越成本思维。经济学中有两个概念：规模经济、范围经济，都关注成本，尤其是边际成本。通常，人们会遵守这两个概念原则，就是要做"收益大于成本"的事。当涉足一个新的领域时，人们往往由于过分关注成本而裹足不前，忘记"收益大于成本"这个原则了。但随着数字化浪潮兴起，技术进步使跨界成本变得越来越低。正是因为看重未来的市场规模和收益，BAT 全部进入了互联网造车领域。事实上，BAT 早已通过风险投资、兼并收购涉足了各种不同的领域，形成了庞大的商业帝国。

跨界思维需要我们改变竞争视野。刘慈欣的小说《三体》中有一句话："我消灭你，与你无关。"这已经成为互联网时代的普遍现象，生存的竞争和压力一直都在那里，"敌人"正在不断涌现。淘汰胶卷巨头的是手机，美团和饿了么让方便面一年少卖80亿包，微信和QQ分流传统通信行业千亿短信市场。颠覆者并非来自同行，而来自行业外的跨界者。

面对跨界竞争，甚至是降维打击，最好的武装是不断学习。海尔创始人张瑞敏曾经说："没有成功的企业，只有时代的企业。企业的成败，关键在于能不能跟上时代的变化，不能跟

上时代的变化就被别人超越。所以对企业来讲，最大的挑战就在于不能有思维定式，要永远面对颠覆性的创新。"此外，还要直面竞争，化竞争为上升的动力。

（六）用户思维

用户思维是指一种看问题的视角，就是要站在用户的角度思考问题。在互联网时代，用户思维越来越重要。贝索斯说："在现实世界，如果你惹顾客不高兴，每个顾客都会告诉6位朋友；在互联网时代，如果你惹顾客不高兴，每个顾客都会告诉6000个人。"

用户思维就是换位思考。在所有的市场营销理论中，用户无数次被强调。但实际上，用户很容易被忽略：电视和户外广告中，产品功能、优惠等信息在画面中很突出，为什么限制条件却很不起眼？银行、保险、通信业的客户服务热线中，办理业务响应很快，为什么投诉却经常要等很久才有人接听？电商平台上，商品价格、功能、优惠很显眼，为什么质保条款却隐藏在多层链接之后呢？道理很简单，但为什么这些现象普遍存在呢？正如"你永远都无法叫醒一个装睡的人"，一个麻木、懒惰的人是永远无法掌握用户思维的。在新媒体营销的世界里，用户思维占据着核心地位。它不仅仅是一种思维方式，更是一种对市场和消费者的深刻洞察。

企业需要对市场趋势保持敏锐的洞察力，时刻关注行业动态，了解消费者的喜好和习惯，以便及时调整自己的产品和服务。首先是换位思考。全球便利店7-ELEVEn创始人铃木敏文曾说："站在顾客角度，而不是为顾客着想。"只有站在用户角度，才能关注到用户的隐性成本（时间、精力、体力），隐性成本往往是构成用户体验的重要内容。其次是用户调研、聆听用户。伟大的公司都是紧密联系用户的。前有海尔根据贵州老百姓的意见设计了可以洗土豆的"洗衣机"，后有小米公司根据用户的意见在手机计算器中开发亲戚称呼计算功能。

【延伸阅读】
产品思维 VS
用户思维

（七）社会化思维

社会化思维是指充分运用人们社会关系网资源解决问题的一种思维。它是一种强调个体、组织和社会的相互作用、影响和认知的思维方式。社会化思维有以下特点。

打破传统的分工和专业化界限思考。一般来讲，分工和专业化更加具有经济性。在没有互联网的时代，"专业的人做专业的事"会更加有效率。互联网时代，各种通信技术和即时通信工具的规模化应用使沟通成本降低，社会关系网络放大，群体的创造性显得越来越重要——"三个臭皮匠，顶个诸葛亮"。

突破企业边界思考。科斯从成本的角度定义了企业边界。但互联网的传播效应极大地改善了信息不对称，很多事情在企业边界之外的成本反而更低。例如，冰桶挑战以极快的速度波及整个互联网，全世界很多明星都参加了。

新媒体相对于传统媒体的最大特点在于它是人人参与的社会化媒体。运用新媒体开展营销活动，社会化思维具有十分重要的意义。

社会化思维改变了营销传播形态。传统媒体以单向广播为主，新媒体更多地通过社交方式实现传播裂变。凯文·凯利曾经说过："在一个社会化的环境中，每一个人都是节点，他们接收信号,也发出信号。"社交媒体是人们彼此之间用来分享意见、见解、经验和观点的工具和平台。社交媒体在互联网的沃土上蓬勃发展,经过不断的迭代,微信、QQ、抖音等头部应用拥有前所未有的巨大影响力。

社会化思维带来了新的营销路径。自媒体时代,只要建立一定的营销激励机制,用户一旦获得良好体验,就会通过微信、QQ等途径把这种体验分享出去,然后沿着用户的社会关系网络层层传播扩散,实现营销裂变。

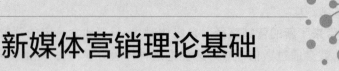

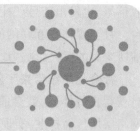

第二章

新媒体营销理论基础

前导案例 ··

"百亿补贴"造就中国最大电商平台——拼多多

三年补贴史无前例

2019年6月1日,拼多多首次全面入局"6·18"大促,宣布以"100亿现金补贴"的形式,联合品牌商家,针对全网热度最高的10000款商品进行大幅让利。促销活动包含了"每日专场""今日必买""精选大牌"等多个专区。整个"6·18"期间,拼多多的订单数超11亿笔,成交总额同比增长超过300%,约70%的实物商品订单来自三线及以下城乡消费者。

整个"6·18"期间,仅iPhone系列产品就卖出了35万部以上,通过iPhone、戴森吹风机等大牌商品优惠快速打开一、二线市场格局,推动平台商品交易总额和用户数快速提升。拼多多2019年第三季度财报显示,"百亿补贴"入口的日活用户数已经突破1亿大关,参与计划的国内外品牌超过2800家,热门补贴商品超过23000款。

2019年,"6·18"结束后,"百亿补贴"并未终止,反而被公司升级为平台长期战略,并在拼多多App首页中心位置开设了独立入口,一直延续至今。

2020年,拼多多再次加大了"6·18""百亿补贴"的力度,2800多家国内外商家、30000+款全网热卖商品参与了拼多多第二届"6·18""百亿补贴"活动。

与此同时,拼多多还通过"百亿补贴星推官"、首次联合湖南卫视举办"6·18超拼夜"晚会等方式,一边携手明星带货,一边持续加码补贴力度。拼多多调整了部分定价策略,同类商品对比平台自身各类大型活动的历史价格,在历史最低价的基础上,追加20%以上的二次补贴,特殊活动的追加补贴最高可达50%。同时,宣布提高商家入驻门槛和服务标准,并对农产品和生鲜继续施行零佣金政策。

2021年,拼多多的这场年中大促比以往来得略早一些:5月22日零点,拼多多"百亿补贴两周年"大促正式启动,提前开始"6·18"嗨购。从5月22日到6月20日,整个活动周期近一个月,吸引到迄今为止数量最多的品牌官方旗舰店直接参与,为消费者带来品类丰富、实惠多多的产品。

同时，拼多多保持了一贯的"极简"玩法，用户无须提前加购，只要直接拼单，即可享受"百亿补贴""平台红包""店铺优惠券"三重福利叠加的重磅优惠。

据国元证券研究所统计，2021年，拼多多"6·18"的数码产品持续优惠，iPhone12最高补贴1800多元，价格低至4599元；其他产品优惠力度同样可观，SK-II神仙水直降941元，到手价仅599元；53°飞天茅台到手价仅2599元。

三年进化创造奇迹

2021年"6·18"期间，拼多多"百亿补贴"累计售出超过10亿件各类品牌产品，iPhone系列手机、戴森吹风机等产品的消费热度常年居高不下，而这些爆款也成为平台在大促中重点补贴的对象。

"百亿补贴"开展最初两个季度里，拼多多活跃用户数净增超1亿，颇有成效，2019年年底活跃用户数达到5.852亿。拼多多在三大电商中继续维持年活跃买家增速和净增绝对数的领先优势。

2020年年底，拼多多年活跃买家数达到7.884亿，比上年底增加35%，正式超越阿里巴巴同期的7.79亿，也遥遥领先京东的4.72亿，成为名副其实的中国第一电商。

拼多多2021年第三季度财报显示，年度活跃买家数达到8.67亿，较上一年同期净增1.957亿，继此前超越传统电商平台用户规模数后，稳居中国用户规模第一。更为重要的是，在"百亿补贴"的背景下，拼多多2021年第二季度首次实现盈利24亿元，第三季度继续保持盈利16亿元。

示范效应带动行业竞争

2019年10月15日，以"好物享低价　服务更放心"为主题的2019年"11·11京东全球好物节启动发布会"在北京举行。京东"11·11"推出众多秒杀爆品，以及每天可领的大额神券、单人最高1111元的"城城分现金"、预售会场定金膨胀不止5倍、买5G手机以旧换新最高补贴2000元等多种优惠形式，让用户每天在多个会场、多个频道全方位感受"超级百亿补贴千亿优惠"。

2019年10月21日，"2019苏宁易购双十一全民嘉年华"发布会在北京举行，针对"随时"的商品，苏宁联合厂商推出"百亿补贴"计划。

2019年"双十二"，淘宝上线"聚划算百亿补贴"，当天，"聚划算百亿补贴"吸引了超过500万人次的访问。在三线城市及以下的下沉市场，聚划算的同比成交增速高达41%。

2021年3月21日，趣店旗下奢侈品电商平台万里目上线，同步开启"百亿补贴"。

2021年4月28日，苏宁、阿里巴巴宣布将联手进行"双百亿补贴"，重点补贴家电、3C产品(计算机类、通信类、消费类产品的统称)。

2021年"6·18"及"9·9"两大购物节期间，京东与快手两度携手进行"双百亿补贴"，快手也推出了百亿补贴专场。

2021年8月27日，饿了么宣布正式上线"百亿补贴"。

2021年9月8日，飞猪旅行宣布启动"百亿补贴"计划。

💬 **思考**

1. 拼多多"百亿补贴"背后的商业逻辑是什么？
2. 电商平台在补贴过程中如何平衡供应商、店铺和消费者之间的利益关系？

近年来,各种类型的新媒体平台和互联网应用层出不穷,而且还在不断地快速更新迭代,使营销商业模式、传播方式不断丰富,呈现出勃勃生机。同时也给营销人员带来了困惑与挑战:选什么平台？是否应该"烧钱"？追求规模还是追求利润？……为更好地回答这一系列问题,我们首先梳理新媒体时代市场营销的理论基础。有坚实的基本理论基础,才能更好地推动各种新媒体内容营销方式和方法创新。

🔗 第一节 经济学理论基础:双边市场理论

双边市场理论是产业组织理论的研究热点和前沿领域。人们对双边市场的认识源于对信用卡市场的研究,法国两位经济学家罗杰和梯若尔发现很多产业都和信用卡市场一样,是依靠平台来连接两边的人群,因此提出了"双边市场"的概念,并进行了开创性的研究工作。2004年,法国产业经济研究所和政策研究中心在法国图卢兹联合召开"双边市场经济学"会议,这场会议被认为是双边市场理论发展的里程碑,标志着双边市场的形成,并被理论界认识和接受。2014年,梯若尔因为运用双边市场理论分析通信和银行市场管理的政策设计而获得诺贝尔经济学奖,标志着双边市场理论进入主流经济理论范畴。随着互联网和数字化浪潮的兴起,互联网双边市场已经成为十年来理论研究和企业经营实践中最活跃的领域。

一、双边市场的概念

市场一般是指买卖双方进行商品交换的场所,在经济学中泛指自由交易行为。不管在哪个意义上,市场的主体都至少包括买方和卖方。

随着信息技术的发展和互联网的广泛应用,不同市场主体之间的相互作用和联系越来越紧密,出现了很多新的商业模式和行为,用传统的市场概念很难解释它的特点和规律。例如,最近十年互联网市场上不断出现的"烧钱"模式、"红包"模式,按照传统经济学解释,都是不理性的;在共享经济中,使用权和所有权的解耦,颠覆了传统的"成本—利润"定价方法;社群的大规模兴起,互联网社区的人际传播代替了传统的大众传播,不仅打破了传统的企业边界,也改变了传统信息搜寻和议价过程……

双边市场是指两个或多个独立的用户群体通过一个平台或中介机构相互交流和交易的市场模式。近年来,互联网平台企业蓬勃发展,双边市场作为一种独立的市场实体逐步成为人们关注的热点。

双边市场的定义是:假设存在一个交易平台,对交易双方每笔交易收取的费用为 $P=P_B+P_S$(P_B是向卖方收取的费用,P_S是向买方收取的费用)。平台上的交易量为 V。如果交易量V只与总价格P有关,则这个市场是单边市场;如果V随P_B(或P_S)的变化而变化,则为双边市场。按照这个定义,双边市场有以下三个要点。

平台。 存在一个联系双边市场主体的平台,平台起管理作用。

管理。 平台拥有定价权(向交易双方收取费用)。

交易。 平台上的交易量与平台的定价策略相关。

在双边市场中,两个或多个用户群体通过共有平台与另一组用户相互作用而获得价值,每一组用户通过平台与另一组用户进行交易,从而实现价值的创造。双边市场的特点包括交易双方的存在、需要有一个平台来连接不同的用户群体、明确的交易规则以及价值创造的过程。

【延伸阅读】
双边市场不
是新生事物

二、双边市场的主体

(一)用户

双边市场中的用户更具有社会性。 "经济人"是经济学的基本假设和基本分析方法,在经济学大厦中的"人"只关注自我利益最大化。在双边市场中,首先,经济主体具有更加显著的社会属性。各个市场主体之间除了经济交易,仍然相互影响、相互联系。人和人之间不是线性关系,而是网状关系。例如,在典型的双边市场中,可以实现多主体价值共赢,一件商品销售得越多,商品的单位价值效用可能越大,如电话网络用户。其次,时间的概念更加得到重视。在双边市场中,未来的估值往往是平台主体关注的焦点。很多平台虽然持续亏损,但估值却很高。例如,摩拜单车虽然从来没有盈利,但是估值最高时却达到500亿元。

构建经济分析模型需要进行基本假设,经典的经济学和管理学的抽象模型常常忽略人性。现实是我们必须仰视人性。尤其是市场营销,消费者的心理和行为更是营销决策最主要的要素。也正是因为如此,双边市场中的平台型商业模式越来越得到重视。

用户需求的互补性和相互依赖性。 在双边市场中,只有双边用户同时加入平台并对其提供的产品有需求,平台才有价值。而且,双边用户对平台提供的商品或服务的需求是互补和相互依赖的。以抖音平台为例,平台一边的群体愿意分享美好生活的视频内容,另一边的群体则喜欢看短视频。

双边市场中需求的互补性和相互依赖性,与传统市场中的需求互补明显不同。传统市场中的需求互补是针对同一个需求主体而言的,如打印机和墨盒、剃须刀和刀片。由于需求的增加,互补品中一种商品的价格上升,另外一种商品的价格也会同步上升。对消费者而言,只能接受互补商品的价格上升。由于需求减少导致的情况也类似。在双边市场上,需求的互补性呈现出的不同的特点,是不同的用户之间的互补性。新用户会给老用户带来价值增值。例如,在拼多多平台上,新来的购买用户不断增加带来了需求的增加,不仅会增加店铺的销量,也会增加平台对更多商家的入驻吸引力。对原有的购买用户而言,也会带来新的福利,如可选的商品更多、价格更加便宜。

这种需求互动性具有十分重要的现实意义。对平台企业而言,只有将两边的用户汇聚到平台上来,平台才有价值。在现实中,平台企业首先要解决"先有鸡还是先有蛋"的问题。例如,滴滴出行在创业之初,有一个说法叫"渔夫先打鱼才有得卖",因此滴滴首先选择补贴司机,再补贴用户。其次要运用价格杠杆,制订补贴策略,平衡好两边用户的利益,才能保证双边市场的正常交易。

(二)平台和收费

双边市场中,平台是一只"有形的手"。 在双边市场中,平台在双边市场的形成、运作和研发中扮演着十分重要的角色,它提供和运营平台,并且通过平台来治理双边市场,可以说是平台企业创造了双边市场。传统市场容易出现"市场失灵"的现象,是因为在有限理性的前提下,微观上市场太容易失灵了,宏观上政府集体理性仍然是有限的,也很容易失灵。在双边市场中,自下而上产生的平台,再自上而下地配置资源、管理市场,能够较好地避免市场失灵。平台企业克服短期盈利冲动,为实现商业模式搭建软件、硬件基础设施;根据发展需要进行价格调控,发放针对性补贴(如网约车平台选择性补贴司机和用户),激励多边主体参与市场,控制搭便车效应和薅羊毛行为;依托云计算、大数据和人工智能技术,进行信息分发(商品信息、客户信息、服务信息)、流量分发,减少市场主体的搜寻成本,精确匹配交易双方;提供公共担保机制(如七天无理由退货)、裁判机制(如呼叫中心和在线客服),保证交易效率。

平台收费定价的非中立性。 所谓非中立性,是指对双边的影响是不一样的。平台定价的非中立性,是指平台对交易双方的收费总体上是不一样的。这恰恰是平台价格策略的要义。平台运营者通常的做法是,在发展初期,通过免费或低价方式吸引供应商入驻,同时通过低价方式吸引消费者到平台交易,这就是所谓的"跑马圈地"。随着消费者数量的增加,平台再根据需要调整双方的佣金或补贴关系。

【延伸阅读】
美团外卖关于佣金争议的回应

三、双边市场的网络效应

网络效应又称网络外部性,指一个人或一群人的行动和决策使另一个人或一群人受损或受益的情况。在经济活动中,网络效应指一个经济主体(国家、企业或个人)的行为直接影响到另一个相应的经济主体,却没有给予补偿或得到相应补偿。这种网络效应可以是正向的,也可以是负向的。正是因为产生网络效应后没给予或者得到补偿,一般认为网络效应的存在是市场机制配置资源的缺陷之一。也就是说,存在网络效应时,仅靠市场机制往往不能促使资源达到最优配置和社会福利的最大化,政府应该适度地干预。从现实上讲,外部性特别是外部经济仍是一个较严重的社会经济问题,如环境污染或环境破坏。

人们发现,双边市场中也存在着网络效应:一个用户接入平台,对平台其他用户的效用产生影响。事实上,网络效应是双边市场的典型特征。

按照网络效应的影响范围,可以把网络效应分为同边网络效应和跨边网络效应。同边网络效应是指平台市场一边的使用者越多,平台对该边使用者的价值越大。例如,在手机操作系统平台中,鸿蒙软件使用者越多,华为平台对市场所有使用华为手机的用户的价值就越大。所谓跨边网络效应,是指平台市场一边的使用者越多,平台对另一边使用者的价值越大。例如,在电商平台中,拼多多的活跃购买用户数越多,拼多多平台对平台上店铺商家的价值就越大;同样,拼多多平台上销售商品的店铺商家数量越多,拼多多平台对买方消费者的价值也越大。

按照产生原因,可以把网络效应分为直接网络效应和间接网络效应。直接网络效应是由用户需求之间的相互依赖性产生的,即购买和使用一种商品,可以增加购买和使用相同商品的其他消费者的效用。在双边市场上,接入平台的用户越多,平台对每个用户的价值越大,这符合梅特卡夫定律。间接网络效应主要是由用户需求之间的互补性产生的,如视频平台和视频内容之间、操作系统和应用软件之间。它们之间通常是互补的,无法单独满足消费者的需要。喜欢某个视频内容的消费者越多,该内容所在平台的其他消费者的效用也会增加;某个应用软件的用户越多,相应操作系统的其他使用者的效用也会增加。

【延伸阅读】
梅特卡夫定律

四、双边市场的交易过程

平台主导建立市场安排。双边市场是由平台创造的,平台在主导市场时通常考虑两个方面。首先是自身发展战略需要。例如,抖音平台为了响应国家乡村振兴战略和精准扶贫方略,对农村特色产品相关内容增加曝光度,农产品的费率为1%,数码产品的费率2%～5%,服装、化妆品的费率一般为10%。其次是市场特点。例如,为了防止柠檬市场的出现,几乎所有的平台都建立了客户评价系统,作为信号显示机制,电商平台有客户评价,并且用户可查;网约车平台有司机评价,用户也可以查询和参考。

平台对交易过程解耦。通常在市场交易过程中,所有权和使用权的转移是紧耦合的,一手交钱一手交货。由于信息不对称,容易产生逆向淘汰:商品甚至货币都容易出现以次充好的现象。这种现象是平台不能容忍的,于是把交易过程分解为一系列离散的步骤,并建立信用机制(如信用评分)、裁判机制(如客服热线)和担保机制(如七天无理由退货),确保正常的市场秩序。例如,普通电商平台的交易过程基本上都是这样的:首先,用户向平台支付商品货款;其次,商家向用户发货;再次,用户收货,并在平台上进行确认,或者到约定的时间后自动确认;最后,平台扣取佣金后,货款进入平台上的商家账户。在这个过程中,商品的所有权和使用权的转移过程是异步的,只有在买方确认获得了完整有效的使用权之后,商家才能获得货款,所有权转移才全部完成。

平台主导信息流。平台在双边市场中不仅是"裁判员",也是"运动员",平台上的所有交易也可以理解为"三方交易",平台是其中的交易方。除此之外,平台对市场的管理还体现在以下两方面。

一方面,市场信息流动由平台主导。平台的主要作用主要体现在信息汇聚、信息处理和信息分发上。信息汇聚主要包括:用户信息,即在用户注册时获得;商品信息,即在商品上架时获得;交易信息,即在交易过程中产生;行为信息,即用户在平台上浏览和点击信息产生行为轨迹信息。信息处理即平台利用大数据技术,对数据进行清洗、分类、建模分析、展现,形成商家画像、用户画像、商品画像等。信息分发即平台以 API(Application Programming Interface,应用程序编程接口)方式,把各种数据分发给商家,便于商家进行经营分析和决策。平台根据商家、用户、商品画像以及用户和商家的实时信息,用人工智能技术,向用户分发商家和商品信息,进行交易精准匹配。

另一方面,平台进行商品的二次定价。为了激励和引导用户参与双边市场,平台往往通过各种形式的补贴进行二次定价。通常,平台可以进行直接二次定价,对具体的交易过程中商品的价格进行补贴。例如,拼多多平台上以9.9元抢购iPhone13。也可以采用红包、抽奖等方式间接进行二次定价。

【延伸阅读】
从"千人一面"到"千人千面"——淘宝个性化推荐系统演进史

五、双边市场的主体行为

(一)用户归属竞争

在双边市场中,不同平台提供的产品存在差异或有平台不兼容等问题,用户为追求自身利益最大化,可能同时在多个平台进行交易。由于网络效应的存在,争夺用户归属就成了平台的首要大事。许多平台试图通过各种手段(如价格策略、对卖家施行排他性协议并逼迫其退出其他平台等)争夺双边用户资源,当平台的用户数达到一定数量时,就会产生巨大的网络效应——另一边的用户会纷纷加入平台——从而获取这种网络效应的价值。这一效应反过来又会导致本边用户的快速增加,进一步强化网络效应,最后形成"赢者通吃"局面和客户锁定效应。通过锁定客户来提升市场竞争力,是任何企业都梦想实现的营销状态。

通常来讲,平台抢夺用户归属的竞争策略有三种思路。

进行成本补贴。 为什么平台企业可以进行成本补贴?主要是因为从成本结构上看,平台企业的边际成本很低,甚至可以接近零。从收益来源看,由于网络效应的存在,平台企业的边际收益却存在递增的可能。这导致平台企业有动力采用亏损方式(如直接补贴)吸引用户,各大电商平台从2019年开始进行的"百亿补贴"大战就是典型案例。这类策略往往在平台发展初期使用。

提高转换成本。 从用户角度出发,在不同的平台之间切换需要承担转换成本。在平台用户达到一定规模时,可以盯住用户的转换成本做文章,保留存量用户。转换成本可分为程序性转换成本、财务性转换成本、关系性转换成本。其中,程序性转换成本包括经济风险成本、评估成本、学习成本、建立成本;财务性转换成本包括利益损失成本、金钱损失成本;关系性转换成本包括个人关系损失成本、品牌关系损失成本。

这三类成本分别代表了时间/精力、财务、情感/心理三个方面的资源。也正是从这个转换成本的角度出发,平台吸引一个新用户的成本远高于保留一个老用户的支出。例如,腾讯视频推出了一系列会员权益,如院线新片、独家美剧、全球纪录片、热剧提前看、赠观影券、关闭广告、1080P画质、尊贵身份、直播回看、预约下载、边下边播、极速缓存等,这些特权边际成本并不高,老用户保留效果却很不错。

【延伸阅读】
全球最成功的付费会员体系

进行排他性交易。 排他性交易是指平台企业与线上卖家签订一款限制其与任何第三方交易的契约,主动权归属于平台。无论在国内或国外,排他性交易尽管受到当地反垄断部门的密切关注并被法律严格禁止,但在商业实践中仍

【延伸阅读】
阿里巴巴被罚183亿元

广泛存在。

(二)定价策略

在双边市场中,定价是平台向双边的收费,或者说平台收取佣金或者分成。收费实际上是平台各方之间的正常交易行为。市场经济有交易的公平利益原则,平台商提供一种连接各方和承载交易的"场所",体现在费用的收取上就是平台为供应商的产品创造了进入市场的便捷通道,而供应商则必须为进入这种现代化流通通道支付"市场费用"。对购买者来说,通过平台节约了各种机会成本,也需要支付一定的费用。

对平台来说,制定收费标准主要考虑以下因素。

网络效应。在双边市场中,由于存在网络效应,用户数增加会使平台价值增加。平台往往通过对一边用户采取低价策略,扩大本边用户规模,进而通过跨边网络效应提高另一边用户接入平台的需求,从而在另一边市场上获得更大的利润。

需求弹性。一般情况下,在只有买卖双方的普通单边市场上,通常用户需求弹性越大,企业越倾向于降低价格以获得薄利多销的效果。在双边市场中,平台向两边收费为 $P=P_B+P_S$(P_B是向买方收取的费用;P_S是向卖方收取的费用),这表明,首先,平台制定价格需要同时考虑市场各方;其次,平台制定价格时,总体上,各方需求弹性越大,平台收费越低,反之亦然;最后,在平台制定的总价格一定的情况下,某一边的需求弹性较大,那么平台将倾向于收取较低的价格,反之亦然。

对平台上的用户而言,在存在多个平台相互竞争时,平台相对各方的影响力越大,各方的需求弹性就会越小,相应的平台的收费就会越高。对平台供应商而言,产品的品牌越知名,品牌对平台的需求弹性就会越大,相应的平台商能够收取的费用也就越低。

用户规模。用户规模往往是衡量平台发展的重要标志,如日活用户数、月活用户数等。在平台成长初期,用户数较少,平台倾向于以低价吸引用户。当平台用户数达到一定规模时,平台倾向于提高价格,以获取更多收益。

(三)一体化

在双边市场上,一体化是常用的战略选择。尤其是在互联网市场上,网络效应往往带来"赢者通吃"。作为一种非价格竞争方式,以兼并收购方式实现一体化,往往更加符合战略需要。

双边市场的一体化也常常沿着纵向和横向进行。

纵向一体化是指企业采用投资或者自营方式向现有业务的上游或下游发展,以扩大现有业务范围的行为。在双边市场上,通过纵向一体化兼并收购产业链上下游企业,可以获得以内部管理成本代替市场交易费用所带来的经济性,同时提高产业链稳定性和进入壁垒。

横向一体化主要是指投资兼并收购同类平台或者其他业务平台,扩大规模的战略。在双边市场上,通过合并同类平台,不仅可以减少争夺用户带来的沉重的价格补贴负担,而且可以通过网络效应提升平台价值。平台合并其他业务平台,可以扩大业务范围,丰富用户服务,提高客户忠诚度。

【延伸阅读】
美团的投资

第二节　管理学理论基础:平台战略

平台是互联网发展中最突出的现象。百度、腾讯、阿里巴巴、字节跳动、苹果、微软、亚马逊……他们背后有着一种共同的席卷全球、改变世界的商业思维:平台商业模式。平台商业模式的巨大成功,使之迅速成为互联网企业的基本战略选择,相关的战略管理理论迅速兴起。2013年,《平台战略:正在席卷全球的商业模式革命》一书系统地提出了平台战略,指出:平台商业模式的精髓在于打造一个完善的、潜能巨大的生态圈。2016年,《平台革命:改变世界的商业模式》一书系统地分析了平台商业模式,并入选《哈佛商业评论》2016～2017年度"全球十大管理创新"奖。当前,平台战略方兴未艾,在新一轮互联网迭代升级和数字经济浪潮中仍然呈现出应用越来越广泛的趋势。

一、平台战略的兴起

互联网数字经济时代,传统价值链中以供给为中心的商业模式日渐式微,以需求为导向的互联网商业模式和价值创造正在出现。与之相伴的是新生力量对传统行业的颠覆。2018年1月20日,著名主持人张泉灵在"领航者大会"上的演讲中指出的"时代扔掉你的时候,连一声再见都不会跟你说",正是这种颠覆的真实写照。

【延伸阅读】
时代的背影,
传统商业模
式式微

数字化浪潮中一个明显的趋势就是平台的大量涌现,平台战略甚至逐渐成为主流的价值创造模式,拥有一个成功的平台也成为企业获得竞争优势的重要途径。平台在不同垂直行业中普遍带来了颠覆性变化,全面改变原有的企业形态、商业模式和整体格局。"创造性破坏"的例子比比皆是:传统媒体逐步销声匿迹,字节跳动旗下的抖音平台全面崛起;线下零售商业举步维艰,电商平台成为人们的消费基本选择;甚至银行业,也需要在移动支付的大趋势下加速改革,以适应新的变化。

平台彻底地改变了每个人的生活。人们已经习惯于平台带来的各种便捷,包括手机支付、社交网络、电商购物、包裹快递、搜索引擎、在线游戏等,毫无疑问,我们生活在互联网平台主导的时代。

平台模式已经成为主流的商业模式。目前全球最大的100家企业里,已有60家企业的主要收入源自平台模式,其中包括苹果、花旗、谷歌、微软、沃达丰等著名公司。在中国,阿里巴巴、百度、腾讯、字节跳动、京东、拼多多等公司,同样通过平台模式登上了产业链的顶端,创造出所有参与者持续共赢的生态优势。

【延伸阅读】
两个著名的
"赌局",真正
的赢家是谁?

平台商业模式创造性破坏的本质,使它以令人难以置信的速度和规模席卷全球,未来的企业竞争必然是平台商业模式的竞争。

二、平台战略的含义

平台战略是指企业围绕平台商业模式来确定发展方向,配置资源,协调和处理企业内外部关系,实现企业目标的总体定位和规划。

一般认为,平台战略的核心是构建多个参与主体共享的商业生态系统。在这种生态系统中,企业连接多边群体,为其设计一定的互动机制与不同的补贴策略后,通过激发多边群体间的网络效应,使各方群体产生归属感,最终实现多方群体共赢的战略。

钱德勒在1962年出版的《战略与结构:美国工商企业成长的若干篇章》中考察了美国大企业的成长史之后,提出了著名的命题:战略适应环境,结构跟随战略。这一命题在互联网时代同样适用。互联网的基本逻辑是开放、自由、平等、合作。平台企业只有努力适应互联网的这些本质特征,并构建自己的战略,才能形成竞争优势。这意味平台战略必须是灵活的、开放的、高效的,它的基本特征也可以归纳为以下三点。

去中心化。去中心化的实质是权力的下沉和分散,去中心化不是要"消灭"中心,而是强调多中心的效率更高。在去中心化的系统中,每个节点都具有高度自治的特征;可以彼此自由连接,形成新的连接单元,可能成为阶段性的中心;节点与节点之间通过整个网络相互影响。

平台上的业务流和信息流没有绝对的中心。例如,传统媒体如电视媒体,存在内容中心和转播中心,但在微博平台、短视频和直播平台上,每个人都可以连接和影响别人,当自己的观点和主张吸引了别人的关注和支持时,那么其就成了一个中心,也就是说每个人都可以成为中心,也就是大V和KOL。又如微商使用的微信小程序,腾讯仅提供统一的入口和支付方式,按照一定的比例收取支付手续费,其余事项均由微商自己决定,包括商品、价格、服务等内容。每一个微商都是一个中心,也是一个节点,他们所覆盖的朋友圈中的每一个朋友,又都可以是新的中心和新的节点。正因为去中心化,微商模式才能在短时间内快速裂变和发展起来。

去中间化。去中间化是指供求之间的中间环节越来越少和越来越不重要的趋势。分销渠道曾经是商业模式的重要组成元素。"渠道为王"是工业经济时代商业模式的主旋律,借助他人的渠道或分销商体系进行销售和配送,是工业经济时代企业完成价值创造和价值实现的基本途径。但是在互联网平台上,供需双方可直接进行匹配和互动,比如O2O(Online To Offline,"线上到下"的商业模式),通过线下的体验然后进行线上购买,根本不需要中间环节。

去边界化。在平台商业模式中,去边界化可以从两个层面理解。

第一,企业边界变模糊。平台是聚集多边群体,包括产品供应商、内容提供商、广告商、用户的生态圈,这些多边群体都是利益相关者。平台企业的经营、管理不存在"内部"与"外部"的绝对清晰的边界。例如,网约车平台制定了车主的管理规范,包括分成比例、服务规范、价格标准等,但是网约车司机都不是平台企业的员工,网约车的产权也不一定属于平台企业。

第二,产业边界被打破。在互联网企业平台化的过程中,新建投资、并购重组、联盟合作等手段是边界扩张过程中经常运用的手段。平台企业以整合为基础,实现对相关产品和服务的系统化设计和市场供给,把原本存在多个细分需求的市场整合起来,从而实现了对消费者碎片化需求的整体满足,进而赢得更大的市场份额。在这个过程中,企业通过对原有产业链和价值链的重塑,延伸

【延伸阅读】
小米科技有
限公司

了企业组织的控制边界,并不断地打破原有的产业边界,实现跨界融合。

三、平台战略的定位

战略定位就是要回答一个公司向什么方向发展的问题。只有选择对的方向,在对的方向上坚持下去,才能带领企业走向未来。确定总体的战略定位,才能纲举目张,把企业各个方面资源配置、实施计划有机地协同起来。彼得·德鲁克曾经指出:"没有一家企业可以做所有的事。即便有足够的钱,也永远不会有足够的人才。必须分清轻重缓急。最糟糕的是什么都做,但都只做一点点。这必将一事无成。不是最佳选择总比没有选择要好。"

平台战略定位是企业全局性、整体性的设计和选择,它必须清晰,不能空泛。现实世界中有太多的企业家想做所有人的生意,这就导致战略空泛化。即便数字化对企业的赋能是巨大的,也没有任何人能够做所有人的生意。战略定位就是要企业想清楚到底做谁的生意。

【延伸阅读】
盒马鲜生的战略定位 三公里生活服务平台

平台战略定位必须聚焦,不能模糊。平台企业的战略定位要清晰地回答:我们是做什么的? 我们不做什么? 战略的核心在于选择,难在取舍。"取"相对容易,"舍"对大多数平台来说,往往是极其困难的。战略定位的思想是,企业在特定环境下适宜采用的战略方案是有限的,定位的价值在于从多种看似可行的战略中选出真正的好战略,实现环境、战略、组织的有效匹配。

四、平台战略的商业模式

互联网环境下涌现了丰富多彩的商业模式,如O2O、团购、众筹等。这些商业模式名称,突出表明或者强调的是参与主体、业务形态以及业务开展方式,却没有反映出这些商业模式的真正内在商业逻辑。

实际上,商业模式是一个企业的基本经营逻辑,它描述了企业的价值主张及创造价值、获取价值的过程。在平台战略的构建中,价值主张、价值创造和价值共享相辅相成,企业以价值主张为核心,以价值创造为基础,以价值共获取为目的,将价值从平台传递至多边参与者,再充分收集、吸收和采纳各方的回应,不断优化平台战略。从谷歌、亚马逊到百度、阿里巴巴、腾讯、字节跳动、美团等,这些企业在网络经济的发展中飞速成长,受到资本市场的青睐,在成立很短的时间内通过融资、并购成功上市,逐步从初始的网络服务公司成长为大型综合服务的平台的过程与他们所采用的有效商业模式是分不开的。

(一)价值主张

价值主张是指对客户来说什么是有意义的,通过企业提供的产品和服务要为客户解决什么问题,满足客户什么要求。它解决了企业价值定位的问题,为企业确定了发展方向。平台企业的价值主张首先要明确平台的市场定位,确定平台在哪个领域内进行价值创造活动,其次要满足客户的要求。

【延伸阅读】
滴滴出行的价值主张

（二）价值创造

商业模式的基本内容是价值创造。在平台商业模式中,价值的创造过程是怎样的? 结合平台企业和双边市场的特征,价值创造分为三个层面。

1.第一层面:价值链。平台企业通过一系列经济活动实现价值增值

1985年,哈佛商学院的迈克尔·波特教授在其所著的《竞争优势》一书中首次提出了价值链的概念,指出企业的每一项生产经营活动都创造价值,这些活动可分为基本活动和支持活动两类,基本活动包括内部后勤、生产作业、外部后勤、市场和销售、服务等,支持活动则包括采购、技术开发、人力资源管理和企业基础设施等。这些互不相同但又相互关联的生产经营活动,构成了一个创造价值的动态过程,即价值链。

具体到平台企业,它通过上述的基本活动和支持活动,创造双边市场、运作双边市场、管理和治理双边市场,帮助双边用户减少信息搜寻成本,促进用户在平台上的沟通互动,精确匹配交易,平衡各方利益,有效降低了市场交易成本,提高了市场效率,在每一个环节都创造价值。

2.第二层面:价值网。在平台生态圈中,多边参与实现价值共创

1998年斯莱沃茨基在《发现利润区》一书中首次提出价值网的概念,即由于竞争的加剧、互联网影响等原因,要从更大的范围来考虑价值创造活动,事实上企业、供应商和顾客都创造和提供价值。平台价值网是以多边关系为核心而形成的生态圈,它包括生产制造商、零售企业、物流、顾客等主体,在相互联系的过程中实现多个主体共同创造价值。平台价值网中价值共创的机制主要在于分工合作、资源共享和顾客价值。

分工合作。在平台双边市场中,不同的企业可以专注于自己擅长的领域,通过专业化的分工与合作,把资源集中在价值创造优势环节。平台多边主体之间通过平台进行合作,深度整合核心资源和竞争优势,发挥整体大于部分之和的协同效应,形成规模优势,实现价值创造。

资源共享。平台上强大的互联关系可以有效加快企业之间知识共享和信息交流的速度。通过资源共享实现网络内信息资源和知识资源的自由流动,形成平台各方之间的"互补性资源组合",使价值网创造的总价值大于未形成价值网时各成员独立运作时实现的价值之和。

【延伸阅读】
小米生态系统

顾客价值。在传统理论中,厂商负责生产,消费者负责消费,生产者与消费者截然分开,他们之间没有关联价值。在平台生态系统中,顾客是不可忽视的一边。事实上,顾客在消费、体验、评价、反馈、分享的过程中也能创造价值。例如,用户在免费使用百度搜索服务、地图导航服务、腾讯QQ或微信聊天服务、大众点评的过程中,为这些公司创造了巨大价值;在免费观看电视节目的过程中,为电视台创造了巨大价值;甚至在免费逛公园的过程中,为公园带来了巨大价值。顾客创造价值是平台企业横向收费、后向收费等价格策略的基础。

3.第三层面:价值涌现。平台生态系统中的价值质变

"涌现"指一个系统中个体间预设的简单互动行为所造就的无法预知的复杂样态的现象。

涌现理论的主要奠基人约翰·霍兰德在《涌现：从混沌到有序》一书中这样描述"涌现"现象："在复杂的自适应系统中，涌现现象俯拾皆是：蚂蚁社群、神经网络、免疫系统、互联网乃至世界经济等。只要一个过程的整体的行为远比构成它的部分复杂，都可称为涌现。"

以蚂蚁社群为例，任何一个对蚁群有过了解的人都知道，单只蚂蚁几乎没有智商，同伴之间靠简单地分泌信息素来沟通。但是如果将上百万只蚂蚁放到一起，群体就会组成一个整体，形成具有所谓"集体智能"的"超生物"，整个蚁群一起构造出的结构复杂得惊人，从而使蚁群具备"逢山开路、遇水架桥"的本领，比如遇到一条河过不去，蚁群可以抱成一个团滚过去。

平台商业模式中也存在相同的现象：平台上有对等的多边参与主体，包括平台企业、供应商、消费者、广告商等；多边参与主体在平台上通过沟通、交易等多种方式进行互动；平台上的各方都需要遵守约定的游戏规则。当平台的参与者达到一定规模，各方参与者在平台上的互动活动超过一个临界值时，其价值创造互动就出现了质变，系统整体的价值超过了单个主体创造的价值之和，这就是价值涌现。这是平台网络效应，也是梅特卡夫定律成立的原因。

【延伸阅读】
纽约大学教授
优雅地认输

（三）价值获取

价值获取是企业从所创造的总价值中取得一定份额的过程。这个过程的实质是要解决三个主要问题：向谁收取费用、收取什么费用、收取多少费用。从管理的角度看，这三个问题分别对应选择收费对象、确定收益来源、制定具体价格。归纳主要互联网企业的商业模式实践，可以发现平台企业的价值获取方式主要有以下几种。

交易服务费。平台按照商品价格的一定比例收取的服务费，也叫手续费、佣金等。不同类目的商品服务费比例不一样，一般在商品价格的1%～10%之间。交易服务费有时也以分成方式体现。例如，在各大平台上，游戏业务主要采用分成方式。为保证游戏开发者的积极性，大部分平台采用3∶7比例分成，即70%的收入归开发者。

平台使用费。平台定期向供应商收取的固定费用。例如，京东平台2021年"游戏和产品设计""手机—运营商"类目的平台使用费为500元/月，其他类目为1000元/月。

会员费。平台以收取一定费用的方式邀请用户加入会员，同时向会员提供一定价值的服务包。例如，百度文库VIP2022年1月普通会员费为18元/月，可以获得VIP文档9+15次免费下载、部分VIP文档无限次下载、付费文档8折优惠等7项特权。

广告费。用户注意力是一种稀缺资源。平台企业把有价值的位置包装成广告位，出售用户注意力资源，获得广告收入。

竞价排名费。在互联网平台上，排名位置决定了注意力，也就是流量的多少。平台企业往往通过竞价排名的方式分配展示位置或者用户搜索的优先推荐次序获得收入。电商平台往往"按效果付费"，允许入驻商家购买部分关键词，以提高该关键词在搜索结果中的排名。抖音短视频平台允许内容制作者付费"DOU＋"上热门，用户支付一定的费用，就可以自己设定目标用户方案，获得优先推荐。

增值服务费。增值服务实质上是一种差异化服务，通常指超出常规服务范围的更深层次延伸服务。例如，普通QQ号最多可以建200人的社群，但是如果愿意支付198元/年，则可以建1个2000人的社群;如果愿意支付398元/年,则可以建1个3000人的社群。

沉淀资金价值。当平台用户数和交易量达到一定规模时,用户缴纳的保证金、押金和因为售后服务要求延迟向商家支付的交易资金将累积到一个很大的数字。虽然这部分资金在财务上只能记为"应付账款",不能记为平台自有资产,但只要平台稳定运营,相当于平台实际上始终有一笔资金。合理利用这笔资金将带来不菲的价值。在共享单车到达巅峰时期的2017年,央视财经频道2月21日的《第一时间》节目中指出,摩拜单车2016年12月的活跃用户量已达313.5万人,按照每个用户299元押金计算,每月活跃用户押金总额超过9亿元。2017年2月28日,招商银行、摩拜单车联合宣布双方达成战略合作,未来双方将在押金监管、支付结算、金融、服务和市场营销等方面展开全方位合作。

五、平台成长战略

(一)平台成长周期

平台用户增长过程与新产品市场接受过程类似。平台用户发展过程中有两个关键点:临界存活点X、引爆点Y。依据这两个关键点,可以将平台用户发展过程划分为以下几个阶段。

初创期。在临界存活点以前,只有少数"创新者"愿意尝试使用平台,一般用户处于观望状态。只有平台的使用人数达到临界值X,企业认为平台完成了技术、业务流程优化,愿意投入一定的资源进行双边市场开发,平台才能获得持续发展的基础。

存活期。当平台用户数达到临界存活点X之后,仍然不能满足市场最低使用预期。此时企业陷入"先有鸡还是先有蛋"的困境。一方面市场用户不足,难以吸引足够的供应商加入;反过来,供应商不足,难以吸引足够的用户。此时企业面临的挑战是如何将用户规模推升到引爆点Y。此时,企业需要通过投入广告资源、用户补贴等方式加大力度开发市场。

增长期。当平台用户数达到引爆点Y,此时网络效应开始发挥正反馈作用,用户"跟风"效应开始出现,源源不断地入驻平台,用户规模开始加速增长。

成熟期。当用户增长速度放缓的拐点出现,市场进入成熟期。

(二)平台成长战略

根据平台特征,有两种成长战略可以选择。

快速规模化战略。适用于综合互联网平台,企业采用免费、补贴等方式快速做大,平台企业采取歧视性定价等策略,快速扩大用户规模、激发网络效应,迅速占领市场并跨界渗透邻近市场,从而实现"赢者通吃"。

身份差异化战略。适用于垂直互联网平台。垂直互联网平台的市场定位是深耕某一行业领域,聚焦细分市场的用户特点和需求。在行业细分市场上,用户对平台的认知具有特殊性要求。例如,幼儿园视频监控管理平台上的用户大都是家长,此时如果按照综合平台快速做大的成长逻辑,持续扩展产品和服务品类,扩大供给方规模,比如销售日用品,反而会引起需求方"反感"而逃离平台。事实上,产业领域的垂直互联网平台很难依靠免费、补贴策略来持续获得用户,往往更

【延伸阅读】
青团社的专
注与成长

看重通过平台服务质量和口碑建立差异化的身份标签,成为细分领域的"专家",达到吸引用户的目的。

六、平台竞争战略:生态化竞争

(一)数字化时代市场竞争特点

竞争自古以来是市场的特点。随着数字化时代平台商业模式的出现,市场竞争呈现出新的变化。

从单赛道变成了多赛道竞争。单业务平台现在是很少见的,大部分平台在汇聚了一定用户规模以后,都开展了多赛道经营。例如,当前的导航软件都已升级为导航、打车、订酒店的多面手,百度地图甚至还集成了度小满金融服务功能。

从单独满足用户需求变成联合竞标。事实上,平台企业从来都不是单打独斗,爱彼迎没有一间客房,却打败了所有酒店。美团与饿了么没有一家餐馆,却垄断了人们的胃。

同业竞争变成跨界竞争。在中国,几个主导运营商,中国移动、中国电信、中国联通,一直在通信市场开展激烈竞争,却发现不知何时最大的威胁竟然来自微信和QQ。如今马斯克的星链公司正在跨界而来,免费上网的服务模式将会带来颠覆性的冲击。

同层次竞争升级为多维竞争,甚至是降维打击。曾经的电脑杀毒主流软件瑞星、江民、卡巴斯基等,都是收费的。直到360出现,提供免费杀毒软件给用户使用,这些收费的软件企业直接走向灭亡。反观360,有很多盈利业务,如导航、搜索、广告、浏览器等,这些业务的海量用户所产生的数据资产价值,也是其他杀毒软件无法模仿的。无独有偶,在我国在线视频市场上,爱奇艺、优酷和腾讯三大视频平台,十年烧光1000亿元,举步维艰;另一边,今日头条、抖音的母公司字节跳动2021年收入增长了70%,达到580亿美元。为什么反差如此巨大?前者是用户的视频播放工具,后者是以视频为媒介的社区,完全不在一个维度上。

(二)平台生态化竞争战略

1993年,穆尔在《哈佛商业评论》上发表了《捕食者和猎物:一个新的竞争生态》一文,把生态学观点应用于企业竞争战略中,首次提出了"商业生态系统"的概念。在数字化时代的市场上,由于需求和技术创新的带动,电子商务、社交通信、旅游出行等各类平台企业逐渐发展成为以平台核心企业为主导,行业内成员协同演进、互利共生的生态系统。因此,平台生态系统已成为众多企业在互联网时代下维持竞争优势和持续发展的战略选择。

平台生态系统是以平台为载体的商业生态系统,有两层含义:从平台参与者角度看,它本身是一个由供应商、广告商、用户等多边主体构成的生态系统;从平台承载的业务角度看,平台可以被视为由一系列具有相关性、互补性业务组成的"业务丛林"。无论从哪个角度出发,平台企业应都高度重视激发网络效应、追求规模经济和范围经济。

平台生态化竞争战略是指企业围绕平台打造生态系统,体系化地建立差异化竞争优势的战略选择。数字化时代的竞争不是单个企业之间的竞争,而是一个商业生态系统与另一个商业生态系统之间的对抗。只有在一个体系化的生态系统中,才能有效应对各种不确定性带来的挑战。企业的任何竞争优势都来自差异性,商业生态系统的竞争能力也取决于体系化的差异性。因此,平台生态化竞争战略可以理解为一种差异化竞争战略。

平台企业打造生态体系是一个复杂和长期的过程,需要安排和配置企业内外部各种资源,汇聚各方的参与者加入平台,并不断协调和优化,实现和谐共赢。在这个过程中,企业需要建立一系列战略安排,确保战略路线图的逐步实施,直至目标实现。这里的战略安排主要是以下三个机制。

补贴机制。补贴机制实际上是价格策略。在双边市场中,补贴机制也是最有力的市场杠杆。当市场网络效应未被激发,或者网络效应与平台企业战略意图不一致时,企业需要按照自己的战略意图对平台的某一边或者几边进行补贴。企业也会通过补贴来应对市场竞争。例如,"百亿补贴"就是2019年6月拼多多首次发起的促销概念,并由此引发了主流电商平台之间的持续几年的价格竞争。

孵化机制。孵化是平台对入驻平台的用户进行赋能的过程,具体包含的内容可以是从资金投入到管理方法输出,从资源管理到市场开发的各个方面。孵化机制是平台生态化战略的核心内容,对平台培育生态体系至关重要。某些用户虽然在主观上有加入平台生态圈的意愿,但是由于自身能力的不足,导致其进入生态圈时面临着层层壁垒。为解决这一问题,平台企业需要构建孵化机制。

【延伸阅读】
海尔"创客森林"

过滤机制。某些成员加入平台会带来负面影响,降低其他用户的使用意愿和效用。这种现象很多,例如,在一个以创新创业为主的社群中,加入了一些以推销为目的的成员,经常在社群中发布商品广告,其他的社群成员会因为无法忍受他们带来的"噪声"而退群。

平台企业需要建立完善的配套机制,来进行用户过滤。主要方式有以下几种。

身份鉴权。很多平台要求用户必须进行实名认证。例如,支付宝和微信都要求用户进行实名认证,绑定手机号、银行卡才能进行线上支付。各大电商平台要求入驻的店铺必须上传企业或者个体工商户的营业执照、法人身份证,并要求通过对公账户进行小金额打款验证。

内容审核。各大平台都对文本、图片、音频、视频进行检测和识别,通过系统化的方式提供审核、打标、自定义配置等来保障内容安全。具体操作包括机器审核、人工审核、用户投诉审核、结果复审这四个方面。

信用保证。信用保证是平台为保证服务质量而对入驻商户提出的要求。信用保证一般包括两个方面。首先收取一定保证金,当商户提供的产品或服务出现质量问题等,致使客户有理由投诉时,平台就采用扣取一定金额保证金的方式进行惩罚。其次是货款延期支付。电商平台对大部分商品都向用户承诺七天无理由退货,在用户没有确认收货的情况下,七天之后才会向商户支付货款。

用户监督。用户监督是指通过用户评分和评价方式来对商家进行信用评级。这已经是各大互联网平台的标配,是一个十分有效的监督方式。一旦商家的评分过低,不仅用户信任度降低,而且还要面临失去平台流量支持和优惠政策,直至被踢出平台。

第三节　社会学理论基础：社会网络理论

社会网络理论是当今社会学的一个重要热点分支领域。它认为社会是由许多节点构成的一种结构，节点通常是指个人或组织，社会网络代表各种社会关系。我们知道，任何经济组织和个人都与外界具有一定的关系和连接，都镶嵌或悬浮在巨大的社会网络之中。企业的生存需要从周围环境中汲取资源，需要与周围环境相互依存、相互作用才能达到目的。事实上，社会学理论与经济管理理论的相互融合在互联网1.0时代就已开始。但互联网对商业社会的影响和改造远未停止，随着万物互联时代的到来，社会网络空间被进一步放大，在电商、即时通信、游戏、短视频、搜索、导航、外卖等各大平台上，应用社区正迅速扩展泛连接、凝聚碎片注意力、激发用户分享和渠道裂变、匹配供求、撮合交易。因此，进一步融合社会学理论和管理学理论，不仅可以进一步丰富和发展经济管理理论，而且可以为营销创新提供新的思路和方法。

一、社会网络理论的兴起

社会网络是一个结构的概念，是指由一些个体间的社会关系所构成的相对稳定的体系。个体既可以是个人、组织，也可以是国家。个体间的社会关系可以是人际关系，也可以是交易、竞争、合作等经济关系。

一般认为社会网络理论的开创性研究源于英国。1940年，英国人类学家拉德克利夫·布朗在他的著作《安达曼岛人》中首次提出"社会网络"的概念。1954年，巴恩斯在分析挪威渔村的社会结构时发现，非正式系对社会稳定也有着重要作用，并建立了从概念到方法的完整体系——社会网络分析。

从20世纪50年代开始，社会网络理论在美国取得新的发展。1956年，卡特赖特和哈拉瑞以图论为研究工具，用数学方法研究社会互动，把对社会网络的分析从定性分析推向了定量分析。

1978年，在威尔曼等人的倡导下，国际社会网络分析协会正式成立。加上《社会网络》杂志的创办，社会网络理论走上了系统化和国际化的进程。

20世纪90年代以来，社会网络理论开始进入企业管理学领域，用于分析员工行为、组织内部知识和信息传递。进入21世纪后，互联网以不可阻挡之势渗透到社会经济的各个领域，线上市场上出现了交易空间广泛化、交易方式数字化、交易主体身份虚拟化等新的特征，社会网络理论与分析方法也被广泛地融合在经济学和管理学中，不仅被用来分析和解释互联网社区、社群运营和用户行为规律、企业平台商业模式管理，而且进一步延伸到微观经济学领域中，催生了分享经济和分享经济学等新的理论，展现出了强大的普适性和生命力，成为数字经济的重要理论依据和分析工具。

二、社会网络理论的主要内容

社会网络是由多个社会行动者及它们之间的关系组成的集合。这里的行动者既可以是个人,也可以是组织。社会网络是个人或组织获取资源的途径。

社会网络理论从两个方面解释行动者的行为:关系要素和结构要素。关系要素通过分析社会联结的密度、强度、对称性、规模来说明特定的行为和过程。结构要素则关注网络参与者在网络中所处的位置,讨论两个或两个以上行动者之间的关系所折射出来的社会结构,以及这种结构的形成和演进方式。这两个方面的要素对资源流动都有重要的影响。

(一)嵌入性理论

格兰诺维特1985年在《美国社会学评论》上发表论文《经济行为与社会结构:嵌入性问题》,认为在现代社会中,经济活动是或多或少地嵌入在社会关系当中的。社会网络中存在信任机制,人们因为相互信任而减少了机会主义,交易行为得以顺利进行。这就是"嵌入性"思想。我们在分析经济行动的时候,必须在社会关系的框架下进行,即人的行为会因为具体的社会关系网络的不同而发生改变。这一理论的提出改变了人们对于社会行动和经济行动的传统印象,将它们都放置在社会结构的框架下分析。嵌入性是社会网络理论的核心概念,为其他社会网络理论奠定了基础,对古典经济学"经济人"假设形成了补充,使经济学、管理学更加重视"社会人"。

(二)强弱关系理论

美国斯坦福大学的格兰诺维特1973年首次提出了"关系力量"的概念,将关系划分为强关系和弱关系,并提出通过互动频率、情感强度、亲密关系和互惠交换四个维度来界定关系的强弱。

强关系能够产生强大的凝聚力,对个体具有重要意义,个体、企业或组织通过与网络中的稳固行动者建立强关系,从而嵌入社会网络。随着行为主体双方的交流日益频繁,彼此之间产生情感上的亲密,建立信任机制,双方可以从连接中优先、轻易获得更强有力的支持。

弱关系对社会成员的态度和行为更有影响力。个体、企业、组织只有有限的精力维持极少数的强关系,但可维持极广泛的弱关系。群体之间以及社会网络中的局部桥关系往往是弱关系,弱关系的优势体现在关系双方松散的、非情感性的接触,增加了关系连接的广泛性和多样性。

【延伸阅读】
弱关系的力量

(三)社会资本理论

法国社会学家布尔迪厄1985年把社会网络的概念提升到了社会资本高度,认为社会资源嵌于社会网络之中,并可以以社会网络为媒体来间接摄取。他认为一个人获取社会资本的能力与社会网络的大小规模、关系异质性以及资源数量有关。

社会资本是社会网络中的资源的总和,是区别于经济资本的另外一种资本。一般来说,组织或个体有两种资本:经济资本、社会资本。经济资本是自身拥有的资产,社会资本则代表了社会关系,是寓于人际关系之中的。不论是实体的还是虚拟的,与外界的联系越多,则社会资本越多,表明获取资源的渠道就有可能越多。

由于社会资本代表了一个组织或个体的社会关系,因此,在一个网络中,一个组织或个体的社会资本数量决定了其在网络结构中的位置。网络中的关系并不是均匀分布的,有的地带稀疏,有的地带稠密,企业成长中想要获取更多的资源,一个重要思路就是从稀疏地带向稠密地带移动。而从一个网络整体来看,关系稠密的网络之内的组织更容易获取资源,更容易成长起来,更具竞争优势。

(四)结构洞理论

罗纳德·伯特把社会网络理论放在经济学框架下进一步分析和发展,在他1992年出版的《结构洞:竞争的社会结构》一书中提出了"结构洞"理论。

在社会网络中,不是任何两个人之间都存在直接联系,在没有直接联系的两个人之间存在着结构洞。例如,B、C都与A有直接联系,但B和C之间没有直接联系,那么B、C之间有一个结构洞,A就位于这个结构洞上。处在结构洞上的社会成员,因为拥有不同的联系渠道,能获得网络中不同成员的信息,使自己拥有更多的信息和资源,从而在网络中占据"集散中心"的地位,从而获得竞争优势。

【延伸阅读】
厉害的老爸

三、社会网络理论与互联网传播

(一)互联网对现实世界的延伸

互联网拓展了现实世界。尼葛洛庞帝在1996年出版的《数字化生存》中写道:"计算不再只和计算机有关,它决定我们的生存。"信息时代已经铺天盖地席卷而来。第一代互联网,或者说Web1.0,它的主要特点是网络平台单向地向用户提供内容。Web2.0的用户不再是内容的被动接收者。用户可以在网络平台上传自己的内容(包括文字、图片、视频等),也可以与其他用户进行交流。互联网从"平台向用户的单向传播",变成了"用户与用户的双向互动"。微信、QQ、抖音、推特、脸书,这些平台都是Web2.0的典型代表。人们在Web2.0里自由创作和交流,不仅催生了无数的文化内容,而且第一次使人们的生活从现实世界向数字世界扩展,还深刻改变了商业世界的业务模式和市场营销。Web3.0的特点是智能和万物互联。网络无处不在,人类无时无刻不在网络之中,网络与人类生活须臾不可分离;网络不再是人类生活的外在方面,它将与人类生活融为一体,真正成为人类的生活空间。托夫勒说,"在21世纪想分清真实与幻觉是不可能的"。

互联网所形成的数字世界或者虚拟世界,本质是现实世界的延伸。正如斯皮尔伯格执导的好莱坞电影《头号玩家》里提出的问题一样,"在虚拟社会生存也要吃饭"。美国学者卡尔·谢尔顿在1997年出版的《虚拟社会》中把虚拟社会表述成和现实社会一样,"想象一个城市,它有一个法院,一个警察局,一个学校,一个杂货店,一个电影院,一个棒球场公园。没有人,就等于什么都没有。互联网也一样,有多少服务和多少领域并不重要;没有人来形成内容,相互交流,它还是没用的。"总体来看,数字技术拓展了人们连接的空间范围,打破了地理限制,也改变了人们对时间的认识。线上的沟通在时间上可以是错开和离散的,不影响互动的效果。互联网数字世界是以技术的形式对人类现实社会的具象表达,也是对现实社会中的数字化延伸。

(二)连接:从人人互联到万物互联

兴起于20世纪80年代的数字化革命,开启了第一次数字经济的热潮。数字技术在消费领域进入大规模商业化应用,门户网站、在线视频、在线音乐、电子商务等开始出现,这一阶段的参与者主要是个体消费者,也被称作"消费互联网"。

如今,以5G、云计算、人工智能等为代表的新信息技术使信息收集、传递和处理能力极大提升,互联网加速渗透到企业的研发设计、生产制造、供应链管理、客户服务等各个环节。随着各种传感器接入互联网,网络连接已从人人互联迈向万物互联,应用从消费环节转延伸到生产环节。态势感知能力的形成,更大程度上加深了对各种场景的感知、理解和预测。智慧城市、智能社区、无人工厂、自动驾驶、地质灾害监控等各种应用场景的产生和大规模推广,革新了价值创造的方式,再定义了价值分配的过程,消费互联网正同步迈向工业互联网,也将再次更新我们的生产和生活。

【延伸阅读】未来已来!马斯克的"脑机接口"

(三)个体:数字化嵌入社会

数字化嵌入是指个人以数字化"符号"方式,如信息、音频、视频,甚至是图形表情包等,与其他社会成员沟通、交流,进而产生联系,融入社会。

符号互动理论奠基人——美国社会学家G·H米德认为,人与人、人与社会之间互动的媒介是具有意义的符号。例如,在中国传统文化中"8"代表吉祥,十二生肖代表属相,龙是中华民族的象征等。符号可以是语言、文字、动作、物品甚至场景,语言是所有符号中最丰富、最灵活的一个符号系统。例如,网络最有代表性的热词"YYDS""内卷""躺平",被网民广泛地用来传达自己的态度。美国学者欧文·戈夫曼更加强调"符号"的运用,他提出拟剧理论,认为人们总是有意无意地运用某种技巧塑造自己给人的印象,选择适当的言辞、表情或动作来制造印象,使他人形成对自己的特定看法,就像舞台上的演员,要努力展示自己,以各种方式在他人心目中塑造自己的形象。2021年,虚拟人物柳夜熙的人物形象符号是英气、俊俏,她披着一头柔顺的黑长直发,脸上的古风妆容格外独特,口红只涂了唇中一部分,成为整个短视频符号的"灵魂",成为前所未有的创新作品,受到了很多人的喜欢。

每个人都生活在一定的社会情境中,互联网以数字符号为基础营造虚拟空间。在虚拟空间中,通过各种形式的符号互动,可以自我感知、自我定位和自我实现。例如,李子柒在社交平台上的国风短视频账号收获了大量粉丝,甚至打破了吉尼斯世界纪录。在虚拟空间中,人们不仅可以还原现实生活,而且可以超越原有的体验。例如,2021年王者荣耀游戏用户数超过6亿,日活超过1亿。人们在符号互动的过程中进行"角色扮演",逐步实现自我认知,可以获得群体归属感,并得到满足。在网络情境下,这种角色扮演可以完全虚拟化,人们可以

【延伸阅读】从《头号玩家》再到《失控玩家》,物理世界与虚拟世界的墙是否正在被打破?

在完全虚构的环境中扮演自己梦想中的角色,甚至可以做自己在现实生活中想做又不敢做的事情。

(四)群体:从社区到社群

互联网催生了新的人际交往方式,现实生活中的社会关系在数字网络中得以延伸,人们的交往方式呈现出不同的特点。现实社会中的人际交往大部分是面对面的,在互联网时代,即时通信工具、电子邮件、论坛等远程交流成为人们交往的基本方式,用摄像头、麦克风、键盘等借助计算机网络也能够感知对方的表情、情绪,也就是说,面对面的社交转变成了背靠背的交往。

互联网社交的基本生态是社区和社群。

社区是一群具有共同兴趣的人的聚集地。社会学家霍华德·莱茵戈德在他的《虚拟社区》一书中就提出过虚拟社区的概念:人们通过互联网互相连接,突破地域限制,彼此沟通交流,分享信息和知识,形成相近的兴趣爱好和情感共鸣,这种特殊关系网络就是虚拟社区。没有互动的社区只能被称为媒体。在社区中,人们通过阅读、点赞、转发、评论等来参与内容的互动。人们通过互动来获得参与感,创作者被互动激发再次创作。互动给社区带来了良性的循环,互动支撑起了社区的繁荣。例如,创办于1999年3月1日的天涯社区注册用户超过8500万,以人文情感为核心,以论坛、博客、微博为基础交流方式,综合提供个人空间、相册、音乐盒子、分类信息、站内消息、虚拟商店、来吧、问答、企业品牌家园等服务,是最具影响力的全球华人综合社区。社区成员之间的关系相对松散。因此,社区总体上是弱关系集合。

社群是一种组织,是人们围绕着特定的目标而形成共同活动的组织。目标是社群的灵魂。为了协调成员的利益和冲突,社群具有自己的组织结构,内部有不同的角色和分工。为保证社群目标实现,社群有自己的行为规范,约束社群成员的行为,建立归属感。例如,小米科技有限公司的"米粉"社群,为了增加粉丝的归属感,具体的活动有:"爆米花论坛",即摄影的月度和年度评比;"米粉节",即引导客户表达自己喜欢什么;"爆米花",即举办城市活动,邀请"米粉"参加各种交流、公益活动,提高用户参与感;同城会,即"米粉"自发举办的活动,类似于线下车友会,建立和交流感情。社群的目的是引导参与者把弱关系转化为强关系。小米在卖第一部手机之前,并没有打广告,而是在新浪微博发起了一个名为"我的手机编年史"的活动,即社群成员在微博中晒出自己哪年用过哪些品牌型号的手机。这次活动共有121万人参与。这次活动的结果可想而知:第一款小米手机预售时,34个小时内30万部手机订单一扫而空,盛况空前。在卖手机前,抛出一个怀旧题材的话题,把握好用户心理,使用户由路人转化为"米粉"。

(五)传播:关系网络中的涟漪

毫无疑问,传播是互联网最核心的特征,这是互联网能够迅速发展和普及的原动力。截至2021年1月,全球人口78.3亿,其中手机用户52.2亿,互联网用户46.6亿,社交媒体用户总数42亿。因此可以毫不夸张地说,互联网是最大的媒体。加拿大媒介理论专家马歇尔·麦克卢汉提出"媒体即是信息",认为传播方式的变化可以改变人们的感觉,可以改变人与人之间的关系。当今,互联网以远远超过电视、报纸等原有媒体的方式改造着人们的沟通方式和人际关系。

传播学创始人拉斯韦尔在论文《传播在社会中的结构与功能》中提出,传播的基本方式是"谁? 说些什么? 通过什么渠道? 对谁说? 有什么效果?",这就是著名的5W模式,简洁而清晰地总结了传播过程。互联网则进一步强化了这一过程,在网络社区和社群中,多个传播进程的并发和交织,就像关系网络中泛起的无数涟漪,层层扩散、叠加、交融。

20世纪60年代,美国心理学家米尔格拉姆设计了一个连锁信件实验。米尔格拉姆把信随机发送给住在美国各城市的一部分居民,信中写有一个波士顿股票经纪人的名字,并要求每名收信人把这封信寄给自己认为比较接近这名股票经纪人的朋友。朋友收到信后,再把信寄给他认为更接近这名股票经纪人的朋友。最终,大部分信件都寄到了这名股票经纪人手中,每封信平均经手6.2次到达。于是,米尔格拉姆提出六度空间理论,认为世界上任意两个人之间建立联系,最多只需要六个人。

传播是沿着互联网建立联系扩散的。然而在互联网的社区和社群中,传播的速度和力量是裂变式的。利用社交关系发起链式传播,一传二、二传四、四传八,这样的传播次数不用多,只要经过33次,仅仅是最后这一次传播(前面的32次都不算),就已经可以覆盖86亿的人口,已经比全世界的人口还多了。这就是裂变式传播的威力。

2009年,美国哈佛大学文理学院社会学系社会学教授尼古拉斯·克里斯塔基斯和加利福尼亚大学圣迭戈分校政治学系副教授詹姆斯·富勒出版《大连接:社会网络是如何形成的以及对人类现实行为的影响》一书,提出三度影响力原则:我们所做或所说的任何事情,都会在网络上泛起涟漪,影响我们的朋友(一度),我们朋友的朋友(二度),甚至我们朋友的朋友的朋友(三度),通俗地说就是朋友的朋友的朋友也能影响到我。按照三度影响力原则,有很多看似不可思议的,却又得到实践检验的现象:肥胖是可以传染的;婚姻可以延长人们的寿命;人们会仅仅因为别人自杀就决定自杀。

强连接引发行为,弱连接传递信息,超连接开启"第二人生"。社交中相距三度之内是强连接,强连接可以引发行为;相距超过三度是弱连接,弱连接只能传递信息。《大连接:社会网络是如何形成的以及对人类现实行为的影响》指出:"新的社会现象因互动而生,它们通过充实和扩展个人的体验而超越了个人的体验,对于大家的共同利益来说,这是一件好事。借助网络,人类可以收到'总体大于部分之和'的功效。新的连接方式的出现,一定会增强我们的力量,让我们得到上天原本赋予我们的一切。"

【延伸阅读】
冰桶挑战

第四节　传播学理论基础:复杂网络信息传播动力学

一、复杂网络的概念

现实世界有很多网络,比如互联网、电力系统网络、人际交往网络、经济网络等。脸书在推出友谊查询功能时,发布过一张全球友谊图。对这些网络进行概括,我们可以发现,它们都是由一些节点和连接两个节点的边构成的,节点是系统中的个体,边是个体之间的联系和关系。自然界和社会中许多系统都具有类似的特点。这些抽象出来的具有高度复杂性的系统,被统称为复杂网络。

复杂网络在社会领域有着广泛的应用。复杂网络可以用来分析计算机网络中的病毒传播、谣言在各种媒体中的传播、经济危机的多米诺骨牌效应等传播现象。

二、复杂网络的特性

对复杂网络的认识可以追溯到18世纪哥尼斯堡七桥问题。钱学森把具有自组织、自相似、吸引子、小世界、无标度、网络社区、鲁棒性等性质中部分或全部特点的网络定义为复杂网络。

自组织是指系统不借助外部指令,按照自身规则能够自动地形成有序的结构。自组织现象在自然界和人类社会普遍存在。宇宙中的星系、大地上的山川河流在没有外界的干预和指令的情况下,自动形成了相对稳定的秩序。漩涡和龙卷风的形成也和自组织有关。动物世界中,蜜蜂、蚂蚁、白蚁等动物都具有类似的社会行为,鸟类和鱼类的群集行动中都可以观察到自组织现象。人类社会比动物的自组织能力更强,所以人类社会比动物界的功能高级多了。

自相似是指每一个小的局部的形状都与整体相同。似乎大自然酷爱自相似,如雪花的形成、树木的生长、向日葵的圆盘花纹、土地干旱形成的裂纹等。

吸引子是一个数学概念。一个系统有朝某个稳态发展的趋势,这个稳态就叫作吸引子。例如,一个钟摆系统有一个简单的吸引子,这个吸引子使钟摆系统向停止晃动的稳态发展。

小世界是指大多数网络尽管规模很大,但是任意两个节(顶)点间却有一条相当短的路径。在上节中,米尔格拉姆提出的六度空间理论,所说的世界上任何两个人之间所隔的不过是六个人的距离,就是小世界。小世界网络示例如图2.1所示。

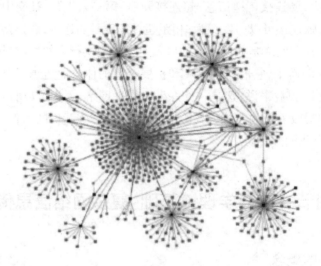

图2.1　小世界网络示例

　　无标度是指在一个网络中,节点连接数差异很大,大多数"普通"节点拥有很少的连接,而少数"热门"节点拥有极其多的连接。这个假设是合理的,例如,社交网络中我们常说的KOL或者大V是有大量粉丝的,而一般的用户,粉丝数量规模完全不能和他们相比。无标度网络示例如图2.2所示。

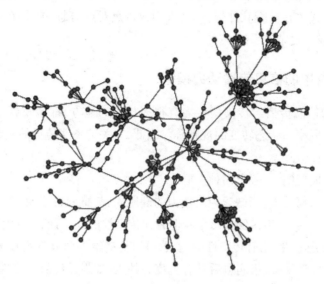

图2.2　无标度网络示例

　　网络社区是指在节点众多的网络中存在着一个个"小群体",这些群体中每个个体之间的联系更加紧密。这和社会生活中常说的"物以类聚,人以群分"有点相似。网络社区示例如图2.3所示。

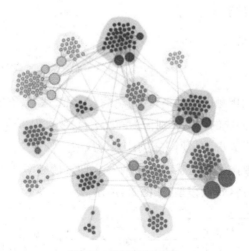

图2.3　网络社区示例

　　复杂网络具有鲁棒性。鲁棒是"Robust"的音译,也就是健壮和强壮的意思,也指在异常和危险情况下系统生存的能力。比如,计算机软件在输入错误、磁盘故障、网络过载或有意攻击情况下,能否不死机、不崩溃,就是该软件的鲁棒性。复杂网络对于随机攻击具有较强的鲁棒性,即使众多节点被摧毁,也不一定导致网络的瘫痪崩溃;然而若众多重点节点被攻击,整个网络将会崩溃。

如果我们拿上述这些特性来看待社交网络,可以发现:社交网络是典型的复杂网络。作为一种时尚、高效、便捷的交流平台,在线社交网络已经以无可替代的优势成为人们之间联系和沟通的最基本形式。在社交软件平台上,人们通过点对点沟通、关注、@、评论、点赞等多种方式建立联系,形成了复杂的系统。

三、复杂网络中的信息传播动力模型

复杂网络中的信息传播与传染病传播有很多相似的地方,都涉及到了所依赖的网络结构、传播主体、感染概率和状态转变的规则等。因此,有关传染病传播的模型也能够描述复杂网络的信息传播特征。

在传染病分析模型中,一般有四种人群。

S(Susceptible),易感者,指缺乏免疫能力的健康人,与感染者接触后容易受到感染。

E(Exposed),暴露者,指接触过感染者但暂无传染性的人,可能存在潜伏期的传染病。

I(Infectious),患病者,指有传染性的病人,可以传播给S,将其变为E或I。

R(Recovered),康复者,指病愈后具有免疫力的人,如果是终身免疫性传染病,则不可被重新变为S、E或I,如果免疫期有限,就可以重新变为S类,进而被感染。

基于以上四类人群角色,根据不同的传染病进行组合分析,可以产生不一样的传播模型。

(一)SI模型

SI模型的思想来源于一些无法治愈的疾病,是传染病传播中最简单的动力模型。在这个模型中,网络中真实的个体分为S和I。

模型假定:

总人数N不变。

时间最小单位为天。

易感者与患病者有效接触即被感染,变为患病者,无潜伏期、不能治愈、无免疫力。

t时刻两类人群占总人数的比率分别记为$s(t)$、$i(t)$,数量为$S(t)$、$I(t)$。

初始时刻$t=0$时,各类人群数量所占初始比率为s_0、i_0。

每个患病者每天有效接触的易感者的比例为λ,即日接触率。

根据模型假定,可得:SI传播模型,如图2.4所示。

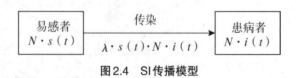

图2.4 SI传播模型

单个患者每天可使$\lambda \cdot s(t)$个易感者变为患病者,且患病者人数为$N \cdot i(t)$,所以每天有$\lambda \cdot s(t) \cdot N \cdot i(t)$个易感者被感染,即每天新增的患病者数。

可得微分方程：

$$N \cdot \mathrm{d}i(t)/\mathrm{d}t = \lambda \cdot s(t) \cdot N \cdot i(t)$$

因为$s(t)+i(t)=1$，故可得SI模型为：

$$\begin{cases} \mathrm{d}i(t)/\mathrm{d}t = \lambda \cdot [1-i(t)] \cdot i(t), \\ i(0)=i_0 \end{cases}$$

SI模型被用于预测非典型性肺炎、流行性淋巴腺鼠疫（黑死病）的高峰期。但模型中没有考虑治愈的情形，当$t \to \infty$时，$i(t) \to 1$，也就是说最终所有的人都将被感染，这不符合现实。

（二）SIS模型

对于一些传染病或者是某些计算机病毒，系统中的个体被感染之后，通常能够通过一些措施，如化学药物、个体自身的免疫能力或杀毒软件，转变回健康的个体。但是他们在治愈之后并没有永久性的免疫能力，在下一次接触到感染个体后，可能还会被传染。比如杀毒软件查杀掉某种特定的病毒之后，并不能保证计算机之后再也不感染这种病毒。

模型假定：

传播机制为，易感者与患病者有效接触即被感染，变为患病者，被治愈后可再次变为易感者，无潜伏期、无免疫力。

总人数N不变。

时间最小单位为天。

t时刻各类人群占总人数的比率分别记为$s(t)$、$i(t)$，各类人群的数量为$S(t)$、$I(t)$。

初始时刻$t=0$时，各类人群数量所占初始比率为s_0、i_0。

每个患病者每天有效接触的易感者的比例为λ，即日接触率。

每天被治愈的患病者人数占病人总数的比率为μ，即日治愈率。患病者被治愈后成为易感者，则$1/\mu$为该传染病的平均传染期，即从患病到治愈的天数。

根据模型假定，可得SIS传播模型，如图2.5所示。

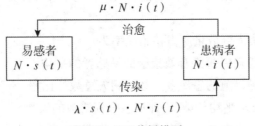

图2.5　SIS传播模型

每个病人每天可使$\lambda \cdot s(t)$个易感者变为患病者，且患病者人数为$N \cdot i(t)$，所以每天有$\lambda \cdot s(t) \cdot N \cdot i(t)$个易感者被感染，即每天新增的患病者数。

每天的患病人数$N \cdot i(t)$中，又有$\mu \cdot N \cdot i(t)$被治愈成为易感者。

可得微分方程：

$$N \cdot \mathrm{d}i(t)/\mathrm{d}t = \lambda \cdot s(t) \cdot N \cdot i(t) - \mu \cdot N \cdot i(t)$$

因为$s(t)+i(t)=1$，故可得SIS模型为：

$$\begin{cases} \mathrm{d}i(t)/\mathrm{d}t = \lambda \cdot [1 - i(t)] \cdot i(t) - \mu \cdot i(t), \\ i(0) = i_0 \end{cases}$$

在上述模型中，传染病传播的最终结果取决于感染速度和治愈速度的比较，即$\sigma=\lambda/\mu$。随着时间的推移，当t趋于无穷大时：若$\sigma>1$，则患病者始终存在，若σ趋于无穷大，则占总人数的比率$i(t)$将趋近于1，即全部是患病者。所以对于传染病，需要对确诊患者进行隔离，限制人员流动，有针对性地消毒，以减少有效接触，减小λ，进而减小σ，打破传播链。若$\sigma<1$，则患者逐渐减少，传染病逐渐消失。

(三)SIR模型

现实中，我们可以看到，有些疾病治愈以后具备免疫力，可以不再感染。例如，麻疹康复者具有很强免疫力，不会被再次感染。因此要考虑有易感者、患病者和康复者三类人群的模型。

对于致死性的传染病也可以使用这个模型，死亡的病人也可以归入康复者。此时的康复者可以理解为退出了传染系统。

此时，处在易感染态的个体若是与处在感染态的个体相互联系，则易感染态的个体会以一定的概率被传染而转变成感染态；处在感染态的个体在传播疾病的同时，也有可能以一定的概率痊愈而转变成恢复态的个体，并且从此以后具有永久的免疫能力，不会再次被感染上疾病或中毒，也没有将疾病或者病毒传播给其他个体的能力了。

模型假定：

传播机制为，易感者与患病者有效接触即被感染，变为患病者，可被治愈变为康复者，无潜伏期，有终身免疫力。

总人数N不变。

时间最小单位为天。

t时刻各类人群占总人数的比率分别记为$s(t)$、$i(t)$、$r(t)$，各类人群的数量为$S(t)$、$I(t)$、$R(t)$。

初始时刻$t=0$时，各类人群数量所占初始比率为s_0、i_0、r_0。

日接触数λ，即每个患病者每天有效接触的易感者的平均人数。

日治愈率μ，即每天被治愈的患病者人数占病人总数的比率。

平均治愈天数$1/\mu$，又称平均传染期，即从患病到治愈的天数。

传染期接触数$\sigma=\lambda/\mu$，即每个患病者在整个传染期$1/\mu$天内，有效接触的易感者人数。

根据模型假定，可得SIR传播模型，如图2.6所示。

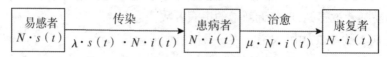

图2.6　SIR传播模型

每个病人每天可使 $\lambda \cdot s(t)$ 个易感者变为患病者,且患病者人数为 $N \cdot i(t)$,所以每天有 $\lambda \cdot s(t) \cdot N \cdot i(t)$ 个易感者被感染,即每天新增的患病者数。

每天的患病人数 $N \cdot i(t)$ 中,又有 $\mu \cdot N \cdot i(t)$ 被治愈成为康复者。

可得微分方程:

$$
\begin{cases}
N \cdot ds(t)/dt = -\lambda \cdot s(t) \cdot N \cdot i(t), \\
N \cdot di(t)/dt = \lambda \cdot s(t) \cdot N \cdot i(t) - \mu \cdot N \cdot i(t), \\
N \cdot dr(t)/dt = \mu \cdot N \cdot i(t), \\
s(0) = s_0, \\
i(0) = i_0, \\
r(0) = 0
\end{cases}
$$

加上条件 $s(t) + i(t) + r(t) = 1$,给定给定 λ、μ、s_0、i_0 可求数值解。

给定初条件 $s(0)$ 的初始值,随着时间推移,易感者数 $s(t)$ 开始单调递减,患病者数比率 $i(t)$ 先达到峰值,随后一直回落,直到减为零,康复者数单调递增。

若 $\sigma > 1$,则最终全部为康复者。

若 $\sigma \leq 1$,则会剩余一部分易感者,而疾病波及的总人数为 t 趋于无穷大时的康复者人数 $R(t)$。

(四)SEIR模型

在病毒的传播过程中,我们经常听到"密切接触者"这个名词,这一类别有可能处于潜伏期,暂时没有传染性,但对传染病的传播至关重要。对于营销信息传播而言,这类人群同样十分关键,可以理解为他们接收到了我们传播的价值主张,但是处于犹豫阶段,尚未做出购买决策,这是符合消费者购买决策规律的。

SEIR适用于存在易感者、暴露者、患病者和康复者四类人群的模型,有潜伏期、治愈后获得终身免疫的情形,如带状疱疹病毒。

模型假定:

传播机制为,易感者与患病者有效接触即变为暴露者,暴露者经过平均潜伏期后成为患病者,患病者可被治愈成为康复者,康复者终身免疫不再易感。

总人数 N 不变。

时间最小单位为天。

t 时刻各类人群占总人数的比率分别记为 $s(t)$、$e(t)$、$i(t)$、$r(t)$,各类人群的数量为 $S(t)$、$E(t)$、$I(t)$、$R(t)$。

初始时刻 $t=0$ 时,各类人群数量所占初始比率为 s_0、e_0、i_0、r_0。

日暴露率 λ,即每个患病者每天有效接触的易感者的比率。

日发病率 δ,即每天发病成为患病者的暴露者占暴露者总数的比率。

日治愈率 μ,即每天被治愈的患病者人数占病人总数的比率。

平均治愈天数 $1/\mu$,又称平均传染期,即从患病到治愈的天数。

传染期接触数 $\sigma = \lambda/\mu$,即每个患病者在整个传染期 $1/\mu$ 天内,有效接触的易感者人数。

根据模型假定,可得SEIR传播模型,如图2.7所示。

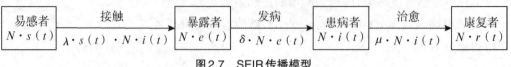

图2.7　SEIR传播模型

每个病人每天可使$\lambda \cdot s(t)$个易感者变为暴露者,且患病者人数为$N \cdot i(t)$,所以每天有$\lambda \cdot s(t) \cdot N \cdot i(t)$个易感者变为暴露者。

每天的暴露者$N \cdot e(t)$中,又有$\delta \cdot N \cdot e(t)$发病成为患病者。

每天的患病者$N \cdot i(t)$中,又有$\mu \cdot N \cdot i(t)$被治愈成为康复者。

可得微分方程:

$$
\begin{cases}
N \cdot ds(t)/dt = -\lambda \cdot s(t) \cdot N \cdot i(t), \\
N \cdot de(t)/dt = \lambda \cdot s(t) \cdot N \cdot i(t) - \delta \cdot N \cdot e(t), \\
N \cdot di(t)/dt = \delta \cdot N \cdot e(t) - \mu \cdot N \cdot i(t), \\
N \cdot dr(t)/dt = \mu \cdot N \cdot i(t), \\
s(0) = s_0, \\
e(0) = e_0, \\
i(0) = i_0, \\
r(0) = 0
\end{cases}
$$

可以使用$s(t)+e(t)+i(t)+r(t)=1$限制条件对上述方程降维。给定λ、δ、μ、s_0、i_0可求数值解。

以上四种模型是传染病传播的基本模型,还有很多没有考虑的因素,如人群的免疫力、人口的出生与死亡等。为了使模型更加精确,还需要考虑更多因素,如人群流动、疫苗的作用和接种速度、政府对疾病的控制政策影响等。这些因素都对接触率、传染率、发病率、治愈率等有直接或间接的影响。

对市场人员来说,这些模型包含着重要的营销意义。互联网已经把社交网络变成了最重要的营销形式,参考这些模型,可以制订社交营销策略,还可以通过分析其中的关键变量,更加准确地预测和控制营销效果。

四、社交网络中的信息传播

互联网的广泛普及促进了全球网络化,深刻改变了人类社会的组织结构。各种社交平台的出现不断影响着人们的沟通和交流方式。在社交网络中,每个人的社会关系网络都随着自己的社交圈不断扩展,最后形成了庞大的社交网络。

随着移动互联网时代的到来,借助于移动通信终端,人们可以随时随地与家人、朋友互动交流。在微信、QQ、抖音、推特、脸书、微博等平台上,人们发布信息、分享展示自己的兴趣爱好。人们在不同的社交平台上形成了不同的关系。例如,电商平台的社交关系交易属性更加显著;在抖音平台上,因为兴趣和注意力聚集的群体具有很高的黏性和频率;即时沟通工具则通过满足人们信息交流的刚性需求,形成了强度不同的社群。不同的社交平台,由于需求强度、沟通次数、互动频率的差异,形成了关系强度不同的社交网络。

社交网络具有复杂网络的典型结构要素。

节点:社交网络平台上的用户。在电商平台上,大量的用户是购物者;在内容分享平台上,他们是内容创造者或者内容消费者。

边:用户之间的联系。他们在社交网络中购物、交易,也创造、分享自己的内容,还通过评论、点赞等各种方式与其他用户互动,由此建立与其他用户的连接。

社区:由一部分用户组成的相对稳固群体。现实生活中,群形成的原因多种多样。由于身份构成了学生群、工作群;由于爱好形成了兴趣群;因为共同关注同一个博主形成了粉丝群等。

社交网络具有显著的复杂网络特性。它是自组织的,自相似的,也具有小世界现象和无标度特性。社交网络的小世界现象其实默认了任意时间点上都有活着的人,否则就会闹出"关公战秦琼"的笑话。

社交网络的信息传播与传染病的传播方式相似,可以用前面提到的传染病模型分析社交网络中的信息传播规律。通过传染病模型可以看到,一个用户的行为会影响社交网络中邻居用户的行为。例如,不同购物体验的用户在电商平台上会进行不同的评价,这会形成其他用户的关键参考依据。但在社交网络中传播信息,不仅受网络结构、信息内容、时间等因素的影响,用户的属性也能够对信息传播造成重大影响,如受教育程度、个人性格、年龄、兴趣爱好等。每个人每天都在各种不同的社交群里面扮演不同的角色,这是互联网传播最重要的基础。

五、信息传播动力模型的营销价值

传染病模型的典型营销应用是社交营销。分析传染病模型是为了控制病毒的大规模扩散,社交营销传播则恰恰相反,是为了使"病毒"在社交网络中大规模扩散。

在互联网上,人们可以找到有购买经验且具有相同兴趣爱好的人进行讨论、评价该物品或其信息,如在论坛上进行评论、转载、转帖等用户行为,会逐渐扩大商品或品牌的口碑传播范围,信息通过快速复制的方式进行传播和扩散,从而使更多的人成为信息的"感染者",因此互联网上的信息传播具有传染病式的传播效应。

社交营销的实践最早起源于电子邮件,其利用人们感兴趣的信息,使人们自愿加入传播过程之中。例如,当用户在抖音上看到感兴趣的短视频时,该用户就会转发给其好友,若其好友接受短视频信息,其好友就成为了信息的"感染者"。从本质上讲,社交营销也是复杂网络传播,其目的是使社会网络中接受营销信息的用户实现最大化。

社交营销主要是利用社会网络中个体之间的关系及互相影响进行信息传播,在移动互联网时代已经成为最具效率的营销方式。一方面,运用传染病模型不仅可以对营销信息传播过程进行分析,还可以探索如何加快信息传播。例如,品牌在网络上的推广,使品牌商品可以获得较好的口碑,瑞幸咖啡、三只松鼠、小米等品牌都是成功社交营销的典型。另一方面,对传播机制的分析有利于控制危机信息,例如谣言以及危机信息等的传播,分析其传播规律,可以有效地控制传播源头,这对危机管理至关重要。

第三章

营销战略：连接生态圈

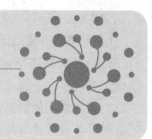

前导案例 ···

科大讯飞：跨越鸿沟构造新的商业生态系统

AI已经无处不在

现在，人们的生活处处都离不开人工智能，例如，智能手机已经成了不可或缺的生活工具；VR游戏、刷脸支付、无人驾驶汽车、语音助手等已经融入了人们的日常生活；在教育、医疗、家居等领域，人工智能（AI）也正在颠覆着传统的生活方式，为人们创造着高品质的生活。

数字经济作为继农业经济、工业经济之后的主要经济形态，已进化到以"人工智能"为核心驱动力的智能经济新阶段。在全球范围内，各行各业都在拥抱人工智能，被其高度赋能、深度渗透。2022年《"十四五"数字经济发展规划》指出，打造繁荣发展的数字经济，关键之一就是有序推进基础设施智能升级，高效布局人工智能基础设施，提升支撑"智能＋"发展的行业赋能能力。

生态系统：跨越之路

《麻省理工科技评论》中国发布《2021中国数字经济时代人工智能生态白皮书》，剖析AI产业与生态现状，并提出开放平台已成为AI产业发展和生态建设的主要载体，开发者、AI企业龙头、行业龙头共筑三维AI生态。

以AI开放平台为载体，广泛连接生态参与者，已成为当下人工智能企业主要的发展方式之一。目前各大科技巨头都在积极布局AI开放平台，如科大讯飞、腾讯、阿里巴巴等，以开放平台支撑AI产业生态的发展。

科大讯飞董事长刘庆峰曾表示："一个企业的成功，绝不是单独成为一个帝国，帝国注定会衰落。只有愿意以自己为核心，开放出自己的资源和能力，形成生态体系，企业才能够生生不息地去发展。"

科大讯飞：构造生态系统

科大讯飞早在2010年率先推出AI开放平台，让技术像水和电一样，方便开发者简单接入，按需取用。

2017年，科大讯飞承建国家新一代人工智能开放创新平台，持续通过技术、资本、产业扶持赋能，为构建中国人工智能生态贡献"讯飞力量"。

在技术赋能上，科大讯飞一直坚持源头技术创新，已形成了以基础算法为主干节点，以技术体系为生长方向，以场景理解为发展动力的"AI科技树"。讯飞开放平台以"云＋端"方式提供智能语音能力、计算机视觉能力、自然语言理解能力、人机交互能力等相关的技术和垂直场景解决方案，以技术赋能产业上下游合作伙伴。目前已上线包含农业、金融、司法、医疗等领域在内的共计18大行业专题，开放449项AI产品及方案。

在产业扶持方面，讯飞基于各地产业情况打造专属服务、定制方案，赋能城市发展。目前已建立青岛、苏州、天津、长春等10余个城市双创基地和产业加速中心，有效支持各地区的人工智能场景落地。整合产业生态资源，打造中国声谷，实现入户超千家、营收超千亿的"双千目标"。

在资本方面，科大讯飞围绕人工智能硬科技及其在企业服务、教育、医疗、智能出行、消费升级等领域的落地，展开AI＋赋能型的产业生态投资。2015年以来，讯飞先后投资了商汤科技、寒武纪、优必选、主线科技、国仪量子等优秀独角兽公司。2021年，讯飞AI生态已汇聚超420万生态伙伴，扶持生态企业达15000家，平台孵化企业170家，战略投资近100家。

开放平台2.0：共筑三维产业生态

在2021年科大讯飞全球1024开发者节上，科大讯飞推出开放平台2.0战略。在开放平台1.0时代，科大讯飞把单向的AI能力提供给开发伙伴；在开放平台2.0时代，要面向产业数字化去深度挖掘行业的应用价值。此后的AI开发，绝不是开发者、企业用二维思维来想象市场空间，而是AI企业、行业龙头与开发者共同构筑三维产业生态。

讯飞开放平台进入2.0阶段以来，重点在企业数字化、人机交互、多语种助手、虚拟人等行业场景发力，从单纯将各项单项AI能力提供给合作伙伴进阶为面向产业数字化去深度挖掘行业的应用价值。通过平台聚合高效协作，广泛链接开发者与生态伙伴，进一步为繁荣AI生态建设夯实基础。

科大讯飞和行业龙头共同来打造行业的人工智能基线底座。作为一个开放的平台，科大讯飞通过利益分润的方式吸引开发者入驻，完成可以直接落地到产业的技术方案。

刘庆峰说："行业基线底座做出后，广大开发者可以匹配软硬件环境，汇聚各种创意做工具开发，讯飞吸取这些创意，开放场景技术能力，形成完整的解决方案，提供给各行各业。"

目前，科大讯飞已覆盖教育、医疗、智慧城市、智慧农业等18个行业领域。讯飞开放平台开发者数量达到了265万人，开放AI产品及能力400余项，2022年参加AI开发者大赛的报名参赛团队达到了22472支。

某种程度上说，科大讯飞打通了开发者与产业的壁垒，让技术更接地气。通过产教融合，培养解决行业重大问题的AI技术人才。同时，通过建立行业解决方案，确定了可靠性标准和认证中心,从科大讯飞发布的战略中可以看出,科大讯飞平台吸引了全球顶级 AI 能力。赛道就是变现途径,与行业龙头合作,逐渐让产业出现集群效应。

可以看出,科大讯飞在市场竞争中呈现立体化的趋势,不局限于某个单品成功或某个领域成功,而是要打造一系列产品方阵和生态。这就要求科大讯飞公司需要加快提升产品创新力,创造新产品、开辟新战场,构建科大讯飞人工智能生态体系。

 思考

1.你认为科大讯飞人工智能平台的营销策略是什么?

2.请结合双边市场理论分析科大讯飞人工智能平台的网络效应。

第一节 一切从连接开始

一、一切从连接开始

世界上的每一个事物或现象都同其他事物或现象相互联系着,没有绝对孤立的事物。这是唯物辩证法的基本观点。事物本身没有客观意义,它的意义是人们在社会互动中赋予的。当一个理论只是一句抽象的文字时,它毫无意义。当它和我们实际生活的某件事联系起来的时候,我们才会觉得它重要。

技术创新是连接。布莱恩·阿瑟在《技术的本质:技术是什么,它是如何进化的》一书中提到,技术发明是一个联通的时刻,是在问题与能够解决的问题的原理之间完全的连接。乔布斯1994年接受《连线》杂志采访时说:"创造就是把东西连起来,如果你问有创造力的人是怎么做出东西来的,他们会有一点负罪感。因为他们并没有真正'做'东西,他们只是能'看到'东西。"我们做数学题,就是在问题和答案之间建立连接,用数学公理或定理指明他们之间的"路径"。

社会也是连接。马克思在《关于费尔巴哈的提纲》中说,"人的本质是一切社会关系的总和"。人不是散落在茫茫草原上的一个个生物体,而是爸爸的孩子,爱人的伴侣,领导的下属。

人类社会与组织形态可以被看成由连接构成的网络,不断连接与融合是人类社会古老而又常新的追求,人们不断地用新的技术手段、社会组织手段把原本无法连接,或者不被允许连接的节点连接起来。例如,古代的丝绸之路对东西方进行了连接,不仅带来了物质上的交换,更重要的是对东西方文明进行了连接。还有更疯狂的想法,有人在一百多年前就想把纽约和伦敦两个大洋彼岸的城市通过海底电缆连接起来。经过很多尝试,投资巨大,把它们连接起来以后发送的第一份电报花了16小时才跨越大西洋,传递到彼岸。这是速度非常慢的连接,却加快了人类进入信息社会的步伐。类似的例子比比皆是,如地理大发现、运河的开凿、铁路的兴建。

21世纪以来,连接在加速生成:微信连接人与人;百度连接人与信息;淘宝、京东、拼多多连接人与商品;抖音、哔哩哔哩等把人们的注意力连接起来;区块链将人们的信用连接起来。

总结一下人类几千年来的历程，从烽火台、飞鸽传书、驿站、电报、电话、互联网、移动互联网，到万物互联的时代，可以看到每一个时代都以连接更广、更快、更远为标志。从骆驼、马车、蒸汽机车、轮船、电力机车、飞机到火箭，是以连接升级为标志的。工业革命1.0、2.0、3.0、4.0，也是以连接升级为标志的。

市场是需求和价值的连接。市场通过商品把供给和需求两方连接起来。有市场就有竞争。竞争的实质是争夺连接关系。1993年，巴菲特在致股东信中首次提出了"护城河"的概念，他说："最近几年可乐和吉列剃须刀在全球的市场份额实际上还在增加。他们的品牌威力、他们的产品特性以及销售实力，赋予他们一种巨大的竞争优势，在他们的经济堡垒周围形成了一条护城河。相比之下，一般的公司在没有这样的保护之下奋战。"1995年，在伯克希尔的年度会议上，巴菲特对"护城河"的概念作了仔细的描述："奇妙的，由很深、很危险的护城河环绕的城堡。城堡的主人是一个诚实而高雅的人。城堡最主要的力量源泉是主人天才的大脑；护城河永久地充当着那些试图袭击城堡的敌人的障碍；城堡内的主人制造黄金，但并不都据为己有。粗略地转译一下就是，我们喜欢的是那些具有控制地位的大公司，这些公司的特许权很难被复制，具有极大或者说永久的持续运作能力。"在巴菲特看来，品牌、供给侧规模经济、需求侧规模经济（网络效应）、专利等，都是"护城河"的来源。这些都与客户连接关系紧密相关。所以，与客户牢固的联系才是真正的"护城河"。

连接思维是解决营销问题的钥匙。很多时候，问题出现了，改变系统要素不一定能够解决问题，改变要素之间的连接关系反而有效果。因为在一个系统中，要素和关系共同组成和决定着系统的结构。举个例子，多数人都听说过和尚分粥的故事。两个和尚分粥，负责分粥的和尚想给自己多分一些，另一个当然不会答应。根本方法还是改变连接关系：让一个和尚分粥，另一个和尚选粥。选粥的和尚，当然会挑多的那碗。这样，为了不吃亏，分粥的和尚只能把两碗粥尽量分得一样多。通过改变连接关系而不是要素，使两个和尚获得了他们都认可的公平。

连接对每个人都是有意义的。艾伯特·拉斯洛·巴拉巴西在他的著作《巴拉巴西成功定律》中重新定义成功：成功与你无关，与我们有关，成功是一种集体现象，是一种社会网络对你的回应——社会的认可。这一定律告诉我们成功不是单打独斗，而是要成为"优先连接者"，让自己嵌入"我们"，机会才会在恰当的时间和空间涌现。

营销就是建立连接。菲利普·科特勒、加里·阿姆斯特朗在《市场营销：原理与实践》中把市场营销定义为：企业为获得利益回报而为消费者创造价值并与之建立稳固关系的过程。过去，企业通过产品、价格、渠道、促销等与消费者建立连接。或者说，企业与消费者是通过特定的营销要素连接起来的，如4P（指Product、Price、Place、Promotion，即产品、价格、地点、促销）。尽管随着营销观念的变化，这些营销要素也在变化，如从4P到4C（指Consumer、Cost、Convenience、Communication，即消费者、成本、便利、沟通），从4C到4R（指Relevance、React、Relation、Return，即关联、反应、关系、回报）等，但是，无论何种连接都没有从根本上改变企业与消费者之间存在距离这样一个事实。显然，这样的连接已不再适应移动互联时代的营销要求了。这是因为，消费者更喜欢"有温度"的关系，许多企业通过让消费者介入企业产品开发活动,在企业与消费者之间建立了紧密的联系,并取得了十分显著的效果,如微软的视窗产品开发、小米的手机产品开发等。

年轻一代的消费群体更喜欢彰显自己的个性,展示独立的人格,获得尊重,能够在遵从内心的前提下实现自我价值。在消费过程中,他们表现出了与其他年龄段消费者需求不同的鲜明特点。越来越多的企业以消费者为中心,主动、自觉地按照消费者的价值观、世界观与之建立连接,帮助消费者完成其特定的意愿活动。2014年年底上映的大电影《十万个冷笑话》被认为是我国最早的众筹电影,也是非常成功的影视众筹案例。《十万个冷笑话》在2013年通过网络平台发起众筹,在不到半年的时间内,吸引了超过5000位电影微投资人,筹集到超过137万元的投资。影视众筹给消费者提供了不同的体验机会。以前的影迷只能关注到影视最后的出品,现在可以通过这种众筹的方式去表达自己的意愿和选择。

【延伸阅读】
鸿蒙系统用
户超1亿

二、互联网:连接每个人

尼葛洛庞帝在1996年出版的《数字化生存》一书中将"数字化生存"解释为:"人类生存于一个虚拟的、数字化的生存活动空间,在这个空间里,人们应用数字技术(信息技术)从事信息传播、交流、学习、工作等活动。"当年看起来像科幻小说一般的数字化生存,如今已经成为了人们生活的写照。每个人都已成为线上世界的数字公民,浸润在数字生活中。如同尼葛洛庞帝所言,"信息DNA"正迅速取代原子而成为人类社会的基本要素。

数字技术之所以能给人们带来极大的便利,是因为互联网企业围绕人们生活相关的社交、娱乐、衣食住行等方面搭建了产品和服务平台,通过互联网把用户连接了起来,能够方便快捷地满足人的一些底层诉求,比如沟通和回应的需要,人们更加偏向于容易和方便的方式。事实上,数字技术已经把人们连接起来了,当今,各种各样的数字化应用已经渗透到每个人生活的各个方面。数字化生活场景如表3.1所示。

表3.1 数字化生活场景

生活场景	产品	所属企业
沟通	微信、QQ	腾讯
购物	淘宝、京东、拼多多	阿里巴巴、京东、拼多多
支付	微信、支付宝	腾讯、阿里巴巴
餐饮	大众点评	美团
超市	盒马鲜生	阿里巴巴
出行	滴滴出行	滴滴
导航	高德地图、百度地图	高德、百度
旅行	携程旅行	携程等
短视频	抖音、西瓜视频	字节跳动
游戏	王者荣耀	腾讯
电影	爱奇艺、优酷、腾讯	爱奇艺、优酷、腾讯
音乐	QQ音乐、网易云音乐	腾讯、网易
学习、生活	MOOC(慕课)、小红书	教育部、网易、行吟信息

我们的生活领域无论从深度还是广度上都已经高度数字化，而且还在进一步加速演进，例如，自动驾驶已经成熟，使用自动驾驶技术无须担心安全问题，因为自动驾驶技术使人不会疲劳、不会走神，判断准确，安全性已经超过了人类驾驶员。2021年4月17日晚，北汽极狐新能源汽车阿尔法S正式上市，达到了L4级（按照国际企业工程师协会标准，L4为高级自动驾驶）自动驾驶。

数字化技术和服务应用必然给我们的生活带来便捷。我们镶嵌在巨大的社会网络上，或主动或被动，个人的生活方式必然要在一定程度上符合大多数人的生活方式。主流社会中可能只有非常少的人可以不使用微信、不网购。对于个人来说，数字化生存是现实，无须抗拒，也不可避免。数字技术让一切在线化，导致工作和生活的界限越来越模糊。

三、连接改变商业格局

有财经网站针对近现代以来的重要发明做了一个盘点，统计各种发明的用户数量到达5000万人分别需要多长时间。

经过梳理和统计发现，曾经带来交通和通信革命的飞机、汽车和电话分别花了68、62和50年才达到5000万人的用户群体。就连现在看似是刚需的电力，也花了46年才普及到5000万人的用户群。

而当代一些方便大家日常生活的重要发明，如信用卡、电视机和ATM取款机等，普及时间则相对缩短，分别花了28、22和18年。

堪称当代最重要的两项硬件发明——至今仍在我们生活中扮演不可替代作用的电脑和手机，则用了14年和12年使自己的用户群体达到5000万量级。

在用户积累方面，最重要的变化来自因特网的发明。虽然因特网自身也经过了7年时间才累积到5000万用户，但是互联网要素配置中的优化和集成作用从整体上提升了经济的运行效率和创新效率。电商平台的兴起和智能终端的普及，极大地拓展了商业交易的广度和深度，让任何人在任何地点、任何时间都可以参与市场经济活动，商业格局发生了前所未有的变化。基于互联网的众多创新软件和平台的用户增长，将呈现出指数级的速度。

全球最大社交平台脸书、微信和增强现实游戏"Pokemon Go"，它们的用户累积到5000万人就分别只花了3年、1年和19天。

国内的典型代表是阿里巴巴、腾讯、百度、美团、字节跳动、小米、京东、滴滴、拼多多等，这些数字技术公司快速连接和服务客户，其共同的特点就是用户数量爆炸式超高速增长。

用道格拉斯·洛西科夫的观点来说："数字化时间轴不是从一个时刻过渡到另一个时刻，而是从一个选择跳到另一个选择，停留在每一个命令行里，就像数字时钟上的数字一样，直到做出下一个选择，新的现实就会出现在眼前。"

四、连接中的市场密码：网络效应

我们已经知道，一种创新产品的发明，如果能为更大量的用户群体所用，就会产生网络效应，让更多人受益。

早年的伟大发明,如飞机、汽车,给人类的出行带来了革命性的变化。但是这些实体产品有着成千上万的零件、复杂的工艺和技术,需要建设庞大的工厂和生产线,需要巨大的资本投入才能形成产品。但是市场还有一个认识和接受的过程,产品还需要经过推广才能进入市场,此后仍然需要售后服务体系。

从经济学的角度看,前期大量的资金一旦投入,且只能用于生产这种产品,当这个产品不能被市场接受时,这些投入将因很难做其他用途而沉没。同时,每生产、销售和服务一个产品的边际成本也很高。此外,这些产品诞生在工业革命时期,在今天看来信息传播非常缓慢。因此,这些产品只能慢慢累积网络效应,需要花数十年的时间才能被广泛应用。

在互联网时代,数字化应用常常不需要通过实物生产就能出现。有时只需要生成一段代码,以接近于零的边际成本就可以进行无限复制。这些产品给用户带来了良好的体验,这些体验会通过网络传播。所以在互联网时代,产品上市如同在平静的水面上投入一个小石子,除了能够激起水花,还能够蔓延到更大的范围中,通过网络效应实现成倍的指数式传播。在这个过程中,投石头的人却很少投入成本。

那么,激发网络效应的营销密码是什么呢?

五、新媒体:塑造社交连接

新媒体可以实时传播大容量信息,极大地改变了与用户的连接关系。新媒体帮助用户节约了到店的交通成本和时间成本,而且提供了更加全面和翔实的信息:商品详情、售后服务条款、商家信用、客户评价等。因为不需要承担实体门店租金成本,价格也可以更加实惠。这一切以前所未有的优势拉近了与客户的距离,把低频的现场连接变成随时随地可以进行的高频连接。

新媒体的最大特点是社交,而传统媒体的互动性几乎为零。比如一本杂志,通过发行渠道销售了10万份,发行方不知道这10万用户都是谁,更不知道他们看完之后对杂志的内容质量作出了什么评价,用户更喜欢杂志中的哪一篇文章内容,用户读了杂志上的文章以后,有没有被逗笑,还是被感动哭了等。这些需要通过一个漫长的过程之后才能间接反馈出来,比如杂志的订阅量增加了;或者通过专门的跟踪调查才能获得用户反馈,否则对用户的反馈几乎一无所知。

媒体具有社交功能之后,格局发生了彻底的变化。在互联网上可以建立双向互动。例如,在微博平台上发布一篇文章,可以知道有多少人看过,受众是哪些群体,看完后的反应是什么,是否受欢迎。喜欢的用户会点赞,会留言评论,会私信,会转发给朋友;不喜欢的用户可能会直接在评论区抱怨。因为可以互动,双向交流形成关注,连接关系从普通人变成了粉丝关系。粉丝群体可以达到巨大的规模,具有强大的影响力。

【延伸阅读】
饭圈

即时通信工具,如微信、QQ,打开了实时双向沟通功能,一对一和一对多的实时信息沟通,可以向用户介绍商品详情、解答问题;可以和用户加好友,这样可以随时开启双向沟通;可以对用户进行群组管理,形成社群。此时客户关系升级成为好友、社群组织成员。

随着4G、5G商用，视频功能再度升级了新媒体的能力。商家可以采用短视频、直播等方式呈现商品信息。通过视频，客户也可以详尽展示商品的售后评价。企业可以直接把大量的用户组织起来，形成具有一定层级的相对稳定的组织关系。例如，华为的花粉俱乐部、小米的米粉俱乐部，把用户升级成为层级内的非正式成员。

【延伸阅读】
不得不了解的
网络传播语言

值得一提的是明星和网红代言带货现象。明星和网红在互联网上具有明显的结构洞优势——面对厂家时，作为消费者代理人；面对消费者时，作为厂家代言人——能够同时具有面对上下游的讨价还价优势。

第二节　价值：从连接中涌现

如今，我们已经进入一个连接的时代，人与信息，人与人，人与设备甚至人与服务的连接成为一种常态。网络生成的技术连接，从来都不是一个单纯的技术事件，尤其是在商业化、全球化以后，它已经渗透到了我们生活中的每一个细节。在互联网领域，众所周知的BAT中，百度建立了人与信息的连接，阿里巴巴建立了人与商品的连接，腾讯建立人与人的连接，形成了搜索、电商和社交三大生态帝国。此外还有大量的互联网平台企业，也在连接中进行了商业价值创新，例如，大众点评通过创建与餐饮生活服务的连接，让用户可以随时随地根据自己的需求找到合适的餐馆；滴滴出行创建了人与车之间的连接，方便人们便捷出行等，也通过参与连接获得了丰厚的回报。

这些连接创造了新的价值，使社会的效率相比过去有了巨大的提高。这已经成为了一个管理事件，甚至是一个思想事件。回望蒸汽机的发明到电力的广泛应用，人类社会开启了大规模生产。工业文明的价值创造本质上是社会分工的体现，而社会分工越细，生产效率就越高，技术发展就越快。整个世界一直在沿着"专业化分工"这条路径来演进，这是一条极其关键的脉络。今天，这条逻辑发生了变化，5G、大数据、人工智能让社会生产的领域和环节越来越强调"跨

【延伸阅读】
2021年苹果
手机的全球
工厂

界"与"融合"，例如"互联网＋"，简单地说就是"互联网＋传统行业"，利用信息和互联网平台，使得互联网与传统行业进行融合，利用互联网具备的优势特点，对传统行业进行优化升级转型，使得传统行业能够适应当下的新发展。可以说，我们已经从"分工"时代进入"连接"时代，连接在分工之上创造价值。

是否具备强大的连接管理能力，已经成为企业竞争力的至关重要的因素。连接管理的重要性，从未像在今天这样，对于企业整体经营的成败有这么大的决定作用。消费者正在进入物资极大丰富、信息极大爆炸的阶段。对于消费者而言，绝大多数企业的产品都可以很容易地找到同类替代产品。在这种情况下，作为负责与消费者建立连接、获取消费者选择的环节——营销的重要性异乎寻常地突出。

之所以这样说，从目前的行业生态现状可以看出，消费者面对的是销售商，销售商背后是生产商，生产商需要技术，技术研发需要资本，资本已经是金融的概念，经过层层隔离，消费者

不可能也没有动力了解整个产品的生产和提供过程。所以,从价值传导上,产业链中谁离消费者越近,谁就越有发言权。从工业社会到互联网社会,从亚当·斯密到哈耶克,消费者一直是所有经济活动的原点,他们才是真正的主角。任何企业都必须倾听消费者的声音。因此,价值链的逻辑在互联网时代需要重新梳理。传统价值链中,企业从资源和能力出发,消费者是终点;在互联网时代,消费者在价值链的起点,企业的资源和能力围绕消费者需求进行配置。可以说,营销连接消费者,主导价值创造过程。

分析营销活动创造的价值需要进行系统性分析。把营销活动放在双边市场环境中,可以看到平台企业营销活动连接了多边主体,像亚马逊、脸书、阿里巴巴、微软、抖音、大众点评、高德地图,都有多边参与主体。按照业务、价值关系梳理平台商的参与方,可以抽象出一个简单的模型。多边平台模型如图3.1所示。

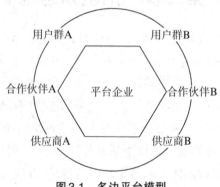

图3.1　多边平台模型

通过这个模型,我们可以看到,营销活动的价值创造体现在三个层面:活动价值、共创价值、涌现价值。

一、第一层面:活动价值

活动价值是营销活动本身创造的价值。

营销活动为用户创造价值。这是毫无疑问的,一些营销学者将其归纳为如何在适当的时间(Right time)、适当的地点(Right place),以适当的价格(Right price)和适当的方式(Right pattern),将适当的产品(Right product)销售给适当的顾客(Right customer)的"6R模式"。沿着这个思路,可以把平台为用户创造的价值归纳为成本节约,具体节约的成本包括:时间成本,是消费者了解/购买商品所需要花费的时间;精力成本,是消费者了解/购买商品所需要付出的体力和精力;风险成本,是消费者购买商品所需要承担的个人或集体风险;选择成本,是消费者购买商品时面临选择购买渠道、筛选不同商品所花费的成本。

营销活动为供应商创造价值。平台企业把供应商和顾客连接起来,处于多边关系的结构洞上,具有优势地位。对供应商而言,平台知道用户在哪里,也知道用户的需要,这些对供应商都是有价值的。平台为供应商创造的价值包括调研成本和销售成本。

调研成本是供应商向用户提供商品和服务,需要明确的定位和方案,这往往要进行市场定位。例如,每一个人都有出行的需求,短距离出行的解决方案可能是买一台车、按里程加上延时计费租车、选择网约车、坐轻轨或地铁、骑共享车。公司在做产品定位时需要考虑用户规模、支付意愿以及竞争情况。这些信息在多边市场中,平台企业可以与供应商进行信息共享。

一个技术方案,经过生产过程,转化成具有使用价值的物品,只是产品。产品从工厂出厂,通往市场流通,让有需要的人都能购买到,就成了商品。从产品转化成商品的过程中,所有的工作都是营销工作,其所产生的价值就是营销创造的价值,即销售成本。

营销活动为平台企业创造价值。 平台企业向多边参与者的收费,如网约车平台对司机的分成、电商平台向商家收取的交易佣金等,都是营销活动创造的价值。

【延伸阅读】
高德地图:免费背后的价值

营销活动为平台其他合作伙伴创造价值。 用户并没有购买这些合作伙伴的商品或者服务,但是因为用户在平台上的注意力,平台上的广告位就对这些合作伙伴有价值。

二、第二层面:共创价值

把图3.1中的多边平台模型看成一个整体,可以发现,多边参与者会进行相互协同,实现价值共创。斯莱沃斯基在其《发现利润区》一书中首先提出了价值网的概念。价值网是由顾客、供应商、合作企业和它们之间的信息流构成的动态网络,企业、供应商和顾客都提供价值,并且参与者之间是基于相互协作的、数字化的网络而运作的。

顾客参与价值共创,长期以来被忽视,但是其重要性逐渐显现。在平台营销活动中,顾客不再只是企业的营销对象,而成为资源的一部分。平台不再割裂地看待顾客个体,而是将其视为平台多边参与者中的重要一边;也不再简单地生产和销售产品、实现价值增值,而是努力营造顾客参与情境,通过为改进消费体验而给出建议、培训供应商、帮助其他顾客更好地消费产品等创造平台,为与顾客共创价值提供便利和帮助,并且积极地参与到与消费者合作、交互性地创造价值的过程当中。在这个过程中,顾客通过融入行为,投入体力、智力,完成价值的感知和获取,完善自身需求,并影响和参与价值共创。具体来说,包括三个方面。

信息价值。 在互联网平台上,顾客作为参与本身已经具有十分重要的意义。顾客的行为代表着一种态度;顾客本身的信息更加炙手可热,几乎所有的平台都极其看重这一块价值的聚集。

【延伸阅读】
用户数据:欧美争夺的焦点

行为价值。 顾客参与企业生产和营销过程,对产品的设计、包装、营销活动提出自己的意见,表达自己的态度,这样的例子屡见不鲜,如互联网众筹。顾客的注意力也是重要的资源,通过平台营销活动,可以把这部分资源集中起来,产生广告效益。

体验价值。 用户体验是检验产品的标尺。顾客在购买和消费过程中形成的感受和体验无疑是非常重要的。顾客评价,作为互联网最重要的信号显示机制,是评价供应商和商品的"照妖镜"。一旦顾客将自己的体验在社交网络上分享出去,口碑效应将形成巨大的影响。营销活动激发顾客分享行为;负面评价可作为优化产品和服务的依据,正面评价则带来更多的市场机会。

三、第三层面：涌现价值

当我们把多边平台模型中的各方参与者以及他们之间的关系看成一个整体系统，平台每一边在整个系统中是相互联系、相互依赖的，他们通过营销活动发生交互，相互影响。

约翰·霍兰在其专著《涌现：从混沌到有序》中提到，涌现现象是以相互作用为中心的，它比单个行为的简单累加要复杂得多。涌现现象告诉我们，一旦把系统分解成为各组成部分，这些特性就不复存在了。涌现现象俯拾皆是，如蚂蚁社群、神经网络、免疫系统、互联网乃至世界经济等。涌现现象简单地说，就是当大量个体聚集在一起时，个体之间产生相互作用，从而使整体涌现出和个体完全不同的新属性或新高阶模式。作为一个平台生态系统整体，当营销活动使平台上的连接数超过一个临界值时，整个系统会涌现出新的特性，形成新的价值源泉。具体来说，包括两个方面。

网络效应价值。我们已经讨论过，互联网平台在初始阶段都会面临"先有鸡"还是"先有蛋"的困境，这个时候需要营销手段作为催化剂，例如通过广告、补贴、体验试用等来吸引用户加入平台。当连接数达到一定规模时，正反馈开始发挥威力：同边网络效应出现了，跨边网络效应出现了，用户总数和新用户之间开始相互促进。按照梅特卡夫定律，平台的价值迅速增长。

大数据价值。连接是平台的基础，连接规模决定数据规模。随着平台多边连接规模的增加，用户信息、商品信息、交易信息、行为信息、活动信息、支付信息等各种数据汇聚起来，成为互联网平台最重要的金矿。随着规模的增长，大数据价值逐步涌现，基于数据的规模化应用带来巨大的价值。

第三节　营销：编织连接

在巨大的社会网络中，平台是连接多边参与者的一种形式。在这个背景下，市场营销做什么？怎么做？形象一点说，市场营销是在"编织"连接。

一、顾客是连接的原点

市场营销观念演变的过程，是顾客不断被发现和被尊重的过程。

很多时候，从"我"出发，强调"我"要什么，突出自己的目标和诉求，是很自然的，尤其是当企业的目标和顾客的目标发生冲突的时候。2021年3月15日晚，中央广播电视总台"3·15"晚会在央视财经频道进行现场直播，主要曝光问题涉及：谁在偷我的"脸"；伸向个人简历的黑手，猎聘通、智联招聘、前程无忧被点名；老人手机里的安全陷阱；搜索之"病"；又见瘦肉精；追踪"瘦身"钢筋；名表维修猫腻多；锈迹斑斑的变速箱；保密协议岂能成为遮羞布等。2012年以来，历

【延伸阅读】
神户制钢所造假门

年"3·15"都要曝光一些不尊重消费者的现象，范围包括交通、个人隐私，甚至涉及医药、食品领域。当商家把自己的目标摆在顾客利益之上时，一定会伤害与顾客的连接，修复连接需要的代价要远远超过由此带来的利益。

以顾客为中心，是营销观念的一大进步。以顾客为中心，把"他"要什么放在"我"要什么之前，这很难，但是只有这样才符合市场的逻辑。

彼得·德鲁克最早强调顾客的重要性，他在其1954年出版的经典著作《管理的实践》中指出："是顾客决定了企业是什么……顾客想买什么，他们认为什么是价值，那才是决定性的。他们决定着企业是什么，企业生产什么，企业是否兴旺。"想要知道客户需要什么，首先需要与顾客建立连接。菲利普·科特勒在其1987年出版的第6版《营销管理》中就提出"关系管理"，强调要同顾客、供应商、渠道成员建立长期信任互利关系。在2006年第12版的《营销管理》中，科特勒第一次抛弃了"交易"的概念，把关系管理放在营销的中心位置。营销概念逐步演变成为顾客创造价值并与之建立稳固关系的科学与艺术。

互联网时代是一个选择得到极大丰富的时代，大多数企业都以顾客为中心。但仅仅如此，仍然不能解决问题。因为企业想以消费者为中心，消费者却不一定买账。曾经称霸世界的巨头诺基亚、柯达都成了时代的背影，为什么？因为当面临选择的时候，人们选择了便捷，而他们没有仔细倾听顾客的心声。因此，只有把顾客放在连接的原点，思考"他们要什么"，才是对顾客最大的尊重。马斯洛需求层次理论对我们来说的最大意义就在于，它告诉我们，人在满足了基本的需求之后，就要去实现更高的需求和目标。马斯洛需求层次理论流传比较广的版本是五级需求，实际上他还把需求层次扩展为八级：生理需要、安全需要、归属和爱的需要、尊重的需要、认知的需要、审美的需要、自我实现的需要和超越需要。在马斯洛看来，需求由低级向高级的发展是波浪式地推进的，在低一级需求没有完全满足时，高一级需求就产生了，而当低一级需求的高峰过去了但没有完全消失时，高一级需求就逐步增强，直到占绝对优势。抖音作为互联网时代的产物，它的理念更代表着对消费者的尊重。"抖音：记录美好生活"，让每一个人看见并连接更大的世界，鼓励表达、沟通和记录，激发创造，丰富人们的精神世界，让现实生活更美好。这就是以顾客为原点的连接，欲取之，必先予之。

二、社交形成连接

互联网建立了数字化的空间，扩展了现实生活中的人类互动。扎克伯格把脸书搬到网上，广获好评而迅速扩大了范围。从脸书、微信、QQ、抖音、小红书等大量企业的实践中，可以归纳出构建在线连接的要素：关系链、场景、互动、内容。

(一)关系链

人与人之间由多条关系链组合在一起，形成人们常说的关系网络。在我们的日常生活中，亲人、朋友、同学、伴侣，关系多种多样，有强有弱。按照克里斯塔基斯三度影响力原则，每个人的影响力首先沿着强关系蔓延，并逐步衰减。进入虚拟的空间，建立连接仍然首先需要从强关系切入。人们使用频率非常高的微信、QQ，就是基于强关系熟人社交平台，不仅仅是微信,大部分有即时通信功能的平台如抖音、小红书都是如此。构建在线关系链的关键,在于是否能够成功把用户线下的关系链迁移到线上,从而使熟人间的交流更加便捷。而一旦关系链成功迁移到线上,熟人间的强关系本身就是一道非常有力的护城河。

(二)场景

罗伯特·斯考伯、谢尔·伊斯雷尔在《即将到来的场景时代》中预言:未来25年,场景时代即将到来。"场景"一词本来是影视用语,指在特定的时间、空间内发生的行动,或者因人物关系构成的具体画面,是通过人物行动来表现剧情的一个个特定过程。从电影角度讲,正是不同的场景组成了完整的故事。从传播和营销的角度来看,场景主要指基于特定时间、空间和行为及心理的环境氛围。如冬奥会是体育比赛场景,课堂代表教学场景,淘宝、京东、拼多多对应线上购物场景等。场景作为一种人为构设且"被建立"的环境,其功能特性在于促进用户与用户、用户与生产者以及用户与产品(或服务)之间的连接、集合、协同以及价值变现。场景可以承载内容、社交、游戏、用户分享等多种服务,为场景中的用户提供舒适的氛围、共同的语言、一致的体验。在错误的场景中,就会出现话不投机、鸡同鸭讲的矛盾。例如,在抖音平台上,一个以娱乐搞笑为主的账号,突然出现生硬的广告和直播带货,就会出现严重的"掉粉"。

(三)互动

互动是指社会上个人与个人之间,群体与群体之间等通过语言或其他手段传播信息而发生的彼此联系、相互作用的行为过程。建立关系的用户能够发生互动,而用户间的互动又反过来影响关系链的稳定及强弱。常见的互动行为有聊天、点赞、评论、转发、关注、引用等,而不同的互动方式对应着不同的互动强度。评论的互动强度大于点赞的互动强度。而同样是聊天,视频聊天的互动强度一般都大于文字聊天。正常情况下,互动行为的强度越大,越容易提升用户双方关系的紧密度。对于同一种互动行为,其互动频率越高,一般关系越紧密。互动是营销关系链生成与变化的关键,通过互动与用户产生亲切感和认同感,并且可以逐步把弱关系转化为强关系。

(四)内容

内容是连接的真正内核。内容通常指的是用户公开给其他人的信息。内容承载着需要传递的价值主张,如产品的功能、使用方法,售后服务以及我们想让用户知道的所有要素。各种类型的内容,如文字、图片、音频、视频等,把用户连接起来。通过内容营销建立连接,就是想办法让信息传递的成果转化为可积累、可沉淀的,甚至是IP化的资产。内容的生产涉及文化、艺术等很多方面。李子柒创作了很多经典的内容,有记者问她:"你拍摄的灵感来自哪里?"而李子柒的答案只有一个:"春耕秋收,这是我最熟悉的生活。"2019年12月10日,央视新闻评论称:"没有热爱就成不了李子柒,没有热爱也看不懂李子柒。外国人看懂了李子柒的热爱,也解释了为何李子柒的很多作品没有翻译却依旧火遍全球。没有一个字夸中国好,但她讲好了中国文化,讲好了中国故事。今天起,像李子柒一样热爱生活,活出中国人的精彩和自信!"从李子柒的例子可以看出,真实、真诚是内容的灵魂,也是与用户连接的真正桥梁。

三、营销：连接注意力

互联网信息大爆炸，而社会生活的节奏在不断加快，人们的时间越来越碎片化，注意力资源越来越稀缺。可以说连接的实质是时间份额，争夺的是注意力。迈克尔·戈德海伯1997年发表了一篇题为《注意力购买者》的文章。他提出信息社会中信息非但不是稀缺资源，相反是过剩的，而相对于过剩的信息，只有一种资源是稀缺的，那就是人们的注意力。以网络为基础的经济形态中，最重要的资源不是传统意义上的货币资本，也不是信息本身，而是注意力。英特尔前董事长格罗夫说："未来因特网之争是争夺眼球的战争。"

互联网平台上的博主们把连接变现的方式就是经营账号吸引眼球，每天要发布内容获取注意力，然后再把这些注意力量化成点击量、转发量、评论量、完播率等流量指标，作为与广告商家的谈判筹码。个体的注意力资源虽然是有限的，但如果从全社会总体角度看，它又非常丰富。从这一意义上可以说，流量代表着客户的态度，能够帮助我们破译注意力"密码"，从而准确地把握市场走向。

【延伸阅读】
从盲盒到盲目——Z时代被玩坏的注意力营销

第四节　营销战略：连接生态圈

一、生态系统战略的概念

营销生态战略是指以打造平台生态系统，实现价值共创目标而进行的总体市场规划和营销策略设计。

平台企业的本质是一个生态系统，它连接顾客、供应商、广告商、业务合作伙伴、技术支撑方。围绕平台生态系统开展经营活动，是平台企业的基本战略选择。

市场营销战略是现代企业战略的核心。彼得·德鲁克指出，任何企业都有着两种职能，也仅有此两种职能——营销和创新。营销是企业与众不同的独一无二职能。营销实际上非常重要，它绝不是建立一个强有力的销售部门并将营销任务委托给这个部门就可以完事的，营销比销售的含义更为广泛，它绝不是一种专门的活动。营销涉及整个企业。从顾客的观点看，营销是经营的全部。对营销的关注和负责必须渗透到企业的各个领域。在互联网时代，对顾客的尊重和争夺都到了前所未有的程度，德鲁克的这种观点得到了更加充分的体现。因此，企业的营销战略承载着企业战略的重心。

【延伸阅读】
逆向营销

二、营销生态系统的设计

在竞争性的市场环境中，所有的企业都在积极尝试着各种保持领先的工具和方法。但似乎企业所拥有的各种有形和无形资产越来越无法体现和保持住原有的差异化优势。例如，曾经同时拥有垄断牌照和资产优势的出租车行业，在各大网约车平台的冲击下举步维艰，经常面临司机难求的困境。长期风光无限的汽车品牌巨头在以特斯拉和比亚迪为代表的新势力面前,在动力性能、财务指标、操作体验等各个方面都难以匹敌,仅剩的续航能力优势也将很快不复存在。甚至连技术所体现的优势也同样无法持久,科技带来的优势也有可能被模仿而转瞬即逝。

在以"大鱼吃小鱼""快鱼吃慢鱼"著称的互联网市场上,谋求持久竞争力至关重要。在有多边参与主体的平台生态系统中,如何有效做好平衡、兼容、一致,是营销生态系统设计的关键。迈克尔·库苏马诺提出管理战略及创新的六条持久原则:关注平台,而非仅仅关注产品;关注服务,而非仅仅关注产品或平台;关注能力,而非仅仅关注战略;关注"拉动",而非仅仅关注"推动";关注范围,而非仅仅关注规模;关注灵活性,而非仅仅关注效率。其中前两条原则提供了关于战略和商业模型的一种新的、更具广阔视野的思路。后四条则从不同的侧面阐释了企业如何让自己变得更敏捷的重要性以及路径。

(一)重社交

用户是要考虑的第一要素。每个人都有社交需求,渴望社交。用户的发展和沉淀依据社交关系展开:建立和筛选社交关系,通过内容社区或其他媒介发挥弱关系的力量,形成广泛的用户连接;维护社交关系,鼓励UGC创作,建立内容消费场景,引导用户互动,维护增进关系链;丰富社交关系,聚合目标人群后,提供新的互动工具和社交环境,发掘撮合潜在关系,提升消费体验和关系连接概率;建立平台信任感和归属感,连接更多用户场景,增强传播力和用户黏性,丰富用户画像维度。

【延伸阅读】
私人美妆顾问——小完子

(二)轻资产

轻资产是生态系统业务分工和定位的要求。生态系统中各个角色的分工要清楚,聚焦和发挥自己的核心优势。轻资产运营,就是把非核心业务分包给合作伙伴,是保持灵活、快速的最好方式之一。轻资产运营是有条件的,没有核心能力或不知道核心能力所在的企业,是不宜实施轻资产运营的。轻资产运营是相对的,英特尔、苹果、耐克、阿迪达斯等都是轻资产方式,通过OEM(Original Equipment Manufacturer,原始设备制造商)、ODM(Original Design Manufacturer,原始设计制造商)或是OBM(Original Brand Manufacturer,原始品牌制造商)模式委托生产厂家为之生产或"代工",自己牢牢掌控主导权和主要利润,这是轻资产运营的魅力之所在。也可以看到中国电商巨头京东的快递人员多达40万人;阿里巴巴2018年提出企业发展到一定阶段,必须投资基础设施,未来5年持续投资1000亿元打造新物流。对互联网平台而言,轻资产运营就是通过平台能力掌握生态连接,赋能合作伙伴而不是代替合作伙伴。

(三)短流程

短流程是平台生态系统的组织体系运作效率的要求。平台生态系统是一种新的组织模式,不是企业组织的科层制,也不是完全市场化的。这对生态系统的运作效率提出了很高的要求。精简、快速、敏捷是每个企业内部管理效率的追求,其中一个最基本的条件就是各种流程不能太长。平台企业处于结构洞上，只有把决策链、响应链的时间控制在合适的范围内，才能有效协调各方。尤其对用户侧而言，短流程带来的体验直接左右其在选择中的倾向。

【延伸阅读】
海尔的"人单合一"

（四）端到端

端到端是电脑网络概念。通信连接，不管有多远，中间有多少机器和设备，都必须在两头间建立连接。端到端在不同领域有多重含义：在设计领域中，端到端指从需求发起，到需求满足的全程；如果拿产品来说，则是指从用户来，到用户去。不管是哪种含义，端到端都包含着"所有的过程和环节都必须对结果负责，以终为始"的意思。

忽视端到端会导致业务流程不合理，这个问题最终会传递到客户那里，造成客户体验感差。2009年，国内电信运营商开始重视家庭客户，某运营商设计了面向家庭客户的套餐，其中包括了很多符合家庭场景的产品思路，如全家统一付费；移动电话、宽带组合成一个套餐；通话时长分钟数可以在家庭成员之间共享；家庭成员之间互相打电话可以用短号码等。这些概念是很高明，但是忽略了一个问题：如果这么多业务都要办理，即使是最熟悉业务的营业员也要30分钟。业务上线以后，营业厅出现了大量等待现象，有人等了一个上午也没有轮到自己办业务！

端到端原则可以被用在平台的设计上。只有流量最大、价值最高、应用最广的功能才应该成为平台的核心部分。只要平台的核心是简洁、简单的系统，而不是一个多种功能相互纠缠的系统，这个平台的生态系统就可以发展得更快。

（五）模块化

模块化是一种把复杂系统分解为更好的可管理模块的方式。最早进行模块化实践的是IBM（International Business Machines Corporation，国际商业机器公司）。IBM在推出360电脑时，采用了模块化原理，将设计规则分为两类：一是预先制定的设计规则，它由IBM决定并向参与设计者们公布，这个规则包括确定有哪些模块、详细规定模块之间的界面以及用于衡量模块的标准；另一类规则可称为自由的设计规则，它允许和鼓励设计人员在遵循第一类设计规则的条件下自由发挥对模块内的设计。模块化设计解决了不同型号、品牌和用途之间的兼容问题，也带来了电脑的快速升级。

互联网促进了模块化管理，比如阿里巴巴的淘宝、天猫，京东等，平台上经营的是一个个的独立模块。营销生态系统是复杂的系统，不仅包括多边参与主体，为了追求范围经济，产品和服务种类也可能不断地丰富。这个时候，按照多边主体或业务种类进行模块化管理，可以保证运营效率，避免掉进多角化陷阱。

【延伸阅读】
小微是什么？

（六）开放性

开放性是平台的天然特性，只有开放，才能让更多的主体参与进来，才能发现更多的合作伙伴，缔结广泛的、紧密的合伙关系。例如，我们经常使用百度搜索引擎，通过百度百科了解很多事情。那么我们是否会有个疑问，百度百科的内容是怎么来的？如果你认真观察，会发现百度百科是允许用户编辑页面内容的。百度百科的这种内容生产方式,就是用户生产内容(User-generated Content,UGC)。UGC的好处是,百度不需要自己雇佣编辑人员来维护海量的内容;挑战是,如何保障内容的丰富度和高质量?百度平台有个巧妙的机制:通过任务和积分吸引20%的作者用户来生产内容,同时让其他浏览用户审核、完善作者用户编辑的内容,逐步提高内容的丰富度以及内容的质量。那么如何能产生这种正向循环呢?百度充分挖掘了人性的特点:用户希望受关注,被点赞,获得影响力、积分奖励。从上面这个例子,我们可以看到百度百科作为一个UGC平台是如何向内容创作者开放,让他们生产出大量高质量的内容的。

当然,这种开放性又需要平台具有相应的准入和退出、监管规则机制,确保平台参与者的质量。抖音平台是一个UGC平台,我们看到的精彩内容都是来源于内容创造者,那么如何保证每个人创作、发布的内容都是健康、正能量的呢?此时平台自己要作为"守门人"的角色,通过技术识别关键字、图片是否涉黑、黄、赌、毒;通过策展系统进行筛选(筛选让谁进入平台)和反馈(鼓励已被授权进入的用户规范自己的行为);同时在平台上也提供了浏览举报的功能。多种手段一起保障平台内容的真实、合法性。

(七)快速迭代

在原有的基础上提出新的需求,增设新的功能,就是迭代。迭代最开始是软件开发过程中做版本管理的术语,后来逐步延伸到产品开发、企业组织架构管理等多个方面,甚至人们的知识学习和思维方面也可以用迭代来强调进步的重要性和方式。快速迭代就是指迅速更新。俗话说"天下武功,唯快不破",在互联网时代,只有快速,才能跟上变化的用户需求。

在一个组织中,永远保持正反馈是不可能的。正反馈是经典控制论中的术语,例如,多米诺骨牌就是一种正反馈现象。正反馈的过程是自我强化的,不可能一直持续下去。这就要求一个系统不断迭代,使系统不断进化。

平台营销生态系统快速迭代的方式包括:持续优化交易规则、平台成员的优化和淘汰、推出新产品和服务等。

【延伸阅读】"国民种草机"——小红书的快速迭代之路

三、营销生态系统的成长策略

营销生态系统的功能在于吸引各方与平台的连接,并促使面向最终顾客的群体规模不断发展壮大,最终形成以平台企业为核心、互补品提供者为外围、用户交易规则为通道的平台。营销生态系统的成长,与平台企业的商业模式息息相关。总体来说,营销生态系统的成长性是由以下三个方面的指标决定的。

动力性能。平台企业所服务的潜在市场必须有足够的规模空间或盈利空间,能够促使潜在的合作伙伴形成"关注意愿",并形成这样一个判断:接入该平台向最终市场提供产品和服务是有利可图的。这个因素决定别人是否愿意来。

兼容性能。核心企业所提供的平台是否容易连接?潜在合作方试图连接系统平台时,技术要求、接口标准、准入门槛,甚至是生态文化等是否能够兼容?这个因素决定别人是否容易进入。

孵化性能。通过接入平台，能够得到哪些赋能？而这些资源或者支持是否是自己需要的？这个因素决定是否留得住别人。

为了促进平台生态系统的成长，平台企业需要进行策略选择，配置资源。通常，平台企业可以从内、外两个维度进行考虑。内部维度是平台构建；外部维度是机会扩张。

平台构建维度是为了扩大市场空间，获得更多市场机会，平台企业通过升级平台功能、改善内部流程、优化对外接口等方式提升平台能力，增强平台吸引力。

机会扩张维度是指核心企业通过优化产品功能、服务内容、价格以及使用成本等，以扩张潜在市场规模。例如，三只松鼠在大型商圈和商业综合体中选址建立连锁线下店，与线上电商形成补充。小红书2018年6月在上海试水线下零售店，但未能形成线上线下联动的优势，于是在2020年1月关闭了所有的线下零售店，这是一种渠道优化策略。显然，市场空间较大的市场对潜在合作伙伴的吸引力更大。

通过这两个维度的策略组合，平台企业形成了一个生态空间。营销生态系统的策略组合与生态空间如图3.2所示。

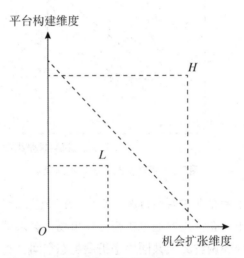

图3.2　营销生态系统的策略组合与生态空间

点H所代表的平台企业的策略组合提供了一个较大的生态空间H，而点L的策略组合只产生了较小的生态空间L。显然，较小的生态空间来自两类基本策略效应：要么是平台企业未能适时扩张其最终市场规模，导致由于缺乏必要的机会引力，使潜在合作伙伴缺乏连接兴趣；要么未能优化其平台，使合作伙伴难以借助平台企业的赋能开展自己的业务。因此，图3.2中，位于虚线左下方的策略组合代表较窄的生态空间，而右上方则意味着较广阔的生态空间。

从潜在合作伙伴的角度看，他们的生态系统战略也由两个维度组成：一是机会定位维度；二是平台连接维度。机会定位要解决的问题是，面对由平台企业创造的潜在市场机会，接入平台以后将定位于哪个细分市场。平台连接策略所要解决的问题是，合作伙伴以哪种方式来应用平台企业所提供的资源。

当平台企业提供的生态空间规模较小时(图3.2中的L空间),合作伙伴一方面将面临较大的竞争压力,另一方面也会降低投资回报预期,这时,合作伙伴在接入动力和经营能力等方面都严重不足。这时,平台企业只能建成一个弱小的营销生态系统。

当平台企业提供的生态空间规模较大时(图3.2中的H空间),不仅可以包容较多的合作企业,而且能促使他们定位于不同的细分市场,并进行专项投资,努力提高服务能力和产品创新能力,从而带动生态系统的成长。值得一提的是,如果合作伙伴所提供的产品与平台企业的产品形成互补关系,则意味着营销生态系统实现了价值创新,整个系统的竞争力将得到提升。

平台企业从生态空间向高生态空间扩展的三种途径,营销生态系统扩展路径如图3.3所示。

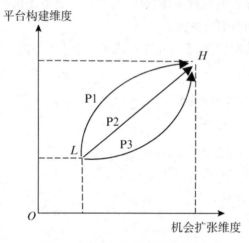

图3.3　营销生态系统扩展路径

P1为平台主导途径,平台企业主要通过改进平台来扩展生态空间。

P2为机会主导途径,平台企业主要通过扩张潜在市场机会来扩展生态空间。

P3为混合主导途径,前述两种方式共同用来扩展生态空间。

在一般情况下,P1途径比较适合消费群体较大的一般性市场,如百度、淘宝、京东、拼多多、微信、抖音等;P2途径比较适合专业垂直领域,如高德地图、海尔(家用电器)、小米(智慧家庭)、树根互联(重型机械)等;P3途径则适合生态空间严重受限的产业,如报业集团、有线电视、门户网站等。

四、营销生态系统的构建路径

如果说战略确定了企业的总体方向和目标,那么战略路径就是实现战略目标的路线图。它由一系列可供选择的行动计划构成,通过关键行动带动整个战略实施。从营销机会开始,到具有自适应能力的营销生态系统,关键里程碑可以用鱼骨图示意。营销生态战略路径如图3.4所示。

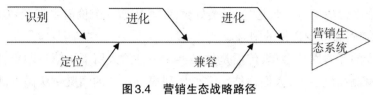

图3.4　营销生态战略路径

(一)识别

识别市场机会就是判断出两个有交易意图的群体。但两个群体想进行简单、有效的交易,仅靠他们自己很难实现。如果有一方能帮助他们低成本地达成交易,且每一方都将得到收益,这个角色的扮演者就是平台。一旦平台方将彼此连接在一起,双方之间的交易就是便捷、低成本的。在双方达成交易的过程中,平台就像催化剂一样,促使双方创造的价值得以交换。

市场机会一般分为两种,一种是已经存在的市场机会。这意味着这个市场有竞争对手存在,这个时候需要进行差异化创新。例如,线上购物已经成为人们的习惯,人们对性价比的需求是无止尽的,显然这里存在市场机会。在阿里巴巴和京东已经取得了市场主导地位的背景下,拼多多以拼团模式和社交裂变营销形成差异,成功吸引大量下沉市场用户,从而形成电商市场三足鼎立的局面。

另一种是潜在的市场机会。识别市场机会的方法很多,有从宏观环境分析到竞争分析,从头脑风暴到消费者调查。但识别潜在的市场机会,往往还需要敏锐的市场嗅觉,也就是熊彼特所说的"企业家精神"。熊彼特曾作过这样一个形象的比喻:你不管把多大数量的驿路马车或邮车连续相加,也决不能得到一条铁路。例如,虽然人们普遍承认汽车是在欧洲发明与诞生的,但是亨利·福特使汽车不再遥不可及。他的初衷是:"我要制造一辆适合大众的汽车,价格低廉,谁都买得起。"正是这种远见和激情促成了福特汽车公司的诞生。又比如,20世纪90年代中期,手提电话(大哥大)进入中国,一块小小的电池就要上千元,让王传福意识到这是个重大商机。1995年2月,王传福借款250万元,注册成立了比亚迪科技有限公司,开始生产手机电池。刚好日本宣布将不再生产镍镉电池,王传福抓住时机,他说:"他不造我来造,这是中国电池企业翻身的大好时机。"1997年,比亚迪公司的镍镉电池销量达到了1.5亿块,排名世界第四。到2003年,比亚迪的镍镉电池产量居世界第一,镍氢电池产量居世界第二,锂电池产量居世界第三。

【延伸阅读】
忽视市场机会
等于被颠覆

(二)定位

在识别了市场机会以后,就要进行定位。里斯和特劳特认为:"定位要从一个产品开始,那可能是一种商品、一项服务、一个机构甚至是一个人,也许就是你自己。但是定位不是你对产品要做的事,定位是你对预期客户要做的事。换句话说,你要在预期客户的头脑里给产品定位,确保产品在预期客户的头脑里占据一个真正有价值的地位。"从这个意义上理解,定位是确定并向客户传递自己的价值主张。

例如,阿里巴巴的价值主张是"让天下没有难做的生意";百度的价值主张是"你想知道,百度一下";抖音平台的价值主张是"记录美好生活"。传递一个价值主张,形成消费者清晰的认知,可以帮助消费者减少选择的困难。

在传播过度的互联网社会里,传播是件难事。一旦给人留下了第一印象,就绝不会有机会更改它。在盲测品酒会上,人们往往会觉得加利福尼亚产的酒胜过法国的酒,如果贴有标签再品尝,则不可能发生这种事情。可口可乐在盲测时,喜欢新可乐配方的人与喜欢老配方的人几乎是3∶1。但是,如果他们看见商标再喝时,喜欢"经典可口可乐"的人与喜欢"新可乐"的人之间的比例超过了4∶1。

(三)孵化

目前,许多公司已经认识到,自己根本不可能吸引市场上所有的购买者,甚至也不可能独立满足客户需要。"自己搭台,让更加专业的人来唱戏"是平台生态系统建设的出发点。为有效吸引参与者连接到平台上来,平台企业需要进行连接孵化。孵化意味着把平台的能力开放给合作伙伴共享。在生态系统中,连接孵化在很多情况下是创业孵化,这意味着孵化机制是多方面的,包括机会、资源、服务、管理,甚至是文化等。同时,平台企业也可以联合第三方的力量,如投资方、政府等,对创业者进行全方位赋能。生态系统连接孵化资源种类如表3.2所示。

表3.2 生态系统连接孵化资源种类

资源种类	子类界定	来源
市场	商机:市场机会	平台企业
	用户:接入平台的用户、购买平台上其他商品的用户	
	渠道:分销商、零售商	
平台能力	商城:店铺	平台企业
	软件:位置、语音、图形识别	
	数据:经营数据、统计分析	
	广告:网页广告、App广告	
金融	资本:天使投资、风险投资、众筹	平台企业、第三方
	资金:项目融资、信贷	
管理	项目管理:项目管理培训、咨询	平台企业、第三方
	制度:管理制度培训	
人力资源	导师:有经验的创业者、技术专家	平台企业、第三方
	人才:专业人才输出	
文化	主张:平台企业倡导的价值理念	平台企业
	理念:平台企业的服务理念、创业精神	
政策	税收:政府税收优惠	政府
	扶持:政府导向性扶持政策	
基础设施	办公空间、交通、通信、物流	平台企业、政府

（四）兼容

在多边主体共存的生态系统中，各个成员之间既有竞争也有合作。兼容是指各个成员之间在生态系统中有效互动合作，实现协同共创价值。平台企业是整个营销生态系统的搭建者，也是平台所有成员连接关系的主导者。为保持整个系统的持续稳定发展，平台企业需要建立一套规则制度，对系统内成员企业的行为进行有效的协调、约束和激励，避免发生道德问题和信任危机。确保系统高效有序运行这套规则制度就是营销生态系统的治理机制。

1.利益分配机制

平台企业价值生态系统成员之间的利益分配是一个复杂的过程，合理设定利益分配机制能够激发交叉网络效应。为此，平台企业价值生态系统要做到利益分配合理公平，应以利益相关方的贡献度为基础，尽可能地定制出公平、合理、多赢的协议和合同，让平台企业价值生态系统成员在相互平等的基础上明确其责任、权利和义务。

合理运用价格杠杆也是一种平台成员间的利益分配机制。运用非对称定价的策略，根据不同用户的价格敏感度进行区分定价，对价格敏感度高的群体实行低价战略甚至免费，从而维护用户群体的数量；对价格敏感度低的群体，可以收取一定程度的费用，从而维护平台的正常运营。

2.互动协调机制

平台企业价值生态系统是一个有机的整体，每一个成员都扮演着不同的角色，系统的稳定是系统内各成员共同努力的结果。平台企业需要制定合理的规则来调动系统内成员的共同参与。在制定规则的过程中，需要注意系统中每一成员不仅是属于其所在的企业，更重要的是作为生态系统内的一个成员，各参与主体应该逐渐淡化企业单位边界，站在更高的层次为整个系统作出贡献。互动协调机制包括信息共享制度、定期沟通制度、冲突解决制度等。

生态系统成员互动协调也可以通过社群实现。平台企业可以根据互动的需要，建立供应商社群、用户社群、合作社群，便于周边主体之间的沟通和信息共享，也有利于发布生态系统的相关规则和动态，还可以建立跨边社群，便于了解需求、及时响应、优化产品等。在一个成功的平台企业价值生态系统中存在着不同的社群，不仅可以增强连接性，而且不容易被复制，可以成为营销生态系统的核心竞争优势。

3.声誉评价机制

声誉是对一个合作伙伴的专业水平、服务水平、合作态度以及其他方面的评价。声誉是整个生态系统对每一个成员的监督机制。维持良好声誉，是所有生态系统成员不得不考虑的因素。平台企业建立声誉评级制度进行信用评价，并且在生态系统中公开，不仅能够方便所有的成员参与选择合适的合作和交易对象，更是一种行为约束，保障系统内各成员都能够遵守自己的信用，保障生态系统的健康运行。

4.奖惩机制

在平台生态系统的发展进程中，系统内成员不可避免地会出现机会主义倾向，某些成员可能会为了个体的利益去损坏公众的利益，如果不加以制止，很可能会导致"搭便车"行为的泛滥,从而危及整个系统的发展。相对于声誉评价机制,奖惩机制是一种更加正式的治理手段,可以使系统成员清晰地知道什么样的行为是系统所倡导的,而什么样的行为是系统所排斥的,从而规范系统内成员的相关活动。奖励机制可以引导系统内成员朝正确的方向努力;惩罚机制使系统内成员能清晰地知道什么样的行为将会带来多大的惩罚,明确他们犯错的机会成本,从而有效避免错误行为的发生。一套完善有效的奖惩机制不仅能够让生态系统中的成员自发地为整个系统的发展作出自己最大的贡献,也能督促成员进行相互监督,从而提高生态系统的效率。

拓展知识

抖音小店商家违规行为管理规则(节选)

平台根据违规行为的情节严重程度,可以采取包括但不限于以下处理措施:公告警示、扣除违约金、店铺权限限制、商品管理、扣除违规所得货款、店铺清退、关联店铺/账号处理、信用分扣除以及平台其他认为有必要的措施。若商家多次违规后拒不整改,多条并犯,或对平台造成恶劣影响,平台有权加重处理。

公告警示。即在平台消息中心、规则中心等页面,对商家的不当行为进行提醒告诫,或对执行的处理进行公示。

扣除违约金。根据店铺的违规程度,从商家的货款/保证金账户中,扣除一定的违约金。如商家签署允许货款扣除协议,将优先从货款中扣除。

店铺权限限制。对店铺功能做出一定期限的限制,包括但不限于限制参与营销活动、搜索降权、搜索屏蔽、限制货款提现、订单限制、停业整顿等。

商品管理。对商品做出一定期限的限制,包括但不限于限制商品上新、商品下架、商品封禁。商品下架即商品从售卖状态变成不可售卖状态,经修改并审核通过后,可恢复至可售卖状态。商品封禁即商品从售卖状态变成永久不可售卖状态,商家无法对商品进行修改。

扣除违规所得货款。扣除商家违规所得货款。

店铺清退。即扣除全部保证金,清退店铺,永不合作。

关联店铺/账号处理。平台有权视违规店铺的违规严重程度,对违规店铺的关联店铺进行处理。

违规积分管理。平台制定商家违规积分处理实施细则。商家违规积分处理实施细则如表3.3所示。

平台对违规行为进行积分管理,当积分达到节点时,平台将对商家进行节点处理。

一般违规(A类),违规积分每累计12分,将对商家进行节点处理:扣除违约金及停业整顿。

严重违规(B类),违规积分每累计4分、8分,平台将对商家进行节点处理(停业整顿和扣除违约金),累计满12分进行清退,并扣除违约金。

表3.3　商家违规积分处理实施细则

违规类型	累计分值	节点处理		
		限权措施	扣除违约金	节点考试
一般违规(A类)	12分	/	2000元	/
	24分起,每累计12分	停业整顿3天	2000元	节点考试
严重违规(B类)	4分	停业整顿3天	2000	节点考试
	8分	停业整顿7天	5000	节点考试
	12分	清退	全部保证金	/

(五)进化

进化是生物学术语,是指种群里的遗传性状在世代之间的变化。达尔文在《物种起源》中提到,生物进化没有任何先兆,往往是渐变微进化与跃变式的大进化交替出现的。

当今时代,新技术应用、市场竞争等都会加速营销生态系统的进化,演变出新的商业模式。平台生态系统的进化是指平台由于功能升级、提供了新的产品、新的服务,或接入了新的互补品等,实现了新的价值创造方式。

【延伸阅读】
微信的进化

平台生态系统的进化是随着用户需求持续推进的。以互联网内容平台为例,从内容的形式看,进化过程包括文字、图片、声音、视频、3D、虚拟现实;从内容的生产来看,进化过程则是从PGC(专业生产)到UGC(用户生产)、PGC＋UGC;从内容的分发方式来看,进化则经历了编辑分发、搜索分发、算法分发和社交分发几种方式。

每一次新技术的应用会带来价值创造方式的变化。例如,4G通信的大规模应用,加速了用户视频应用场景;5G通信的商用启动无人驾驶真正的商用机会;区块链技术带来了比特币;虚拟现实技术开启了元宇宙。平台生态系统因此可以带来新的产品和服务方式,从而为顾客创造新的价值。

第四章
洞察、定位和营销策略

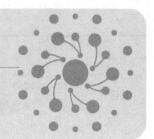

前导案例

"一个人带火一座城"——丁真的网络传播现象

丁真珍珠(汉语名:丁真),藏族,生活在四川省甘孜藏族自治州理塘县。

2020年11月11日,摄影师胡波拍下藏族汉子丁真,在这段仅7秒钟的短视频中,一位肤色黝黑、身穿藏族服饰、有着标志性高原红和清澈眼神的小伙瞬间迅速收获近500万点赞。

2020年11月19日,丁真开通抖音,发布第一条短视频后粉丝量突破200万。

2020年11月21日,"@理塘丁真"发布第一条微博"入职照,我是丁真。#丁真的第一条微博#",当天获得点赞量157万,评论量5.6万,转发量2.3万。

2020年11月25日,四川甘孜州拍摄的旅游宣传片《丁真的世界》正式上线。该片以康巴少年丁真为主角,是四川甘孜州文旅宣传片。视频中,丁真走在雪山脚下,奔跑在高原草地,还牵着白马悠闲徜徉在纯净的理塘美景中。视频播出72个小时,播放量超过7亿次。一个月后,在抖音丁真相关话题中,播放量破亿的话题有6个,播放量破千万的话题有31个,其中,"#丁真#"话题相关视频播放量已超过12.3亿次。

2020年11月26日左右,网民因丁真的藏族背景以及甘孜当地极大的藏族特色,对丁真的故乡产生了极大的误解,并由此诞生了一个超级热搜"#以为丁真在西藏#",该话题阅读量达6.8亿,"@四川发布"为回应"#以为丁真在西藏#"的热门微博话题,发起话题"#其实丁真在四川#"并联动"@四川文旅""@甘孜文旅"进行了首波回应互动。27日,"@西藏日报"根据丁真本人在一次采访中表示"最想去的地方是拉萨"为由连发两条微博,"我们在西藏等你",正式打响"抢人大战"第一枪。随后"@云南文旅""@文旅山东""@湖北日报"等全国多家官博加入"抢人大战",而"@四川文旅"等四川本地官博也积极与其他地区官博互动"抢人",由此衍生出"#由丁真引发的官微大战#""#丁真引发的一场连续剧#""#各地抢丁真背后的真相好燃#"等多个微博热门话题,其中"#丁真引发的一场连续剧#"阅读量超4.2亿。此次事件也获得了《人民日报》、新华社、央视新闻等主流媒体的关注,各家媒体陆续推文剖析事件缘由,28日单日全网传播量超过了60万。

2020年11月28日,央视新闻联播主播海霞祝福丁真。同一天,时任外交部发言人华春莹连发3条推特给丁真做宣传。

2020年11月28日开始,"丁真现象"引起海外围观。2020年12月3日,丁真的网络影响传播到海外,荷兰年轻汉学家棵小曼创办的英文网站"微博上有什么"发布文章,图文并茂地介绍丁真。

回顾丁真在网络上的传播过程,可以看到,截至2020年12月6日,居于网络核心搜索圈层的是"丁真""丁真是怎么火的";"理塘""丁真赛马王子""康巴汉子"也成为搜索热点。

微博平台传播量最高,达到92.79%。政务官博与主流媒体微博表现出极强的话题制造能力及借势能力。客户端传播量相对较高,占比达2%,以《人民日报》、央视新闻、新华社为代表的主流媒体发挥了导向作用。视频平台传播量居第三,占比为0.61%,抖音、快手、西瓜视频等平台广泛传播,使热度进一步发酵。

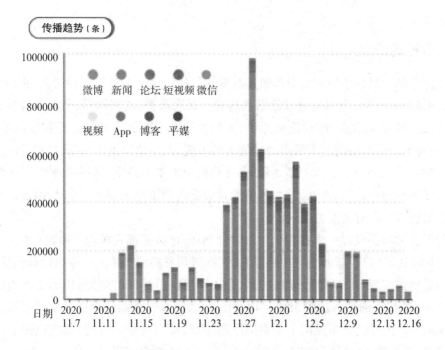

从百度搜索可以看出,因为丁真的走红,理塘、甘孜的网络搜索指数相较于之前上升了数倍。一个人真正带火了一座城。

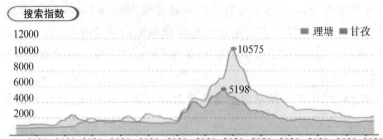

搜索指数

理塘 甘孜

10575

5198

日期 2020 2020 2020 2020 2020 2020 2020 2020 2020 2020 2020 2020 2020 2020
11.10 11.13 11.16 11.19 11.22 11.25 11.28 12.01 12.04 12.07 12.10 12.13 12.15

思考

1.丁真现象在网络中火爆的主要因素有哪些?

2.不同的角色在丁真现象传播过程中分别发挥了什么作用?

第一节　洞察:细分到每个人

一、数据的价值

人类对外部世界的感知和认识是通过数据获得的。数据本身是一种语言,我们所知的世界,所有的过程和结果,全部是通过数据表达的。获取数据,认识世界,是人类科技进步的一条逻辑主线。从钻木取火、结绳记事开始,人类始终在不断地扩展和提升获取数据的能力。当代,伴随着电子计算机的强大数据处理能力的出现,人类感知世界、获取数据的能力有了质的飞跃。2017年12月5日,"旅行者1号"在飞往柯伊伯带的路上,从距离地球62亿公里的地方拍了一张地球的照片《暗淡蓝点》。尽管照片数据传回地球需要6个小时,但这标志着人类认识世界的能力又向前大大进了一步。

我们所在的数字世界一直在扩张。每时每刻,海量数据都在源源不断地产生。2016年9月25日,中国500米口径球面射电望远镜FAST在贵州省黔南布依族苗族自治州落成启动,其观测能力是德国波恩100米望远镜的10倍,是美国阿雷西博300米望远镜的2.25倍。2018年6月,FAST每秒接收的数据达到38G。实际上,每个领域的数据量都在爆发式增长。英特尔创始人戈登·摩尔在1965年提出了著名的摩尔定律:即当价格不变时,集成电路上可容纳的晶体管数目,约每隔18个月到24个月便会增加一倍,性能也将提升一倍。1998年,图灵奖获得者杰姆·格雷提出著名的新摩尔定律:每18个月,全球新增信息量是计算机有史以来全部信息量的总和。这意味着,每18个月,全球信息总量翻一番。我们已经进入了大数据时代。2020年04月10日,中国正式公布《中共中央国务院关于构建更加完善的要素市场化配置体制机制的意见》,这是我国第一份关于要素市场化配置的文件。《意见》提出了土地、劳动力、资本、技术、数据

【延伸阅读】
抖音发布2021
年数据报告
(节选)

五个要素领域改革的方向,明确了完善要素市场化配置的具体举措。数据作为一种新型生产要素写入文件,文件中强调要加快培育数据要素市场。

大数据蕴含巨大的潜在价值。大数据的价值本质上体现为:提供了一种人类认识复杂系统的新思维和新手段。全球知名咨询公司麦肯锡称:"数据,已经渗透到当今每一个行业和业务职能领域,成为重要的生产因素。人们对于海量数据的挖掘和运用,预示着新一波生产率增长和消费者盈余浪潮的到来。"

数据汇聚使数据可能产生价值。数据量大是大数据具有价值的前提。当数据量不够大时,它们只是离散的"碎片",人们很难读懂其背后的含义。随着数据量不断增加,达到并超过某个临界值后,这些"碎片"就会在整体上呈现出规律性,并在一定程度上反映出数据背后的本质。

舍恩伯格指出,大数据的真实价值就像漂浮在海洋中的冰山,第一眼只能看到冰山的一角,绝大部分都隐藏在表面之下。大数据价值变现方式可以划分为三大类:数据服务、数据分析和数据探索。

数据服务是面向大规模用户,提供高性能的数据查询、检索、预测等服务,通过直接满足用户需求而将数据价值变现的形式。例如,导航软件需要同时为用户提供实时的位置、交通状况,并且给出下一步行动的建议。

数据分析是指用适当的统计分析方法对大量数据进行分析或建模,提取有用信息并形成结论,进而辅助人们决策的方法。例如,通过分析用户行为,抖音可以判断出用户的兴趣和关注点,从而针对性地推送视频内容。

数据探索是一种利用数据分析,不断优化算法,通过揭示数据的规律和数据间的关联,发现并认识其所未知的数据模式或规律的方法。它的价值更多地体现在对未知途径的数据模式和规律的探索上。数据探索可以针对可变目标,持续、多角度地搜索或分析任务,这个过程可以是有选择、有策略和反复进行的。它把以找到信息为目的的传统信息检索模式变为以发现、学习和决策为目的的信息搜索模式。这样的搜索模式能从数据中发现和学习更多的内容和价值。

【延伸阅读】阿尔法狗Zero:人类不是最好对手

大数据价值链包括数据采集、流通、储存、分析与处理、应用等环节,每个环节的商业需求催生了一系列的技术和应用创新,引发了新的商业模式。百度通过将搜索引擎免费提供给用户进行信息查询,使其能够对用户的关注点、态度、行为进行分析,从而定制更加具有针对性的广告策略。科大讯飞在语音识别和图像识别方面已经拥有全球领先的能力,而这一切都建立在对大量的数据进行分析的基础上。淘宝、京东、拼多多能够根据以往用户的购买记录向用户推荐商品,取得了巨大的商业成功,消费者常常根据这些推荐内容做出自己的选择。现在华为、特斯拉、蔚来、小鹏已经把自动驾驶带进了人们生活。这些都是大数据应用的例子,不仅为企业创造了巨大的商业利益,也能使人们的生活更加便利。

二、获取数据

(一)认识要解决的问题

市场分析要解决的第一个问题不是数据从哪里来,而是我们要解决的问题是什么。

市场分析要解决的问题都是社会问题,这里沿用社会问题研究的分类。根据不同的分析目的,社会问题研究可分为探索性研究、描述性研究和解释性研究。

探索性研究是指在研究者对研究题目的范围和概念不甚清楚,对分析对象的内在联系不熟悉,不能确定假设和研究方向,并且缺乏前人的研究信息和理论,无法提出具体方法以进行精密研究的情况下所用的一种研究方法。摸着石头过河就是探索性研究。这一阶段所需的信息是不被精确定义的,研究过程很有灵活性。

描述性研究是对社会现象的状况、过程和特征进行客观的描述,即描述的社会现象是什么、如何发展的、其特点和性质是什么。描述性研究的基本要求是准确性和概括性。准确性是指应该对社会现象的状况和基本特征等方面进行精确的描述和说明。概括性则包括两层含义:一是反映总体状况的一般特征;二是对总体的各个组成部分作准确的概括。

解释性研究就是对社会现象或事件之间的因果关系的研究。既要知其然,还要知其所以然,这样的研究就是解释性研究。解释性研究的目的是回答为什么。

在市场分析时也会有相同的情况。有的时候,我们需要确定产品销售量下滑的原因,以便制定对策,这是解释性研究。有时候我们需要确定消费者有什么特征,需要对消费者画像,这属于描述性研究。很多时候,我们需要解决的问题非常有挑战性,比如元宇宙应用场景中如何营销产品,因为这件事情之前没人尝试过,这个时候需要的是探索性研究。

(二)如何获取数据?

在弄清楚要解决的问题和目的之后,第二个问题是:如何获取数据,获取多少数据。

通常情况下,抽样是常用的方法。从总体对象中抽取一部分,并通过对该部分进行研究,得出对总体的认识。抽样调查经济性好,实效性强,适应面广,准确性高。

但大数据时代一般考虑对所有数据进行分析。舍恩伯格在《大数据时代:生活、工作与思维的大变革》中明确指出,抽样是信息处理能力受限的时代的产物,"采样的目的就是用最少的数据得到最多的信息。当我们可以获得海量数据的时候,它就没有什么意义了。数据处理技术已经发生了翻天覆地的改变,但我们的方法和思维却没有跟上这种改变。采样一直有一个被我们广泛承认却又总有意避开的缺陷,现在这个缺陷越来越难以忽视了——采样忽视了细节考察。虽然我们别无选择,只能利用采样分析法来进行考察,但是在很多领域,从收集部分数据到收集尽可能多的数据的转变已经发生了。如果可能的话,我们会收集所有的数据,即'样本=总体'。"舍恩伯格提出大数据已经超过十年,不仅改变了人们的观念,而且大数据技术作为一种趋势,被广泛深入地运用于各个领域。

大数据更加经济。抽样调查对随机选择出来的样本需要进行实际的调查,在互联网时代平台上已经有丰富的样本数据,不需要去调查了。尽管不是在所有的情况下都能够满足样本代表性的需要,但在很多情况下,这些平台上的数据已经足够。

大数据更灵活,可以更好地响应不确定的市场竞争环境。我们知道,对于同一个问题,我们随机调查100个样本和10000个样本,得到的结论是一样的。统计学告诉我们,随机抽样的精确性随着抽样的随机性大幅度增加,但不会随着样本量的增加而提高。当样本量超过一个临界值以后,新的样本个体告诉我们的信息会越来越少。抽样调查的数据是根据某个特定的分析目的收集获得的,当我们要分析一个新的问题时,这些数据不一定能够复用。商业活动中经常要根据竞争情况作出不同的分析,而且要求快速响应。当前运用大数据技术可以在互联网平台上快速地汇聚、存储和处理海量的数据,包括用户的注册信息、行为信息、交易信息等。样本包含的信息维度很多,可以根据不同的目的随时调用。

大数据更适合商业模式创新。当今社交软件、网络购物、移动支付、移动导航以及万物互联带来的各种智能应用中,一切人们日常生活中的行为都将转化为数据,数据规模持续爆炸性增长。但同时,数据产生的附加值却似乎没有与之同步增长。单纯的数据量的积累不一定能让人认识事物的全局,只有把不同侧面、不同角落的数据汇聚起来并加以关联,才能产生对事物的整体性和本质性认识。大数据技术可以实现多领域、多个体、多视角数据的交叉融合,分析消费者的习惯、态度、偏好,探索市场的趋势和规律,发现新的市场机会。大数据的核心就是把数学算法运用到海量的数据上来预测事情发生的可能性。这正是发掘市场机会、实现商业模式创新最重要的一环。

当今时代,无论怎么强调大数据的重要性都不为过。但大数据相对于抽样调查,不是一种方法对另一种方法的替代。当大数据时代来临,样本趋近总体的情况下,抽样是否还有存在的价值?答案是肯定的。大数据和抽样并不是互相排斥的,是否使用抽样的调查方式,要根据情况具体分析。例如,在市场分析中,可以通过大数据分析用户的行为数据,但在市场分析中,往往还需要补充了解用户的态度,如动机、想法、感受等,这时候就需要抽样调查,甚至是深度访谈,也就是我们所说的大小数据相结合。

互联网平台具有获取数据的先天优势。首先,平台可以得到客户交易数据,包括客户购买商品、支付、体验服务等信息。其次,商家可以得到客户的行为信息,可以获取用户行为和评论数据。从客户登录系统开始,其"轨迹"早已被记录,什么时候点击过某个商品,什么时候搜索过某个商品,都变得一目了然。这些数据虽然不是交易数据,但是是交易数据的一个强有力补充,代表着客户的潜在需求。又如,当客户购买商品后留下评论时,这些评论或许是客户对未来商品的期许,或许是该商品未来改进的方向。再次,可以获取客户的注册信息。在客户接入平台时,一般都要进行注册,注册信息往往包含着客户最基本的身份和社会属性信息。然后,平台可以获得客户的社交信息。大部分平台都具有社交功能,社交数据一定是商家关注的焦点。这些资料的获取是商家洞察客户、理解客户的最直接途径。最后,平台可以获取第三方信息。几乎所有的平台都不是信息孤岛,其需要调用第三方接口获取通信、位置、语音、地图以及其他应用,客户使用这些应用也会包含有价值的信息。甚至,平台企业还可以与第三方社交媒体合作,如微信、微博、抖音等,从发布的资料、报告中获取到社会动态、流行动态、关注热点等有价值的信息。必须强调的是,所有的信息只有在合法的前提下才能收集。尤其是

【延伸阅读】
为美好的数字生活上把"安全锁"

用户信息,只有在明确告知和得到允许的情况下,这些信息才可以合法地获取和使用。

三、数据洞察

对平台生态系统繁荣而言,每一边都很重要。但毫无疑问,最重要的是用户洞察。其他参与主体的洞察,方法上是一样的。所以我们后续讨论的重点将围绕用户洞察展开。

(一)什么是数据洞察?

洞察是看穿,是观察得很透彻,是发现内在的内容或意义。数据洞察就是发现隐藏在数据中的规律,并且用于价值创造或其他有意义的目的。但是数据本身不能告知任何信息,所以洞察力很重要。

【延伸阅读】
测试你的洞察力

一般来讲,数据洞察具有三要素:数据、场景、判断标准。

仅仅只有数字没有任何意义,数据+业务场景,才有具体的业务含义。场景越具体,数据才越有意义。

有了数据、业务场景、标准,才能形成基本的数据洞察。三者缺一不可。少了数据,就会陷入"我看到一个黑苹果,所以全天下苹果都是黑色的"这种窘境。少了业务场景,就会闹出"树上有八只鸟,开枪打掉一只还有几只?""八只!"这种笑话。少了判断标准,就会鸡同鸭讲,让对方"丈二和尚摸不着头脑"。

数据洞察与数据分析、数据挖掘从概念上的内涵看,大部分是重叠的,都是通过数据找规律。其区别在于数据分析更多强调分析本身;数据挖掘更多强调分析过程,是通过数学建模等方式寻找隐含在数据中的规律;而数据洞察更多地强调目的,是为了价值创造或者其他有意义的目的而进行的数据分析。三者的区别可见以下案例。

在一个大型连锁超市中,有三个职位,分别是数据分析A、数据挖掘B和数据洞察C,他们分别给超市主管提交了一份分析报告。

A的报告:主要内容以常规的经营分析为主,如总体收入、品类收入、品类销量等,甚至还有趋势分析、总体走势等。

B的报告:建立了一些数据模型,考虑了更多的因素。重点分析了经营现象的原因,例如,发现了某些品类因为进行了促销活动,销量和利润都有所上升。他通过模型发现了一个有趣的现象,即啤酒和尿布放在一起销售,两者的销量都会增加。

C的报告:重点放在如何寻找销售增长点上。他在总结了超市的基本情况以后,也发现了啤酒和尿布放在一起销售,销量都会上升的现象。还有其他现象,如上下楼通道中最适合销售纸巾、邻近收银台的位置放上口香糖和矿泉水,销售效果也很不错。

(二)洞察方法

面对海量数据,我们需要作出选择,找到关键,形成模型。生活中,我们都在自觉或者不自觉地使用模型。比如,乌托邦是理想国的模型;封建社会是我们描述人类社会特定历史阶段的模型;牛顿力学是宏观世界的模型、量子力学是微观世界的模型等。

简单地说,模型就是对现实世界化繁为简的抽象。现实中的世界往往是无穷无尽的,世界上有无穷的对象,每个对象有无穷的维度。对这样复杂的世界,我们没有办法直接认识。这需要人们主观地先建立一套选择标准,再选择一些特定对象,选择一些特定的维度、特定的过程,这个选择组成的集合构成了一个抽象空间,就是模型。

数学建模就是用数学符号和语言来映射和反映现实世界。如果我们建立了一个数学模型,那么首先可以从这两个方面知道这个模型好不好:一是模型是否反映了对象的重要特征;二是模型和现实的拟合情况(解释/预测/复现)。

互联网时代的市场竞争充满不确定性,已经从"大鱼吃小鱼"升级到"快鱼吃慢鱼",跨界竞争成为常态;但另一方面,随着新技术的不断融合应用,又不断涌现出新的商业机会。营销洞察建模没有固定的条条框框,只有一些基本的步骤和原则。

(1)模型准备:首先要了解问题的实际背景,明确题目的要求,收集各种必要的信息。

(2)模型假设:根据对象的特征和建模目的,对问题进行必要的、合理的简化,用精确的语言作出假设,使问题的主要特征凸显出来,忽略问题的次要方面。这是建模至关重要的一步,要充分发挥想象力、洞察力和判断力,善于辨别主次。

(3)模型选择:根据所做的假设以及事物之间的联系,构造各种量之间的等式关系或其他数学结构。

(4)模型求解:利用数学方法来求解上一步所得到的数学问题,此时可能还要作出进一步的简化或假设。实际问题的解决依靠计算机,有时候还得将系统运行情况用计算机模拟出来。

(5)模型分析:对所得到的运算结果进行分析,特别要注意当数据变化时所得结果是否稳定。

(6)模型检验:分析所得结果的实际意义,与实际情况进行比较,看是否符合实际,如果不够理想,应该修改或补充假设,优化或重建模型,不断完善。

(7)模型应用:所建立的模型必须在实际应用中才能产生效益,在应用中不断改进和完善。

营销洞察建模是一个迭代的过程,要不断地进行模型训练,优化模型参数,评估模型质量,持续结合营销活动效果检验和优化模型。营销洞察建模和迭代过程如图4.1所示。

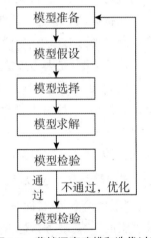

图4.1　营销洞察建模和迭代过程

(三)洞察力培育

数据集是人创造的,虽然是系统在管理和计算,但只有人会解释数据和赋予它们意义。数据洞察在根本上是以人为中心的创新过程。培育营销人员的洞察力,是做好数据洞察的前提。

培育洞察力的难点在于数据、业务场景、标准三者是相互分离的。《张维迎寓言经济学》中有一个故事:有两个人合伙在晚上工作,一个人需要在月光下工作,他的工作状况另一个人看得清清楚楚;另一个人则相反,需要在树影下工作,所以他有没有偷懒,别人并不知道。请问,他们应该如何配合工作？合理的方法是，在树影下工作的人监督在月光下工作的人，因为这个人掌握更多的数据信息。生活中，人们发现领导总是更加高明，也是因为其对数据、业务场景和标准都明察秋毫。

培育洞察力至关重要的是实践。永远不动，永远不会，"站在岸上，永远也学不会游泳"。仔细观察游泳运动的教学过程，似乎所有的教练都是按照相同的过程进行教学的。实际上，几乎所有的能力培养，也都有大致相同的过程。类推到洞察力培育，大致上是以下四点。

1. 由简单到复杂：从一个指标、一个场景开始

老子说："知其白，守其黑，为天下式。"解决问题的思路，应该是利用矛盾的对立转化，从反方向着手。越是困难的事情，越要从简单的地方开始着手。设立目标要在舒适区之外考虑，但执行目标却要从舒适区之内开始。万事开头难，从最简单、最熟悉的场景，最容易获得数据的一个指标入手，就相当于降低了行动的门槛。快速取得初步胜利可以振奋精神，开头简单、进展顺利才能获得源源不断的动力。

2. 由特殊到一般：从极值到中间值

在数据洞察中，面对一大堆数据无从着手的时候，可以先看极值。通过分析极值发生的场景、触发的条件、应对的办法，可以初步掌握业务指标的边界，建立基本的判断标准，形成初步的分析思路。然后，就可以通过观察、分析、联想、类比等过程，推广到一般情形。

从特殊到一般进行演绎，是最基本的数学思想，看似平淡无奇，却无处不在。牛顿通过苹果落地发现万有引力、生活中常说的"一叶知秋"都是典型体现。在数据洞察中，先看极大值、极小值的情况，是因为极值处于特殊的位置，更加容易分析。

例如，创业者在制订行动计划的时候，经常编制商业计划书来作为行动指南。事实上，一个崭新的项目，所有人都对未来的情况不熟悉。这时候，创业者往往先考虑最佳状况和最差状况。又如，一个营销活动的策划需要得到公司的资源支持，在无法准确测算未来效果的时候，活动策划者往往提出高、低两种方案供领导决策参考。

3. 由静态到动态：从现状到趋势

"不是我不明白，而是这世界变化太快"，这是我们经常听到的感慨。数据洞察中，由于多种因素的影响，业务指标的变化趋势比较难把握。这时候，可以先从静态场景入手。例如，在运动员训练时，常用的方法就是把动作录下来，然后逐帧分析动作，并做出针对性的改进。

本质上，动态场景只是一系列静态场景的合集。当对静态场景的了解累积到足够充分的时候，就能够解读动态的场景。

例如，很多企业每年都编制年度营销预算，实际上这是一件非常烧脑的事情。这时候，聪明的人往往选择首先编制静态预算，以某一个固定的、可实现的业务量指标作为唯一基础。先排除竞争对手的策略变化、内部人员和组织机构变化等，只对相关的销量、收入和成本进行测算。

4. 从低维到高维：一个指标到多个指标

对单指标有了洞察积累，可以往多指标扩展；掌握了结果指标的判断，可以联系过程指标一起看。掌握了基础形态,后续还能持续观察形态变化,积累更多经验,这样就能慢慢由简入繁,积累经验,积累多了自然能举一反三了。

例如,市场营销组合就是首先考察价格,逐步扩展到4P,再扩展到6P(指Produce、Price、Place、Promotion、Political Power、Public Relations,即产品、价格、渠道、推广、政治力量、公共关系),最后由不同的专家增加不同的视角,演变成丰富多彩的模型。这就是一个由点到线再到面的过程。

(四)用户洞察

有效的用户洞察可以帮助企业识别市场机会,也是进行市场细分、目标市场选择和市场定位的基础。当今有两个趋势越来越明显:一方面,人们的消费习惯越来越碎片化,Z世代推崇个性化表达,这形成了对用户洞察的挑战;另一方面,随着互联网、移动设备、万物互联的普及,人们的行为轨迹越来越完整,每一个人从衣食住行到社交娱乐、从日常生活工作本身到相关系统环境的相关信息都形成数据记录。如果把所有的数据汇聚起来,甚至可以还原这个完整的人。这意味着,真正识别市场机会,需要进行深度的用户洞察。

1.行为洞察

用户行为可以用5W来总结,数据采集可以覆盖整个"用户购买旅程":抖音、百度、UC、朋友圈、微博等平台的数据,结合年龄、性别、收入、地域、家庭等,可以分析用户的需求点;分析用户浏览、点赞、评论、分享信息,可以发现用户的态度和兴趣点;观察用户在不同店铺、商品上的停留时间,可以发现潜在竞争品……值得注意的是,在用户来到本平台之前,购买旅程就开始了。所以行为洞察的数据不仅来源于本平台上的数据,也包含可以获取的第三方数据。对获得的数据按照标签分类整理,可以使用用户行为分析更为准确及有针对性。"用户购买旅程"和行为洞察如图4.2所示。

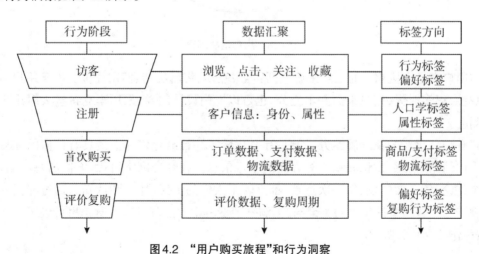

图4.2 "用户购买旅程"和行为洞察

通过数据和用户行为分析可以归纳出"用户图谱","用户图谱"又称用户模型,是抽象出来用来代表一个用户群的"用户形象"。通过全样本数据分析,可以建立精确用户图谱。

2.情感洞察

当前快节奏、高强度的生活使人们的情感需求也随之增加,在消费领域体现为个性化需求增加,反映在消费品上就是渴望产品能满足情感需求。用户在整个购买过程中同样具有强烈的情感需求,其满意与否不仅由产品功能决定,而且还取决于整个消费过程中的一种心理体验。与用户建立情感连接,意义远远超过商品和交易连接,可以起到"润物细无声"和"四两拨千斤"的巧妙作用。对企业而言,当产品满足了基础而重要的职能性功能诉求后,需要对顾客的情感需求不断地深入挖掘。因此,情感洞察是不可或缺的。

情绪和情感是人对客观外界事物的态度的主观体验和相应的行为反应。罗伯特·普拉特契克的情感理论是一般的情绪反应中最有影响力的分类方法之一。他认为存在八种基本情绪:愤怒、恐惧、厌恶、悲伤、惊讶、期待、信任和喜悦。情绪和行为之间是相互影响的,通过用户的行为信息可以洞察用户的情感。

由于情感具有主观性,不同的人对相同的事物具有不同的情感。洞察用户情感并不是一件简单的事情,需要通过多种途径收集用户情感信息。用户情感洞察如图4.3所示。

图4.3　用户情感洞察

与用户交易直接相关的信息来源包括:客服互动、售后反馈、使用评价。由于用户情感具有主观性,很多时候,信息来源并不充分,也可以专门设计问卷,采用李克特量表对用户情感进行测度。

还有一种重要的情感洞察方式就是社会化聆听。社会化媒体上最具有价值的信息是能反映人们情绪、情感、意识和精神等方面的主观信息。在社交网络时代,人们的每一条发布、每一个评论、每一次转发、每一次点赞,都反映了人们的情感、体验和认知。通过捕捉网络上与品牌、产品、营销事件相关的关键词,去洞察消费者都对品牌、产品、营销事件说了什么的行为,被称作社会化聆听。

四、用户画像

用户画像的概念来自著名的软件开发者阿兰·库珀在他1999年出版的《软件创新之路》

中,他提出把特定用户的共性、特点整合到一起,构建一个虚拟的"用户画像",让它更好地为软件的设计和开发服务。此后用户画像逐步被广泛地运用各个领域。

简单地说,用户画像就是给用户打标签的过程,用一系列标签对用户的分类和特点进行可视化展现。一句话总结就是:用户信息标签化。

用户画像的标签可以是多维度的,但如果眉毛胡子一把抓,不聚焦于具体业务场景的用户画像是没有营销价值的。例如图4.4的用户画像,标签非常丰富,但如果不结合具体的业务场景需求,就没有意义。

图4.4　用户画像

围绕业务场景和营销目的的用户画像,是对用户的筛选和细分,通过一系列标签,对用户进行分层、分群和聚焦。标签体系和画像过程如图4.5所示。

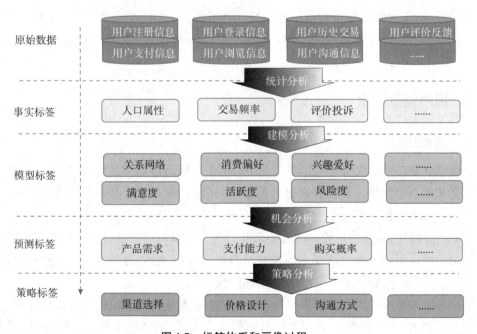

图4.5　标签体系和画像过程

用户画像是一项创造性的工作。有效的用户画像,对市场细分、目标市场选择和市场定位非常关键。无效的用户画像,则有可能导致营销战略失误。以下几个方面对用户画像至关重要。

不仅要强调用户行为,更要重视用户态度。互联网给用户带来了丰富的选择。对同一个需求,互联网上可以找到很多产品,甚至同款也很多。用户在购买功能的同时,更需要情感共鸣、身份认同,有时候甚至需要一致的价值观。例如,欧美国家很多人可以终身租房而不买房,而大多中国人则认为必须有自购的房子才觉得自己拥有了一个家。实际上,所有成功的品牌营销都是因为有效地建立了身份认同。行为数据是果,态度数据才是因。离开了态度分析,只有表象的描述,知其然而不知其所以然,会导致用户画像不准确。

既要分析用户的现状,也要分析用户的预期。在进行用户画像时,比较容易进入的误区是更重视用户当下的特征,而忽略分析用户的预期。用户预期直接决定用户体验。用户预期包含用户体验过程的所有方面,一般情况下,比较容易注意到产品功能、价格、包装、物流、客户服务等方面,但比较容易忽略的细节也很多。举个例子,在餐厅用餐时,如果有婴儿,是一件非常不方便的事情,但必胜客每个餐厅都配有儿童桌椅,而且在客户没有注意到或者要求的情况下,服务员也会主动向客户推荐,这就会达到超预期服务的效果。又如,小区安装快递柜是为了当用户不方便接收快递时,可以临时寄放。但几乎所有的骑手、快递员都把这个作为提高自己完成配送效率的工具,经常不和用户沟通就直接把东西放进快递柜,有些快递柜在东西存放超过24小时后还要向用户收费。这样就直接低于用户送货上门的物流服务预期,这就是快递柜行业发展尴尬的原因。

分析现有用户,是为了预测营销机会。现有用户不等于目标用户。数据洞察是通过分析现有用户的行为规律,识别潜在的用户是谁,识别未来的机会在哪里。例如,通过分析用户购买商品的结构,发现经常购买的商品包括婴儿沐浴露、洗发水、护肤霜,那么这部分用户的特征是什么?符合特征又没有购买的用户有多少?是不是有机会向他们推荐这些商品?是不是还可以向用户推荐奶粉呢?

五、用户画像应用

(一)精确细分

市场细分是在标准化和个性化之间平衡的结果。任何市场中的用户在欲望、资源、地点、购买态度和购买行为等方面都存在很大差别。同时,企业为了追求规模经济,希望按照标准化的流程进行生产和服务。

工业经济时代,应按照地理、人口、心理和行为等变量对用户进行市场细分。这是因为没有任何企业可以吸引和满足市场上的所有消费者,所以只能结合企业自身资源和优势,选择其中最有效率和价值的一部分用户作为目标市场。

技术进步大大推进了市场细分的颗粒度。数据洞察使我们可以用"显微镜"观察市场,洞察到每个消费者,为其画像。AI技术使营销效率大大提高,如淘宝的千人千面、机器人客服等。生产技术进步已经使大规模定制成为现实。例如,电冰箱行业的平均毛利率很低,通常只有3%左右,但是海尔可以让消费者定制自己想要的冰箱。汽车行业也是如此。

市场细分精确到每个人的个性化营销时代已经到来了。企业在数据洞察的基础上,把不同用户都视为一个单独的细分市场,并根据不同用户的特定需求,以信息技术为支撑,柔性生产为现实来进行市场营销组合,可以满足不同用户的特定需求。

通过数据洞察,可以把对人的关注、人的个性释放及人的个性需求的满足推到中心的地位。精确定位到每个人,在营销过程中传递出企业是围绕用户进行的专属生产和服务,而不是同时针对无数人的标准化流程,赋予消费者权力感、幸福感。

(二)兴趣图谱

尽管技术上可以把市场精确细分到个人,但把具有相同特征的人进行分类运营和管理可以更加经济。通过行为洞察、情感洞察结果,把具有相同兴趣的用户进行聚类,不仅可以提高推荐系统的效率,而且可以形成兴趣社区,进行深度交流。对市场营销人员来说,发掘兴趣图谱能够利用社交圈子来吸引广大用户,一方面能通过对用户兴趣的整理和聚类实现产品的精准化营销;另一方面能形成以相同或者相似兴趣为核心的社区,加强用户之间以及用户与商家之间的有效沟通。

兴趣图谱是按照不同兴趣爱好对用户进行分类所形成的一个个用户集合。互联网平台普遍把用户兴趣图谱作为关键维度进行运营管理,如喜马拉雅的推荐机制(将作品按照订阅量分类,向用户精准推荐信息)、推特的订阅列表(基于兴趣创建关注列表,发现兴趣相同的用户并分享)、腾讯兴趣图谱API、百度个人中心兴趣图谱功能等。

兴趣图谱的核心是发现兴趣和兴趣内容,而不是人。例如,抖音2021年数据报告显示,在最受欢迎的十大非遗项目中,豫剧以有7743万用户喜欢而排名第一;在最受欢迎的城市中,杭州以有1.9亿用户喜欢而排名第一;在最受欢迎的地方美食中,重庆火锅以有8879万用户喜欢而拔得头筹。

发现兴趣是为了定义用户。互联网平台上,"汽车发烧友""音乐发烧友""美食达人""驴友"等都是按照兴趣定义用户的典型。兴趣图谱是陌生人之间的关系。在关系结构中,往往是单向兴趣关注,推特的CEO曾经评论说,如果你看到我在推特上关注旧金山巨人队,这并不能说明我认识其队员,而只是告诉你我对棒球很感兴趣。大部分情况下,以兴趣为纽带聚集用户,可以用很低的门槛快速构建社交关系,例如,第一章中提到的柳叶熙以一个作品一夜之间聚集了百万粉丝。

具有共同兴趣的社区,往往有更强的变现能力。用户与具有相同兴趣爱好的人交流,通过兴趣点形成网络和社区。用户在需求层次上,追求品味、发现并获取感兴趣的信息,拓展兴趣的自我实现,这意味着社区关系更加稳定,甚至可以直接营销变现。种草营销,就是用兴趣引导购买。

弱关系传递信息。兴趣图谱对营销之所以重要,是因为沿着兴趣所形成的弱关系,可以成倍地提高传播效率。

(三)社交图谱

用户画像的另一个重要营销应用是社交图谱。社交图谱是描绘用户社交关系的网络图谱,它反映了用户通过各种途径认识的人:家庭成员、同事、开会结识的朋友、高中同学,俱乐部成员、朋友的朋友等。2010年4月22日,脸书的F8开发者大会在旧金山举行,扎克伯格发表演讲称:"我们引入了社交图谱的概念——一个将人们和不同事物联系起来的地图。"分析不同用户的社交图谱,能够实现传播关系与社交网络的透明化,从而帮助品牌找到社群中或口碑传播过程中具有一定影响力的关键人物,同时也能够找到消费者从认知到消费的转化路径,并优化捷径。

社交图谱中更多的是强关系。与兴趣图谱的生人网络不同,社交图谱更多是熟人的网络,尤其是强社交的关系,像微信、手机里的通讯录等,都是熟人的关系。社交关系通过共同关心或者参与的"事情"来构建和维系。这些事情可以是一次活动、一个任务、一个话题、一段经历,也可以是共同关心或者关注一个人的动态。通过这些"事情"建立的关系,占据了人们大多数的关系,这些关系是相当稳固和关键的关系。在中国,同学关系、战友关系等是最为牢固的社会关系,尽管有时候互动的频率不高,但可以持续非常长的时间。

信任是强关系的典型特征。来自熟人的推荐更加容易促成用户行为。由于自己不了解相关信息,人们经常主动通过熟人介绍寻找适合自己的医生就诊;看到熟人朋友圈中晒出的动态,更容易选择相同的餐馆聚餐,更容易重复熟人的旅游路线等。

强关系促进行为。社交图谱对营销的意义在于沿着强关系的纽带,可以制造裂变效应,从而迅速提升渠道覆盖率和市场占有率。

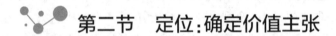

第二节　定位:确定价值主张

一、市场定位

(一)理解定位

定位,就是确定位置。艾·里斯和杰克·特劳特首先提出定位理论,并指出所谓定位,是在对本产品和竞争产品进行深入分析,对消费者的需求准确判断的基础上,确定产品与众不同的优势及在消费者心目中的独特地位,并将它们传递给消费的动态过程。所以市场定位就是使市场提供物在目标顾客心目中占有一个清晰、独特和理想位置的过程。

艾·里斯和杰克·特劳特指出,产品和品牌都会在消费者心目中占据一定的位置,企业应该首先分门别类进行传播,以抢先占领特定的位置并获取竞争优势。可以说,定位是一种战略,定位能够形成区隔,定位有利于制订差异化的营销策略。这表明,好的定位有利于形成优势。定位的概念被广泛地运用以指导市场活动,如产品定位、渠道定位、价格定位、品牌定位、竞争定位等。

然而,用户定位始终是在第一位的。定位是关于用户能够从企业的市场提供物中所得到的体验的一种承诺,必须与用户的期望一致。用户才是价值的真正仲裁者。在移动互联网时代,用户有丰富的选择来满足自己的需求,而企业可以有效传递信息给用户的时间却非常有限且稍纵即逝。为了在用户有需要的时候能想起自己,在用户心目中占据一个理想的位置至关重要。用户定位是市场定位的核心。其他方面的定位,如产品功能、品牌形象、竞争位置等,都是支持和强化用户定位的。例如农夫山泉的产品定位"天然弱碱性水"和品牌定位"大自然的搬运工",都是对用户心理定位"农夫山泉有点甜"的支持和强化。

市场定位不是一成不变的,它要随着用户的偏好、习惯潮流以及企业自身的发展进行不断更新。例如,2009年诞生的哔哩哔哩早期定位为二次元文化社区,主要是满足ACG(动画、漫画、游戏)内容创作与分享,经过十多年的发展,变成了一个涵盖年轻人生活、娱乐、游戏、动漫、科技的多元文化社区。2013年6月诞生于上海的小红书,最初的定位是海外购物分享平台,2019年用户数量超过3亿,定位已经转变为生活方式平台和消费决策入口。

(二)精确定位的经济性

在数据洞察的基础上,企业可以对每个消费者进行画像。针对用户的个性化营销服务是否划算? 这似乎和通常所说的规模经济相悖。

【延伸阅读】
别了,规模经济——来自利沃戈的启示

技术进步改变了成本曲线,大数据+AI的应用节约了以前需要投入的昂贵设备和大量人力。AI是能够学习的软件,它可以自动完成数据洞察,研究客户的个性化需求;可以通过社交媒体平台与用户取得联系,响应客户需求,并自动向用户进行精准个性化推荐。

类似的例子已经广泛出现在各个领域中。物流过程中,自动分拣机器人不知疲倦、高度精准的工作能力不仅降低了成本,而且极大减少了物流时间,自动送货的汽车和无人机已经投入了生产实验。在生产流水线上,从电子元器件生产到手机生产,甚至汽车整车的生产过程,几乎都被AI接管,甚至连人工生产时代的照明也因此省去,出现了"闭灯工厂"。大数据+AI的应用,实现盈利需要的规模门槛越来越低了。

第二章中,我们分析了在双边市场中的网络效应:这是一种需求规模经济,随着平台上接入用户数越来越多,规模递增效应会使平台的价值增加。这使平台能够完善自己的数据洞察和个性化营销服务。类似淘宝"千人千面"的精确推荐功能,已经出现在几乎所有的互联网平台服务中。

二、定位就是价值主张

市场定位就是确定价值主张的过程。满足用户需求是企业持续创造价值的动力。菲利普·科特勒指出,"企业需要明确自己的价值主张——如何为目标顾客创造价值"。企业想要成功,就必须向其用户提供一个清晰的价值主张,这不但是企业的市场定位,也是商业战略的一部分,因为一个企业想要持续获得收益,就必须不断地向它的用户提供有价值且竞争对手不能提供的东西,包括差异化和低成本的产品和服务。

如第二章所述,价值主张是站在用户的角度,明确对用户来说什么是有意义的,通过企业提供的产品和服务为客户解决什么问题,满足客户什么需求。一些传统企业和互联网企业的价值主张如表4.1所示。

表4.1　企业价值主张

企业(品牌)	市场定位/价值主张
农夫山泉	农夫山泉有点甜
王老吉	怕上火喝王老吉
五谷道场	非油炸方便面
娃哈哈营养快线	营养早餐
海飞丝	头屑治理专家
抖音	分享美好生活
喜马拉雅	每一天的精神食粮
腾讯视频	不负好时光
大众点评	发现好去处
支付宝	便捷生活,一点就好

表4.1中的价值主张,清晰地传递了企业的定位,描述了用户可以得到的或者期望得到的价值。

三、定位过程:价值主张设计

市场定位过程,从商业模式的角度看,就是价值主张设计,其核心是应用不同的工具搜寻客户所需的价值主张,并在后期的搜寻中始终与客户需求保持一致。

亚历山大·奥斯特瓦德等在《价值主张设计》中指出,价值主张画布是价值主张设计的核心工具,并且提出了一套完整的方法。

价值主张画布描述了产品/服务提供的价值和用户需求之间如何建立联系,以及为什么用户要购买产品/服务。它的目标是设计出符合客户需求和客户行为的关键价值主张,帮助他们解决问题、创造价值。

价值主张画布分两部分,一是用户画像,描述用户数据洞察的结果,充分理解用户;二是产品/服务价值,描述如何为用户创造价值。

当产品/服务价值与客户期望匹配时,就能实现有效契合。价值主张画布如图4.6所示。

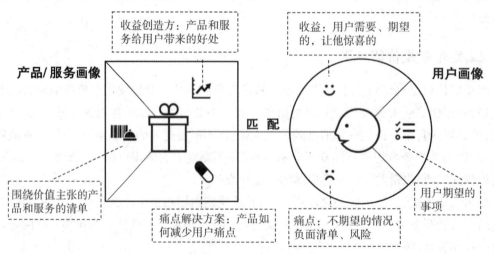

图4.6　价值主张画布

运用价值主张画布进行市场定位的步骤如下所述。

(一)第一步:用户画像

通过数据洞察进行用户画像,识别用户的任务、痛点和收益。

识别用户任务。用户任务是在什么背景下需要完成什么样的事情,而且这个任务要足够重要。用户任务描述必须从用户的角度进行,代替用户思考不一定能够代表真正的用户需要。用户任务可以归纳为以下几类。首先是功能性的,即解决具体问题,比如做一顿饭、写一篇报告;其次是社会性的,即用户如何对外展示自己的形象;再次是情感性的,即解决情感和心理相关问题,比如安全感;最后是支持性的,即完成任务需要的周边工作,如报价对比、售后服务、反馈信息等。

识别用户痛点。痛点是用户完成任务时产生的问题。主要是描述负面情绪、不期望的成本或情况,以及可能遇到的风险。对痛点的描述必须清晰、具体。例如,如果用户觉得商品贵了,那么需要清晰地定义"用户认为商品的价格超过**元,就不划算"。痛点一般包括以下几种:高昂的代价(如时间、金钱、精力);导致用户感觉不好的因素(如什么原因让用户受挫、沮丧、烦恼);现有解决方案缺陷或不足(如缺乏功能、性能、故障);用户遇到的主要困难(如不熟悉任务、认知障碍、其他困难/阻力);用户担忧(如丧失面子、权力、信任或地位);用户风险(如财务、社会、技术风险或出错);用户焦虑(如重大问题、担忧);用户常犯的错误(如惯性思维);用户采用产品/服务的障碍(如资金门槛、学习曲线、变革阻力)。

识别用户收益。收益是用户想要的结果。有些是用户需要的、期望的,有些则是超出他们预期的、让他们惊喜的。对收益的描述同样需要清晰、具体、准确。例如,用户在购买外卖或者生鲜时,一般都希望能够尽快送货,那么分析这个用户的预期时,需要判断"低于**分钟送达,用户会感到满意;超过**分钟送达,用户可以接受;超过**分钟送达,用户不可接受"。根据用户的预期程度,可以把收益分为四类。

(1)必需的收益:在解决方案中,如果不能提供此项收益,用户不可接受,整个方案则不能运行。例如,用户购买家用汽车,首先要能够满足代步的需要。

(2)期望的收益:在解决方案中,似乎是可有可无的,但没有会造成影响的收益。例如,家用轿车的天窗配置,平时使用极少,但是用户在做出选择时,往往会考虑天窗。

(3)渴望的收益:远远超出用户期望,非常喜欢的一些收益。比如一般的用户都希望电动汽车的续航能力可以超过燃油汽车。

(4)意外的收益:远远超出用户预期及渴望的一些想法。即使在向用户了解情况时,他们也不会提出的一些想法。例如,用户在购买电动汽车时,往往意外地发现电动汽车的驾驶稳定性表现得很好。这是因为电池的安装位置导致整车相比燃油汽车结构重心更低。

(二)第二步:产品/服务画像

列出产品/服务清单,对如何为用户创造价值进行分析。

罗列产品服务清单。罗列可以提供的服务或产品清单。这些产品和服务能够帮助用户完成功能性、社会性或情感性需要,帮助他们满足基本需求。但产品和服务不能单独创造价值,仅当其与特定用户群及用户的工作、痛点和收益相关联时才能创造价值。对平台企业而言,这份清单需要包含平台生态和其他角色:供应商、物流配送伙伴、技术支撑方等。

建立用户痛点解决方案。方案描述你的产品和服务如何减轻特定用户的痛点。用户的痛点可能很多,那么解决方案不必面面俱到,最重要、最极端的有限几个痛点是首先要考虑的:节约(如在时间、金钱或精力方面);感觉更好(如减少挫折、烦恼、压力等);改善(如引进新功能,带来更好的性能和质量);解决问题(如解决困难和挑战,消除阻力);消除负面社会影响(如有效消除丧失面子、地位、权力、地位等问题);安全感(如通过帮助解决重大问题,减少或消除担忧);减少错误(如减少使用错误);摆脱障碍(如资金门槛更低、更容易学习掌握)。

梳理收益创造方案。如何满足用户的需求和期望,带给用户惊喜,可以讨论的角度包括功能效用、社会收益、积极情绪和成本节约,以及产品和服务是否创造节约,让用户满意? 是否产生用户期望的结果或超出预期的结果? 是否复制或优于当前解决方案,让用户满意? 是否让用户的工作或生活更轻松? 是否创造用户所需的积极社会后果? 是否做用户正在寻找的事情? 是否满足用户梦寐以求的目标? 是否产生符合用户成功和失败标准的积极成果?

(三)第三步:匹配

分析产品/服务是否能够有效解决用户的痛点。市场定位是相当复杂的过程,所以对价值主张是否符合用户的期望进行检验是非常必要的。匹配检验一般分三个阶段:方案匹配,分析解决方案能否解决用户的期望、痛点和为用户创造价值;市场匹配,通过营销活动进行检验,看用户是否有积极反应,并且价值主张受到市场欢迎;商业模式匹配,判断向用户提供的产品和服务是否能够实现盈利。

第三节 要素:4C

策略是可实现目标的方案集合。市场营销策略是为了实现特定目标(如增加销量、提高品牌影响力)而进行的一系列活动,是多种营销要素的组合运用。20世纪60年代美国市场营销专家麦卡锡提出著名的4P营销组合以来,随着社会经济的发展、企业内外部环境的变化,出现了各种各样的营销观念和形态,如顾客导向营销、关系营销等。这些营销形态对应不同的营销策略组合,包括4C、4R等。在不同的营销策略中,起主导作用的营销要素是不同的。

从"媒体是信息传播媒介"这一定义出发,互联网本身是一个信息传播平台。随着互联网的广泛普及,以大数据、云计算、人工智能为代表的数字化技术加速应用,各种新媒体应用平台层出不穷,带来了各种新的新媒体营销形态。例如,随着新的互联网应用普及产生的电子邮件营销、社群营销、博客营销、直播营销、短视频营销等;在技术创新基础上衍生出来的搜索引擎营销、大数据营销、人工智能营销等;伴随新的社会经济现象和观念诞生的众筹营销、流量营销、裂变营销等。这些营销方式有一个共同的特征:创新的技术应用与新媒体平台结合,提高了信息传播效率。

按照这一逻辑,主导新媒体营销策略的必然是媒体和传播相关的营销要素。

一、市场营销策略的演变

（一）市场营销的本质

策略是实现目标的路线图。为了理清新媒体营销策略，我们先讨论一下新媒体营销的本质。

从第一性原理出发，移动互联网时代的市场营销要解决的主要问题是什么？菲利普·科特勒给出了市场营销的经典定义：在适当的时间（Right time）、适当的地点（Right place），以适当的价格（Right price）、适当的信息沟通和促销手段（Right way），向适当的消费者（Right customer）提供适当的产品和服务（Right product）的过程。这一定义揭示了市场营销的本质要求。

【延伸阅读】
第一性原理

2017年，菲利普·科特勒在接受专访时说："数字技术是对营销手段和营销方法的升级，但是它没有替代营销的本质……从4P的维度来看，确实很多东西变了。比如以前产品开发最多做到客户导向，例如宝洁进入消费者的家庭，做沉浸式开发。在数字连接的时代，这些都可以通过客户交互式参与的方式来实施了。众筹、众推、众包，MVP（Minimum Viable Product，最小化可实行产品）精益创业，这些理念和实践使产品开发的方式发生了变化。但我想强调的是，数字时代，营销应该更加活跃地扮演战略中心的角色，更加具备战略意义，而不是被技术替代，被其他组织功能替代。"也就是说，营销的本质要求没有变化。

我们都知道，上述概念中的六个"适当"，是一种理想状态，要全部实现是很难的。但正是在这一理想的激励下，人们一直在追求降低交易成本，提高市场交易效率，各种新技术被不断融合到市场营销过程中，各种新观念和方法被引进到市场理念中，出现了各种各样的营销策略创新：从4P组合开始到6P，再到大市场营销；从关系营销、流量营销到到病毒营销等。

新媒体营销是伴随互联网产生的营销方式。随着互联网对社会、经济各个领域的冲击、改造，不断促进信息化、数字化和智能化发展的进程，新媒体也在不断演变、创新（如以淘宝"千人千面"为代表的精准营销），以巨大的传播优势不断地提高营销效能。从1995年中国第一家互联网接入服务商——瀛海威创立开始，普通老百姓开始接触互联网，中国新媒体开始萌芽。2000年4～7月，中国三大门户网站搜狐、新浪、网易成功在美国纳斯达克挂牌上市，标志着中国形成了自己的商业模式，各个品牌开始认可新媒体的市场影响力。2003年，慧聪网在香港上市，新媒体营销时代大幕拉开。2009年，新浪微博（后更名为微博）上线，自媒体时代开启。2012年，微信正式开通公众号，标志着新媒体进入移动端，市场影响力全面超越传统媒体。2015年，抖音和快手的快速发展丰富了新媒体的内容形式，新媒体营销成为主流营销方式。

（二）营销观念的演进

一个组织的战略和策略是由它的文化、价值观念引领的。市场营销历来重视营销观念，从生产观念、产品观念到推销观念、社会营销观念以及一系列现代营销观念，每个阶段的营销观念都是市场策略的主导和指南。

从整个历程上看,营销观念的出现是第一个根本性的标志,它确认了以消费者为中心的营销观念。营销观念之后的社会营销观念、大市场营销观念、关系营销观念、绿色营销观念、文化营销观念、整体营销观念等,虽然强调的重点有所区别,但本源和理念是相同的,就是消费者的需求。

我们也可以认为营销观念的演变过程反映的是消费者被发现、被认识的过程。在营销观念以前,消费者基本上被忽略了。从营销观念开始,消费者首先被当成一个理性人。消费者为了满足自己的需求进行理性消费,这在马斯洛的需求层次理论中处于最基本的层次。

然而消费者是一个活生生的"人",这一点在互联网时代才真正地进入营销意识。这是营销观念演变过程中的第二个根本性标志。实现消费者从"经济人"到"社会人"的转变,意味着市场营销是以活生生的"社会人"为中心的,而不是以抽象的、没有个性的、没有感情的"经济人"为中心的,消费者身份在互联网时代转变成为"用户"。在互联网时代,市场营销才真正超越了低层次的需求,营销策略跃迁到围绕用户的社交、尊重和自我实现来设计。

只有在社交平台上,用户才可以按照自己的意愿来创作、评论,首次从一个观众、看客转变成为舞台的主角。企业发自内心地承认用户就是主角,也千方百计地鼓励用户进行自我呈现,因为用户在自我呈现过程中创造了价值。这使全社会都意识到用户满足社交需求、尊重需求和自我实现,本身是用户"赏赐"给企业的机会,如果不在竞争中抓住这些机会,就没有注意力,也没有流量。为给"上帝"创造更好的自我实现舞台,技术创新得以推动,商业模式得以演进,从BBS到微博,再到微信,再到直播平台、短视频平台,以及元宇宙……

贯穿互联网营销方式演变的过程,有一条逻辑主线,就是"上帝"走下神坛,不断还原成为"社会人"。也正是因为人的社会性,人们在沟通、交流、互动中进行社交、得到尊重、完成自我实现。由此,我们可以自然而然地得出结论:社交营销观念是互联网时代的根本性营销观念。

(三)营销要素的嬗变

在营销观念发生根本性改变的同时,传统营销策略的组成要素也在发生嬗变。

1.产品

在用户"自我呈现"的舞台上,每个人都是独特的,具有鲜明的个性。因此每个人的需求是不一样的。这在工业大机器流水线时代是不可想象的。然而,第四次工业革命的智能制造能够实现越来越高的柔性生产程度。不仅阿里巴巴的"犀牛智造"实现了服装的极小批量生产,一向被认为是传统家电企业的海尔,也实现了冰箱生产的"按需生产"。在菲利普·科特勒的整体产品概念中,除了承载基本价值的"核心产品"以外,"形式产品""期望产品""延伸产品""潜在产品"的概念都发生了很大的扩展。例如,用户购买小米手机,其期望产品已经远远超过了传统通信概念,有可能是整个智能家居的控制入口。

在互联网时代,要求回归最基本的原点,就是根据用户的需求来"设计"产品。与其说用什么样的产品满足用户需要,不如说用什么方式满足用户需要。因为跨界而来的对手,常常用让人意想不到的方式抢走用户。例如,2018年11月27日,康师傅港股大跌17.74%,创下近20年来的最大跌幅,市值一天内就蒸发了111.8亿元人民币。后来人们从康师傅与美团的市场表现对比中发现了端倪:2015年康师傅方便面的销售额是美团外卖交易金额的1.5倍。2016年则出现了逆转,当年康师傅方便面的销售额只有美团外卖的36.7%,而且与自身相比也下降了10%。2017年,两者之间的差距继续拉大。这是一个很残酷的事实:打败康师傅方便面的并不是统一方便面等同行,而是过去八竿子都打不着的美团外卖。

2. 渠道

营销渠道的嬗变是颠覆性的。众所周知,电商的崛起标志着传统渠道式微。在互联网空间里,信息流、资金流、物流完全分离,传统渠道的生存空间被极大地挤压。随着VR、AR技术应用场景的成熟,传统渠道的发展空间将进一步被压缩。目前,线下渠道的赛道主要集中在两个方面:一是向体验店和配送中心转型,如盒马鲜生的O2O模式;二是深耕"最后一公里",如社区智能货柜成为新的赛道。2016年以来,农夫山泉、娃哈哈等快消企业纷纷开始自主投放设备。例如,农夫山泉此前的招股书披露,其在中国近300个城市投放了近6万台售货机,其中部分组合类售货机更名为"农夫山泉芝麻店"。

3. 价格

价格作为市场经济中最重要的杠杆,也是市场营销策略中最有力的武器。在互联网市场上,对价格策略的运用已经完全超出传统经济学的范畴,也超出了经典的净现金流金融估值方法,由此诞生了一个专有名词"烧钱"。"烧钱"的逻辑其实并不是在互联网市场中才有,只是在之前被称为市场培育。在互联网市场上,如此大规模"烧钱"的合理性在哪里呢?在双边市场理论中,对这种现象的解释是为了追求网络效应。网络效应是一种正反馈现象,也被人们比喻为"飞轮效应":让静止的飞轮转动起来,一开始会很费力,但是飞轮也会转动得越来越快。达到某一临界点后,即使不再推动,惯性也会让飞轮自身不停旋转。

不止是"烧钱"现象,在互联网市场中,很多时候价格策略已经超越了它的传统意义,而且作为一种激励措施被用得越来越普遍。例如,在京东的会员体系中,价格就是吸引用户加入的重要激励手段,因为京东Plus会员可以享有价格特权。

4. 推广

在麦卡锡的营销组合概念中,促销包含了广告、人员推销、销售促进、公共关系等各种形式。在某种程度上,这些形式都包含了一个共同的含义:传播。但是在相当长的时期内,传播都没有得到充分重视。这无可厚非,因为在互联网之前,传播主要由传统媒体完成。互联网商用以后,新媒体的出现改变了一切,传播的重要性超过了其他所有营销要素。对这个问题,我们已经讨论了很多,从根本上归纳,有两个方面原因:一方面是社会的进步使人们的需求层次在马斯洛模型中走到了上层;另一方面是技术创新推动新媒体平台不断进步,为进一步降低信息不对称创造了条件。

互联网不仅带来传统营销要素的嬗变,也逐渐凸显新营销要素的作用和价值。

新媒体与市场营销结合已经是普遍现象,这一点我们已经进行了大量的讨论。我们也注意到了一些其他现象:如果我们在某个电商平台上搜索了T恤,下次打开电商平台,与T恤相关的信息就会显著地呈现出来。当我们打开浏览器,与T恤有关联的信息也会时不时地"跑"出来。类似的现象在视频平台、导航平台、外卖平台、旅游平台等已经很普遍了。这些现象的背后,是计算在起作用。

从营销形式上看,市场营销活动正在变得更加"智慧"。各种专用的应用程序、工具、平台使营销更"聪明"地融入人们的生活中。打开抖音,看我们想看的短视频;打开浏览器,阅读感兴趣的新闻;在视频网站,按照喜好类型推荐影视剧;购物平台按照需要呈现商品;外卖平台提供符合口味的选择……使这一切变成现实的,当然包括5G、大数据、云计算、人工智能等,它们都有一个共同的基础,就是"计算"。

从营销过程上看,计算已经成为营销价值链的关键环节。在菲利普·科特勒看来,数字营销绝对不是微信、微博、脸书、DSP、LBS等各种营销工具的低维组合和几何叠加"。数字营销的系统升维,除了新的营销观念引领以外,营销策略也需要全面升维。《数字时代的营销战略》中提出了数字化战略平台的营销实施框架,并总结为数字实施4R系统:Recognize(消费者的数字画像与识别)、Reach(数字化信息覆盖与到达)、Relationship(建立持续关系的基础)、Return(实现交易与回报)。通过4R方法,可以看到计算已经成为营销的核心环节:用cookie(储存在用户本地终端上的数据)、SDK(Software Development Kit,软件开发工具包)获取用户行为数据,通过大数据计算获得计算兴趣图谱和社交图谱,并且建立传播模型,通过如VR、AR、社交媒体、App、搜索、智能推荐、O2O等各种手段精准触达用户。数字实施4R系统是一个闭环系统,其中大量的数字化工具使用,如个性化推荐工具、人工智能客服等,表明计算在数字化营销过程中的作用达到了前所未有的高度。

从组织结构上看,与计算相关的机构和职位已经成为营销职能的标准配置。肖恩·埃利斯在《增长黑客:如何低成本实现爆发式成长》中认为实施增长黑客方法首先应该搭建增长团队。增长团队的基本配置应该包括一个项目负责人、产品经理、软件工程师、营销专员、数据分析师。他特别强调,数据分析相关的工作不能交给只会使用数据工具的人或者外包,"数据分析师的能力大小将决定增长团队是在浪费时间还是在挖掘数据金矿"。2017年,可口可乐设立"首席增长官",取消设置了24年的"首席营销官",震动整个行业。此后,在营销团队中配置与计算相关的职位或者团队成为了流行。

二、新媒体的营销属性

(一)新媒体的营销属性

为什么新媒体与营销能够如此快速和紧密地融合,而且在各个垂直领域创造出颠覆式的商业模式? 答案不仅在于市场的需要,也不完全是技术的驱动,而是新媒体本身具有先天性的营销基因。首先,从用户的角度,可以看到在新媒体平台上,社交网络对人们沟通、互动、合作、共享的促进达到了前所未有的高度,消费者成了真正的"上帝"。其次,从品牌的角度,新媒体形成了对传统媒体的全方位颠覆,以前所未有的广度和深度连接用户,世界变小了。再次,作为一个整体,互联网极大地扩展了所有人的场景和空间。

1.把用户置于"舞台"的中央

巴里·威尔曼说:"当计算机网络连接了人,它就是一个社交网络。"2003年3月,Friendster

网站在推出之后悄然走红,被社交网络业界称为全球首家社交网站。此后脸书等社交平台迅速崛起,在全球范围内掀起了社交网站热潮。

根据《数字经济指南》数据,2021年全球互联网用户平均每天使用社交媒体平台的时间为142分钟,远高于2012年的90分钟。中国网络信息中心的报告显示,2021年12月31日,我国社交媒体用户数达到10.07亿,相比2011年的4.15亿,中国社交媒体用户数量在短短8年多的时间里翻了一番。目前,中国总人口中约有70%的人现在定期使用社交媒体。同期,全球有46.5亿人在使用社交媒体,也是全球总人口的70%。

这些数据表明,社交媒体已经风靡全球,成为人们自我呈现的"狂欢广场"。这是因为,在互联网新媒体的世界里,很大程度上消除了现实世界中的行为障碍,包括等级、地域、知识、文化、财富等在内的差别都在虚拟账号的面具下被消除了。不仅如此,只要你愿意,每个人都可以建立和打造属于自己的IP。同时,互联网发展到今天,在很大程度上保留甚至增强了现实的需要,如沟通、信任、支付、行为规则、隐私保护等,自由的程度大大提高了。因此,互联网新媒体带给人们的社交网络,既有理想的乌托邦色彩,也大大扩展了现实生活的自由空间。

【延伸阅读】
从巴赫金的狂欢理论看社交网络现象

2."小世界"降低营销规模经济的门槛

心理学家米尔格拉姆提出了六度空间理论,也就是说让世界上任意两个人之间建立联系,最多只需要通过六个人。这个理论被称为"小世界"。这个理论至今仍然是数学领域里的一个猜想。但神奇的是,它在互联网之前就存在了,米尔格拉姆在1967年通过连锁信件实验验证小世界的时候,阿帕网才刚刚在美国军方实验室中诞生。

但小世界理论的现实意义在互联网大规模应用之后才逐步凸显出来。新媒体赋予每个人自我呈现的机会,所体现出的前所未有的影响力,使传播发生了翻天覆地的变化,也使世界发生了深刻的改变:世界变"小"了。

【延伸阅读】
河南暴雨"救命文档"

新媒体与市场营销早已经结合了,这是互联网发展到一定阶段的商业模式创新的必然。新媒体作为互联网的典型应用,是提升营销效率的新途径,这一点已被众多企业的市场实践所证明。即使是人们印象中最传统的农业,在互联网新媒体平台上,也能和万里之外的消费者实现有效连接,成为中国乡村振兴战略的典型路径。

3.场景串联碎片需求

回望互联网的历史,可以看到,是否坚持"以人为本"的理念打造应用场景,决定了互联网应用市场发展的兴衰。

20世纪90年代,以网景为代表的互联网公司震惊了华尔街,被认为这就是未来的商业模式。狂热跨越大洋,传入中国,一大批".com"公司诞生,并疯狂地追逐市场份额,逐步偏离了信息内容服务场景,忽视内容整合,最终导致2000年互联网泡沫大破灭。2008年,团购鼻祖高朋网成立,依靠团购应用场景迅速成为独角兽。2011年,中国团购网站超过5000家,惨烈的竞争使企业也无法安静

【延伸阅读】
胡塞尔的"生活世界"理论

地完善团购服务场景，而是深度卷入扭曲的"价格大战"，泡沫过后，狼藉的战场上只剩下美团。此后，由于应用场景不完善的例子仍然屡见不鲜。例如，谷歌公司于2012年4月发布了一款"拓展现实"眼镜，最终由于成本过高、用户眼睛的适应性不好、缺乏出彩的应用等问题，谷歌眼镜的"探索者"项目于2015年1月19日停止。

尽管有这么多失败者，互联网应用场景仍然在不断扩展。随着第五代移动通信技术的规模化商用，"人"与"人"、"人"与"物"和"物"与"物"之间原有的互联互通界限被打破，所有的"人"和"物"都在一个有机的数字生态系统里互联、互通和互动，极大地丰富了应用场景，包括VR/AR、超高清视频、车联网、智慧家居、远程医疗、智慧电力、智能工厂、智能安防、个人AI助理以及智慧园区等，不仅极大地满足了消费领域多样化、个性化的需求，而且把应用图谱扩展到各个垂直产业领域。"万物互联"的数字世界，不仅是各个产业发展的加速器，也塑造了更加丰富多彩的"生活世界"。

（二）媒体要素在营销视域中的整合

新媒体营销相对于传统营销来说，最突出的是信息传播方面的优势。对于信息传播，哈罗德·拉斯韦尔把它分为5个过程或者要素：传播主体是谁（Who）、传播内容是什么（Say What）、通过什么渠道传播（In Which Channel）、传播对象是谁（To Whom）、传播的效果（With What Effect），这就是经典的5W传播模式。拉斯韦尔的信息传播5W模式如图4.7所示。

| Who 谁 | Say What 说了什么 | In Which Channel 通过什么渠道 | To Whom 向谁说 | With What Effects 有什么效果 |

图4.7　拉斯韦尔的信息传播5W模式

5W模式简明清晰，是经典的传播理论模型。模型提出了传播过程和构成要素，奠定了媒体运营的基本框架和内容。在此基础上，延伸和发展出了很多传播理论和流派，如：线性传播模式除了5W模式之外，还有香农—韦弗传播模式；控制论传播模式包括奥古斯德—施拉姆人际传播模式、施拉姆大众传播模式；系统论传播模式包括莱利夫妇模式、马莱茨克模式、德弗勒互动过程模式等。这些模式大都保留了5W模式的本质特点。归纳起来，传播的六个基本要素是信息源、传播者、受传者、讯息、媒介和反馈，这些要素相互作用、不断变化的过程构成了传播过程。

互联网时代由于信息技术的广泛应用，信息传播的特点和规律发生了深刻的变化，形成了复杂的社交网络。有两个理论模型被广泛用来分析互联网社交网络中的信息传播：传染病模型和场景理论。

传染病模型最基本的是SIR模型。人们主要沿用1927年由克马克和麦肯德里克利用动力学的方法创建的SIR模型。SIR模型在众多传染病模型中最为重要，并且衍生出了SIRS、SEIR等模型，至今仍不断发展并被广泛地使用着。通过分析传染病模型的基本假设、主要参数和模型结构，可以归纳出病毒（内容）、节点（用户）、边（连接）、结构（社群）是复杂网络中信息传播的核心要素。

"场景"作为一个专有名词进入传播学领域,要归功于美国人罗伯特·斯考伯和谢尔·伊斯雷尔。他们认为移动设备、社交媒体、大数据、传感器和定位系统五大技术促成了场景时代的到来。"场景"与传统传播理论中的"情境"是一脉相承的,戈夫曼在著作《日常生活的自我呈现》中提出了拟剧理论,认为人们总是在一定情境中进行"表演";梅洛维茨的著作《消失的地域》发展了媒介情境理论,认为电子媒介创造了新的传播情境。

通过对信息传播理论的总结,尤其是对互联网时代信息传播模式的梳理,我们可以归纳出不同传播理论所突出和强调的传播要素,并把这些传播要素放在移动互联网背景下,从营销的视角进行梳理和整合。整合的思路如下。

1.要素必须在营销过程中发挥显著作用

(1)在5W模式中,"传播效果"是传播发展到一定阶段的情形和状态,不能作为一个策略性的可控要素。

(2)控制论模式中的"反馈",是系统作用的一个过程,可以采用一定的措施进行调节和管理,但不适合作为策略要素。

(3)在系统论传播模式中,传播系统结构具有不同的层次,任何一种传播过程都表现为一定的系统的活动:从事传播的双方即传播者和受传者都可以被看作是一个个体系统,即人内传播;个体系统与其他系统相互连接,形成人际传播;个体系统分属于不同的群体系统,形成群体传播。微观"个体系统"和"群体系统"可以纳入营销策略要素;但更大的社会结构或者社会总结构,则只能作为营销环境,而不作为营销策略的组成部分。

2.在移动互联网的时代大背景下,对相同或者相似的内容进行合并

(1)在系统论模式下的"个体系统"和"群体系统",主要是指传播主体及其相互之间的传播关系,与传染病模式中的复杂网络的"节点""边"所形成的结构具有相同或者相似的含义。这个含义折射到现实中,就是UGC的兴起,"传播者"和"受传者"的界限变得模糊,他们之间的信息沟通和互动形成了不同的传播社群和社会网络。我们把这种"主体和主体之间的传播关系"统一为第三章中所说的"连接"。

(2)经典传播模式中的"讯息",与"内容"具有相同的概念内核,只是范围大小不一样,整合为"内容"。

(3)经典传播模式中的"媒介",含义为传播媒体。媒体本身作为连接的载体,整合为"连接"。

综合上面的分析,将结果整合到表格中。传播要素在营销视域中的整合如表4.2所示。

表4.2 传播要素在营销视域中的整合

模型划分	传播理论	模型强调的传播要素	要素整合
经典传播模式	线性传播模式	传播者、讯息、媒介、受传者、效果	连接、内容、场景
	控制论模式	信息源、传播者、受传者、讯息、媒介、反馈	
	系统论模式	个体系统、群体系统、社会系统	

续表

模型划分	传播理论	模型强调的传播要素	要素整合
互联网传播模式	传染病模型	病毒(内容)、节点(用户)、边(连接)、结构(社群)	
	场景理论	场景	

尽管传播和营销从总体上是不同的范畴,但它们有共同的元素,二者理论和实践中的交叉融合早在互联网时代之前就开始了。表4.2重点反映了移动互联网时代从传播理论和市场营销方法的"通路"。连接、内容、场景三个方面也反映了环境变化要求营销策略调整,以适应时代的要求。

三、新媒体营销组合

(一)新媒体营销4C组合的含义

综合前面的分析,新媒体营销是具有自己独特的要素和方法的营销系统。我们把新媒体营销的主导要素归纳为:计算、连接、内容、场景。根据它们的英文单词(Computing、Connect、Content、Context)首字母,称之为新媒体4C营销组合。新媒体营销4C组合如图4.8所示。

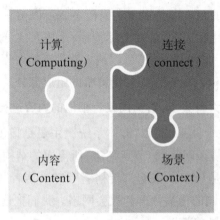

图4.8 新媒体营销4C组合

新媒体营销4C组合是营销思路的转变。近十年来,技术飞速进步,大数据、云计算、人工智能、区块链等技术加速创新,日益融入经济社会各个垂直领域,互联网、传感器、嵌入式终端、智能控制系统、通信设施等把人、机器、服务连接在一起,各种新的应用场景层出不穷,完全是爆炸式飞跃。在飞速变化的市场上,应该如何建立营销的方法和策略?

我们在总结新媒体营销组合的时候,总是带着这样的追问:当前市场商业模式流行的焦点是什么?它为什么流行?未来的市场焦点又会是什么?在这个意义上说,新媒体营销4C组合更强调隐藏在冰山之下的力量。

新媒体营销4C组合是一种新的营销资源配置思路。从麦卡锡的经典4P策略到科特勒营销管理和舒尔茨整合营销,都强调企业可控要素的运用和配置,这毋庸置疑是正确的,符合一般组织理论对组织边界的定义。然而,传统组织边界在移动互联网时代正在变得模糊。早在

1993年，美国经济学家穆尔就在《哈佛商业评论》中指出："未来的竞争，是生态系统之间的竞争。今天，以技术和市场为纽带的生态系统已经成为各个商业帝国构建进入壁垒的基本形式。尤其是营销生态系统中，庞大的用户网络已经成为企业最重要的资产。"

在互联网公司出现之前，没有通过用户数对公司进行估值的方法。互联网不仅改变了人们对于商业模式的认知，也改变了以华尔街为代表的资本市场对公司价值的认知。尽管对社交媒体用户进行估值还没有形成标准的方法，但是在市场活动中，用户早已作为资源型要素纳入营销策划中。例如，每年8月16日是小米打造的"米粉节"，2021年8月1日至18日小米816感恩季营销活动中，全球共有2.75亿"米粉"参与，总支付金额超过98.3亿元。在小米公司感恩季营销活动策划的过程中，米粉不仅是目标群体，也被作为一种营销资源。在各大社交媒体平台上，粉丝数已经成为最重要的资产。

新媒体营销4C组合是市场营销时代性的体现。从系统性上说，营销组合有对环境、能力、竞争状况、内部因素的综合性考虑，并加以组合和运用，缺少哪个要素都可能导致系统崩溃。在20世纪50年代尼尔·鲍顿第一次提出的"市场营销组合"概念中，包含12要素，即"产品计划、定价、厂牌、供销路线、人员销售、广告、促销、包装、陈列、扶持、实体分配和市场调研"。今天看来，这12个要素仍然每个都不能缺少。同样地，各种经典的营销组合如4P、6P、4C、4R、4S等，体现不同时代营销环境的要求。新媒体营销之所以把这些4C要素"组合"在一起，也是因为在移动互联网的大背景下，这些营销要素最"显眼"。

(二)新媒体4C营销组合的要素

1.计算

新媒体营销以互联网为载体，是以数据驱动的营销过程。"计算"是其中不可或缺的要素，离开计算，数据只是数据，不能形成用户画像，也无法确定一条内容分发给谁，更无法实现自动分发过程。也就是说，计算是系统中的使能要素。使能要素是能够促进、提升对象自身动力、能力或者作用、价值的要素。因为计算的使能作用，新媒体营销才发挥出无可比拟的巨大优势。

当数字化进程开启，原有的横亘在人们之间的时间、空间阻隔不复存在，仿佛按下了社会生活进程的加速键，消费者的需求与过去相比变化更快，个性化特征更加明显，企业可以获取的数据类型和数据量都远比过去丰富。互联网传播功能与营销功能融合，迅速提升了各个应用平台的传播影响力和市场商业价值，使新媒体传播的深度、广度都达到了前所未有的程度。人们花在手机和便携式移动设备上的时间越来越多，这加速了个人线上消费习惯的建立到社会整体数字化生活的形成。用户数据(空间位置、浏览过程、兴趣偏好、情感倾向、交易支付、社交人脉)越来越多地产生和汇聚。以亚马逊公司为例，除了交易数据以外，还可以将用户浏览、购买、使用、评价等数据都记录下来，包括搜索的关键词、页面的停留时间等。数据可获得性的提升，加上数据丰富程度的增加，使利用计算方法和技术来理解用户、分析营销过程成为必然要求。

在广阔商业价值前景的驱使下，数据应用计算技术飞速发展，数据采集、数据挖掘、机器学习、自然语言处理、计算机视觉等关键技术迅速成熟并大规模投入应用。从数据的获取与存储,到多维数据的模型化预测,再到清晰有效的数据可视化,形成用户特征和市场动态的实时态势感知,"计算"使营销管理(目标用户识别、产品设计、内容分发……几乎所有环节)变得轻松而且精准。2020年11月11日0点刚过26秒,天猫"双十一"的订单创建峰值就达到58.3万笔/秒,形成了全球规模最大的数据洪流。MaxCompute批处理单日计算数据量达1.7EB,相当于为全球77亿人每人存储230张1080P高清照片;实时计算Flink峰值40亿条/秒,约合7TB/秒,相当于每秒处理500万本新华字典的信息量。作为计算支撑的大数据平台完成了史上最大规模的大数据算力和实时处理能力,创下新的世界纪录。

计算使能新媒体营销实现数字化和智能化,已经覆盖了整个营销过程。例如,通过用户画像,企业可能比消费者更加了解自己;通过算法分发,营销内容可以精确匹配感兴趣的受众;使用AI客服,为企业节约了大量的人工客服成本。在计算使能作用下,大量营销模型越来越成熟,被企业应用得越来越广泛。无论是AARRR、RFM等用户运营模型,还是消费行为AIDMA、AISAS模型,都已经从理论模型走向了广泛的商业实践。

2. 内容

互联网上的文字、图片、视频、音频都是内容。进一步理解,所有用户感知到的事物都是内容。内容指用户可感知到的一切事物,不仅包括用户所看到的普通内容,也包括UI、ICO(图标)、缓冲界面等。甚至各种各样的产品以及解决方案,在更加宽泛的意义上,也是内容。

新媒体营销中流量是关键,而流量的基础是内容。随着移动通信的普及,流量红利加速消失。2022年6月,我国共有移动电话用户数16.68亿户,移动电话用户普及率达到118.1部/百人,高于全球普及率。同期,我国移动互联网的用户规模达到了11.9亿人,移动互联网普及率达到84%,远超全球65%的水平。这意味着野蛮生长时代结束,流量焦虑逐渐显现。传统内容营销的铺天盖地的"灌输式"内容必将被无情地淘汰。站在新媒体营销的角度,与其纠结于流量红利见顶,不如转而专注于优质内容生产。

"入口"是互联网时代最重要的战场。人们通常认为,百度、阿里巴巴、腾讯、字节跳动是中国互联网的头部力量,它们牢牢地占据着搜索入口、电商入口、社交入口和短视频入口,因而在互联网世界中具有最大的话语权。殊不知互联网"内容大战"的序幕早已拉开。

【延伸阅读】
内容行业"世界大战"

如火如荼的内容竞争,反映的是资本对内容所承载的市场和商业利益的重视和追逐。回归到最基本的传播三要素(传播者、受众、内容),内容才是互联网时代最重要的营销入口。

3. 连接

连接是指相互联系和相互影响。连接的方式有很多,只要能够形成相互联系和影响的事物都可以建立连接。

市场营销就是建立与用户的连接,营销生态系统是在多边市场上建立与多边参与者之间的连接。信息、内容/产品、服务都可以建立连接。

传统媒体时代,可能只需要一个电视广告、一幅平面广告就可以让品牌形象深入人心。移动互联网时代,一方面人们的媒介触点越来越多,信息大爆炸使人们陷入了选择困境;另一方面,每个人的生活圈子得到了极大的扩张,线上生活的时间比例甚至超过了线下。于是线上社交关系成为人们连接的基本纽带。

形成社交关系,建立有温度的连接,把弱关系转化为强关系,既传递价值,又建立情感认同和信任。

(1)价值是引领

用户价值——包括作为前提的用户需求,是新媒体营销的逻辑起点。营销是顾客需求和企业提供的顾客价值的对接,以分析用户需求为起点、以满足用户需求为归宿。因此,价值引领一切营销行为。只有把"需求"和"价值"连接起来,才能真正形成"从需求中来,到需求中去"的闭环,使顾客需求得到满足、顾客价值得以实现,营销才有意义。

(2)兴趣是催化剂

兴趣是一种意识倾向,表现为人们对某种事物、某项事件/活动的选择性态度和积极的情绪反应。如果想得到用户的认可,不仅要依靠好的产品来吸引他们,而且要从他们的兴趣和爱好出发,寻找共同点,这样才会得到他们的关注。

兴趣是最好的老师。在兴趣社交圈层内引发病毒式传播时,用户会在好奇心的驱使下一探究竟,关注产品的相关话题并展开讨论。而在此过程中,弱关系转化为强关系,用户自然地接受商品价值主张,从而触动他们从关注走向下单购买。

从兴趣出发,新媒体营销把消费者放在舞台中心,能够更充分激发用户自我实现的需求。源于兴趣的消费是人自发的行为,能够带来更高的满意度。

(3)情感是核心

情感连接是强连接,包含着信任、共鸣、认同等强化连接的因素,有情的连接必然打败无情的竞争。

任何时候和用户的情感连接都没有捷径可走,但是是有方法的。例如,小米公司为了让员工和用户粉丝产生连接,构建了小米社区。小米早期的开发团队只有100人,但他们通过在线论坛,连接了10万人的活跃用户,这些人在论坛里提需求,直接参与到产品的研发过程中。根据论坛里需求的点赞等权重,让问题浮出水面,确立优先级别,实现了用户参与到产品设计的过程中来。这是小米研发管理中非常重要的过程,也可以理解为用户模式大于工程模式。小米社区连接为小米每一次成功地推出新产品奠定了很好的用户基础。

说起社交关系,就不得不提到社群。社群是群体连接所形成的一种结构。

(4)社群是一种组织

社群是人们围绕着特定的目标而形成共同活动的组织,具有以下特征。

共同目标。社群是开放的,加入和退出没有强制性要求。在这种情况下,把一群人聚集起来的动力就是目标一致。例如,技术论坛和在线开发社区是程序设计员交流和分享技术的家园;"驴友"群是旅游爱好者的圈子;此外还有学习群、社区团购群等。每个人加入社群的原因可能不一样,但群成员的目标肯定是一致的。社群之所以能够聚集大量成员,是因为每个成员在实现自己的目标的过程中,从社群中的收获大于不加入社群。

行为规范。社群有明确的行为规范。为保证社群的运行,社群行为规范更多地明确哪些行为是不允许的。例如,关于社群内的发言内容,大部分社群都明确要求不能发广告。为了实现社群的目标,一般社群不强制要求成员做什么,而是以引导措施和激励措施为主,激励和激发成员的自觉自动行为。

组织结构。社群兼具正式组织和非正式组织的特点。社群具有自己的层级结构。一般情况下,社群有群主和群成员。群主制定规则,明确群成员的权利和义务,激励和引导群成员实现社群目标。同时社群内还有非正式组织:KOL在社群内发挥着重要的作用。群成员对KOL的信任使社群能够更好地运行。

(5)社群结构中有关键节点

信息在社群中的传播遵从两级传播模式。任何社群都可以被理解成为复杂系统,每个复杂系统都有弱点,一旦以合适的方式打击关键节点,系统会坍塌,人群就会被引爆。KOL和达人是社群的关键节点。通过用户社交图谱,可以识别出社群中的KOL和达人。通过KOL和达人进行第一次传播,再激活普通用户进行二次传播,就可以让营销信息覆盖整个社群。

每个社群成员认同一个信息或者采取某种行动,都会受到社群中其他成员的影响。这说明一个人决定采取一项行为取决于周边有多少人采取相同的决定,这个人数被称为"门槛"。格兰诺维特曾经设想了一个群体行为的情景。广场上有100个人,他们发生暴动的门槛如下:一个人的门槛是0,一个人的门槛是1,一个人的门槛是2,如此顺序加上去直到最后一个门槛是99。这就构成了一个多米诺骨牌:那个门槛是0的人就是"煽风点火"者,首先采取了暴动行为——打破一扇窗子。这个行为激励了那个门槛是1的人;这两个人的行为又激励了门槛是2的人……本来大多数人只是处于观望状态,但被全部卷入其中。在这个假设的情境中,虽然确定每个人的门槛很难,但对社群营销有重要的启示意义:用KOL或者达人作为"煽风点火者",加上社群内的示范效应,可以引爆整个社群。

这个过程说明,社群蕴含着巨大的营销潜能。

4.场景

场景一词最初来源于戏剧或电影拍摄的背景布置,其基本含义是适应角色情节需要的时空背景。

用户的消费行为都是在特定的场景下进行的,用户通过场景来认知产品。在不同的场景下,对产品认知、感受和记忆并不相同。营销的核心是引导和满足顾客需求,即使我们可以洞察消费者,也仍然需要在合适的场景下向消费者传递我们的价值主张。

通过数据洞察用户购买或消费的真正目的或意义,剖析用户实质所需求的核心价值或利益,就可以设定专门的场景,生动形象地展现品牌或商品的价值,吸引和引导用户,更好地连接用户需求。

例如,茶馆的场景不一定是喝茶,而是商务、社交、休闲;美妆产品宣传重点不必是功能,而是美丽、魅力;小米销售的不是电子产品,而是智能生活等。正是针对用户需求或痛点设定场景,诠释新生活态度或方式,呈现价值主张,才更好地与用户建立了连接。因此,场景赋予了产品/服务可购买的价值或意义,也

【延伸阅读】
《天净沙·秋思》的场景构造欣赏

给了用户可购买的理由和欲望。

"以景托情,寓情于景",这是场景营销的灵魂。好的场景营销一定有代入感,触动了用户的情绪、情谊、情趣,引发体验者的共鸣,从而形成对产品或者品牌的特殊情感。这主要是由于以下两点引起的。

情绪唤起。人的情绪和感受对由外界刺激做出的应激反应,除去某些特定的生理原因,情绪和感受不会无缘无故产生,基本都是场景下的外部刺激催生了各种各样的情绪产生。重现情绪产生时的场景,能够快速激发用户的情绪。

记忆联想。人的记忆分为情节性记忆和程序性记忆,情节性记忆是我们生活中的各种片段,而程序性记忆是内化的知识或技巧。

人们平时生活中的记忆大多就是由场景中的各种片段和细节组成的,人们可能记不清童年的细节,但有可能对很多童年的许多场景记忆犹新。描绘场景中的细节或独特点,能够唤起情节记忆,引发受众的联想。消费者在生活中想起产品是有固定的顺序的,只有当用户身处某种情景下时,才会产生需求,进而想到需求的解决方案。

(三)新媒体营销组合的双重属性

随着科技的发展、社会的进步,市场活动越来越依赖于技术系统的支撑,各种不同的技术正在塑造着市场营销。新媒体一方面被通信、互联网和数字技术所限定,另一方面又被社会生活所左右,必须融合在社会价值观、生活世界的框架下,才能被用户广泛接受,建立规模经济性。因此,新媒体营销组合具有技术和社会的双重属性。

1.新媒体营销组合的技术性

技术属性虽然不是新媒体营销策略的本质属性,但是它在营销分析、决策、执行过程中有着巨大的意义,对STP(指Segmenting、Targeting、Positioning,即市场细分、目标市场选择、市场定位)产生深刻的影响。

从农耕时代到工业时代再到信息时代,技术力量不断推动人类创造新的世界。这一普遍原理在新媒体营销中体现得尤为明显。从互联网诞生开始,它就为市场营销提供了新的舞台。门户网站、搜索引擎、电子邮箱、在线论坛、微博、博客、社群、元宇宙,每一次新的重量级应用出现,都成为市场营销的新引擎,创造出无数的商业模式奇迹。

前面我们分析了市场营销的本质要求是"六个适当",这恰恰代表着市场营销对新技术的渴望和呼唤。计算技术的发展推动数字化新技术的不断完善,大数据、云计算、虚拟现实、物联网、区块链、人工智能技术不断完善,进一步强化"云""管""端"完整的协同,建立起新媒体营销一站式便捷、高效体验。例如,物联网极大地拓展和丰富了连接场景,带动智能家居、智慧旅游等各个垂直领域体验升级;虚拟现实技术推动内容场景完美融合;区块链技术塑造了更具信任感的社交连接……

在新媒体营销组合中,技术不再是单纯的使能因素,直接上升成为营销策略的一部分。事实就是这样:在2009年1月,任正非在华为销服体系奋斗颁奖大会上,发表《让听得见炮声的人做决策》,指出"我们后方配备的先进设备、优质资源,应该在前线一发现目标和机会时就能及时发挥作用,提供有效的支持,而不是拥有资源的人来指挥战争、拥兵自重。谁来呼唤炮火,应该让听得见炮声的人来决策"。此后"让听得见炮声的人做策略"成为一种流行,企业所有的资源都要服从于市场和客户的需要,包括技术。

【延伸阅读】
华为铁三角

移动互联网时代到来,每个企业都要参与无地域边界的竞争,这对企业的反应速度提出了更加严苛的要求。技术资源配置方式从以市场为导向转变为直接服务于市场营销策略的需要。这一点,从增长黑客的团队结构开始,越来越多地体现在互联网公司的项目团队中:软件工程师、硬件工程师、数据工程师直接成为市场团队的成员。

2.新媒体营销组合的社会性

社会性是指事物作为社会的一部分而表现出来的特点,是它不能脱离社会而存在的属性。市场营销具有天然的社会性,如利他性、协作性、社会环境依赖性以及遵守法律法规、社会道德等高级自觉性。

而新媒体营销组合在一般的社会性意义上,具有自己独有的特征。它既根植于人性,又充分激发人性。相比于传统营销,新媒体营销基本上跳出了"经济人"框架,不再把"成本收益分析"作为用户理性的全部,而是更加尊重用户,发现和尊重其兴趣、情感、审美、沟通、交往等,进而实现用户"尊重"和"自我实现"的需求,同时达到营销目标。

在新媒体营销组合中,计算的作用通过营销平台、软件工具和应用程序体现。营销计算的出发点和归宿都是用户体验。除了最基本的产品价值体验、业务的简洁高效营销体验,营销计算更多触及用户情感,人工智能就是在社会情感方面更"懂"用户,实现营销层次在马斯洛需求层次理论模型中的向上攀升。

在以内容、连接、场景为内核的新媒体传播过程中,营销活动变成了用户自我呈现的舞台。传统营销4P要素的运用,也在实现"价值转移""价值传递"的基础上,更加强调激励用户,而不是引诱或者说服用户。以各大电商平台纷纷推出的"免费农场"为例:首先,场景设定不是销售而是游戏化互动,通过引导用户一步步完成对果蔬的栽培而获得一份免费的回报。其次,市场交易被隐含在用户"玩"的过程中。用户实际支付包括两个方面:一是注意力,通过浏览一定时长的广告加速游戏进程;二是社会资本,通过分享、邀请而加速游戏进程。在这个过程中,人性的作用被充分激发:大多数用户感受到的不是等价交换,而是纯粹的获得。

第四节 策略:开放共享

营销策略是对各种可控营销要素的组合运用。新媒体营销的主要环境是互联网数字经济时代。这个时代呈现出了各种各样的特点和潮流,从需求侧到供给侧、从市场端到技术端,都发生了巨大的变化,相对于之前的时代,去中心化、碎片化、云化这三大特征改变了社会运行的底层规则,这要求市场营销也必须适应这种变化,用开放和共享的理念,去汇聚和整合,去连接与创造。

一、能力开放

碎片化时代的长尾市场对营销能力提出了新的要求和挑战：原有专注于某个细分市场的高度专业化，在同维度的竞争中可以获得超额利润，但是一旦面对跨界而来的降维打击，则缺少必要的战略纵深。只有形成范围经济效应，才能在不同的细分市场上创造价值，这就要求实施营销生态系统战略。

实施营销生态系统战略需要有必要的策略支持，首先就是向接入平台的多边参与伙伴赋能，缺乏足够的吸引力，就无法形成网络效应，也就失去了价值创造的基础。这就意味着需要实施能力开放策略。

(一)能力是什么?

能力是完成一定活动的本领，是一种力量。任何一种活动都要求参与者具备一定的能力，而且能力影响着活动的效率。

企业能力是一个企业所拥有的从事生产经营活动和解决各种难题的能力。人们对企业能力的认识丰富而且深刻。亚当·斯密在《国富论》中提出，企业内部的劳动分工决定企业的劳动生产率，进而影响企业的成长。也有人认为，企业内部职能经过协调、整合形成了企业能力;还有人认为是企业所拥有的不同资源基础决定了企业拥有不同的能力。

企业能力是企业竞争优势的源泉。现代企业理论有三个观点。第一，企业本质上是一个能力集合体。如果问企业最本质的内涵是什么，那应该是"能力"。哈默认为，能力是组织中的积累性学识，特别是关于如何协调不同生产技能和有机结合各种技术流的学识。企业的能力是企业长期积累和学习的结果。第二，能力是对企业进行分析的基本单元。对企业进行分析的最小单元，既不是单个的"人"，也不是由两个或两个以上的人为了一定的目的，按照特定的规则组成的"组织单元"(或称"团队")，更不是其他的"物"的因素或具有"社会"性质的规则因素，而是反映企业本质的能力。企业的核心能力是企业拥有的最主要的资源或资产，企业能力可以从本质上把企业能够承担和进行内部处理的各种活动界定清楚，企业核心能力的储备状况决定企业的经营范围，特别是决定企业多角化经营的广度和深度。第三，如果一个企业形成了一种特殊能力，这种特殊能力可以为企业带来竞争优势地位，则企业可以将这种能力应用于其他业务单位，以提升竞争优势。

(二)能力的类型

企业能力是指企业在生产、技术、销售、管理和资金等方面力量的总和。企业的能力有很多种划分方式(可以从职能管理角度划分、从管理层次角度划分、从组织流程角度划分等)。这里重点讨论互联网新媒体营销过程中涉及的能力要素。换一个角度看，新媒体营销4C组合就是一组能力组合。

(1)计算能力:各种互联网技术的集合，包括通信、大数据、云计算、人工智能、区块链等基础能力，也包括各种应用软件、工具、接口能力。

(2)连接能力:连接营销生态系统各个参与主体的能力，包括沟通、协调、组织、指挥、激励等。

(3)内容能力:内容运营过程中的内容生成能力、内容分发能力、内容变现能力。

(4)场景能力:包括场景的设计、构建、表现、应用、交互、传达等。

需要说明的是,一个完整的营销解决方案包含了营销价值链上的所有环节,从新媒体营销的角度重点关注新媒体营销4C组合,但并不否认其他要素如后勤、人力资源等的重要性,相反,各个方面的能力都是可以对外开放的能力的一部分。

(三)能力开放平台

由于需求无限性的原因,每个企业利用自身能力能够实现的用户需求只占一小部分。在专业化和分工更加精细的今天,在碎片化、个性化的长尾市场上,要满足更多细分市场的需求,需要将更多的能力整合起来。而不同的能力通常分散在不同的组织和个人中,这就要求能力相互开放。

能力开放平台是指汇聚、融合各种能力,并且开放给生态系统中所有参与主体的使能平台。能力开放平台具有以下特点。

1.能力开放平台既是技术平台,也是营销和管理平台

狭义的能力开放平台指的是技术平台,包括三层逻辑架构[基础设施层(IaaS)、平台层(PaaS)、应用层(SaaS)]和物理架构(负责系统内外的数据交换),负责能力的汇聚和分发。生态系统的多边参与主体具有多样性、互补性和依赖性特点,平台的作用是把他们的能力连接起来,经过平台的组合、封装、再开发,形成标准化的能力和工具体系,再以Open API或者SDK方式开放出来供需求方调用,在这个过程中创造价值。

一般意义上的能力开放平台超出了纯技术范畴,覆盖的能力类型不仅包括技术能力,还包括生产、销售、组织管理和资金等各个方面的能力。这些能力也都可以采用一定的方式对外开放。例如,人力资源能力就可以对外开放,采用人力资源外包、劳务外包的方式对外输出;同理,管理能力也可以对外开放,华为不但向自己的生态系统合作伙伴输出技术能力,也把自己的管理方式、人才和案例向合作伙伴开放。

此时的开放平台兼具营销平台和管理平台的角色,具有能力运营和能力管理的功能。例如,营销生态系统也可以理解为聚合能力、创造价值、对外营销的管理平台。

App Store首先是技术平台,它采用SDK方式分发自己的技术标准,汇聚开发者的应用软件开发能力。但它更是一个营销和管理平台,开发者不用参与市场推广,只需要负责做好开发和质量管理。平台负责App推广,也负责App的质量管理。

【延伸阅读】
App Store

2.能力开放平台赋能生态系统的多边参与者

能力开放平台上的多边参与者之间,是相互赋能的关系。平台通过汇聚、融合、共享能力,为接入平台的生态系统参与者提供必备的知识、技能、资源和机会。例如,阿里巴巴强调对商家赋能,马云多次强调阿里巴巴不是电商公司,而是赋能中小企业的厂商。在淘宝平台上,卖家可以获得的赋能包括:店铺开发,借助平台工具包可以轻松开发个性化线上店铺;得到流量支持,通过淘宝的个性化推荐系统,能够得到更多潜在客户的关注和购买;服务支持,根据客户评价体系反馈的大数据支持,可以对客户进行分析并优化经营。

(四)能力开放方式

根据平台的市场地位不同,能力开放方式可以分为能力互补策略和能力补贴策略两种。

1.能力互补策略

能力互补策略主要适用于已经具有某些独特优势的能力,如庞大的用户连接能力、专利或者专有技术能力、特殊经营牌照(如支付牌照),寻找具有互补能力的参与者,以增强商业模式的整体拼图。

能力互补策略可以充分利用跨边网络效应,吸引合作参与者接入平台。例如,苹果利用庞大的用户连接能力、场景构建能力吸引开发者提供应用软件产品;抖音平台利用强大的内容分发能力吸引内容创作者;运营商利用通信牌照特许建立的网络能力以及庞大的用户连接规模吸引硬件产品开发商、软件应用开发商为用户提供整体解决方案等。

能力互补策略的核心措施包括差异化激励和培育赋能。

差异化激励:能力平台对不同级别的接入者提供不同的权益和服务。例如,腾讯对不同级别的开发者提供不同的权益和服务,主要包括广告资源、宣传推广、市场服务、API调用的优先级等,越高级的开发者有可能获得的扶持资源越丰富。抖音的创作者激励计划也是差异化的,通常抖音平台提供了丰富的任务供用户选择,但是根据用户发布视频的质量、播放量、互动量提供差异化的奖励。

培育赋能:企业合作参与者进行孵化扶持。例如,海尔工业互联网卡奥斯平台(COSMO-Plat)对创业者小微提供创业技能培训、管理能力资讯服务、市场能力培训、资金支持、优先采购等扶持办法,并且开放全球销售、物流、售后服务渠道给开发者,建立了以用户体验为中心的大规模定制生态系统,开创了家电企业大规模定制模式,成为全球首批"灯塔工厂"。

2.能力补贴策略

大多数中小企业创建了应用平台,但在市场上尚未形成网络效应。这类企业想要形成多边参与的完整商业体系,往往面临"鸡蛋相生"困境:用户规模不足,难以吸引其他的合作伙伴参与;反之亦然。

"鸡蛋相生"困境实际上是一种市场失灵,为了打破这种困境,需要通过"有形的手"进行干预,具体方式是进行定价补贴。

为了形成具有多边参与者的生态系统,在具体实施定价补贴时,需要考虑到多边参与者,对具有不同特点的参与者采用不同的策略,这就是平台价格的非中立性,其目的是形成和激发网络效应,以最少的补贴形成自我增长循环。具体来说,补贴模式可以参考以下维度。多边市场接入补贴策略参考维度如表4.3所示。

表4.3　多边市场接入补贴策略参考维度

补贴参考维度	较多补贴	较少补贴甚至收费
价格敏感度	高	低
接入边际成本	低	高
同边网络效应	正向	负向
转换成本(多地栖息的可能性)	高	低
现金流贡献	大	小

当市场形成了同边网络效应或者跨边网络效应,也就是突破了"鸡蛋相生"的困境,达到了爆发式增长的临界点,用户开始快速自然增长,就可以减少补贴,追求正的利润贡献。

二、布局入口矩阵

(一)什么是入口?

"得入口者得天下",入口是互联网上永远避不开的模式和话题。到底什么是入口?

入口的本意是进入的地方。在建筑学上主要指门、门洞等进入建筑内部必经的空间场所。由于这是必经之地,因而它的重要性不言而喻。

随着互联网兴起和不断普及,并在社会经济和人们生活中扮演了越来越重要的角色,互联网中入口的概念也在不断丰富。

在互联网发展初期,信息成为最重要的资源,因而入口被定义为:连接人们和信息的途径。在互联网发展初期,硬件和操作系统是最主要的入口。后来网络浏览器、搜索引擎、门户网站等成为人们获取信息的重要工具。

在移动互联网时代,入口的概念进一步扩大,为人们提供服务的各种工具和应用软件的重要性上升,也成为了入口,如社交软件、电商平台等。

随着移动互联网的广泛普及,人们普遍接入网络,生活越来越碎片化,各种应用也越来越丰富和完善。各种工具和应用之间的竞争越来越激烈,流量变得稀缺,抢夺人们注意力成为竞争的第一要务,入口的概念进一步泛化,能够获取用户的各种能力都被视为入口,如内容、场景等。

随着互联网从"人人互联"走向"万物互联",各个垂直领域的数字化应用风起云涌,于是各种系统解决方案被认为是垂直领域的入口,如智能家居、智慧城市等。

入口的演变过程如表4.4所示。

表4.4　入口的演变过程

互联网发展阶段	层次	入口	典型代表
发展初期	硬件	电脑	IBM、联想、惠普、宏基
	系统	操作系统	Windows

续表

互联网发展阶段	层次	入口	典型代表
网络普及	内容	浏览器	网景、IE
		搜索引擎	雅虎、谷歌、百度
		门户	门户网站
	应用	应用软件	邮件、地图、社交软件
移动互联网	硬件	移动终端	手机、平板
	系统	操作系统	Android、IOS
	内容	视频	微博、视频平台、短视频平台
	应用	工具软件	电商、社交、导航、外卖、出行……
万物互联	应用	垂直解决方案	智能家居、智慧城市、智能汽车……

根据互联网数据中心的定义,"移动互联网入口"就是用户接入移动互联网的第一站,通过移动网络获取信息、解决问题的第一接触点。从这个概念出发,按照上述逻辑,可以把移动互联网的入口分为四个层次:系统层、内容层、流通层以及应用工具层。这表明入口是有多个层次的。

从新媒体营销的角度看,市场解决方案包含多个营销要素,这些营销要素也是由不同层次上的可控因素构成的,与入口的层次具有对应关系。入口层次与新媒体要素的对应关系如表4.5所示。

表4.5　入口层次与新媒体要素的对应关系

移动互联网入口层次	新媒体要素维度
系统层(硬件、软件)	计算
内容层	内容
流通层	连接
应用工具层	场景

从表4.5中可以看出,新媒体营销就是要充分发挥互联网入口的作用和价值。入口的多维、多层次性,决定了新媒体营销的策略是一种综合性解决方案。

尽管我们按照一定的逻辑把入口划分为不同的层次,从最宽泛的意义上讲,做一件事必须经过的不可替代或者具有一定替代成本的环节,就是入口。因此,每个产品也可以视为一个入口。

（二）入口的特点

前面我们提到入口的概念在不断地扩展和变化,这是和互联网的发展趋势紧密关联的。到目前为止,入口的外延已经涵盖了很多交叉的领域:技术、社会、文学、艺术等各个方面,为更好地把握入口,我们梳理一下它的特点。

越底层的入口,进入壁垒越高。我们说操作系统是底层入口,在技术门槛和网络效应的双重作用下,一旦获得领先优势,将会形成很强的市场优势。例如,2022年1月数据显示,谷歌旗下的Android操作系统市场份额占比为67.74%,微软旗下的Windows系统市场份额占比更是达到了惊人的96%。这种现象不仅只存在于技术领域,在其他领域也一样。例如,在人们熟悉的线上购物场景中,淘宝成功定义了"双十一"线上购物节,使之成为线上购物狂欢节;与之对应的,京东把自己的店庆日——每年6月18日定义为京东购物节,与淘宝"双十一"遥相呼应,也获得了巨大的市场影响力。

入口具有范围经济特性。成功的入口,在达到一定用户规模时,往往更加容易衍生出其他的应用入口。例如,小米在移动互联网时代的手机终端用户数超过了3亿,依托强势的移动终端入口,小米成功地衍生出了智能家居系列产品。小米公布的数据显示,截至2022年6月30日,小米AIoT平台已连接IoT(Internet of Things,物联网)设备(不包括智能手机、平板及笔记本电脑)数达5.27亿,拥有5件及以上连接至AIoT平台的设备(不包括智能手机、平板及笔记本电脑)用户数首次突破1000万,达1020万,已经成为智能家居这一垂直领域全球第一的入口。

入口具有颠覆替代性。在移动互联网的入口竞争中,颠覆性替代已经多次上演:智能手机对数码相机的替代;新媒体对传统媒体的颠覆等,目前移动智能终端正在越来越大的程度上形成了对PC端的冲击和威胁。

入口越来越虚拟化。按照马斯洛的需求层次理论,一旦人们的较低层次需求得到满足,就会追求更高级的需求满足。在互联网数字技术不断进步的今天,人们越来越追求得到尊重和自我实现的满足,这意味着内容、场景构建能力的重要性越来越突出,VR、AR、MR、XR应用越来越成熟,元宇宙正在成为新的杀手级入口。

(三)入口矩阵

移动互联网时代的入口越来越丰富,"条条大路通罗马",越来越多的企业选择布局入口矩阵作为自己的市场策略。

入口矩阵策略可以分为纵向和横向两种。

1.纵向入口矩阵

纵向入口矩阵一般按照硬件—软件—应用服务—云的逻辑展开,这种方式具有从底层基础到顶层应用的完整体系,在这种布局中,不同入口之间的互补性非常强,由此带来跨层级网络效应(一个层级的参与者增加带来邻近层级的用户价值增加,从而吸引更多的邻近层级参与者),能够激发更大的范围经济。例如,在外部环境重大影响的情况下,华为2019年发布鸿蒙系统,并且打造了纵向入口矩阵,形成了全球第三大移动应用生态。华为鸿蒙系统的纵向入口矩阵如表4.6所示。

表4.6　华为鸿蒙系统的纵向入口矩阵

入口层次	产品/解决方案	新媒体营销要素
应用	智慧出行	场景
	智能家居	
	运动健康	
	智慧办公	
	影音娱乐	
软件	应用市场、华为音乐、华为视频、华为浏览器	产品/内容
终端	手机、PC、平板、HD大屏、音响、手表、车机、AR眼镜、耳机	
计算	HarmonyOS	计算
	麒麟芯片	

　　纵向入口矩阵建立之后,跨层次网络效应带来范围经济,有利于把控产业链的核心环节,生态系统具有很强的自持力,可以减少环境不确定性的影响。在生态系统中,能够减少上下游参与者之间随意终止交易的不确定性,更好地保证在紧缺时得到充足的供应,在总需求很低时有畅通的销售通道。尤其是对底层入口来说,由于进入壁垒高,下游的路径依赖也就越高。

2.横向入口矩阵

　　横向入口矩阵一般指在技术逻辑的某一层次上,形成不同的入口。这种布局可以带来同层级的网络效应,包括同边网络效应和跨边网络效应;也可以带来同层级的跨入口网络效应(一个入口的参与者增加带来邻近入口的用户价值增加,从而吸引更多的邻近入口参与者)。

　　横向入口矩阵布局最典型的企业是海尔。2019年,青岛海尔正式更名为"海尔智家",正式明确了围绕智慧家庭为核心的入口矩阵战略。在此之前,海尔已经持续进行了多年的全球布局:从2011年海尔集团宣布收购日本三洋电机开始,新西兰斐雪派克、美国通用电气家电业务、意大利卡迪公司都被纳入旗下,并购资金接近500亿元。完成这些收购以后,海尔构建了全球引领的工业互联网平台卡奥斯COSMOPlat。海尔智家称,公司已经连续12年蝉联全球大家电品牌零售第一。

　　海尔围绕智慧家庭的横向入口矩阵主要围绕大家电品牌布局,范围经济效应主要体现在:市场进入,通过品牌收购,海尔在欧洲、北美、东南亚、大洋洲市场上100%为自有品牌;技术共享,海尔在全球的71个研究院和30个工业园可以共享相关技术资料;品牌影响力,在全球市场上形成了跨区域网络效应(一个区域的品牌用户增加带来其他区域用户的价值增加,从而吸引更多的用户购买)。

　　布局横向入口矩阵策略,核心是构建多层次、相互区隔的应用场景,否则就会形成简单重复,"左右互搏"。宝洁公司在这个方面提供了经典案例,其旗下的飘柔、潘婷、海飞丝三大系列同为洗发水产品,却分别对应不同的需求场景,形成了卓越的市场细分,几乎垄断了中国洗发水品牌入口。

　　在横向入口矩阵中,各个入口之间存在相互竞争内部资源的现象,这意味着如何有效沟通协调非常关键。运用互联网数字化技术,发挥计算要素的作用,降低内部协调成本至关重要。在海尔模式中,有一个著名的理念——"人单合一"。人,指员工;单,指用户价值;合一,指员工的价值实现与所创造的用户价值合一。"人单合一"的基本含义是,每个员工都应直接面对用户,创造用户价值,并在为用户创造价值中实现自己的价值分享。工业互联网平台卡奥斯COSMOPlat,就是承载人单合一的系统平台,公司通过它来协调供应链、订单、生产和服务的高效运行,从而实现大规模定制。

布局横向入口矩阵,内容是基础。广义上,产品和服务也可以理解为内容。在前面提到的海尔的例子中,海尔非常关注产品和服务质量。1985年,海尔砸掉76台质量不合格的冰箱,不仅震惊了全国,而且砸醒了人们的质量意识,这为海尔今天的成功种下了种子。在互联网品牌中,入口矩阵具体体现为IP矩阵。能够在同一个平台或者跨平台建立IP矩阵的品牌和个人,要么是产品优势明显,例如,重庆网红品牌楠火锅,在不同的视频平台上有由几百个加盟店构成的流量IP账号矩阵;要么是内容优势明显,例如,淘宝第一红酒IP醉鹅娘,由于内容专业,产品定位精准,在微博、抖音、小红书等不同平台合计粉丝超过800万。

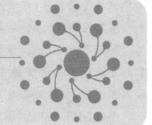

第五章
内容运营:传播与价值

前导案例 ····························

互联网"内容大战"

第一轮内容大战:自媒体崛起,争夺创作者

2013年,自媒体开始在互联网上崭露头角,有特点的自媒体在平台上表现出众。在平台大力扶持之前,各自媒体人还处于相对单打独斗的小作坊式生产状态,就市场情况来看,大致有两种商业模式:一种是以大象公会、严肃八卦、六神磊磊读金庸等为代表的花式打广告派;另一种是以"一条"、罗辑思维和毒舌电影为代表的卖货思路派,已经有了自己的商品和生意模式。

自媒体人在网络崛起之后,引起了中国互联网巨头的关注,纷纷加强了对自媒体优质内容资源抢夺。各大平台早已推出各种补贴政策,开始了一轮内容竞争。各大平台内容补贴政策如表5.1所示。

表5.1 各大平台内容补贴政策

平台	推出时间	扶持对象	资金规模	代表自媒体	平台政策优势
今日头条	2015年9月	头条号创造者	千万元	Oh! 验光车	定向向订阅用户推荐文章通知,甚至获得头条号客户端导航和频道曝光
百度百家	2013年12月	评论者	未公布	孕冯、开八、金错刀	文章收入按照流量算,100%归作者所有
搜狐媒体平台	2015年11月	自媒体出品人	2亿元	大鹏	分档补贴奖励,结算快,独播视频可以获得60%的分成,还有流量扶持
淘宝头条	2015年9月	内容创作者、网红、达人	20亿元	欧范小姐	CPS+CPC,佣金的70%由内容提供者获得

如今,平台出现之后,自媒体资源开始被聚拢,这预示着小作坊式生产正在向品牌化的方向转变。各大平台可以通过内容创作者盘活广告商资源,即平台通过内容连接起创作者、粉丝、广告商三方的关系,广告商为平台版面付费,平台为创作者提供内容生产分发服务,粉丝

消费创作者的内容,广告商背后的商家赚粉丝的钱,形成了一个大的平台商业生态。

第二轮内容大战:从补贴到技术全面竞争

2016年伊始,papi酱的短视频在微信公众号发布后,6分钟之内突破"10万+"阅读量,还拿到了真格基金和罗振宇1200万元的投资。受此影响,平台内容竞争全面浮出水面。为鼓励内容生产,今日头条与百度、阿里巴巴、腾讯等巨头掀起一场补贴创作者的大战。

早在2015年9月,今日头条就率先推出了"千人万元计划"和"新媒体孵化器计划"。2016年3月,今日头条成立2亿元人民币规模的内容创业投资基金。2016年9月,今日头条提出投入10亿元人民币补贴给头条号上的短视频创作者。2017年11月,今日头条宣布旗下悟空问答计划2018年投入10亿元,用于签约至少5000名各专业领域的回答贡献者。

2016年3月,腾讯上线企鹅媒体平台,同时发布芒种计划,投入2亿元补贴内容创作,2017年2月升级芒种计划,补贴增加至10亿元。

2016年5月,阿里巴巴推出UC订阅号,主打算法分发,同年12月发布"W+"量子计划,投入10亿元补贴内容创作,2017年3月,升级量子计划为大鱼计划,补贴增加到20亿元。

百度在补贴内容创作者方面也不甘示弱。2016年9月,百度推出百家号,入局大数据算法分发,同年11月发布"百亿分润计划",2017年一年向内容创作者分成100亿,所有个人和机构内容生产者都可以入驻百家号。在变现方式上,百度也为百家号作者提供了两种分成渠道:第一种是原生广告分成,百家号作者将依据其生产内容的分发量以及阅读量等流量数据获得原生广告分成;第二种是联盟广告分成,获得长尾广告收益。百度称,其分润计划中的100亿将完全分配给百家号作者。

第三轮内容大战:生态系统比拼

从阿里巴巴的角度来看,电商已经从运营货品走向运营内容。UC于2015年8月推出了基于浏览器的个性化信息流产品UC头条;2016年4月,阿里移动正式宣布UC实现战略升级,实现从浏览器到新媒体平台的转变;2016年5月,UC正式推出"订阅号"功能,作为"赋能媒体"第一步;2016年8月,UC浏览器正式升级为"UC",向"大数据新型媒体平台"全面升级;2016年11月,阿里巴巴宣布筹建文化娱乐集团,UC将在阿里大文娱体系中作为核心旗舰,除了内容入口,还将整合来自优酷土豆、阿里音乐、阿里影视等方面的内容资源。

UC背靠阿里巴巴,有丰富的大数据、流量、广告等优势,成为了阿里大文娱板块中的重要一环,也成为了丰富阿里巴巴内容生态的重要来源。UC虽然也有信息流广告,但核心作用还是构建阿里巴巴的内容生态。阿里系的内容生态从组成结构来看,因为有电商的加持,实际上相比纯内容而言,更具有商业变现的空间,也更具内容的张力。

从腾讯的角度来看,腾讯是以微信和QQ这两大连接器,实现社交基因与内容的串联、分发和变现,不断给知识、社交、娱乐等一系列体系内的产品输出流量,并且通过社交广告和信息流广告实现内容变现的。微信和QQ站在社交的十字路口,做内容同样优势非常明显,社交通过高频带低频,可以输出更多流量,也容易让用户接受。

2017年11月举行的腾讯全球合作伙伴大会上,腾讯公司首席运营官任宇昕表示,预计2018年公司大概会投入100亿元人民币到企鹅号内容生态当中去,来扶持和帮助企鹅号内容生态完成新的升级。从2018年1月8日起,腾讯采用全新分成策略计算收益,并已于1月16日在腾讯内容开放平台门户展示新收入数据。

在新分成策略下,企鹅号将加大分成力度,让大家不仅获得内容产生的广告分成,还将获得高额平台补贴,覆盖作者的范围也将进一步扩大(此前未开通流量主的作者,如果符合个人、媒体或企业资质,信用分满100分,账号等级2级及以上都将获得分成),支持原创内容在各主要流量平台(包括天天快报、腾讯新闻、腾讯视频、QQ空间、QQ浏览器、QQ看点、微信看一看等)获得全部流量的分成收益。

从百度的角度来看,过去搜索引擎上的广告模式正在逐渐转移到移动端,信息流广告正在逐步取代传统的搜索引擎广告。百度希望借助在内容领域的布局守住广告业务,所以百度才会在百度网盘这种看似无关的平台上都加入资讯信息流,这恰恰就是在拓宽流量分发的渠道。

2017年10月,百度逐渐把百家号作为内容分发的中心,把自家搜索引擎和百度网盘、手机百度、百度新闻等各个移动平台打通,也形成了一套内容生态。百度号称要拿出100亿元来布局内容。

从字节跳动的角度来看,内容是字节跳动商业模式的核心环节。自2016年开始大力发展抖音短视频品牌后,抖音迅速崛起,深得用户的青睐,用户数量增长极快,抖音已经成为国内短视频平台的头部。2016年9月,今日头条与京东达成了战略合作,将为京东开放入口,向用户进行精准的商品推荐,开始打造内容电商生态。如今字节跳动已经形成了一个拥有今日头条、抖音、TikTok、西瓜视频、火山引擎、皮皮虾、飞书、懂车帝的内容生态。

2021年11月2日,字节跳动进行了重大业务和组织结构调整,形成以六大板块为主的生态系统:(1)字节跳动旗下的头条、西瓜、搜索、百科以及国内垂直服务业务并入抖音。该板块负责国内信息和服务业务的整体发展,为用户提供更优质的内容及服务。(2)员工发展部门的技能与职业培训职能,转型为职业教育业务,并入大力教育板块。该板块聚焦教育业务,致力于建立终身教育服务体系,覆盖智慧学习、成人教育、智能硬件、校园合作等领域,希望通过持续创新,服务教育生态参与者,实现"创新教育,成就每一个人"的目标。(3)飞书、EE、EA合并成飞书业务板块。该板块聚焦提供企业协作与管理服务,整合即时沟通、在线文档、日历、音视频会议等办公协同应用,并提供OKR、招聘、绩效、合同等组织经营管理类产品。(4)火山引擎聚焦打造企业级技术服务云平台,将字节跳动发展过程中积累的经验方法、技术工具和平台能力开放给外部企业,帮助企业在数字化升级中实现持续增长。(5)朝夕光年负责游戏研发与发行,面向全球用户与开发者,提供顶级游戏和打造玩家社群,为每位玩家带来有趣和激励人心的体验。(6)TikTok负责TikTok平台业务,同时也支持海外电商等延伸业务的发展。

十六年的发展历程,内容分发平台经历了门户网站(网易、新浪等)、博客(新浪博客、网易博客等)、社区(天涯、贴吧、豆瓣等)、移动客户端(网易新闻、ZAKER等)、社交平台(微信公众号、微博等)、大数据算法分发(今日头条、一点资讯等)六个阶段,这恰恰也是互联网的发展史。

随着互联网在技术和平台的进步,内容在不断发展演变,内容竞争也将持续升级。VR、AR和元宇宙已经兴起,未来的商业模式会怎样,我们拭目以待。

第一节 内容与行为

一、什么是内容?

内容不是新鲜词,无论是新媒体平台运营,还是线上营销,几乎每个人都在谈内容。因为优质的内容不仅能快速形成流量,还可以建立企业品牌或IP,成为用户快速裂变强有力的工具。那么,什么是内容?

内容是信息的载体和形式。"当为了一种或多种目的,将原始信息加工成便于使用的形式的时候,原始信息便成为内容。"报纸、杂志、广播、电视等传统媒体中出现的一切可以吸引读者注意力的文字、图片、动画等都被视为内容。随着网络的发展,内容涵盖的范围越来越丰富,用户打开网页所看到的、阅读到的、体验到的一切也都可以被视为内容。内容的层次包括四个方面:数据、信息、知识、智慧。

数据是记录下来可以被鉴别的符号。它是最原始的素材,未被加工解释,没有回答特定的问题,没有任何意义。

信息是已经被处理、具有逻辑关系的数据。它是对数据的解释,这种信息对其接收者具有意义。

知识是从相关信息中过滤、提炼及加工而得到的有用资料。在特殊背景/语境下,知识将数据与信息、信息与信息在行动中的应用之间建立有意义的联系,它体现了信息的本质、原则和经验。知识基于推理和分析,还可能产生新的知识。

智慧是人类所表现出来的一种独有的能力,主要表现为收集、加工、应用、传播知识的能力,以及对事物发展的前瞻性看法。在知识的基础之上,通过经验、阅历、见识的累积,而形成的对事物的深刻认识、远见,体现为一种卓越的判断力。

在当今海量数据、信息爆炸的时代中,知识起到去伪存真、去芜存菁的作用。知识使信息变得有用,可以在具体工作环境中,对于特定接收者解决"如何"开展工作的问题,提高工作的效率和质量。同时,知识的积累和应用,对于启迪智慧、引领未来起到了非常重要的作用。

有一点需要补充说明的是,数据、信息、知识依赖于语境、依赖于接收者本身,三者之间的区别并不是泾渭分明的。某个经过加工的数据对一个人来说是信息,而对另外一个人来说则可能是数据;一个系统或一次处理所输出的信息,可能是另一个系统或另一次处理的原始数据。同时,在某个语境下是知识的内容,在另外的语境中,可能就是信息,甚至是无意义的数据。因此,在进行数据、信息与知识的研究与应用时,要与特定语境(即人、任务等)进行结合才有意义。

【延伸阅读】
DIKW体系

二、内容的价值

一句话概括内容的重要性:内容为王!

"内容为王"是传媒界最为人熟知的理念,也是互联网时代新媒体的经营策略。2002年7月30日,维亚康姆公司总裁雷石东在北京作了"世界传媒业的过去、现在和未来"的主题演讲,指出"好的内容、好的节目、好的材料可以带来充满价值的业务,我们一直在坚持这么一种理念,这种理念就是我们为听众提供非常忠诚的内容,内容就是国王"。他认为人们收看的不是渠道,而是内容。无论是发行、销售还是广告,唯一占领导地位的产品就是内容。雷石东关于内容重要性的这一理念,便被称为"内容为王"。

在互联网时代,市场形式、媒体格局、传播方式都发生了很大的变化,新媒体融合了云计算、大数据、人工智能、区块链等多种技术,涵盖了自媒体、社交媒体、移动应用、视频直播等多种业态。在多元化的媒体时代,各类媒体虽然日渐移动化、智能化、社交化、大众化,但最终赢得受众的必然还是优质内容。站在营销传播的角度,"内容为王"始终是内在要求。

营销传播的变革始终围绕内容展开,这是为了更好地适应用户的信息需求。从大众媒体到新媒体,真正为用户所重视还是内容本身,而不是媒体的形式。抖音、哔哩哔哩、小红书、大鱼号、头条号、百家号、百度百科、百度词条等许多内容创作平台的兴起,不仅说明了平台对内容建设的重视,也直接反映了用户对内容的需求。在信息大爆炸的时代,最不缺的就是内容;但是大量重复的、同质的、无用的内容成为充斥互联网的"噪声",用户仍然需要花费大量的时间去寻找真正有价值的内容。

那么什么样的内容可以为"王"呢? 总体上来说是内容的价值性决定的,具体来说主要是以下几个方面。

从内容层次上看,按照DIKW(指Data、Information、Knowledge、Wisdom,即数据、信息、知识、智慧)模型,处于越上层的内容,对受众来说越有价值。举例来说,肥皂剧一词起源于早期的欧美电视,原因是在晚间,电视台会播放一些搞笑的短片,没有深度,只求一笑,在这些短片里经常会夹杂着一些肥皂的广告。久而久之大家都以肥皂剧来称呼这些短片,因为其情节拖沓、内容空泛,只能作为消磨时间的产品,现多指以家庭生活和爱情为题材的电视剧。媒体所提供的内容信息,不能只为用户带来娱乐消遣,同时也要能够为其提供相应的知识与思想,赋能用户认识世界、改造自己的能力。

从用户角度看,大众喜闻乐见的内容才是"好内容"。海量的信息、碎片化阅读、浅层次理解,这些特点决定了用户在信息大爆炸中会无所适从。懂用户所想,给用户所需。这要求媒体不仅要考虑用户内容消费偏好,充分满足用户个性化的内容需求,更应该以其专业性来引导用户,向用户传递最具价值的信息。例如,《战狼Ⅱ》是吴京执导的动作军事电影,于2017年7月27日上映。该片以56.8亿元雄踞国产电影历史最高票房纪录,并创下累计观影人次1.4亿的成绩,荣登"单一市场观影人次"全球榜首。凤凰网评价:《战狼Ⅱ》是一部商业和主旋律两不误的电影。一方面,各种打斗、爆炸场面看得人肾上腺素狂飙;另一方面,故事本身又能唤起人们内心的爱国主义热情。观众看《战狼Ⅱ》,同时得到了视觉和心灵上的震撼,可以说是一次满足两个愿望。

三、内容与行为

内容是一切行为的入口。在互联网世界中,行为汇聚变成流量,可以承载内容的地方都有可能形成流量。

（一）内容传播过程

内容传播的过程是纷繁复杂、多种多样的。归纳起来,一个完整的传播过程包括以下五个要素:传播者(信源)、接收者(信宿)、讯息(内容)、渠道(媒介)和效果(影响)。因此,内容传播过程是多种要素及其相互关系组成的过程。为了更好地认识内容传播过程,此处介绍传播学中几种公认的模式。

1. 线性传播

线性传播的代表人物是拉斯韦尔,他的"5W理论"把传播过程归纳为五种基本要素。后来麦奎尔在这个基础上,把这五种要素按照一定的顺序排列,就构成了线性传播过程。线性传播如图5.1所示。

| Who 谁 | Say What 说了什么 | In Which Channel 通过什么渠道 | To Whom 向谁说 | With What Effects 有什么效果 |

图5.1　线性传播

美国的两位信息学者香农和韦弗在研究电子通信传播过程时,提出了一个传播模式。香农—韦弗传播模式如图5.2所示。

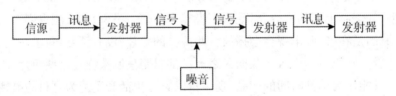

图5.2　香农—韦弗传播模式

在这个模式中引入了"噪声"的概念,说明传播不是在封闭的真空中进行的,传播过程中各种因素会对传播内容形成干扰,这对于社会传播过程来说也是一个不可忽略的重要因素。

线性传播是站在内容发出者的角度,认为信息传播是一个说服的过程,将内容接受者当作被动的受众。这就是一个单向直线模型。这个模型很好地抽象出了传播的基本要素和过程,但它把传播过程视为起于一点、止于另一点的直线的、单向的过程,没有信息回路与反馈;它不考虑人的主观能动性,同时不与传播环境进行任何交换,忽视了社会的客观制约性;它容易把传播者和受众的角色、关系和作用固定化,一方只能是传播者,另一方只能是受众,不能发生角色的转换。

2. 非线性传播

1948年,诺伯特·维纳发表了《控制论》一书。控制论的基本思想是运用反馈信息来调节和控制系统行为,达到预期的目的。用控制论的思想分析传播,意味着传播是一个系统过程,而不是简单的线性过程。这个系统的传播过程中具有反馈机制和信息回路,是一个闭环的循环系统。

1954年,施拉姆在《传播是怎样运行的》一文中提出了一个新的传播过程模式,被称为"循环模式"。这个模式认为传播者和受众双方互为传播过程的主、客体,都具有编码、译码和释码的功能。施拉姆进一步考察了专业组织如报刊、电台、电视台等媒体的内容传播过程,进一步提出了大众传播模式,揭示了社会传播过程的相互连结性和交织性。

在大众传播理论中,专业媒介组织是由专业传播人员所构成的、具有专业设备和资本的机构。这些组织同时具有编码者、释码者和译码者的功能,同时向不同的群体发布许多相同的信息。而每一个群体都有意见领袖和次群体等多个层次,对信息进行再传播。

大众传播理论揭示了社会传播过程中各要素的相互连结性和交织性,将传播视为不断循环的自我调节系统。但大众传播理论仍然关注传播过程本身,比较少关注外在社会环境的影响,把传播视为一种独立的自我运行的系统过程。

大众传播时代形成了很多有趣而且影响深远的理论,从不同角度揭示了传播的特点和规律。早期注重传播效果,典型代表包括"子弹理论""皮下注射理论"等。后来注重传播侧,有"把关人理论""意见领袖理论""两级传播理论""议程设置理论""文化规范理论"等。还有很多重视受众反应,如"使用与满足""沉默的螺旋"等理论。

3. 系统传播

传播过程是社会运行过程的一个组成部分,宏观环境、社会因素不可避免地会影响到传播过程,把传播过程置于社会环境中进行认识是必然的。

赖利夫妇在《大众传播与社会系统》一文中提出社会系统框架下的系统传播模式,提出任何一种传播过程都表现为一定的系统的活动:从事传播的双方,即传播者和受众,都可以被看作是一个个体系统,这些个体系统各有自己的内在活动,即人内传播;个体系统与其他个体系统相互连接,形成人际传播;个体系统不是孤立的,而是分属于不同群体系统,形成群体传播;群体系统的运行又是在更大的社会结构和总体社会系统中进行的,与社会的政治、经济、文化、意识形态的大环境保持着相互作用的关系。以报刊、广播、电视为代表的大众传播,也是现代社会各种传播系统中的一种。

德福勒与鲍尔-洛基奇1989年在《大众传播学诸论》中,把大众传播系统看成一个生态系统,认为大众传播媒介系统是现代社会结构的重要组成部分,它控制着三种信息资源:收集或创作信息的资源、处理信息的资源以及传播信息的资源;个人、群体、组织、其他社会系统乃至整个社会为实现自身的目标,均需要依赖这些信息资源,而这种依赖关系正是大众传播媒介的影响力所在。

4. 互联网传播

互联网深刻地改变了人类社会。尤其在传播方面,互联网从传播的方式、形态和范围等各个方面,极大地改变了人们的信息沟通和传递过程,进而全面改变了人们的生活方式。从尼葛洛庞帝的《数字化生存》到唐·泰普斯科特的《数字化成长:网络世代的崛起》,再到比尔·盖茨的《未来之路》,我们不难发现,信息技术发展对社会传播起着历史性杠杆作用。

随着技术的演进,从传播的角度梳理互联网的演变脉络,大致可以归纳为三个时代。

（1）web1.0时代：网络媒体崛起

Web1.0可以理解为第一代互联网。1989年，伯纳斯提出了万维网的概念，这从根本上改变了互联网服务只是由一个个"信息孤岛"组装的认知。当时计算机开始普及，互联网的概念刚刚兴起，互联网还是很基础的。静态页面是Web1.0的典型特征，用户只可以打开网页翻看信息，被动接收网站发布的无差异信息。在Web1.0时代，人们从互联网获取信息，但是这些信息大部分是只读的。Web1.0的典型代表是雅虎、谷歌、新浪、搜狐、网易这样的门户网站。

（2）Web2.0时代：社交媒体兴起

Web2.0是一次从核心内容到外部应用的革命，相对于Web1.0而言，内容更丰富、联系性更强、工具性更强。在Web2.0时代（约2000年之后），互联网变成了可读也可写、交互性强的互联网。此时用户既是网络信息的接收者，也是发布者，人们可以通过网络进行双向、多向交流。

终端从PC到移动端，界面从B/S方式到C/S方式，从网站门户到个人门户，Web2.0形成了以人为中心的传播和交互方式，也助推了社交网络的兴起。在Web2.0时代，传播发生了翻天覆地的变化：自媒体成为网络传播的基本形式；内容生产从PGC到UGC；社群私域传播兴起，KOL影响力扩大；从内容广播到AI精准分发内容。

（3）Web3.0时代：个性解放

2014年，以太坊的联合创始人以及波尔卡圆点的创建者加文·伍德第一次公开提出了Web3.0的概念。尽管Web3.0还没有统一的定义，但随着人工智能、区块链、数字货币、VR/AR/XR等新技术、新业态的全面爆发，越来越多的人开始参与到去中心化、虚拟身份、加密货币的讨论和应用中。信息高度整合和高度智能化服务必将成为未来互联网的核心内涵，开放、共享、去中心化、用户自主等必然是Web3.0的核心特征。

Web3.0更多的不是仅一种技术上的革新，而是以统一的通信协议，通过更加简洁的方式为用户提供更为个性化的互联网服务的一种技术整合，用户被赋予真正拥有互联网的能力，在兴趣、语言、主题、职业、专业进行聚集和管理的网络中，每个人的个性将得到充分的实现和彰显。

（二）内容影响行为

从本质上说，传播内容影响行为的最基本原理是"刺激—反应"原理。

按照约翰·沃森建立的"刺激—反应"原理，人类的复杂行为可以被分解为两部分：刺激和反应。人的行为是受到刺激的反应。刺激分为身体内部的刺激和体外环境的刺激，而反应总是随着刺激而呈现的。从传播的角度看，就是说所有的传播都是释放出一个刺激信号，这个刺激信号要预期用户的一个行动反射。这里的刺激信号，就是我们所说的内容。

1.在传统媒体与Web1.0时期：AIDMA

在Web1.0时代，内容传播方式是以媒体为中心，向用户单向传递信息。用户的行为模式可以用AIDMA（Attention-Interset-Desire-Memory-Action）模型来描述。

按照AIDMA模型，从用户角度可以看到用户从不知情者变为被动了解者，再变为主动了解者,最后由被动购买者变为主动购买者的过程。从商品角度可以看到市场从不了解到了解、接受的过程。从传播的角度,可以理解为对内容和传播方式的要求,它反映了在内容刺激下,用户如何反应的完整过程:引起注意(Attention),内容必须能够吸引受众的注意力,好的内容创意能引起受众的某种心理共鸣;培养兴趣(Interest),在获得的共鸣注意力的基础上,传播内容能让受众对内容传递的信息产生兴趣;培养欲望(Desire),在传播内容的刺激下,使受众产生尝试或者拥有的欲望;形成记忆(Memory),反复刺激受众,使之潜移默化地将需求与产品之间建立连接,并逐步形成记忆;促成行动(Action),唤起用户去购买或消费的行为。

2.在互联网2.0时代:AISAS

在Web2.0时代,社交媒体兴起,搜索和分享应用出现,互联网传播方式从线性传播转变为非线性传播。用户不再是传统的内容受众,用户的行为由被动变成了主动,AISAS更好地反映了这一变化。

日本电通广告集团于2005年率先对传统的AIDMA模型进行了重构,提出了AISAS(Attention-Interset-Search-Action-Share)模型,引入了互联网的两个典型行为模式:搜索与分享。当内容吸引到用户的注意(Attention)并引起其兴趣后,用户会主动对相关信息进行信息搜索(Search),继而产生消费行为(Action),并通过社交媒体进行消费体验分享(Share)。

由于信息不对称普遍存在,用户的搜索行为是必然的。互联网的出现在一定程度上缓解了信息不对称造成的影响,用户在线上购买一件商品,会先在购物平台上搜一下这个产品的价格、质量,以及购买过该商品用户的评价,了解商品和买方基本情况。

在PC时代,搜索引擎曾经是互联网的唯一入口。在移动互联网时代,这种局面发生了变化:每个细分领域的App在掌握了一定的信息资源之后,都在构建自己的生态圈,用户可以绕开搜索引擎获取信息。例如,以携程、飞猪为代表的旅游类,以美团为代表的点餐类,以滴滴为代表的出行类,以BOSS直聘为代表的求职类等App都在垂直搜索类中获胜,并收获巨大价值。

回归生物本质,行为其实就是一种刺激反应,在行为发生前,用户通常会接收到一个刺激(在特定的时间和场景下),这个刺激会引起情感和思想的反应(需求),产生一个主观期望效用,促使用户产生相应的行为(条件允许情况下),即追逐这个预期的效用(需求满足)。

从底层逻辑上看,用户分享行为也是一种刺激反应。按照美国社会学家卡茨的"使用与满足理论",当用户接触或者使用某个内容、产品或者服务,会产生的结果有两种:一种是满足需求,一种是未满足。无论满足与否,都将影响其以后的行为。只有用户预期分享出去可以获取某方面价值(需求满足)的时候,才会产生分享动作。所以分享是用户自主发出的、为满足自身需求的行为,即便分享表面是为了他人,最终其实也都是为了自我满足。那么分享行为的动机有哪些呢?

(1)第一类:来自自身的动机

积极情绪。用户获得内容体验后产生积极情绪,愉悦、激动或是爱心等,会主动分享,这是一种鼓励、支持的行为。例如,用户享受了一项用心且充满惊喜的服务时,会更加乐于分享。

利己。如果用户的分享行为可以获得一定的奖励,那他是愿意分享的。如各种分享赢红包、积分甚至免单等。

（2）第二类：涉及他人的动机

利他。当分享出去对他人有利时，大部分人是很愿意分享的，因为这是一件很有成就感的事。例如，很多人会乐于分享自己的旅游体验，无论是好的还是不好的，都可以成为其他人选择旅游地点时的参考。

拥有人际关系。分享能帮助用户连接他人，或者通过分享行为可以增进感情，建立共同语言，把弱关系变成强关系。

自我表达。通过自我表达，让周围的人更加了解自己，可以拥有良好的人际关系。例如，很多人喜欢在朋友圈晒自己的摄影作品、拿手的菜品、阳台的花卉等，这就是在表达自己的爱好。

3.Web3.0时代：SICAS

在Web3.0时代，云计算、大数据、人工智能技术营造了全新的内容传播生态。基于用户关系网络、位置服务、用户画像和个性化推荐系统，用户与好友、用户与企业相互连接，实时对话。用户不仅可以通过社会化关系网络、通过全网的触点主动获取信息，还可以作为需求端、信息发布主体，与更多的好友共同体验、分享。企业也可以通过技术手段在全网范围内感知用户、响应需求。消费信息的获得甚至不再是一个主动搜索的过程，而是关系匹配—兴趣耦合—需求响应的过程。传播的含义甚至也在发生改变，不再是广而告之你想要告诉别人的信息，而是你在响应、点燃那些人们已经蕴含在内心、表达在口头、体现在指尖的需要。

DCCI提出了SICAS（Sense-Interest & Interactive-Connect&Communication-Action-Share）模型。

Sense：品牌—用户互相感知。通过分布式、多触点，在品牌—商家与用户之间建立动态感知网络是非常重要的基础。内容在感知网络中流动，既有用户体验的产生，更有用户需求的响应。广告网络、智能语音技术、社交网络、移动互联网位置服务等，是互动感知网络的基础。对企业来讲，实现全网的感知能力成为第一要义。建立遍布全网的传感器，时间感知需求、理解需求、发现行为、动态响应以及充分有效的触达变得非常重要。对用户的感知最为重要，而能够被用户感知到同等重要，这两点是企业建立感知网络的两个关键。对用户来说，关注、分享、订阅、推送、自动匹配、位置服务等，都是有效感知的重要方式。企业家所需要做的，就是让自己的内容能够以最恰当的方式被用户通过这些通路感知。

Interest & Interactive：产生兴趣—互动。形成互动不仅在于触点的多寡，更在于互动的方式、话题、内容和关系。这方面，曝光、印象的效率在降低，而理解、跟随、响应用户的兴趣和需求成为关键，这也是社会化网络逐渐成为最具消费影响力的风尚、源头的原因。实时感知、深度互动，将会把与用户之间的弱关系变为强关系。此阶段的用户，正在产生或者已经形成一定程度的心理耦合、兴趣共振。

Connect & Communication：建立连接—交互沟通。这意味着必须基于广告、内容、关系、业务的大数据，基于Open API、Network、分享、链接，形成社交网络，建立与用户之间由弱到强的连接，而非链接。实现营销系统、业务系统、内容系统、服务系统、社交系统的有效融合,成为其中的关键。

Action:行动—购买。在行动—产生购买阶段,用户的行为不仅发生在电商平台上,还发生在社交网络中,在旅游、导航等各种垂直服务中,在游戏中,任意的时间、地点都可能成为购买的发起地点。

Share:体验—分享。这是一个以消费者为主体、用户主权的时代。体验、分享不仅是内容传播的结果,还是内容本身。体验、分享也不仅是发生在消费行为的最后,还在很大程度上正在成为点燃用户裂变的源头。它已经成为消费生产力的重要来源。在体验、分享阶段进行互动、引导,传播价值甚至大过广告本身的效果。

SICAS模型不仅描绘的是从内容到行为的传播生态,而且展示的是一个非线性传播系统。在这个系统中,购买行为是消费的开始而非结束,社会化平台成为用户购买行为后分享购买心得与体验的重要途径。这种分享一方面是对所购买产品和服务的肯定与认知的加强,另一方面是影响其他人的购买行为的开始。

第二节 内容运营

一、内容商业化的过程

商业化即市场化,是以营利为基本要义的行为,指将产品或事物推入市场,使其具有商业或市场价值的行为。

一开始,内容并不被认为是一个独立的产业,那些制造、开发、包装和销售信息产品及其服务的企业,在产业门类上被认为是文化产业、出版产业、传媒产业的组成部分,这是内容产业1.0时代——传统内容产业。在这一阶段,内容主要作为生产要素,通过物质载体(图书、光碟、印刷品等形式)进入市场发行和交易。

随着信息技术和互联网的发展,数字化的信息内容逐渐产品化,可以进行加工和传播,由此产生内容产业2.0时代——数字内容产业。这一阶段主要是版权经济,即传统的优质内容在互联网各种渠道上发行产生收入。

随着移动互联网的发展,特别是社会化分发平台的出现和自媒体的崛起,内容逐渐摆脱媒介的束缚,成为流量的直接来源和依托,可以独立化运作,进入内容产业3.0时代——内容创业时代。2016年被认为是内容创业元年,此后形成了繁荣的内容生态,内容的形态和边界得到了极大的拓展,内容的产业链条也日益明晰,包括各类文化内容的创造、生产、包装、分发、营销、评估、交易等。相比内容产业1.0时代、2.0时代,内容创业时代一个突出的变化就是内容商业化的问题,内容可以直接作为商业化经营的产品,内容创作者可以通过多种变现方式来获取收入。

二、内容产业的类型

（一）新闻资讯

2022年2月25日，中国互联网络信息中心在京发布第49次《中国互联网络发展状况统计报告》。截至2021年12月，我国网络新闻用户规模达7.71亿，较2020年12月增长2835万，占网民整体的74.7%。新闻资讯类平台主要分为四大类。

综合性门户类平台，指提供某类综合性互联网信息资源，并提供有关信息服务的平台，以网易、搜狐、新浪和腾讯为代表，具有庞大的用户群体。综合性门户类平台的内容以新闻信息、娱乐资讯等为主。

传统媒体类平台，内容主要聚焦时政新闻，以人民日报、凤凰网、央视新闻网和澎湃新闻网为代表，具有权威性和严肃性。

聚合类平台，基于数据挖掘技术，抓取其他各大媒体平台的信息，根据用户的兴趣为用户提供个性化推荐和订阅服务，满足用户的多样化需求，以今日头条、百度资讯、UC头条为代表。聚合类平台虽自身不生产内容，但其内容覆盖面更广、推荐精准度更高。

垂直类平台，聚焦某些特定的行业领域或某种特定的需求，为用户提供该行业领域或需求的全部深度信息和相关服务，其代表平台有36氪、懂球帝、汽车之家等，垂直类平台的内容相对更为专业。

近年来，优质内容成为各平台争夺的焦点，众多头部平台纷纷延续并新推出了一系列优质内容扶持举措。新闻内容咨询平台的主要商业模式是广告。

（二）网络视频

网络视频内容主要涉及电影、剧集、综艺、赛事等持续时间相对较长的流媒体视频节目。截至2021年12月，我国网络视频（含短视频）用户规模达9.75亿，较2020年12月增长4794万，占网民整体的94.5%。视频平台的主要商业模式有广告收益、用户付费和版权收益。《2021中国网络视听发展研究报告》显示，爱奇艺、腾讯、优酷、芒果TV和哔哩哔哩依旧是国内综合视频的五大头部平台。截至2021年12月，爱奇艺、腾讯、优酷的MAU（月活跃用户）分别为5.0亿、4.9亿、1.7亿，芒果TV和哔哩哔哩的MAU分别达到了1.9亿、1.8亿。腾讯视频付费会员数达1.24亿，爱奇艺平均付费会员数则从过亿下降至9700万。

（三）短视频

近几年，短视频异军突起，市场占有率节节攀升。据第49次《中国互联网络发展状况统计报告》，截至2021年12月，我国短视频用户规模9.34亿，占网民整体的90.5%。据QuestMobile发布的《2021中国移动互联网年度大报告》，短视频使用时长已反超即时通信，成为占据人们网络时间最长的领域，增长势头迅猛。短视频用户黏性超过其他行业，同比增长4.7%，使用总时长占比达25.7%。而即时通信用户使用总时长则同比下滑2.2%，占比21.2%。短视频行业的商业模式主要是广告、短视频电商和平台收益。

（四）网络直播

截至2021年12月，我国网络直播用户规模达7.03亿，较2020年12月增长8652万，占网民整体的68.2%。截至2021年12月，我国网络直播用户发展情况如表5.2所示。

表5.2 我国网络直播用户发展情况

垂直领域	用户规模（亿）	同比增长（万）	占网民整体比例（%）
电商直播	4.64	7579	44.9
游戏直播	3.02	6268	29.2
体育直播	2.84	9381	27.5
真人秀直播	1.94	272	18.8
演唱会直播	1.42	476	13.8

电商直播和体育直播是2021年网络直播行业发展最为突出的两类业态。随着电商直播业态的火热发展，越来越多的中小商户将自建直播渠道作为重点。数据显示，淘宝近1000个过亿直播间中，商家直播间数量占比超过55%，高于明星主播的直播间数量；快手2021年第二季度绝大部分电商交易额均来自私域流量。随着规章制度的实施，电商直播监管体系逐渐得到完善，消费者权益保护力度进一步加大。

（五）在线音频

在媒介多元化的今天，音频市场在迅速提升后一直保持繁荣的状态，呈现出强盛的发展动力，而且在整个"耳朵经济"庞大市场体量和高渗透率的驱动下仍有着较大的增长空间。国内在线音频内容消费市场处于高速发展阶段。根据易观分析数据显示，2021年中国"耳朵经济"市场的活跃用户规模已达到8亿人次，其中在线音频细分市场的月活跃人数稳定在3亿人次，且呈现出稳步上涨的态势。当下用户对包括内容付费、广告植入和品牌定制节目/活动在内的音频内容消费态度积极，未来以有声剧为代表的音频形态有望赢得进一步发展空间。

（六）在线阅读

2022年4月23日，中国音像与数字出版协会发布了《2021年度中国数字阅读报告》。报告显示，2021年我国数字阅读用户规模达5.06亿，同比增长2.43%，增速有所放缓。日益增长的用户规模带动着市场的发展，2021年数字阅读市场整体营收规模达415.7亿元，同比增长18.23%；其中，大众阅读市场302.5亿元，有声阅读市场85.5亿元，专业阅读市场27.7亿元。互联网的快速发展也改变了用户的阅读方式，高达96.81%的用户偏好使用电子阅读，29.5%的用户会选择有声阅读，电子阅读成为使用度最高的阅读形式。2021年，人均电子阅读量为11.58本，有声阅读量为7.08本。订阅营收仍为我国数字阅读市场最主要的收入来源，但广告营收与版权营收的增长势头十分迅猛。

三、内容产业的核心主体

(一)移动互联网内容平台

内容平台是连通内容生产者和内容消费者的平台,是内容集成与分发的主体。内容平台上游对接内容生产者,包括个人创作者、媒体或者MCN(Mult-Channel Networks,内容生产者和内容平台之间的中介)机构;下游对接内容消费者和商业化服务者,是内容变现的主要阵地。不同内容类型的经典平台如表5.3所示。

表5.3　不同内容类型的经典平台

类型	典型平台
新闻资讯	人民日报、澎湃新闻、今日头条、腾讯新闻
网络视频	爱奇艺、芒果TV、腾讯视频、优酷视频
数字音乐	网易云音乐、QQ音乐
在线音频	喜马拉雅、蜻蜓FM
数字阅读	起点中文网、QQ阅读
短视频	抖音、哔哩哔哩、西瓜视频
直播	抖音、西瓜视频
社交社区	微信、QQ、知乎、微博、小红书

(二)机构媒体

机构媒体在内容产业中充当内容生产者角色。主要包括传统的纸质媒体、广电机构,如《人民日报》《南方周末》、央视新闻等,以及媒体集团投资的新媒体机构,如澎湃新闻、芒果TV等。它们拥有媒体基因,具备一定的专业背景和定位。在组织运作上也更具组织性和专业性,在商业目标和策略上与媒体集团保持一致。目前这些机构媒体都已经形成了自己的平台和生态圈。例如,澎湃新闻有自己的"湃友圈""问吧""湃客",并且开放了自己的媒体号,吸引其他媒体入驻自己的平台。

(三)MCN和内容创作者

MCN指多频道网络,是内容生产者和内容平台之间的中介。上游对接优质内容,下游对接平台流量,业务范围涉及内容生产、集成和营销等,在内容产业多个环节上发挥作用。MCN的核心职能是打造"网红",为他们提供内容创作、平台流量、商业变现等核心服务,变现手段为商业广告和内容收益。

(四)商业化服务者

商业化服务者是指为内容提供商业服务的平台机构,包括广告、数据、电商、内容推广和版权服务等方面。内容商业化服务者如表5.4所示。

表5.4　内容商业化服务者

类型	服务内容	代表
广告服务机构	把广告主与优质内容创作者连接起来,帮助内容实现广告变现	微盟、微播易
数据服务机构	对内容的传播价值和商业价值进行评估	新榜、博大数据
电商平台	电商平台内容化,内容电商化,综合内容运营	淘直播、抖音小店、小红书
内容推广机构	帮助内容生产者进行推广	新榜涨粉宝
版权交易机构	版权公共服务,版权电子商务	国家版权交易中心联盟

四、内容运营

内容运营是指利用新媒体渠道,以文字、图片或者视频等形式把内容友好地呈现给用户,激发用户参与、分享和传播,从而实现商业目的的过程。最狭义的内容运营是指内容生产、内容分发、内容变现等一系列与内容相关的工作。

(一)内容运营模式

内容运营的本质是与用户建立连接。从这一点出发,可以清楚地看到内容运营模式的演变过程。

传统的内容运营模式:"围猎"模式。这种模式瞄准增量价值,更加关注内容覆盖范围,只抓住一次用户。以电影行业为例,在一部新电影制作完成以后,发行公司实际上在宣传推广上投入的成本也是非常高的。2022年春节档电影中,《捉妖记2》的宣传成本接近3亿,《唐人街探案2》的宣传成本为1.5亿。根据美国知名娱乐调查记者迪娜·兹平在报告中提供的数据,制作成本在40万~7500万美元之间的电影,平均宣传费用为2000万美元,其中有32%左右的宣传费用超过了拍摄费用和后期制作费用的总和。而那些好莱坞的小成本电影(制作费用在1500万美元以内),70%的宣传成本高于制作成本。但是问题在于今年发行了这部电影,明年再发行一部新的电影,所有的投资都要重新来一遍。实际上创作者和消费者之间是不直接联系的,它是割裂的,没有真正意义上实现连接用户。尽管用户来看了电影,但是这种连接却没有沉淀下来。

新的内容运用模式:"培育"模式。这种模式重在挖掘存量价值,关注如何培育存量用户关系和总体规模。仍然以电影业为例,社交新媒体的兴起使电影的发行渠道极大丰富,博客、直播、点播、兴趣社群、社交网络等都是发行渠道,发行成本极大地降低了。最重要的变化在于用户的连接能力,和传统模式相比发生了翻天覆地的变化。因为在移动互联网中,每个终端后面都是一个真实的用户,而且与信用和支付体系绑定,用户可以随时来消费。在这种模式下,运营的核心是如何与用户建立强关系,并且促使用户通过分享实现裂变,重复开发用户的商业价值。以《罗辑思维》为例,它每天发一条60秒的语音,意义就在这里。

(二)内容运营与营销

内容运营本来就包含着市场目的,它与市场营销必然是紧密联系在一起的。广义的内容运营,也可以理解为内容营销。内容运营意味着把企业的价值主张向用户进行表达,通过文字、图片和视频的形式展示企业的理念、定位、产品功能、服务等各个方面,赢得用户的信任和"投票",实现价值获取。

内容运营是市场营销的效果倍增器。按照运营方式的不同,大致可以归纳为以下三点。

内容运营＝市场营销:把营销信息包装为有价值的内容传递给受众。通常是由品牌企业自主运营,独立进行内容的生产、分发。通信运营商经常利用通信服务直接连接用户的优势,开发提供增值应用,独立运营。例如,国内运营商曾经尝试独立运营移动导航、移动博客、移动社区、即时通信、社群等互联网应用。这些应用在推出时间、流量基础方面具有一般互联网企业无可比拟的优势,但几乎无一例外的失败了。这些案例说明分工与专业化是社会发展到一定阶段的必然,市场的选择是由专业的人干专业的事,内容运营也一样。这也说明字节跳动在直播和短视频领域的崛起是必然的,虽然它一开始的资源禀赋既不如运营商,更不如BAT,但是他们对这个领域的内容运营更具有专业性。

内容运营＋市场营销:品牌与媒体合作,由媒体主导内容运营,将营销信息与其绑定在一起传递给受众。例如,我国目前大力推进乡村振兴战略,广大农村地区有不少特色农产品,但是在对接市场方面缺乏品牌影响力、市场方法和流量支持。在公益助农的大背景下,当农特产遇到网络内容达人,就产生了奇妙的效果:2020年4月6日,央视新闻主播朱广权进行公益直播,向网友推荐蔡林记热干面、汉口二厂果汁汽水、香菇、莲藕等湖北农副产品,时长约两小时,该场直播最终吸引1091万人观看,销售额高达4014万元。

内容运营×市场营销:进行社交内容运营,将营销信息策划为互动话题,吸引用户自发加入到相关内容的讨论、再生产和人际传播中,形成品牌和用户之间的强关系。在此基础上形成具有强关系的私域流量池,产生源源不断的用户裂变和不断增长的变现机会。例如,完美日记的内容运营主要集中在社群,早期就已经建立了一个IP:小完子。品牌通过内容运营对粉丝进行精细化管理,以朋友圈作为自己的私域流量池,通过优质内容的输出以及和粉丝的高频互动提升了留存和复购,私域流量成功变现。如今社群管理人员达到千人规模,一个线上销售管理2万个粉丝,企业微信上沉淀了五六百万个社群粉丝。以2021年"双十一"期间数据为例,完美日记的香水彩妆销量超过40万件,排名第一,销量市场份额占比达到8%。

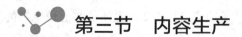

第三节　内容生产

一、什么是优质内容?

无论人们打开浏览器进行"冲浪",还是使用娱乐App观看视频内容,抑或是点开购物软件进行商品搜索,不管在哪种情况下,都有各种信息扑面而来,其中也包含大量低劣、恶意、非法的内容。在如何解决人们在海量信息中的识别成本与选择焦虑的问题上,除了进行互联网内容的规范治理,更加重要的是鼓励优质内容。

什么是优质内容？不同定位的平台对优质内容有不同的要求，并没有形成全网统一的标准。

（一）百度对优质内容的要求

一直以来，百度搜索从用户角度出发，不断分析和研究用户需求，努力提升搜索结果的优质体验，期望将最优质的搜索结果返回给搜索用户。2020年4月1日，百度发布《百度搜索优质内容指南》，该指南适用于所有与百度搜索合作的内容生产者，包括但不限于智能小程序、百家号、H5站、PC站等。百度搜索衡量优质内容的维度主要包括以下几点。

（1）"出身"：生产者的权威可信度。生产者有专业的认证，发布的内容领域专注，被公众认可并有一定的影响力。

（2）"颜值"：浏览体验的轻松愉悦度。页面加载迅速，内容排版精美，图像画质高清。

（3）"内涵"：内容的丰富度和专业度。文章主题前后一致，逻辑清晰，可以给用户提供丰富全面的信息，在领域内有一定的专业性。

（4）"口碑"：用户的喜爱度。内容被大量的用户喜爱，用户有强烈的分享和互动意愿。

（二）抖音对优质内容的规范

2021年10月13日，抖音电商发布《电商内容创作规范》，首次明确了"真实、专业、可信、有趣"的四大创作规范，对平台鼓励和不鼓励的内容作出清晰界定，以推动社区繁荣、提升用户体验。

（1）真实：客观介绍，如实分享，让消费者所见即所得。

（2）专业：深度讲解，传递专业领域文化，赋予内容和商品深层次的信息价值。

（3）可信：持续践行承诺，输出有价值的信息，沉淀消费者信赖。

（4）有趣：内容新颖友好，满足消费者多元喜好。

2022年3月14日，抖音电商发布《电商优质内容说明书》，将声画质量、信息价值、直播交互、作者影响力、品牌价值、商品品质等列为六大内容质量评判标准。其中，"声画质量"是基本门槛，"信息价值"和"直播交互"是核心维度，"作者影响力""品牌价值""商品品质"是加分项。

同时，在"信息价值"之下还包含四个二级维度，其中"信息含量""信息输出""场景化描述"对GPM（每千次曝光产生的销售额）影响显著，判断权重高于其他二级维度。

根据上述标准，抖音电商内容质量整体分为优质、普通和低质三大类，判断方式为：在所有维度上表现均为"好/正向"，评级为优质；在任何维度上表现无"较差/负向"，但未达优质标准，评级为普通；在任何维度上表现为"较差/负向"，则评级为低质。

（三）优质内容的一般要求

尽管对于什么是优质的内容仁者见仁、智者见智，但优质内容仍然是有规律可循的，从互联网内容平台的发展和演变过程可以总结出优质内容的三点基本标准。

（1）社会标准：体察时代的脉搏，反映主流价值观。

（2）商业标准：实现正向的商业回报。

(3)用户标准:与用户产生情感共鸣、价值观认同,也就是说要被用户真正地"喜欢";给读者增值性的服务,给读者一种"值得"的阅读感受。

内容服务于用户。对于不同用户来说,优质的内容是不一样的;针对不同的需求场景,优质的内容也是不一样的。简而言之:特定的时机,可以很好地满足某一类型用户的需求的内容,就是好内容。优质内容衡量角度如图5.3所示。站在用户的角度,对于一项具体的内容产品,可以从图5.3中的角度衡量。

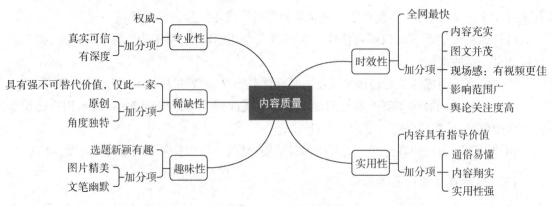

图5.3 优质内容衡量角度

(四)优质内容的内在逻辑

内容是否优质,根本上的判断应该从内容的目的出发。在第三章中,我们提出营销是建立与用户的连接,而内容则是连接用户的工具。因此,优质的内容可以促进企业与用户建立连接,并且能够有效编织这些连接,把弱连接转化为强连接。

在浩瀚的互联网信息海洋中,内容实质就是争夺话语权。在群体心理与群体说服方面,勒庞指出说服性话语的心理机制包含认知、情感和行为意向三个因素。由此可以认为,优质内容对受众的影响至少包括感官连接、情感聚集和社会建构三个层面。从连接逻辑上看,优质内容至少可以实现与用户在三个层面建立连接:感官连接、情感连接和空间连接。

(1)感官连接:当人类个体作为一个独立的存在时,它和外界的"连通"首先需要以感官为媒介,从而达成知识习得、信息沟通、情感表达等活动。感官连接是一个系统化的过程,优质的内容只有充分调动人的感官系统,与五感都建立连接,才能提升整体的传播效果。

(2)情感聚集:情感由内在生理机制和外在环境刺激共同作用形成,作为一种复合的心理过程,主要指向个体的自我感受。当前,在数字化浪潮中,虚拟化、电子化、中介化所形成的感性刺激生成的情感连接是暂时的,充满不确定性。优质的内容不仅可以对受众形成强烈的共鸣和冲击,也能通过受众所处的社会网络环境形成二次传播(如讨论),形成持续、反复多次的感性刺激,进而获得稳定的情感认同和持久的说服力。

(3)社交建构:优质的内容可以有效触发内容平台运用协同过滤推荐、内容推荐、混合推荐等多种推荐算法,完成对海量用户的分析和匹配,与更多的受众用户建立连接。用户之间的点赞、评论、分享等信息交往,使他们的各种强、弱关系被编织和重组,互动黏性不断增强,用户的社交性空间因此得到建构和扩展。

二、内容生产方式

（一）内容生产方式

1.PGC（Professional Generated Content）：专业生产内容

PGC的生产主体是在某些领域具备专业知识的人士或专家。在以门户网站为代表的Web1.0时代，信息传播以静态、单向为主，互联网内容生产者主要是政府、企业等的门户网站，信息呈现出中心化的特点，内容生产方式主要是PGC。

2.UGC（User Generated Content）：用户生产内容

UGC是用户将自己原创的内容通过互联网平台进行展示或者提供给其他用户。UGC伴随着以提倡个性化为主要特点的Web2.0概念而兴起。

随着以博客、微博、微信等应用的兴起，自媒体广泛普及，UGC时代到来，普通大众由单纯的接受者变成内容生产者。网络上的内容主要由用户生产，每一个用户都可以生产自己的内容，互联网上的所有内容由用户创造，而不再像以前一样只是一些专业人士创造，所以互联网上的内容会飞速增长，形成一个多、广、专的局面，对人类知识的积累和传播起到了非常大的作用。UGC的出现，正在开启新的媒体时代。

UGC是一种用户使用互联网的新方式，由原来的以下载为主变成下载和上传并重。推特、新浪微博、脸书、抖音、优酷、搜狐视频、哔哩哔哩、百度百科、百度知道、维基百科等平台都可以看作UGC的成功案例，大量UGC应用成功普及，带来了好友社交、视频分享、照片分享、知识分享、社区论坛等互联网内容的空前繁荣。

海量的草根自制内容一方面带来了互联网内容的空前繁荣，但另一方面，大量低俗甚至非法的内容被"眼球经济"激发出来，也使得内容生产过度，提升了人们内容识别的成本。

3.AIGC（AI-Generated Content）：人工智能生产内容

AIGC是继UGC、PGC之后，利用AI技术自动生成内容的新型生产方式。

2022年北京冬奥会期间，百家号TTV（图文转视频）技术验证了AIGC（人工智能生产内容）的发展潜力。人民网、中国青年网等多家媒体通过百家号TTV技术进行内容生产，持续发布实时赛况等题材的短视频作品，单条播放量超70万。

2022年全国两会期间，依托百度AIGC技术的数字人主播度晓晓正式"上岗"，成为全国两会报道中一道独特的风景线。工人日报应用百度数字人，第一时间推出《两会晓晓说》新媒体栏目，在代表通道、委员通道以及新就业形态劳动者权益维护、工匠精神和产业工人队伍建设等正能量话题方面进行报道，引发了大众的广泛关注。

总结互联网内容发展过程，当我们以整体的方式来分析内容生产和消费时，可以把内容生产归纳为四个不同阶段。内容生产的四个阶段如图5.4所示。

（1）第一阶段：内容是由大规模的专业团队来生产（PGC），这一阶段PGC内容产品以单向传播为主，如专业新闻媒体和门户网站。内容消费侧主要是单人体验。

（2）第二阶段：网络社区、自媒体等UGC生产内容，而更广泛意义上的社交媒体、社交网络和社区则同时横跨第一阶段和第二阶段。

（3）第三阶段：ABC技术（指AI、BigData、Cloud Computing，即人工智能、大数据和云计算）协助平台更有效率地生成动态数字内容，例如，个性化推荐内容能以收藏、评论、点赞、分享、关注等方式适应多人社交的动态体验。

（4）第四阶段：完全由AI自动生成大量且丰富的内容，从而支持元宇宙中用户的内容需求。

在上述四个阶段中，可以看到，除了市场需求牵引内容生产方式进步，技术进步也是推动内容生产方式进步的核心力量。互联网技术的进步促进了PGC、UGC的兴起，使内容产业的繁荣度迈上一个新的台阶。随着AI能力的提升，AIGC让内容生产变得更容易、更个性。今天的AI已经可以写诗、作曲、绘画、剪辑、翻译，应用范围不断扩大，逐渐成为内容生产的一支重要力量。除了百度虚拟主播度晓晓，喜马拉雅智能语音实验室利用TTS（Text To Speech，从文本到语音）技术已经在2021年实现AI合成音精准还原单田芳先生"云遮月"嗓音，加上早已名满天下的虚拟歌手洛天依、元宇宙新晋网红柳叶熙……这一切表明：AIGC不仅会将内容产业的繁荣推向新的高度，也将对社会的演进产生更深远的影响。

【延伸阅读】
微软小冰

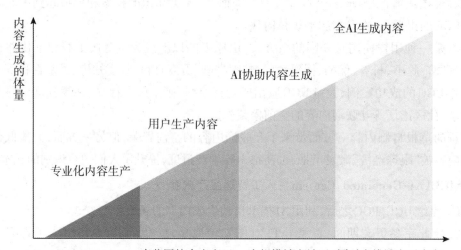

图5.4　内容生产的四个阶段

（二）内容商业化

传统媒体时代或PGC早期，由于内容生产的稀缺性和垄断性的特点，在卖方主导的市场，"用户主动寻找内容"。内容平台大量出现、UGC兴起之后，内容供给丰富，注意力逐渐稀缺，用户主导市场，平台企业利用移动互联网和数字技术，通过社交分享和精准推送，实现了"内容主动寻找用户"的迭代。

这个过程对内容商业化提出了更高的要求。在互联网内容供应链的流程中，内容需要进行三次关键转化。一是内容IP化，只有美的内容，才能产生IP价值；二是内容场景化，这个环节赋予了内容营销价值；三是内容产品化，这个环节赋予了内容使用价值。

1.内容IP化

IP是一种标签，它代表着一种价值观、一种情感连接，追求的是价值认同和情感共鸣。在传统内容生产过程中，一部优秀的作品未必是一个优秀的IP资源。例如，在电影市场中，文艺片一般具有较高的艺术价值，往往可以得到专业人士的好评，但是往往市场价值不高，很难形成足够的观众规模，因而很难受到院线或线上平台的青睐。

如何打造互联网IP爆款？对用户的把握是第一位的。在内容生产之前，充分利用互联网大数据对用户的偏好、IP资源的受众类型、受欢迎程度等数据进行收集和分析，是成功的第一步。

【延伸阅读】
互动电影

在内容生产的过程中，通过互联网及大数据及时把握受众的反馈，并根据受众的反馈及时调整生产的内容，可以更好地适应市场需求变化。

内容IP化十分重视市场逻辑和受众地位。IP化内容生产和传统内容生产不同，受众不再是模糊的对象，而是大数据呈现的一个个日渐清晰的"画像"。在受众当中，最容易进行把握的就是对某一IP资源忠诚度高的受众，也就是粉丝。在深刻理解用户的基础上进行内容定位，就不再是"为了内容而内容"，而是围绕价值主张进行的持续市场开发。近年来利用粉丝效应进行内容生产的现象十分普遍，诸如《盗墓笔记》等网络小说，以及《爸爸去哪儿》《奔跑吧兄弟》等综艺节目、网红李子柒等都是凭借着其拥有的粉丝，进行内容开发的成功案例。

【延伸阅读】
导演请指教

2.内容场景化

场景是影视用语，是指由特定时间、空间、人物关系、行为等构成的具体画面。在一般意义上，泛指生活中各种特定而具体的情景。不同的场景连接起来，构成了完整的故事。

只有足够场景化的内容，才有足够的说服力去打动目标用户。想要表达某个观点、概念的时候，可以直接描述一个场景。聪明的读者自然能从营造的场景中，有效接收到所要传递的价值主张。比如马丁·路德金在演讲时不是大喊"我们追求人人生而平等，我们要减少种族歧视！"他直接描述了一个场景："我梦想有一天，在佐治亚的红山上，昔日奴隶的儿子将能够和昔日奴隶主的儿子坐在一起，共叙兄弟情谊。"雷军形象地比喻"站在风口上，猪也能飞起来"，就此直白地表达"只要抓住机会，即使能力不高，也有可能成功"，让人印象深刻。

江小白有很多场景化的经典营销文案，直接冲击年轻人的内心，与用户形成情感共鸣，如"我把所有人都喝趴下，就是为了和你说句悄悄话！""我有一瓶酒，有话给你说""愿十年之后我还给你倒酒，愿十年之后我们还是老友"……江小白通过诸如此类的场景化文案来与消费者进行连接。

"场景"无处不在，特定的时间、地点和人物存在特定的场景关系，延伸到商业领域甚至会引发不同的消费市场。比如咖啡，在不同的场景中就可能意味着不同诉求。同样是咖啡，只要场景不同，就可以衍生出很多不同的解决方案。这些解决方案已远远超出咖啡本身，而咖啡只是产品背后诉求的载体而已。例如，"咖啡＋商务"衍生出星巴克；"咖啡＋闲聊"成了漫咖啡、咖啡陪你;"咖啡＋图书"就是字里行间;"咖啡＋思想"有了方所、单向空间;"咖啡＋鲜花"成了野兽派;"咖啡＋方便"等于连咖啡。

这些咖啡都是带着温度和故事的咖啡业态,不同的场景带来了不同的附加意义。

作为用户沉浸式体验的基础,场景不是无目的地设计的,它是围绕价值主张展现出来的"可证明、可体验"的系列证据链。这些证据链让体验者自行总结出"产品好在哪里""产品为什么好"。换句话说,产品定位是论点,场景是系列论据,剧本是引导用户完成论证的过程。内容场景化的主要方法有以下四种。

(1)场景嫁接

场景嫁接是指将相关的需求、文化情感、角色符号嫁接到产品(包装、造型)、应用程序以及品牌活动上,给用户新的价值点体验。

场景嫁接是一种跨界思维,注重的是新鲜感、差异化、参与度。场景嫁接的目的是主动吸引消费者,只要能让消费者产生画面或情节性记忆的联想,有一个很有代表性的情节,甚至是台词都有可能让消费者瞬间产生代入感。场景嫁接的案例很多。可口可乐、江小白针对消费者个性表达、娱乐化的需求,把年轻一代社交场景下的小情绪、小情谊、小情趣嫁接在产品的包装上,形成了昵称瓶、表达瓶,成为时尚饮品的风向标。江小白表达瓶如图5.5所示。可口可乐昵称瓶如图5.6所示。懂车帝把买车、用车的各类场景需求嫁接在应用上,解决新手买车、开车经常遇到的选车、加油、剐蹭、故障、保养问题,完成产品的反复使用暗示。百雀羚开发京剧面膜,把京剧脸谱嫁接到产品上,也增加了产品的文化气息。

图5.5　江小白表达瓶

图5.6　可口可乐昵称瓶

（2）场景参与

场景参与是指品牌借助场景道具，设计好玩、有价值的营销活动，邀请用户参与，将选择权交给用户，一起创造新产品、新玩法、新文案，引导用户为品牌作贡献。

强调参与感，让用户为品牌作贡献，比让利给用户更有价值。这种做法不仅可以一起制造新场景，还可以引发病毒式传播。年轻人为什么喜欢在看影视作品的时候玩弹幕？当看到自己的嬉笑怒骂出现在屏幕上，与陌生人即时评论、交流、分享时，可以获得极大的参与感。很多影视制作方和平台方也经常主动发布弹幕，以引导用户参与。

在消费者主权时代，各行业的上、中下游企业都在兜售参与感，使用户成为品牌的一致行动人。潘多拉DIY手链编织赛、海底捞新吃法、江小白调鸡尾酒都是利用微信、抖音等社交媒体发起，引导用户参与的绝佳新场景参与方法，品牌既获得了大量的品牌曝光，也以好玩的方式促进产品的销售。当用户再把新玩法、新吃法在社交媒体上分享后，又会引发跟风、模仿和再次创新的高潮。

奥利奥的场景参与新玩法没有在产品上植入场景，而是利用奥利奥的吃法来引导用户参与。奥利奥以前常以泡牛奶、夹酸奶食用。当品牌通过社交媒体示范、引导用户参与新吃法时，年轻人踊跃参与，于是夹寿司、夹芥末、夹三文鱼、夹番茄酱等各种新吃法让人眼花缭乱。芥末味和鸡翅味的奥利奥新品则成为创新产品，在各大商超上架销售。

（3）场景叠加

场景叠加指围绕用户的生活、消费、社交，从线上到线下设置场景，多场景叠加，给予用户最饱满的场景体验。在场景大行其道的年代，单一的场景体验已经失去魅力，必须借助场景流来争夺客户和消耗客户的时间，让客户形成体验习惯。

场景叠加利用场景的点、线、面，连接了不同的内容，形成了新的业务形态。孩子王在业内首创"商品＋服务＋社交"的场景叠加大店模式，围绕孩子成长过程中衣、食、住、行、用、玩、教等各种体验场景，创新性采用"商品＋服务＋社交"进行场景叠加。孩子王平均单店面积约2,500平方米（最大单店面积超过7,000平方米），除了提供丰富的商品服务外，还将门店1/3的面积作为儿童游乐区域，1/3的面积提供配套母婴服务。孩子王的每家门店年均举办近1000场互动活动，包括新妈妈学院、一日父母体验、千人孕妇瑜伽、爬爬赛等多样的活动形式，通过一系列的互动服务，与会员建立足够深厚的情感。叠加的场景让孩子王门店不仅是母婴商品与服务体验中心，更是儿童线下互动超级社区和城市亲子家庭的户外生活中心。2021年10月，孩子王的第500家门店在原有体验基础上增加了时尚UMU饰品专区、儿童糖玩休食专区、文体文创互动体验区，更加符合Z世代用户辣妈潮爸群体的审美需求。

【延伸阅读】
袤趴——多场景叠加，一站式休闲

（4）场景复制

场景复制也叫场景还原，是把生活化、专有化、仪式化的原生场景复制到特定的产品、渠道或者空间中去。

让用户参与其中，身临其境地从任意视角漫游观察和体验产品最为关键，利用VR技术进行场景复制，在房地产行业具有广阔的应用前景。VR沙盘根据

【延伸阅读】
日本动画中的场景复制

真实样板房的比例及设计制作，360度实景展示，用户犹如走进了样板房，可以直接行走于其中，感受房间、小区的布局及空间的尺度，还能俯瞰中庭、远眺风景。VR沙盘高度还原未来房屋实景、小区环境、周边生活配套，画面感逼真，立体感和真实感强烈，使用户身临其境。

最大程度地还原用户的生活场景或者需求场景，是互联网内容持续的追求。李子柒最大程度地还原了大部分人对田园生活的梦想而引起大量情感共鸣。电商平台历来重视商品信息呈现，通过文字、图片、视频逼真地还原用户需求场景，用模特还原服装上身的效果，装修出一个真实的居家环境来展示厨房日用品的价值。

电影拍摄方式、放映方式，从2D到3D，甚至是全息电影，始终在追求场景还原程度的不断提升，以带给用户沉浸式体验效果。电子游戏、元宇宙也是追求最大化还原生活场景，甚至连用户的各种感觉都力求完美复制。用户不再是简单地浏览内容，而是身处在内容之中。因为真实而且震撼的场景还原、无与伦比的体验效果，元宇宙正在形成新的互联网赛道。

3.内容产品化

内容产品化就是要把内容当成产品一样去设计、迭代、更新、推广。

流量红利结束后，新用户的获取越来越困难，用户获取成本也越来越高。互联网平台对用户注意力的争夺不断加剧，所有的现象都意味着优质内容更加稀缺。在这种情况下，保证优质内容的持续供应变得越来越重要。

内容产品化有很多经典案例，下面以"凯叔讲故事"为例，介绍内容产品化的要点。

定位：明确核心功能组件，满足用户什么需求。"凯叔讲故事"的创始人王凯最早是把故事讲给女儿听。2013年3月14日，他辞职后有更多的时间陪伴孩子，每天都给孩子讲故事，不在家时把故事录好给她。这期间，凯叔偶然将录制的故事音频分享到幼儿园班级群，竟意外收获了一批"小粉丝"，并亲切地称他为"凯叔"，"凯叔"之名由此而来。一开始，"凯叔"定位于亲子教育领域。为了方便小粉丝们收听故事，凯叔注册了"凯叔讲故事"微信公众号，并于2014年4月21日正式创办"凯叔讲故事"。定位由儿童睡前故事逐渐向儿童优质原创内容服务领域拓展，陪伴孩子在快乐中成长。

封装：名称、Logo、特征、包装。2014年，"凯叔讲故事"开始源源不断地创作优质儿童音频内容，深受孩子们的喜爱。2018年6月，凯叔第一套图书《凯叔讲历史》出版。凯叔童书自2018年上市以来，共出版35个系列、151册图书。

服务：提供完整体验。孩子天生充满好奇心，"凯叔讲故事"通过童话、寓言、名著、历史、科普等丰富的儿童内容，启发孩子的探索天性。创业六年来，"凯叔讲故事"累计播出19000个故事，仅"凯叔讲故事"App总播放量就达到60亿次以上，用户超3700万，被推荐为"中国孩子的故事大全，亿万父母的育儿宝典"。

延伸：延展内容，打造IP。"凯叔讲故事"基于虚拟内容衍生出实物产品，制造了儿童音频内容的配套硬件产品，打通了虚拟内容与实物产品一体化的商业模式。不仅方便孩子们在不同的场景使用，还减少了孩子对家长手机的依赖。至今，"凯叔讲故事"先后打造了"凯叔西游记""凯叔小诗仙""凯叔小词仙""诗词来了""声律启蒙""凯叔西方经典童话""凯叔三国演义""凯叔讲历史"等故事玩偶系列。

【延伸阅读】
新世相内容
新玩法："逃
离北上广"

第四节　内容分发

一、什么是内容分发？

在信息爆炸的移动互联网时代，如何更高效地接收有价值的信息成为重要的问题。连接内容和消费者的内容分发，成为其中重要的一环。内容分发本质要解决的问题包含两点：高效连接人与信息；过滤出有价值的信息，让合适的人看到合适的信息。

在互联网领域，内容一直是汇聚流量、扩大影响及商业变现的理想工具和手段，因而一直是互联网巨头关注与争夺的焦点。近年来独立个性化推荐产品在搜索引擎、电商平台、短视频平台和浏览器的广泛应用和普及，标志着处于中国互联网第一梯队的百度、阿里巴巴、腾讯、字节跳动已经基本完成了内容分发市场布局。由于移动端入口碎片化，互联网内容被分散到不同的渠道。谁掌握用户获得内容的渠道，谁就具备移动端的入口能力。

二、内容分发方式

（一）编辑分发

编辑分发就是由编辑作为"把关人"，对信息进行筛选和过滤。在互联网普及以前的传统媒体时代和PC门户网站时代，信息的分发模式都是编辑分发。基本流程就是"信息—编辑—受众"。

从报纸杂志到广播电视，再到门户网站，尽管信息传播的载体发生了变化，但是内容传播始终保持这种中心化的分发方式，内容展示空间有限、"千人一面"的状态，信息传播的决策权始终掌握在编辑手中。

编辑分发的特点是经过编辑把控内容入口和分发的渠道，用户受到的"噪声"干扰少，但同时降低了用户的选择性。编辑分发的优势在于，编辑借由专业背景知识完成了从海量内容到有限展示位置的过滤和筛选，经过筛选的内容，其平均质量是相对较高的。

编辑分发的劣势也很明显。由编辑决定用户所读取的内容，这种中心化的分发模式不能满足每个用户的个性化需求，往往会出现"叫好不叫座"的局面。

【延伸阅读】传播学"把关人"理论

尽管基于算法的内容分发方式的应用范围越来越广，但并不能简单认为编辑分发和算法分发是对立的。例如，作为最大的信息分发平台，脸书在事实甄别和低质内容管理上非常依赖编辑和审核团队的人工工作。2016年12月16日，脸书上线了Fact-Checking（事实审核）机制，将用户举报过多的信息交付给机构记者来判断。如果记者判断这则内容是假新闻，该机制就会将这一内容标记为存在争议，一方面会在前端页面提示用户此内容可能失实，另一方面会从分发量的角度进行控制。2017年5月，扎克伯格发帖称脸书会再招聘3000名内容审查员，在此次招聘后内容审查员将会达到7500人。审查员会过滤社交媒体上的不适当内容，如恋童癖、身体暴露、种族仇恨等内容。除了对不恰当内容说"不"，编辑同样会对特别值得推荐的内容说"是"。

（二）社交分发

社交分发是指依托人们的社交关系完成内容分发,具体来说就是通过各种类型的社交软件,建立起人与人之间的强关系或弱关系连接,从而形成沿着人们的社交关系链传播的内容分发方式。

社交分发的显著特点是去中心化。脸书、微博、微信、朋友圈、抖音等覆盖了越来越多的用户之后,内容的分发逐步去中心化:每个人都可以创作内容从而成长为自媒体,每个人都可以借由社交关系评论、转发从而完成传播。信息的传播权从传统的专业编辑让渡到每个普通受众。于是每个人都成为了编辑,成为了内容分发的中心。2010年,脸书主页访问量超过谷歌访问量,意味着"社交分发"已经成为了主流的分发方式。

根据皮尤研究中心的研究报告,社交平台是美国人获取新闻的重要入口,而且除了接受信息,人们也通过社交渠道传播和分享新闻内容。美国成年人中有62%通过社交媒体获取新闻,18%高度依赖该平台,通过脸书阅读新闻的人数占比高达44%。在中国,运用社交媒体分享新闻的比例甚至达到了78.5%,经常或偶尔因他人分享而关注某个社会事件的比例也高达83%。

社交分发的优势在于,用户能够主动订阅感兴趣的内容话题,同时看到朋友们关注或者推荐的信息内容,使内容消费更具互动性与趣味性。

当然,社交分发也带来了新的问题。一方面,进入稳定期后,流量出现了新的垄断:一些账号由于拥有大量的粉丝、保持了高频的发布量,实际掌握了平台的流量分配权。例如,微博上大部分流量一度被营销号和大号所占据,使新的内容生产者获取流量的成本剧增。另一方面,微博、微信已经成为人们的线上名片,随着社交关系的扩张,用户关注的内容源就越来越多,但社交分发的内容质量却逐步下降。

【延伸阅读】
被总统宣布
"阵亡",蛇岛
投降士兵落泪

在社交分发的过程中,内容与社交关系相互影响。不同用户因为对相同的内容感兴趣而形成社交关系链。俗话说"物以类聚,人以群分",在社交关系基础上传递内容,用户之间更容易产生互动,从而强化关系链。反过来,社交关系又影响着内容传播。单个内容的影响力在社交关系链中,影响力更容易被放大。事实上也是如此,按照六度空间理论,当很多个朋友都在转发、评论同一个内容时,用户看到这个内容的可能性更大。

（三）搜索分发

搜索分发是指向需求的用户提供搜索引擎,实现针对性信息分发的方式。用户要在互联网浩瀚的信息海洋里寻找信息,就像大海捞针一样,如果没有搜索引擎,是不可想象的。搜索引擎正是为了解决这个"迷航"问题而出现的技术,它以一定的策略在互联网中搜集、发现信息,对信息进行理解、提取、组织和处理,并为用户提供检索服务,从而起到信息导航的目的。

搜索引擎式信息分发机制开启了信息的"完全私人订制"时代,完全由使用者主导信息获取。在此之前,任何其他媒介都无法实现这样的信息分发。有了搜索引擎,用户获得了一条清晰的检索路径。换言之,搜索引擎把互联网信息针对性地分发给需要的人。搜索分发经历了两个发展阶段。

1.第一阶段(1993～2005)：从分类目录到文本检索

搜索引擎的鼻祖被公认为是1990年加拿大麦吉尔大学计算机学院的师生,他们发明了Archie。这是第一个自动索引互联网上匿名FTP网站文件的程序,但它并不应用于Web。

1993年,第一个用于Web网络的搜索引擎Word Wide Web Wanderer出现,但只做收集网址。同年,Web搜索引擎ALIWEB诞生,已经可以检索标题、标签等信息,但文件主题内容还是无法索引。

1994年,杨致远与大卫-费罗创立雅虎,并推出基于人工分类目录的搜索引擎,用户输入关键词就可根据内容需要查找网页。

1998年,拉里·佩奇和谢尔盖·布林开发了谷歌,他们发明了叫作PageRank的链接分析技术,使得搜索结果相关性大大增强,并且在界面等实现了革命性创新。谷歌搜索引擎的出现,标志着全民互联网时代来临。从此,用户搜索变成了一个简单动作:输入关键词,就能在一个个蓝色链接中寻找到结果。

2000年,百度公司在中关村成立,通过建立在海量网站基础上的"超链分析"技术,走到了舞台中央。同时,更多公司受搜索市场前景和谷歌神话吸引,积极进入搜索引擎市场,如360、搜狗、网易等,搜索市场呈现百花齐放的局面。

2004年,谷歌公司上市,2005年,百度公司上市。其他公司寂然无声地退出了竞争舞台,市场形成了谷歌和百度两格局,占据统治地位。

这一阶段的搜索引擎主要是从互联网提炼抓取各个网站的内容及超链接,建立索引数据库,在用户检索关键词时依据一定的算法和数据库中的索引词进行匹配运算,并根据算法,按照一定的排列顺序给用户提供检索服务。谷歌和百度都拥有自己的检索程序,能够自己采集并建立网页信息数据库,当用户进行相关内容的搜索时,能够利用算法快捷地从自身的索引数据库中直接调用,并将信息精准分发至用户手中。

2.第二阶段(移动互联网时代:2005～)：人工智能和多元化搜索

随着移动互联网兴起,尤其是各种智能设备(移动导航、移动穿戴、智能家居等)的广泛普及,互联网广泛渗透到人们生活的各个方面。人们的需求场景更加多样化——随时随地通过智能语音搜索、跑步时用智能手表搜索、居家用智能音箱搜索、在线购物时用图片搜索、门禁视觉搜索……文本搜索已经远远满足不了用户的需求,语音搜索、图片搜索、视觉搜索成为最具代表性的搜索方式。

随着人工智能进入深度学习的阶段,现已建立了能模拟人脑进行分析、学习的神经网络模型,以模仿人脑的机制来解释文本、图像、声音和数据等。人工智能赋能搜索引擎,加速了多元化搜索的技术成熟和商用。

语音搜索允许用户对着设备(手机、电脑,或者其他设备)以说话方式表达需求,通过设备上传语音,经过服务器进行识别,然后根据识别的结果搜索信息。语音搜索的优势在于,一方面,用户不需要掌握输入法,因为对于特定的用户来说,无论是拼音、笔画还是手写都存在一定的困难;另一方面,相比于以往,用户在语音搜索时,可以腾出双手,这将革命性地扩展搜索应用场景,例如,驾驶员可以用语音说出导航目的地。

近年来,语音搜索飞速发展。

2010年,Siri被苹果公司收购,从iPhone 4S开始,苹果公司将Siri作为其语音助手,集成到每一款支持语音功能的产品中,包括其当前的智能音箱和可穿戴技术生态系统。Siri在iPhone中的早期传播,使其成为了众多人的第一个语音助手。

2011年,谷歌在首页上推出语音搜索,将语音技术应用到谷歌搜索引擎的强大功能中,标志着语音搜索的重要进步。

2013年,微软进入语音助手领域,推出语音助手Cortana,成为Windows、Xbox和其他微软产品的重要功能。

2014年,亚马逊推出了语音服务Alexa。随后推出智能语音音响Echo。

2017年,百度和阿里巴巴推出语音助手和智能音箱。

此后,语音搜索应用进入大规模商用阶段。2019年,全球语音助手已经超过30亿用户。今天,语音助手无处不在。智能音箱、智能导航可能是与之交互的最常见方式。手机、汽车、家电、办公设备都可以提供强大的AI语音,用户一个语音命令就可以购物、控制汽车和其他智能家庭设备。

伴随着语音搜索的发展,图片搜索和视觉搜索开始异军突起。

图片搜索和视觉搜索都是基于算法和数据,与数据库中的图片或者视频进行对比,识别和搜索目标图片中的特征标签。两者主要的区别在于,图片搜索是一种反馈有效图像信息结果的搜索模式,只需输入文本、关键字或者图片,就可以得出结果;后者是用智能手机或其他摄像头,通过视觉识别技术来采集图像信息,结合对象特征和搜索场景得出搜索结果。

图片搜索和视觉搜索让机器学会了"看图说话",对用户来说,"按图索骥"成为可能。图片搜索和视觉搜索不仅成为各大电商平台标配,"找相似""找同款"等已经成为电商平台的基本功能,并且迅速渗透到各个行业垂直领域中,形成了新的智能应用,如智慧车库自动识别车牌号、移动支付实名认证、刷脸支付、安防多镜头轨迹合成等。

谷歌2009年为安卓手机开发的Google Goggles是最早的视觉搜索应用。谷歌在2011年推出图片搜索,让互联网信息共享跨入新时代。

2010年,阿里推出图形匹配搜索引擎"图想",并迅速在电商平台上应用。

2015年,缤趣推出了它的视觉搜索功能,并取得了技术上的重大突破,比如如何更有效地将图像识别和视觉搜索功能结合起来,包括能够在更广的可视范围内逐个建立单个识别对象,并在视觉应用上显示搜索信息。

2017年,谷歌结合图像识别技术和OCR(Optical Character Recognition,光学字符识别)技术推出了视觉搜索工具Google Lens,允许用户使用任何图像进行搜索。

随着海康威视、大华等硬件厂商的强势发展,商汤、旷世、依图、云从等计算机视觉软件公司迅速进入赛道,新一轮人工智能驱动的搜索分发市场进入了爆发式增长阶段。

搜索分发有以下特点。

接近无限的信息资源。搜索分发的信息包括所有互联网上的信息。IDC发布的《数据时代2025》报告显示,全球每年产生的数据将从2018年的33ZB增长到175ZB,1ZB相当于1.1万亿GB。如果把175ZB全部存在DVD中，那么DVD叠加起来的高度将是地球和月球距离的23倍（地月最近距离约39.3万公里），或者绕地球222圈（一圈约为4万公里）。以25Mb/s的网速，一个人要下载完这175ZB的数据，需要18亿年。

用户角色转换。 搜索分发过程中的信息需求者不是被动接受，而是主动参与到传播过程中，在搜索引擎数据库建立之后，用户通过"关键词"介入信息传播过程中，从某种意义上说，实现了从"信息找人"或"人找信息"的转变。

搜索引擎呈现出独特的媒介特性。 搜索引擎不仅是作为传播渠道的一种中介载体，而且承担了信息整合与分发的全部工作。搜索分发机制下，用户更具有主动性，按照所需选取信息并及时反馈，开启了信息的"个性订制"时代。由使用者主导的信息获取过程，形成了"我只看我想看的内容"的现象，在互联网上基本实现了"信息自由"，这是在此之前任何其他媒介都无法实现的。

（四）算法分发

1.算法分发概述

随着网络技术和信息技术的飞速发展，网络上的信息爆炸性增长，人们经常陷入"信息迷航"的问题中。当他们浏览网页或者新闻时，往往很难描述自己想要什么，在网上浏览一圈之后，还是找不到自己感兴趣或者需要的信息。因此，推荐系统应运而生。作为一个桥梁，算法分发可以实现个性化推荐，把用户和信息资源联系在一起。分发系统不仅可以帮助用户过滤掉不需要的信息，还可以把一些不热门但是用户真正需要的信息展示出来，这就很好地缓解了"信息过载"和"信息迷航"问题。

算法分发又称为智能推荐，是相对人工推荐而言的一种信息推送模式。算法分发的出现和普遍应用意味着人类开始运用机器大规模地解决内容分发问题，人类社会信息分发的动力从人力转向了部分自动化——从"人找信息"到"信息找人"。

1994年，美国明尼苏达大学GroupLens研究组推出第一个自动化推荐系统GroupLens，提出了将协同过滤作为推荐系统的重要技术，这也是最早的自动化协同过滤推荐系统之一。

1998年，亚马逊上线了基于物品的协同过滤算法，将推荐系统推向服务千万级用户和处理百万级商品的规模，且推荐质量良好。

2006年10月，北美在线视频服务提供商奈飞开始举办著名的Netflix Prize推荐系统比赛。参赛者如能将其推荐算法的预测准确度提升10%，可获得100万美元奖金。参赛的研究人员提出了若干推荐算法，大大提高了推荐准确度，极大地推动了推荐系统的发展。

2016年，YouTube将深度神经网络应用到推荐系统中，实现了从大规模可选的推荐内容中找到最有可能的推荐结果。

自第一个推荐系统诞生，至今已有二十多年。现在，算法推荐的思路和应用已经深入到很多互联网应用中。比如，内容分发平台的个性化阅读（今日头条、抖音等）、搜索引擎的结果排序（谷歌、百度等）、电商的个性化推荐（亚马逊、淘宝等）、音视频网站的内容推荐（奈飞、YouTube等）、社交网站的内容推送（脸书、微博、豆瓣等）。

内容分发算法已经非常丰富,不同的平台也发展出了具有自己个性和特点的算法。内容分发算法分类框架如图5.7所示。

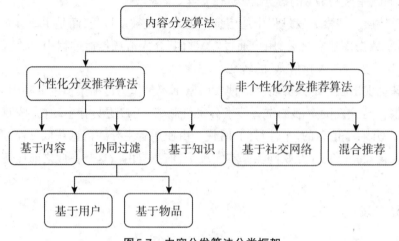

图5.7 内容分发算法分类框架

图5.7中五种主流算法的基本原理如表5.5所示。

表5.5 五种主流算法的基本原理

算法	原理	信息源
基于内容	以不变应万变,根据用户过去喜欢的内容推荐相似的内容	用户记录、上下文参数、内容特征
协同过滤	假设人以群分,如果用户有着相似的行为,那么需求和偏好也相似	用户记录、上下文参数、群体数据
基于知识	认为有额外的信息源,即显性的个性化知识	用户记录、上下文参数、内容特征、知识模型
基于社交网络	认为社交关系中包含着信任,根据社交关系进行推荐内容	用户记录、上下文参数、内容特征
混合推荐	构建一种混合推荐系统,既能结合不同算法和模型的优点,又能克服它们各自的缺陷	用户记录、上下文参数、内容特征、群体数据、知识模型

2.协同过滤推荐算法

协同过滤分发荐算法的主要思想是,利用已有用户群过去的行为预测当前用户最可能喜欢哪些内容。

(1)基于用户的协同过滤

基于用户的协同过滤是找出和目标用户兴趣相似的用户集合,然后再找出集合中用户喜欢的,且目标用户尚未接触的内容向目标用户推荐。

简单地说,如果A、C两个用户都购买了商品1和商品3,并且都给出了5星的好评。那么A和C就属于同一类用户。可以将A购买过的商品1和商品4也推荐给用户C。基于用户的协同过滤如图5.8所示。

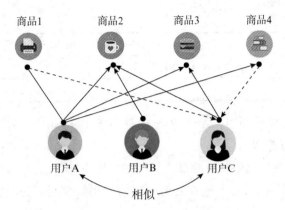

图5.8　基于用户的协同过滤

下面运用皮尔逊相关度评价进行协同过滤举例。

假设用户A、B、C、D、E分别对5件商品进行了评分,用户评分如表5.6所示。

表5.6　用户评分

	商品1	商品2	商品3	商品4	商品5
用户A	3.3	6.5	2.8	3.4	5.5
用户B	3.5	5.8	3.1	3.6	5.1
用户C	5.6	3.3	4.5	5.2	3.2
用户D	5.4	2.8	4.1	4.9	2.8
用户E	5.2	3.1	4.7	5.3	3.1

皮尔逊相关系数的结果是一个在-1与1之间的系数(该系数的绝对值用来说明两个用户间相似性的强弱程度:0.8-1.0极强相关,0.6-0.8强相关,0.4-0.6中等程度相关,0.2-0.4弱相关,0.0-0.2极弱相关或无相关)。

第一步:寻找偏好相似的用户。首先通过根据用户行为数据(购买产品、对产品的评价、浏览习惯等),进行皮尔逊相关度分析。用户的皮尔逊相关度如表5.7所示。

表5.7　用户的皮尔逊相关度

用　户	皮尔逊相关系数
用户A、B	0.9998
用户A、C	−0.8478
用户A、D	−0.8418
用户A、E	−0.9152
用户B、C	−0.8417
用户B、D	−0.8353
用户B、E	−0.9100
用户C、D	0.9990

续表

用 户	皮尔逊相关系数
用户C、E	0.9763
用户D、E	0.9698

根据表5.7,我们可以看到用户A、B,用户C、D,用户C、E和用户D、E之间相似度较高。可以认为他们之间的偏好相似。

第二步:为相似的用户提供推荐物品。采用加权排序推荐,为相似的用户提供推荐物品。

假设向用户C推荐商品,首先检查之前用户间的相似度列表,发现用户C和用户D、E的相似度较高。

然后,根据用户评价进行加权。提取用户D和用户E评价过的另外6件商品(商品6~商品11),并对不同商品的评分进行相似度加权。根据用户评价相似度的加权排序如表5.8所示。

表5.8 根据用户评价相似度的加权排序

	相似度	商品6		商品7		商品8		商品9		商品10		商品11	
		评价	权重	评价	权重	评价	权重	评价	权重	评价	权重	评价	权重
用户D	0.9990	3.4	3.3966	4.4	4.3955	5.8	5.7941	2.1	2.0979		0	3.8	3.7962
用户E	0.9763	3.2	3.1241		0	4.1	4.0027	3.7	3.6122	5.3	5.1742	3.1	3.0264
总计			6.5206		4.3955		9.7968		5.7101		5.1742		6.8226
相似度总计			1.9753		1.9753		1.9753		1.9753		1.9753		1.9753
总计/相似度			3.3012		2.2253		4.9598		2.8908		2.6195		3.4540

加权后的计算结果表明,商品3得分最高。于是,系统根据偏好相似性,向用户C推荐商品3。

(2)基于物品的协同过滤

基于物品的协同过滤是计算物品之间的相似度,根据物品的相似度和用户的历史行为给用户生成推荐列表。

简单地说,如果用户A同时购买了商品x和商品y,那么说明商品x和商品y的相似度较高。当用户B也购买了商品x时,可以推断他也有购买商品y的需求。

下面仍然运用运用皮尔逊相关度评价进行协同过滤举例。

第一步:寻找相似的物品。为便于和基于用户的协同推荐进行对比,继续沿用上述举例中的用户评价数据,但把上述举例中的用户和商品的位置进行互换。用户对商品的评价如表5.9所示。

表5.9　用户对商品的评价

	用户 A	用户 B	用户 C	用户 D	用户 E
商品 1	3.3	6.5	2.8	3.4	5.5
商品 2	3.5	5.8	3.1	3.6	5.1
商品 3	5.6	3.3	4.5	5.2	3.2
商品 4	5.4	2.8	4.1	4.9	2.8
商品 5	5.2	3.1	4.7	5.3	3.1

对用户对商品的评价数据进行皮尔逊相关度分析,商品的皮尔逊相关度如表5.10所示。

表5.10　商品的皮尔逊相关度

商品	皮尔逊相关系数
商品 1、2	0.9998
商品 1、3	−0.8478
商品 1、4	−0.8418
商品 1、5	−0.9152
商品 2、3	−0.8417
商品 2、4	−0.8353
商品 2、5	−0.9100
商品 3、4	0.9990
商品 3、5	0.9763
商品 4、5	0.9698

根据皮尔逊相关度分析,可以看到商品1、2,商品3、4,商品3、5和商品4、5之间相似度较高。

第二步:基于相似的物品,对目标用户进行推荐。

假设:

(1)我们要基于商品3向用户进行新商品的推荐。

(2)用户已经购买了商品4、5。

(3)现在需要从商品X、Y、Z中选择一件向用户进行推荐。

继续采用加权排序方法进行商品推荐。首先找出与商品3相似的商品:通过分析表5.10,发现与商品3相关度较高的商品是4、5。

另行提取商品X、Y、Z与商品4、5的相似度数据,对商品X、Y、Z进行加权评分。根据商品相似度的加权排序如表5.11所示。

表5.11　根据商品相似度的加权排序

	评分	商品 X		商品 Y		商品 Z	
		相似度	权重	相似度	权重	相似度	权重
商品 4	4.1	−0.4735	−1.9412	0.6547	2.6841	0.9333	3.8264
商品 5	4.7	−0.1982	−0.9316	0.4078	0.7893		3.7098

续表

评分	商品 X		商品 Y		商品 Z	
	相似度	权重	相似度	权重	相似度	权重
权重和		-2.8729		4.6008		7.5361
总评分		8.8		8.8		8.8
权重和/总评分		-0.3265		0.5228		0.8564

加权后的计算结果表明,商品 Z 得分最高。于是根据商品的相似性,向用户推荐商品 Z。

协同过滤推荐算法简单、有效,是目前最流行的内容分发算法。然而它也存在一些问题:过度依赖准确的用户评分;在计算的过程中,那些大热的内容和物品会有更大的几率被推荐给用户;冷启动困难,当有一名新用户或者新内容进入系统时,缺乏推荐依据;在一些内容生存周期短(如新闻、广告)的系统中,由于更新速度快,大量内容不会有用户评分,造成评分矩阵稀疏,不利于这些内容的推荐。

3.基于内容的推荐算法

基于内容的推荐(Content-based Recommendation)是根据对象的内容信息做出推荐的,不需要用户对项目的评价意见,而是用机器学习的方法从关于内容的特征描述中得到用户的兴趣资料。简单地说就是,根据推荐对象的属性,计算对象之间的相关性,然后根据用户的偏好记录,把相似度高的内容推荐给用户。

在基于内容的推荐系统中,项目或对象是通过相关特征的属性来定义的,系统基于用户评价对象的特征来学习用户的兴趣,考察用户资料与待预测项目的匹配程度。建立用户资料模型常用的方法包括决策树、神经网络和基于向量的表示方法等。基于内容的推荐算法实现过程一般包括三个步骤。

(1)第一步:对象描述(Item Representation)——基于向量空间模型的方法

将一个对象(Item)的特征属性抽取出来,即将对象的描述结构化(如果对象是一个产品,可以理解为对产品进行画像)。

该方法适用的模型有很多,如向量空间模型、布尔模型、主题模型、神经网络模型等。最简单和常用的是向量空间模型。

基于向量空间模型的方法是把文本表示成由实数值分量所构成的向量。一般而言,每个分量对应一个词项,相当于将文本表示成空间中的一个点。向量不仅可以用来训练分量是否合理,而且计算向量之间的相似度可以度量文本之间的相似度。

最常用的计算方法为 TF-IDF〔(Term-Frequence,词频)-(Inverse Documents Frequence,反文档频率)〕,它是一种统计方法,用来评估某一个字词对于一个文件集或者一个语料库中的一份文件的重要程度。字词的重要性和它在文件中出现的次数成正比,但同时也会和它在语料库中出现的频率成反比。也就是说,一个词语在一篇文章中出现的次数越多,同时在所有文档中出现的次数越少,越能代表该文章。

TF 指的是某一词语在该文件中出现的次数。考虑到文档长度,为了阻止更长的文档得到更高的相关度权值,必须进行文档长度的某种归一化。其中一种简单方法是计算方法是,

（该词出现的实际次数)/（文档中其他关键词出现的最多次数)。

IDF的主要思想为，如果包含某词条的文档越少，IDF越大，则说明词条具有很好的区分能力。它的目的在于降低所有文档中几乎都会出现的关键词的权重。那些常见的词语对区分文档没有用，应该给那些仅出现在某些文档中的词更高的权值。

由此，文本文档可以通过TF-IDF方法转换成多维欧几里得空间中的向量，空间的维度对应文档中出现的关键词。给定文档在每个维度（即每个词）的坐标由两个子量的乘积得出：TF和IDF。

向量空间模型的优点是简单明了，向量维度意义明确，效果不错。但也存在明显的缺点：一是维度随着词表增大而增大，计算复杂而且参考性差；二是无法处理"一义多词"和"一词多义"的问题。

（2）第二步：学习用户偏好（Profile Learning)——基于最近邻模型的方法

假设某用户已经对一些物品给出了他的喜好判断（浏览、关注、分享、收藏、购买、评分等)，那么我们就可以利用这些信息建立一个模型来描述其偏好。在此基础上，我们用这个模型来判断他是否会喜欢某个新的物品。

建立用户偏好模型的方法有很多，理论上机器学习里的分类算法都适用。这里介绍最常用的一种：最近邻模型。

最近邻模型的基本思路是，对于一个新的物品X，我们要判断用户U是否喜欢它。那么我们首先找出用户U评判过的物品，然后从中选择与物品X最相似的n个物品，然后根据用户U对这n个物品的喜欢程度，做出用户U对物品X的喜欢程度的判断。

【延伸阅读】
余弦相似度

这里，最关键的是计算物品之间的两两相似度。如果使用向量空间模型来表示物品的话，相似度计算可以使用余弦相似度。

（3）第三步：生成推荐列表（Recommendation Generation)

比较上一步得到的用户喜好特征和产品特征，只要把与用户偏好相关的n个物品作为推荐结果返回给用户即可，其中的用户偏好与物品表示的相关性可以使用相似度度量（如余弦相似度）获得。

举一个简单例子说明基于内容推荐的实现过程。

首先对物品的属性进行建模，如小说的类型、剧情等。根据学习到的用户A的喜好特征，即喜欢科幻、幻想类的小说，例如用户A喜欢《三体》，进行相似度计算，发现小说《三体》和《安德的游戏》相似度较高，由此得出结论，用户A很可能对小说《安德的游戏》也感兴趣。于是将小说《安德的游戏》推荐给用户A。基于内容的推荐算法示例如图5.9所示。

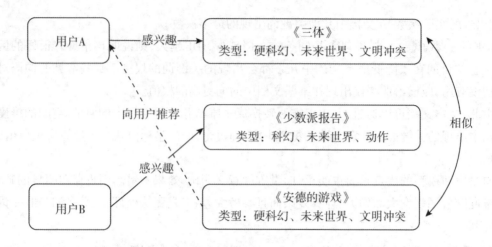

图5.9　基于内容的推荐算法示例

从上面的例子可以看出,基于内容的推荐算法能够很好地解决冷启动问题,并且也不会受热度的限制,因为它是直接基于内容匹配的,而与浏览记录无关。然而它也会存在一些弊端,比如过度专业化。这种方法会一直推荐给与用户内容密切关联的内容对象,而失去了推荐内容的多样性。

基于内容推荐有如下优点。

(1)不依赖其他用户的评价:每个用户的偏好模型是依据他自己的喜好建立和优化形成的,和他人的行为无关。这一点和协同过滤推荐不同,协同过滤推荐要建立在其他用户评价的基础上。这一特点可以避免刷排名的影响(如利用多个账号刷流水、排名和客户评价)。

(2)便于营销:基于内容推荐,可以清晰地呈现商品卖点和用户偏好特点的联系。

(3)有利于商品冷启动:只要一个新的物品加进物品库,它就马上可以被推荐,被推荐的机会和老的物品是一致的。而协同过滤推荐对于新的物品就束手无策,只有物品被某些用户喜欢过(或打过分),它才可能被推荐给其他用户。所以,如果用纯协同过滤推荐系统,新加进来的物品就永远不会被推荐。

基于内容推荐有如下缺点。

(1)对象很难描述特征:如果对象是文档,可以比较容易地使用内容分析方法来"比较精确地"抽取出它的特征。但对于其他对象,准确抽取出特征比较困难,如院线上线的新电影、点餐系统中的中餐,这些对象的特征属性都不好提取。如果抽取的特征值比较少,甚至无法区分两个不同的对象。

(2)存在路径依赖:内容推荐的基础是用户偏好模型,那么向用户推荐新的物品就会依赖于这个模型。如果一个用户喜欢游戏,基于内容推荐只会给他推荐新的游戏,而不知道他有可能喜欢体育。

(3)不能冷启动新用户:没有新用户的偏好历史数据,无法形成该用户的偏好模型,也就无法向他进行推荐。

4.基于知识的推荐算法

现实中存在一类并不频繁的交易,无论是采用协同过滤推荐算法还是基于内容的推荐算法那,都很难达到理想效果。如以下几个例子。

(1)用户购买房屋,但不会频繁进行,这时纯粹的协同过滤系统会由于评分数据很少而效果不好。

(2)用户购买笔记本电脑,也不会频繁进行,但是用户对笔记本电脑的偏好会随着生活方式或经济状况的改变而改变。如果只有5年前用户对笔记本电脑的评分,基于内容的推荐就很不合适。

(3)用户购买汽车,同一个用户可能至少要几年才会更换汽车。尽管如此,销售商希望能明确定义用户的需求,但无论是协同过滤算法还是基于内容的推荐算法,都不擅长建立用户对汽车的偏好模型。

基于知识的推荐(Knowledge-based Recommendation)却可以很好地解决这类问题。它通过交互、会话等方式直接了解到用户需求("问"),然后再寻找匹配的推荐内容("找")。这种推荐算法交互性很强,是一种会话式系统。基于知识的推荐算法有两种类型。

(1)基于约束的推荐算法

基于约束的推荐算法把推荐任务视为解决一个约束满足问题的过程,满足约束的候选项(产品)就推荐给用户。它的一般交互过程如下。

①用户指定自己的最初偏好。

②当有关用户的需求和偏好信息收集足够时,系统提供给用户一组匹配的产品。用户可以要求推荐系统给出推荐某个产品的原因。

③用户可能会修改自己的需求。

尽管这种交互方法在应用时非常简单,但实际上,必须要有一些非常精确而有效的交互模式来为用户提供支持。推荐清单中没有一个物品能满足用户的所有需求,这是常见的现象。此时,推荐系统要能够智能地帮助用户继续解决问题。

下面给出了一些能够帮助用户与基于约束推荐应用交互所用到的不同方法。

①提供默认设置:例如,提供其他类似用户的需求参数供参考或作为默认选项。

②需求不满意和结果空集的优化过程:逐渐、自动地放宽需求约束条件,直到找到对应的解决方案。

③对未满足的需求提出修改建议:对已有的需求做出适当的调整。

④推荐结果的排序优化:由于首位效应,用户会更关注并选择列表开头的物品,根据物品对用户的效用进行排序,会显著提高推荐的信任度和用户的购买意愿。

基于约束的推荐算法通常被用来为那些不经常被购买并且十分复杂的产品构建推荐系统,如专业设备、金融服务等。

(2)基于样例的推荐算法

基于样例的推荐算法把推荐任务视为一种评估问题。它是知识库推荐技术的一种常见方式,主要利用相似度衡量标准从目录中检索物品。

该方法最初主要基于查询的方法。用户需要指定(经常是反复指定)他们的需求,直到发现目标物品。事实上,用户往往由于对产品或者相关领域缺乏相关了解而无法准确地提出需求,导致用户反复修改需求,这是一件乏味的事情。例如,某些用户对于智能手机,除了价格,其他性能参数完全不了解。因此,除了对价格有准确的心理预期以外,其他方面都无法准确地提出自己的需求。

为了克服这种不足,人们提出了基于浏览的方法来推荐物品。假设用户不知道自己在找什么,可以使用基于浏览的方法为他导航。评价就是一种非常有效的导航方法,也是基于实例推荐系统的关键概念。

评价的基本思路是,向用户提供一个参考物品或者样品,让用户确定他对哪些方面满意,哪些方面不满意,由此确定或修改自己的要求,直到找到用户满意的物品。例如,当人们配眼镜时,眼镜店店员会拿出样品让用户反复体验和感受,表达自己的偏好。如果觉得眼镜太重,就会给出希望眼镜重量更轻的评价。同样地,用户会对镜片的材料、功能,镜框的重量、材料、颜色等其他方面给出自己的评价

很多基于样例推荐的应用程序都支持用户评论接口,用户可以评论出产品与他们预期的差值。例如,一个喜欢吃辣的用户可能会评论肯德基所配的辣椒包"味道不够辣",并且期望获得更有辣味的牛肉辣椒酱。这样的接口有一个优势,即允许用户动态地提出需求来响应示例。

基于样例的推荐算法使用户能够很方便地表达自己的偏好,这是因为,一方面,评价有助于有效地引导用户;另一方面,基于相似度的实例检索有助于识别最相似的物品。

5.基于社交网络的推荐算法

首先需要注意的是,基于社交网络的推荐算法分发和前面已经介绍过的社交分发是不同的内容分发方式。社交分发是社交网络中以用户为主体的分发方式,用户分发出去的内容沿着自己的社交关系链传播,是去中心化的。基于社交网络的推荐算法分发是系统或者平台依据社交网络关系进行的分发,是中心化的。二者的核心都是社交网络关系,但分发的主体完全不同。

随着推特、微博、微信等社交网络的兴起,互联网公司越来越重视平台的社交属性,基于社交网络的推荐算法也得到越来越广泛的应用。《推荐系统实践》中系统性介绍了基于社交网络的推荐算法,本教材对其中重点内容归纳介绍如下。

基于社交网络的推荐算法(Socialnetwork Based Recommendation)是在传统的推荐算法中加入用户的社交网络信息,再根据用户社交网络中的朋友之间的相似度,将朋友感兴趣的物品推荐给用户。大部分用户都会选择相信朋友对他们的推荐,所以基于社交网络的推荐可以很好地模拟现实社会,利用社交网络数据进行推荐可以增加用户对系统的信任度。

现实社会中,同一个社交网络中的成员,他们的兴趣不一定相同。例如,一个公司的全体成员都在一个社交网络中,联系也很多,但是他们之间的喜好并不相同。因此,区分社交网络的类型很重要。实际上,社会图谱和兴趣图谱是社交网络的两种不同结构。社会图谱,如微信、QQ、脸书,是需要双方互相确认关系的;兴趣图谱,如抖音、微博、推特,是单向的社交网络。

现在互联网上充斥着各种各样带有社交性质的平台，可以获得社交网络数据的来源也很多：电子邮件、微博、论坛和讨论组、即时通信工具、电商平台、视频平台以及各个应用平台。

使用社交网络数据进行个性化推荐的优势在于，推荐的可解释性提高，可信任度提高，并且能解决冷启动问题，即一个新用户登录平台，在没有用户行为数据的前提下，可以导入用户的社交网络，挖掘其好友的兴趣爱好，推荐给目标用户。

基于社交网络的推荐算法分为基于邻域的社会化推荐算法和基于图的社会化推荐算法。

（1）基于邻域的社会化推荐算法

最简单的方法就是给用户推荐好友喜欢的物品集合。用户 u 对物品 i 的兴趣 p_{ui} 可以通过如下公式计算：

$$p_{ui} = \sum_{v \in out(u)} r_{ui} \tag{5.1}$$

其中，p_{ui} 表示用户 u 喜欢物品 i；$out(u)$ 表示用户 u 的好友集合。

如果用户 v 喜欢物品 i，则 $r_{vi}=1$，否则为 0。

公式 5.1 表示，如果用户 u 关注的用户 v 对物品 i 有行为，那么用户 u 很有可能也会对物品 i 有行为。这个假设并不完全正确，它取决于用户 u 和用户 v 的熟悉程度和兴趣爱好一致程度，把这个因素作为权重引入可以得到：

$$p_{ui} = \sum_{v \in out(u)} w_{uv} r_{ui}$$

其中，w_{uv} 表示一个权重，表示影响 u 采取行动的因素。它包括两个部分，第一部分是用户 u 和用户 v 的熟悉程度；第二部分是用户 u 和用户 v 的兴趣相似度。

用户 u 和用户 v 的熟悉程度，可以用他们之间的共同好友比例来衡量：

$$familiarity(u,v) = \frac{\left| out(u) \bigcap out(v) \right|}{\left| out(u) \bigcup out(v) \right|}$$

用户 u 和用户 v 的兴趣相似度，可以用他们喜欢物品的重合度衡量：

$$similarity(u,v) = \frac{\left| N(u) \bigcap N(v) \right|}{\left| N(u) \bigcup N(v) \right|}$$

至此，可以得到：

$$w_{uv}=familiarity(u,v)\,similarity(u,v)$$

（2）基于图的社会化推荐算法

在社交平台中存在两种关系，一种是用户和内容之间的兴趣关系，另一种是用户和用户之间的社交网络关系。这两种关系都可以用图模型表示。现实中有很多应用场景，如交通网络、通信网络、社交关系,都可以用图模型进行分析。

假设在一个社交平台中有A、B、C、D、E五个用户和a、b、c、d、e、f六个内容或者物品,社交平台中的社会网络关系和兴趣关系如图5.10所示。

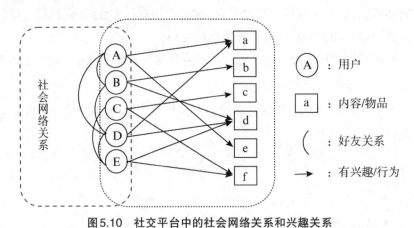

图5.10　社交平台中的社会网络关系和兴趣关系

在社交平台中,假设用α表示社会关系影响大小的权重,用β表示兴趣关系的大小的权重。在确定推荐算法时,如果我们希望用户好友关系对推荐结果产生比较大的影响,那么就给α赋较大的数值。反之,如果我们希望用户的历史行为所代表的兴趣关系对推荐结果产生比较大的影响,就可以给β赋较大的值。

我们早已知道,社群是社交关系的载体。把社群关系考虑进来,可以建立图模型。包含社群的社会网络关系和兴趣关系如图5.11所示。

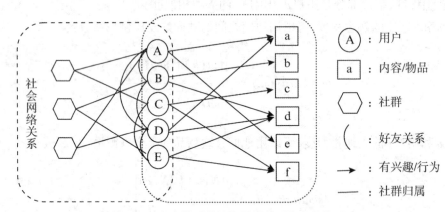

图5.11　包含社群的社会网络关系和兴趣关系

当我们考虑社群归属关系时,同样可以采用上述方法,给它赋予一定的权重,从而影响推荐结果。

6.混合推荐算法

（1）不同推荐算法的对比

前面讨论的四种算法各有优点和缺点。不同推荐算法的对比如表5.12所示。

表5.12 不同推荐算法的对比

推荐算法	优点	缺点
协同过滤算法	— 容易发现用户的潜在兴趣，用户不需要专业知识基础； — 随着时间推移，准确性提高； — 个性化、自动化程度高	— 新用户问题； — 质量取决于历史数据； — 初开始推荐时质量较差
基于内容的推荐算法	— 推荐结果直观、可解释性强； — 无冷启动和数据稀疏性问题； — 用户不需要专业知识基础	— 新用户问题； — 对象复杂属性不好处理； — 推荐结果单一
基于知识的推荐算法	— 用户能够更好地表达偏好； — 提高推荐精度	— 知识难以获得； — 需要人工干预
基于社交网络的推荐算法	— 引入社交网络信息； — 推荐可解释性强	— 用户隐私问题； — 社交网络信息获取难度大

（2）混合推荐算法的概念

前面四种主要推荐算法各有利弊，为扬长避短，实践中经常采用混合推荐。混合推荐算法是指综合运用多种推荐算法对物品进行推荐。混合推荐的目的是构建一种混合系统，既能结合不同算法和模型的优点，又能克服其中的缺陷。

（3）混合推荐算法的分类

一般来说，混合推荐算法有下几种。

①加权（Weight）：加权多种推荐技术结果。

②变换（Switch）：根据问题背景和实际情况或要求，决定变换采用不同的推荐技术。

③交叉（Mixed）：同时采用多种推荐技术，给出多种推荐结果，为用户提供参考。

④特征组合（Feature combination）：组合来自不同推荐数据源的特征被另一种推荐算法所采用。

⑤层叠（Cascade）：先由一种推荐技术产生一种粗糙的推荐结果，第二种推荐技术在此推荐结果的基础上进一步作出更精确的推荐。

⑥特征扩充（Feature augmentation）：一种技术产生附加的特征信息嵌入到另一种推荐技术的特征输入中。

⑦元级别（Meta-level）：用一种推荐算法产生的模型作为另一种推荐算法的输入。

综合起来，推荐算法有三种混合方式：整体式、并行式和串行式。

整体式混合推荐是指把几种推荐策略整合到一个算法中实现的混合设计。上述混合方式中，特征组合、特征扩充就是整体式混合推荐。整体式混合推荐如图5.12所示。

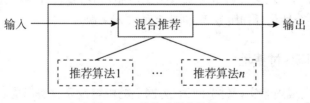

图5.12 整体式混合推荐

并行式混合推荐是指多个推荐系统独立运行分别产生推荐列表,再利用一种特殊的混合机制把它们的输出结果整合在一起。上述混合方式中,加权、变换和交叉策略可以视为并行式混合推荐。并行式混合推荐如图5.13所示。

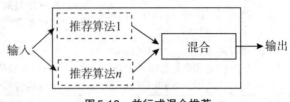

图5.13　并行式混合推荐

串行式混合推荐是指将多个推荐系统按照流水线架构连接起来,前一个推荐系统的输出变成后一个推荐系统的输入部分。当然,后面的推荐单元也可以选择使用部分原始输入数据。上述混合方式中,混合策略中的层叠、元级别属于串行式混合推荐。串行式混合推荐如图5.14所示。

图5.14　串行式混合推荐

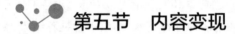

第五节　内容变现

互联网内容生态纷繁复杂,一个无法盈利的内容提供商无法生存。随着互联网的发展和技术进步,内容形态和变现形式在持续演化。

一、传统媒体时代:三次售卖理论

在传统媒体时代,内容变现主要有三种模式,被称为"三次售卖理论"。三次售卖理论是欧美国家传统期刊经营的三种商业模式。第一次售卖是"卖内容",这是期刊最传统的经营模式,以精彩内容吸引读者获得发行收入。第二次售卖是卖"注意力",当期刊拥有一定数量且相对固定的读者群体以后,把读者群体的"注意力"卖给广告商,进行商业利益的转化,获得广告收入。第三次售卖则发展为"卖品牌",利用其品牌资源发展衍生产品,如出版合订本,增刊,举办活动、会展,进行品牌授权,提供个性化延伸服务等,创造多种收入来源。

【延伸阅读】
《变形金刚》
的三次售卖

二、互联网初期:付费墙

付费墙是指对在线内容实行付费阅读,为网上的内容设立收费门槛。建立付费墙的目的就在于将不订阅内容的潜在读者挡在墙外。

随着互联网数字媒体的兴起，传统纸媒的发行收入和广告收入不断下滑，陷入了经营困境。2009年3月，由于收入下滑和成本居高不下导致严重亏损，具有150年历史的美国科罗拉多州发行量最大的日报《落基山新闻》宣布停刊。在停刊当日，《落基山新闻》仿照1859年创刊号风格，整版刊登曾经在该报工作过的人员名单，引无数人叹息。自2009年5月12日媒体大王默多克宣布不再提供"免费午餐"，新闻集团旗下报纸包括《泰晤士报》《华尔街日报》《星期日泰晤士报》《世界新闻》等都将设立"付费墙"，对在线内容实行付费阅读。2010年，国内报刊纷纷跟进，《人民日报》《重庆日报》《安徽日报》《环球时报》也开始了付费墙尝试。

但付费墙的实施并非一帆风顺。2005年9月，《纽约时报》网站首次设立付费墙，订阅费用为每年49.95美元或每月7.95美元。然而，网站的访问量大幅下降，广告业务因此大受影响，于是不得不在2007年9月暂停了网站大部分收费业务。2008年1月，《大西洋月刊》也终止了付费墙。《人民日报》数字版于2010年1月1日起实施全面收费，收费标准为每月24元、半年128元、全年198元。《人民日报》付费墙尝试坚持了6年，最终于2017年1月1日正式全面停止收费。

后来的事实证明，高质量的内容产品是付费墙的基础。例如，《华尔街日报》在财经领域有专业化优势，其及时、详尽的财经新闻、股市动态、经济数据，以及专业的报道分析等内容，具有极强的独家性与权威准确性，在推出内容付费之后，原有用户并未因付费墙而大幅流失。阿肯色州最有影响力的公众化报纸《阿肯色民主公报》，在2009年至2010年发行量增加了2.7%（包括电子版订阅量），俄勒冈州的《本德公告报》2010年付费发行量增长34%。这与这些媒体提供与当地居民息息相关的本地新闻有着密不可分的关系。

新兴媒体在业务创新上优势明显。例如，科技媒体钛媒体于2017年1月上线"钛媒体Pro"，999元的年费包含了在线课堂、独家研报、在线书馆以及全球TMT（指Technology、Media、Telecom，即科技、媒体、通信）市场数据库，严格来说，钛媒体的收费模式不再把重心放在内容上，而是为读者提供优质的服务。又如，2013年8月9日，《罗辑思维》推出"史上最无理"的付费会员制，5000个普通会员名额，会员费200元；500个铁杆会员名额，会员费1200元。结果这5500个会员名额只用半天就售罄。这背后，首先团队对内容热点的把控直击人心，形成了与受众的强烈共振。其次是罗振宇的表达能力，视频中他说话的音色、语调、节奏，以及表情、动作，把内容渲染到一个新的层次。

三、移动互联网时代：多元化变现方式

（一）内容的价值正在被重新定义

对内容产业而言，移动互联网是最坏的时代，信息爆炸式增长，媒介触点无限蔓延，用户注意力碎片化，内容引爆越来越难实现。互联网内容竞争的惨烈程度远远超过了"二八法则"，来自德国奥芬堡应用技术大学的教授马塞厄斯的论文《YouTube频道上传量和观看量：过去十年统计分析》跟踪了2006年至2016年YouTube视频发布和消费的数据后，揭示了一个很残酷的现实：平均85%的点击量指向了3%的顶级YouTube频道，内容创作者中96.5%的人

无法从广告中获取足够的收入养活自己。国内视频、动画、漫画、社交互动等平台也存在相似的情形:3%的头部内容吸引了大多数人的关注和消费。从内容生产者的数量和内容的体量上看,互联网内容的赛道已经变得拥挤不堪。

但移动互联网时代也是内容产业最好的时代。互联网内容产业风起云涌,无论是基于内容产业的创业潮,还是各大平台对优质内容的争夺,都再一次印证:内容从未像今天这样重要,也从未像今天这样具备便捷变现的渠道。

市场永远不会,也不应当抛弃任何优质创作生产者。这意味着内容必须要有价值。从用户的角度看,内容不只意味着阅读、观看,还包含体验和服务,更传递着价值。正如凯文·凯利在《必然》里说,当复制品变得没有价值的时候,那些没办法复制的东西就变得有价值了。真正的价值就在于那些无法复制的东西。

那么什么才是无法复制的价值呢？本章第一节已经围绕DIKW模型讨论过内容的知识性和有用性,毫无疑问,这是内容的"生命"。很明显,仅有"生命"是不够的,内容"生命"的意义还需要更多的方面才能更好地彰显,包含以下七个方面。

原创性。原创是内容的"灵魂"。原创内容要有自己的独到见解和与众不同的视角、理解和内涵。国内外有影响力的内容社区中,原创已经是进入推荐、精选、热门的唯一硬性指标,各大社区对于原创的重视程度已经达到了空前高度,原来允许搬运、转载的社区开始逐渐限制或者禁止。

即时性。即时性是内容的"生命",也是赢得更高的注意力的关键。互联网内容的体裁突破了传统内容载体的限制,从要素到风格也发生了很大变化。但是内容的生命和灵魂——时效与真实依然考验着每一个内容提供者。即时性是内容价值中的首要因素,时间就是价值！

【延伸阅读】
拿破仑的滑铁卢与罗斯柴尔德的凯旋门

个性化。大众传媒时代,个体的兴趣、需求很难被关注甚至被发现。互联网重新塑造了内容的生产、传播、消费过程。在这个过程中,个体的需求和价值体现得越充分,内容的价值越有可能实现。内容平台在以兴趣为基础聚集社群的同时,"优质""匹配"成了内容的关键词,把高质量的内容产品和服务精准分发给用户,变现才具有更大的可能性。

增值性。自媒体带给用户的新鲜感和冲击感已经过去,越来越多的用户开始厌烦冗余、空洞的内容,"标题党"、恶搞、低俗、惊悚、奇葩早已风光不再,用户更加渴望高质量的内容。内容的增值性主要体现在以下几点。

是否带给用户知识。内容的增值性在于它能够为用户赋能。例如,《时间简史》是英国物理学家斯蒂芬·威廉·霍金创作的科普著作,首次出版于1988年。它深入浅出地介绍了宇宙、物理学、数学的前沿知识,鼓舞和激励人们尤其是青少年探索宇宙的奥秘。这本书自1988年首版以来,已被翻译成40种文字,累计销售量突破2500万册,成为一本畅销全世界的科学著作。

是否启发用户思考。优质的内容总是能够牵引用户的思绪,带给用户启发。例如,《围城》虽然主要刻画的是抗战初期的知识分子群像,但给我们的启示不仅仅是"每个人的生活都像是一座城。城里面的人想要出去,城外面的人

【延伸阅读】
一夜涨粉3000万的健身教练刘畊宏

想要进来"这么简单。看过这部小说的人应该会发现，它其实包含着多层意蕴和丰富的思想，每次阅读它，都会有新的感悟和收获。

是否实现精神传达。优质的内容饱含精神能量。例如，《西游记》问世数百年来广为流传，甚至被翻译为英、法、德、意、西等多种语言，风靡全世界，不仅在于它以浪漫主义手法描绘了一个色彩缤纷、神奇瑰丽的幻想世界，创造了一系列妙趣横生、引人入胜的神话故事，更在于它塑造了孙悟空这个超凡入圣的英雄形象，向读者传递着勇敢、正义、积极、乐观的精神力量。

(二)移动互联网时代的内容变现商业模式的回归与创新

移动互联网时代的内容产业，从商业模式上讲，通过内容价值获得用户关注是变现的基础；通过口碑传递价值，培养忠实粉丝是变现的保障；围绕品牌IP打造产业矩阵，是变现的必然途径。按照媒介经济学理论，这和传统媒体时代的"三次售卖理论"不谋而合，这是一种商业模式的回归。

但是，这不是既有商业模式的简单重复，而是一种重塑和创新。随着移动互联网的快速发展，社交媒体、自媒体、视频网站、短视频平台、网络直播平台等新的内容形态层出不穷，出现了多元化变现模式。移动互联网时代的多元化变现方式如表5.13所示。

表5.13　移动互联网时代的多元化变现方式

层次	类型	具体形式
一次售卖	内容输出	用户为价值付费：内容付费(付费订阅、付费阅读、付费下载)
		用户为"认同"付费：付费打赏(虚拟礼物)、付费点赞
		平台付费：内容补贴、版权付费
二次售卖	流量变现	广告：硬广告、植入广告
		付费会员
		内容电商
		直播电商
		短视频带货
三次售卖	服务衍生	增值服务：等级加速/升级功能、付费增值业务(如付费表情包)
		培训、课程；咨询、策划
	IP衍生品	授权或联名：游戏、动漫、电影、电视节目、电视剧、出版物、文创礼品
		衍生自营产品：OEM或ODM

1.内容输出

内容输出是内容与生俱来的变现方式。通过平台把内容产品分发出去，传播给目标用户，如果能够吸引到一定数量的受众，内容就能够以多种方式产生收益。

内容付费，顾名思义就是用户为自己想要阅读、观看、听或使用的各种内容(文字、图片、音频、视频等)支付费用。为内容付费的本质是为知识产权付费。按照内容付费主体和方式的不同，可以分为以下几种不同的具体形式。

（1）用户为价值付费：付费订阅/阅读/下载

从传统媒体时代到移动互联网时代，内容付费的具体形式和承载的平台发生了很大变化。2003年网络文学网站推出特定章节付费阅读模式，开启了互联网内容付费时代；2016年被称为"知识付费元年"，知乎、分答（现更名为在行一点）、得到等平台纷纷推出付费问答、付费专栏、付费音频等产品。

拥有高质量的内容是用户付费的前提。奈飞是一家美国公司，成立于1997年，是世界最大的在线影片租赁服务商。奈飞号称"内容之王"，拥有超过5万部电影和电视剧。2022年4月20日，奈飞公布了其2022年第一季度财报。财报显示，奈飞第一季度营收78.7亿美元，同比增长9.8%；净利润为16亿美元，同比下降5.9%；全球订户总数为2.2164亿。

内容价值是用户付费的基础。例如，知乎是一个高质量的问答社区和创作者聚集的原创内容平台，于2011年1月正式上线，以"让人们更好地分享知识、经验和见解，找到自己的解答"为品牌使命。根据2022年知乎第一季度财报，截至2022年3月31日，知乎内容累积量达5.23亿条，季度平均高等级创作者日活跃数同比增长45%以上，日均内容创作同比增长超过125%。知乎付费会员人数达689万人，同比增长72.8%，付费率为6.8%。付费会员业务收入达2.22亿元，同比增长75.1%。

（2）用户为"认同"付费：付费打赏、付费点赞

随着内容创作者规模不断增长，越来越多的人通过在社交、短视频、内容社区等平台创作内容获得收益。优质创作者的影响力日益凸显，优质内容不仅获得共鸣、引发讨论、唤起深思，同时也蕴含着商业价值。为鼓励作者原创、提高原创者收益，内容平台为原创权限的作者开通了赞赏功能，帮助拥有大量粉丝的创作者将内容商品化，允许用户通过打赏向内容创作者表示欣赏，大多数内容平台允许创作者获得100%的打赏金额。赞赏是很多有内涵、有见地的创作者的一项收入来源。

根据微博发布的2021年年度创作者收益报告，在用户付费方面，微博为创作者打造了打赏、V+粉丝订阅、微博问答等多个产品。越来越多的用户通过打赏功能支持自己喜欢的优质创作者，2021年，超5万名创作者收到打赏，打赏金额超过4800万元。被打赏的创作者集中在时事、读书作家、美食、情感、教育和美女帅哥领域。

【延伸阅读】
关于规范网络直播打赏，加强未成年人保护的意见

（3）平台付费：内容补贴、版权付费

移动互联网时代，各种内容平台百花齐放，例如，在文字领域，既有知乎，也有豆瓣和微博；在直播领域，既有抖音和快手两大巨头，也有花椒、虎牙、斗鱼等平台专注于不同的细分市场；在视频领域，既有爱奇艺、腾讯和优酷，也有搜狐、哔哩哔哩，同时微信、微博、QQ、知乎也涉足视频领域。每个领域多个平台共生的局面，形成了相对充分的市场竞争格局。

与之对照，比较稀缺的就是原创内容，而高质量的原创内容更加稀缺。对内容平台和内容公司而言，优质创作人才是最重要的资产。内容补贴等多元化的补贴扶持政策，是内容平台建立持续的创作生态的基本方式。

在 UGC、PGC、OGC（Occupationally-generated Content，职业生产内容）、CGC（Consummer-generated Content，消费者生产内容）的内容创作生态中，优质内容的生产门槛较高，需要耗费创作者大量的精力，仅靠流量收入难以维持生产。在精品内容和头部创作者稀缺，供需关系驱动之下，要求平台进行流量和资金扶持，才能支撑持续内容产出。

从 2015 年开始，各个内容平台已经开始了新一轮的内容竞争，核心就是通过内容补贴政策吸引优质内容资源。具体政策形式非常丰富，如工资、万人阅读/播放奖励、优质作品评选奖励、主体内容征集奖金、收入分成、内容购买等。喜马拉雅 2022 年 3 月向港交所提交招股说明书，第三次谋求 IPO（Initial Public Offering，首次公开发行股票），招股书显示，其第一大支出就是付给创作者的节目收入分成和内容购买成本，在过去三年中，合计占总营收的 39.5%、38.0%、33.0%。

同时，优质原创作者成为各个平台争夺的重点资源。2020 年月 14 日，哔哩哔哩财经类 UP 主（Uploader，上传者，指在内容平台上传内容的人）"巫师财经"发布微博，宣布和哔哩哔哩"分手"。离开哔哩哔哩后，"巫师财经"签约的是字节跳动旗下的西瓜视频，签约费高达 1000 万元。作为"哔哩哔哩财经类第一 UP 主"，"巫师财经"以自己独特的"幼儿园化"解读，让高高在上的金融变得不那么神秘。一句"资本永不眠"一时风靡，圈粉无数，也带起了哔哩哔哩财经区的高潮。

版权付费指内容平台向创作人支付内容的版权费用。目前我国内容创作者整体上版权收益微薄，甚至大多无版权收益。以音乐市场为例，尽管各大音乐排行榜影响巨大，《中国好声音》《声生不息》等各类音乐综艺节目火爆，但据中国传媒大学 2021 年初发布的《2020 中国音乐人报告》显示，近年来我国音乐人普遍收入水平有所提升，但整体水平较低。头部热门版权价值不菲，腰部、尾部音乐人的作品则无人问津，音乐创作个体之间收益差异巨大。在所有的音乐人中，有 52% 的音乐人没有音乐收入，24% 的音乐人的音乐收入占总收入的 5% 以内，7% 的音乐人的音乐收入占总收入的 6% 至 20%，仅 7% 的音乐人的音乐收入占比达到 100%。2020 年 11 月 11 日，十三届全国人大常委会会议表决通过了关于修改《中华人民共和国著作权法》的决定，自 2021 年 6 月 1 日起施行。最新修订内容进一步适应数字时代的文化作品传播特点，将会使创作者的权益得到更加全面的保障。

2. 流量变现

流量变现是把通过内容聚集起来的用户的"注意力资源"进行变现。对受众用户来说，是免费的。但是事实上，"免费的，才是最贵的"。各个内容平台已经把这句话应用到了极致，由此演变出各种后向商业模式，主要包括以下几个方面。

【延伸阅读】
《2021 中国互联网广告数据报告》

（1）广告

广告是各内容平台最主要和最直接的变现方式。内容平台通过优质内容，吸引受众注意力资源，并销售给广告商，由此实现内容变现。

（2）付费会员

付费会员是指用户需要付费购买会员身份的一种制度。在这种制度中，根据平台制定的会员规则,用户支付会员费后,可以获取专属内容,可以享受高级服务等特殊权益。

付费会员是一种差异化服务,吸引用户付费的核心在于以下几点。

①尊贵的身份和标识。一般情况下,付费会员的身份、标识和普通不付费会员是区别开的,最常用的名称为VIP。

②显而易见的优惠和价值。例如,京东PLUS会员可以享受会员优惠价格,饿了么给会员奖励红包等。

③差异化的服务和权益。各个平台的会员权益各不相同,但都非常丰富。如喜马拉雅免广告体验、芒果TV《歌手》抢先看、腾讯视频剧集提前解锁等。

优秀的会员制度不仅能够把付费会员和普通用户区隔开,而且具有激励会员不断升级的作用。从会员积分成长值、会员等级标识、会员服务内容、特权权益等几个方面形成闭环循环过程。付费会员成长体系如图5.15所示。

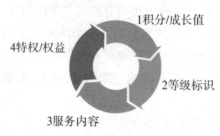

图5.15　付费会员成长体系

在会员成长体系中,需要针对会员成长路径上每一阶段用户的主要需求,设计产品和服务解决方案,建立会员的价值获得感、尊重自豪感和身份归属感,并且不断激励用户成长和升级,从弱关系开始,升级到强关系,并不断强化提升价值。付费会员升级路径参考如图5.16所示。

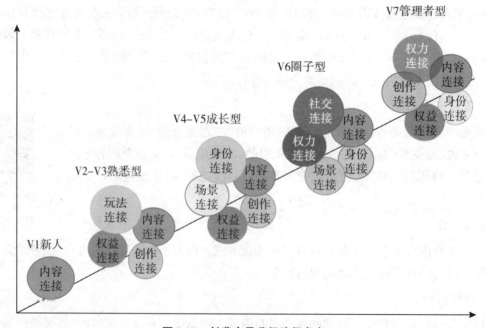

图5.16　付费会员升级路径参考

（3）内容电商

流量因为内容吸引而聚集起来。也可以理解为内容对受众群体进行了一次筛选，由此集中起来的用户群体具有明显的共性：都对某一领域感兴趣，都对博主认同和信任。博主与忠实粉丝之间存在较大比例的强连接，部分弱连接向强连接转化的可能性也比较大。因此，内容博主具有天然的电商带货优势。

内容＋电商带货对内容平台、创作者、粉丝三方都有利，平台收获了流量和GMV，博主进行了变现，粉丝看到了优质内容，而且节约了搜寻成本。

2019年9月15日，字节跳动平台责任研究中心联合北京师范大学数字创意媒体研究中心发布了《短视频平台上的创意劳动者》报告，对超过2000名内容创作者的调查结果显示，有33.56%的人认为自己目前主要的收入来源包括抖音创作。其中，15.96%的受访者唯一主要的收入来源是抖音，而在获取收入的方式上，电商带货几乎成为了绝大多数内容创作者收入的唯一来源。

（4）直播电商

直播电商是以直播为渠道来达成营销目的的电商形态。与传统电商相比，直播电商通过直播方式进行商品展示、讲解、互动，为用户带来了更丰富、直接、实时的购物体验，具有强互动性、强专业性与高转化率等优势。

2018年开始，中国直播电商行业成为风口，2019年，KOL的强大流量和变现能力进一步催化直播电商迅速发展。2020年，"宅经济"的进一步火热，激发了直播电商行业的活力，市场规模相较于上年增长121%，达9610亿元。

2022年6月1日，健身达人刘畊宏直播带货，带货产品均来自斐乐，为儿童健身服，正好契合六一到来的氛围。直播中刘畊宏夫妇与斐乐旗舰店视频连麦，对产品进行介绍，商家的三款儿童运动服被抢购一空。

（5）短视频带货

我国短视频用户规模基础巨大。据《第49次中国互联网络发展状况统计报告》，截至2021年12月，我国网络视频（含短视频）用户规模达9.75亿，较2020年12月增长4794万，占网民整体的94.5%；其中，短视频用户规模达9.34亿，较2020年12月增长6080万，占网民整体的90.5%。

随着看短视频成为人们生活的日常行为，短视频已经成为最受欢迎的营销方式之一。利用短视频带货是各个商家最为热衷的销售方式。短视频内容紧凑、节奏较快，容易形成视觉冲击，比较容易抓住观众的视线和心理，把自己的产品自然地投入视频内容中，潜移默化地向观众输出自己的产品，这种带有感情色彩的软性销售方式特别利于用户接纳。

3.服务衍生

围绕内容进行衍生服务输出是内容变现的重要途径。平台服务功能与内容产品的知识价值结合，可以衍生出多种服务，通过对外输出这些服务，可以产生收入和利润。

（1）增值服务

增值服务是相对于基础服务而言的，是指根据客户需要，为客户提供的超出常规服务范围的服务，或者采用超出常规服务方法的服务。对互联网内容平台而言，基础服务常常是免费的，而增值服务则大部分是收费的。

以哔哩哔哩为例，2016年哔哩哔哩推出大会员。大会员是哔哩哔哩一项新的收费服务，这项服务的单月价格为25元，一季度的价格为68元，年费价格为233元。哔哩哔哩大会员的特权如表5.14所示。

表5.14　哔哩哔哩大会员的特权

会员特权	普通会员	大会员	年度大会员
钛合金画质	×	√	√
评论有表情	×	√	√
空间自主头像	×	√	√
每月返B币	×	×	√
尊贵红色昵称	×	×	√
游戏福利礼包	×	×	√
周边折扣物语	×	×	√

哔哩哔哩2021年财报显示，增值服务（主要为直播及大会员等业务）是哔哩哔哩最大的收入来源。截至12月31日，"大会员"数量再创新高，同比增长39%。2021年全年增值服务业务收入达69.3亿元，同比增长80%。

（2）培训/咨询

对于知识类内容博主来说，生产内容产品是为了引流，最终目的是把自己的知识、经验、技能转化为收费的服务。当内容生产者在一个垂直领域持续输出内容，形成IP，形成了私域粉丝群体，就可以采用对外服务方式进行变现。

在特定的细分市场和垂直行业中，只要具备专业知识基础或者行业经验，并具备一定的知名度和用户资源，就可以采用培训、课程等方式进行服务输出。在各大平台上，才艺、技能、美食、养生、健身等领域聚集了大量的博主。他们不是行业的头部力量，更多是腰部或者尾部创业者。培训或者课程方式是他们收入的主要来源。例如，抖音短视频达人山林吉他只上传了四个作品就圈粉120多万，被网友点赞800多万次。但博主的主要变现方式是线下的收费吉他教学培训，创作内容是为了给培训引流。

咨询策划服务也是内容变现的重要业务形式和收入来源。具有一定影响力的视频博主，很自然地面向企业、政府等客户，承接广告策划服务、广告制作服务、视频内容制作服务、市场咨询服务等业务，并逐步建立长期合作关系，形成稳定收入来源。例如，在我国乡村振兴战略背景下，大量三农领域优质内容创作者在线上内容运营的基础上，线下也积极与当地政府、农户、乡镇企业成功开展合作。

当内容创作者的影响力达到行业头部力量时，就可以利用自身的影响力应邀出席或参加各种演讲活动，通过分享知识、经验、前沿资讯获得收入。例如，前央视主持人罗振宇创立思维造物,推出得到App,主营终身教育业务,2015年推出了"时间的朋友"跨年演讲,主要内容为用户总结过去一年在创新创业领域的学习心得,首创了"知识跨年"的新形态。2020年思维造物谋求上市,其招股书显示,在2017~2020年内,思维造物的跨年演讲项目实现了878.72万元、904.18万元、1208.83万元以及467.63万元的门票收入,四年的跨年门票累计收入为3459.36万元。

4.IP衍生品

IP衍生品是指利用内容生产传播形成品牌IP之后,围绕IP核心概念进行延展,开发出来的周边产品的总称。它的起点是IP资源,基础是受众注意力,运作关键是产品开发和销售。

IP目前已经成为品牌触达目标受众,形成粉丝规模增长的核心利器。从文学作品、漫画、游戏、影视剧,到创意产品,甚至是综艺、活动等,IP涵盖的内容越来越丰富,所产生的附加值也不断地被开发出来,形成了新的商业模式。

（1）品牌授权或IP联名

动漫、影视、游戏领域的衍生品主要是品牌IP授权和IP联名。通过影视、游戏等方式形成巨大的市场影响力,然后以品牌授权或IP联名的方式开发衍生品,早已经成为影视游戏常态化的盈利模式。全球著名的影视IP包括:精灵宝可梦、迪士尼公主、米老鼠和朋友们、漫威宇宙、哈利·波特等;游戏领域的IP主要有任天堂、魔兽系列、使命召唤、英雄联盟、王者荣耀等。2019年8月,《哪吒之魔童降世》票房突破30亿,不仅荣登暑期档票房冠军,并登顶中国影史动画电影票房冠军。票房销售的火爆带动衍生产品热销,淘宝平台上官方正版授权的一件售价99元的单品T恤,预售两天就卖出6000件。2019年10月,动画电影《航海王:狂热行动》在中国大陆上映了七天,票房达到了1.7亿元。据统计,《航海王》的IP变现在商业上非常成功,其衍生品累计销售额达417.2亿元。

（2）衍生自营产品

以IP为核心,采用OEM或者ODM方式,设计开发出衍生产品,并发挥IP影响力优势实现销售和盈利。例如,2018~2020年天猫"双十一"葡萄酒品类第一名"醉鹅娘",是由90后女孩王胜寒(如图5.17)创造的个人自媒体IP。她凭借自己的专业背景,将人设定为一个懂酒的年轻人,主打"No drinks,no life",意思就是让年轻一代更简单地从酒中体验到人生的快乐,并且用年轻人能听懂的通俗语言,分享红酒知识,成为从微博到哔哩哔哩、抖音、知乎等几个平台上的KOL。

图5.17　王胜寒

从 2017 年开始,在代理野格、猎豹之吻奶油利口酒等洋酒、红酒品牌之外,醉鹅娘陆续推出平价红酒,有如饴火烈鸟系列、起泡酒福槟系列、米酒鹅酿系列、果啤摇滚精酿及果酒狮子歌歌系列等自主品牌。醉鹅娘衍生出了更多迎合年轻人喜好的酒品牌,将红酒单行线扩充为红酒、休闲酒类双线并行,让年轻人喜欢酒水,感知酒水文化。比如,小绒鹿自热罐在寒冷的冬天带来一抹温暖;狮子歌歌为每一位喜爱微醺的年轻朋友带来浓郁果香;醉鹅娘觅觅花园小花束起泡酒系列主打唾手可得的生活仪式感;小奶豹是猎豹之吻奶油利口酒,在形象设计上大胆狂野,也可成为能喝醉的奶茶。在线下,醉鹅娘衍生出了自己的小酒馆品牌——Xidea-pod,将小酒馆开进"森林",让用户呼吸绿植带来的清新空气,感受到大自然的美好。醉鹅娘五年变现 3.5 个亿,成为自媒体商业模式的典范。

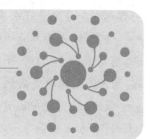

第六章
用户运营：成长与裂变

小米十周年，雷军给米粉的一封信

小米是一家以手机、智能硬件和IoT平台为核心的互联网公司，以智能手机、智能电视、笔记本电脑等丰富的产品与服务，致力于让全球每个人都能享受科技带来的美好生活。2022年3月22日晚，小米集团公布2021年财报。财报显示，2021年，小米集团总收入达到3283亿元，同比增长33.5%；净利润220亿元，同比增长69%；高端智能手机出货2400万台，全球智能手机出货1.9亿台，市场占有率14.1%；全球MIUI(小米公司旗下的手机操作系统)活跃用户5.1亿；小米物联网平台用户数达到4.34亿；累计对外投资企业数达到390家，世界500强排名338位。小米商业帝国呈现出欣欣向荣的景象。

2022年4月6日，小米成立十二周年。小米公司创始人、董事长雷军给全球"米粉"写了一封信。

亲爱的"米粉"朋友们：

今天是4月6号，小米的生日，12年前的今天，我们13个人一起喝了碗小米粥，在中关村一个很小的办公室，开始了创业。经过这么多年的奋斗，终于成就了一家史上最年轻的500强企业。

今天也是一年一度的"米粉节"。每当这个我们共同的节日到来之际，我心里总是无限感慨，一片感激。还记得10年前，第一届"米粉节"举办时，我们跟"米粉"们开了一场Party，当时的场地很小，只装得下几百位"米粉"；小米也很小，是一家才卖出的200多万台手机的新面孔。

今年，"米粉节"来到了第11届，在中国忠实的"米粉"朋友已经数以千万计，小米也成长了很多，构建起庞大丰富的智能生态，正在向着手机行业全球第一的目标全力推进。

10年光阴，沧海桑田。但在这个特殊的日子里，还是一样的激动，因为我们一直在一起，一直都在奔赴更美好未来的路上。

这条路，不会总是一帆风顺，但携手奔赴就是动人风景。今年"米粉节"的主题是"奔赴未来，有你真好"。这个节日不仅仅是以格外优惠的产品回馈更多的朋友，更为了能和大家一起，为所有追求更美好的未来的朋友们加油鼓劲。

最近，我们与中国日报新媒体联合发起了小米12全球影展征集活动"奔跑的中国"，很多"米粉"和专业摄影师一起参与并分享了他们的优秀作品，每一张照片都讲述了一个关于爱与力量的故事，让我非常感动，相信你也会有同感。目前影展正在北京、成都、深圳等多个城市的小米之家展出，全国超10000家小米之家也会同步呈现这些精彩瞬间，欢迎大家前往打卡。

同时，我们也在"米粉节"同步开启了"米粉公益月"活动，希望通过小米公益平台，和热心公益的"米粉"朋友们一起支持公益项目，去帮助更多对美好未来充满向往的人们，让这个世界因为我们一起的努力，更美好一点。

先有"米粉"，才有"米粉节"。书写在一起的故事，记录共同的记忆，才是纪念日的意义。"米粉节"就是我们共同的纪念日。我相信，我们在一起，就有更多动人的故事，就有值得全力奔赴的更美好的未来。

再次谢谢你，亲爱的"米粉"朋友，让我们一起庆祝小米12岁生日快乐，更要祝我们一起永远快乐！

雷军

4/6/2022

这封信显示出雷军和小米公司对"米粉"的重视程度非常高。小米公司十二年发展成为互联网行业的翘楚，和他们始终强调用户运营分不开。对一个公司来讲，目标向来是非常简单的，那就是实现公司价值最大化。然而公司的价值取决于它在市场上的地位——用户运营情况，这就是市场权力游戏的密码。

用户运营看起来包罗万象。其实，按照第一性原理，跳出执行层纷繁复杂的细节，切换到资本市场视角审视企业估值，可以看到投资者对企业估值时最常用的基本公式：

$$企业价值 = 用户规模 \times 用户价值$$

因此，用户运营就是通过各种方法提升用户价值和用户规模，最终实现企业价值最大化。本章重点讨论两个问题：一是如何认识用户价值；二是用户运营。

第一节　用户价值

一、用户还是客户？

在互联网领域，我们经常听到的是"用户"，而在传统领域，经常听到的却是"客户"。在互联网领域，"用户至上"是基础的产品理念，而在传统领域，"客户就是上帝"是常见标语。

那么"用户"和"客户"是一个概念吗？如果不是，它们又有什么区别与联系呢？很多人把

"用户"和"客户"混淆在一起，以为二者并没有什么不同。其实二者虽然只有一字之差，但内涵却有本质的区别：用户是指某一种技术、产品、服务的使用者；客户是指用金钱或某种有价值的物品来换取接受财产、服务、产品或某种创意的自然人或公司，是商业服务或产品的购买者。通过二者的定义可以看出：用户是产品的最终使用者，关心的是使用价值，而客户是产品的买单者，关心的是性价比。

在不同的场景中，用户不一定等于客户。在大多数情况下，区分用户和客户是有意义的。例如，每个企业都希望让产品或服务的卖点尽可能接近市场痛点，我们在第四章明确了大数据画像是帮助我们分析目标市场、找准痛点的方法。所谓"用户画像"，就是根据用户的社会属性、生活习惯和消费行为等信息和数据，综合得出的一个标签化的模型。但是，在大数据画像时，大多数人却非常容易忽略一个问题："我们的客户是我的用户吗？"

我们先看一些普通常见的场景。用户与客户如表6.1所示。

表6.1　用户与客户

场景	Q	A
学生用品	谁是用户，谁是客户？	学生是用户，家长是客户
老人用品		老人是用户，这是确定的。有的时候客户是老人自己，但更多时候是子女，因为子女会掏钱买了送给老人
女性化妆品套盒		用户是女性，客户可能是女性自己，也可能由男性购买了送给女性
儿童产品		用户是儿童，客户是成人，通常由家长或者亲朋好友买单
节日礼盒		收礼人是用户，送礼人是客户
牛肉面		用户和客户通常是一致的，即食客本人

在互联网的商业世界里，平台、商家、用户/客户形成了一种独特、自由和平等的关系链。他们之间因为平台或产品的魅力互相吸引，因真诚而互相交流，因信任而结成新的平台商业生态。在互联网的商业场景中，用户与客户也不完全一致。互联网平台的用户与客户如表6.2所示。

表6.2　互联网平台的用户与客户

场景	Q	A
百度	谁是用户，谁是客户？	百度搜索的主要盈利模式是广告，主要客户是广告主，购买关键字、广告位置等；用户是使用搜索引擎的人。免费搜索服务是吸引广告的前提，对百度来说，用户越多，感兴趣的客户越多
微信		微信的主要盈利模式是增值服务，如游戏、表情包。其客户是用户的一部分。微信通过提供即时通信服务积累用户，然后在用户中挖掘客户，为其提供其他增值服务。对微信来说，所有的用户都是其潜在客户
抖音		抖音为人们提供视频服务，其用户分为内容消费者和内容创造者。客户也分为两类，即广告主和付费用户。用户生产内容是抖音商业模式的关键，大量的、优质的内容会吸引更多观看的用户，而大量的用户又会吸引投放广告的客户
淘宝、京东、拼多多		电商平台的用户是购物者，客户是在平台上进行商品销售的商家。平台上的用户越多，吸引的客户越多，反之亦然

区分用户和客户，目的不在于重要性排序。只取悦客户，不取悦用户，会在营销时遭到排斥和抵制。只取悦用户，不取悦客户，会在推广中叫好不叫座。把用户和客户区分开，会形成不同的营销理念。以客户为导向，市场营销组合策略是有效的；以用户为导向，体验才是最为关键的。

产品和服务的最终对象是用户。从根本上来说，只有得到用户的认可，才能获得持续的机会。在这个意义上，用户是第一性的。

二、用户的本质

互联网的开放性和用户选择的丰富性，决定了每一个行业中一切最终的决定权全部在用户手中。

那么用户的本质是什么？以微信为例，截至2022年6月，微信月活跃用户数超过12亿，商业估值超过1.75万亿港元。如果我们只考虑微信的即时通信功能，忽略其他生态化应用功能，如支付、小程序、公众号、朋友圈等，那么微信的商业估值就将大大降低。这说明单纯把用户视为自然人是不合适的，用户的本质是需求的集合。

用户必须跟需求结合起来。"当某个产品完全满足了某个用户在某个场景下的某类需求，那么可以说此用户是该产品的一个用户。举个例子，如果某个用户一个月有100次使用专车的需求，100次全用了滴滴专车，那么我们可以说此用户是滴滴专车的一位用户；如果100次专车需求中，只有50次使用了滴滴专车，那么这个用户就只有一半是属于滴滴的，滴滴其实只获得了半个用户。"

把用户看成是需求的集合。一个自然人可以有各种各样的需求，因此他可以是成百上千种产品的用户。把用户放进具体的场景中，很容易理解这一点：例如，一个用户吃火锅的时候，他首先是火锅店的一个用户；如果他同时喝啤酒，那么他同时也是某个啤酒品牌的用户；如果他还喝饮料，那么他也是某个饮料品牌的用户；如果他购买了美团优惠券，那么他也是美团的用户。

一个自然人也可以是同一个平台的不同应用产品的多个用户。以微信为例，如果用户用微信联系朋友、发朋友圈、扫码支付、进行生活缴费、使用某些小程序、关注某些公众号，那么我们也可以把这个用户看成微信平台上不同应用产品的五个用户。

把用户看成需求的结合，更好地体现了互联网市场的特点。在互联网上，所有的企业都是平等的，都有机会平等地在用户面前展示自己。如果能够获得用户的认可，就可以赢得发展机会；如果引起用户的不满，用户可以立刻选择其他公司提供的产品和服务，因为互联网新媒体为用户提供了丰富的选择。

因此，用户是最终和最挑剔的裁判员。在互联网市场上，AI就是根据用户的行为、偏好、体验、感受来分配市场机会。同一个需求，来自全球的产品供应商都在争夺。同时，各种创新技术的应用还带来了源源不断的新产品。对任何一个企业而言，无论现在具有多高的护城河，如果对用户的感受稍有松懈，就有可能被用户抛弃，被对手颠覆。

三、用户价值

用户是需求的生产者，企业是商品和服务的生产者。通常情况下，通过市场交易，企业和用户分别为对方创造了价值，同时实现了自身的价值获取。因此，用户价值可以从两个角度理解：一个是企业给用户创造的价值；另一个是用户给企业创造的价值。这两个角度的用户价值含义都很重要。

（一）企业给用户创造的价值

前百度产品副总裁、首席产品架构师，有"百度贴吧之父"之称的俞军曾提出一个企业给用户创造价值的公式，即用户价值=（新体验-旧体验）-替换成本。

公式的前半部分"新体验-旧体验"，表明一个新产品只有解决了现有产品所不能解决的用户痛点才能在市场上立足。例如，网约车相对于出租车，解决的痛点是提高了用户打车的方便性。尤其是在交通的高峰期、机场接机两个场景下，用户在打不到车和等待时间两个痛点上的体验得到改善。所以，产品和服务得到市场认可的前提是相对现有解决方案，能够改善用户在关键痛点上的体验。

公式的后半部分"-替换成本"，说明用户使用新产品需要花费的时间、资金、精力、耐心等。这个替换成本是一个产品的护城河。例如，即时通信是移动通信时代人们沟通的常用工具，具有极大的市场空间和价值。在微信占有强势市场地位的基础上，仍然有很多企业试图在市场上分一杯羹。前有子弹短信、来往、飞聊，后有阿里巴巴基于淘宝优势推出了自己的即时通信工具阿里旺旺、字节跳动在短视频平台基础上推出了飞书。尽管这些产品都具有自己的特点和优势，但是用户的替换成本，包括自己的使用习惯、周边的使用习惯等都是微信的护城河，导致各种替代品都无法撼动微信在市场上的优势地位。这就是护城河有多深，替换成本就有多高。

【延伸阅读】金山的 WPS 与微软 Office 的艰难竞争

（二）用户给企业创造的价值

企业给用户创造的价值，实质也是企业实现价值获取的方式。从本质上说，用户是企业潜在收入和利润的来源。因此，用户给企业创造的价值才是企业关注的最终目标。

互联网的新媒体深刻地改变了企业和用户的关系。在传统媒体时代，以单向传播为主，互动的机会和频率都很低，企业和用户是相互分离的。此时企业聚焦于满足用户的需求本身。用户效用价值是衡量企业给用户创造价值的核心指标。

新媒体把企业和用户连接起来了。在互联网的舞台上，用户不仅仅只是购买和使用那么简单，用户还会搜寻、比较、转发、点赞、关注。换句话说，用户不仅是"自然人"，有需求；也不仅是"经济人"，会计算效用价值和理性消费；他们在更大意义上是"社会人"，有情感、有温度、有自己的社交圈。

于是，用户作为需求的集合，所能够给企业带来的价值超过了市场交易关系。互联网企业通过大数据对用户的价值结构进行深入地发掘，建立新的商业模式并获得巨大成功。用户价值的层次有以下四种。

1.用户的需求价值

用户在互联网平台上下单,购买自己需要的产品,平台和供应商因此实现价值获取,这是用户的需求价值。此时用户是"自然人"和"经济人",为了满足自己的需求进行理性决策。但是用户和用户之间没有联系,是零散的、孤立的。

2.用户的行为价值

用户的行为价值,是用户的需求、情感、偏好等在平台上外化为注意力,体现为搜寻、浏览、关注、购买、评价等行为,这些行为所蕴含的价值。从平台的角度看,通过大数据技术分析用户的行为,可以建立用户模型,提高营销针对性,节约营销成本。也可以对平台的"注意力"资源进行变现,形成平台广告等后向商业模式。这两种价值获取方式,都已经演变成互联网平台企业的主流盈利模式。在此基础上,形成了一系列通用的评价指标体系。流量运营主要数据指标如表6.3所示。

表6.3　流量运营主要数据指标

中文全称	英文	含义(口径)
日活跃用户数	Daily Active User(DAU)	一日(统计日)之内,登录或使用了某个产品的用户数(去重)
周活跃用户数	Weekly Active Users(WAU)	一周(统计日)之内,登录或使用了某个产品的用户数(去重)
月活跃用户数	Monthly Active Users(MAU)	一月(统计日)之内,登录或使用了某个产品的用户数(去重)
平均同时在线人数	Average Concurrent Users(ACU)	–
最高同时在线人数	Peak Concurrent Users(PCU)	–
独立访问量	Unique Visitor(UV)	独立访问用户数
页面浏览量	Page View(PV)	页面被多少人看过
页面平均停留时长	Time on Page	每一次页面访问的停留时长的平均值
页面跳出率	Page ounce Rate	从当前页面离开应用的访次/该页面总访次*100%
页面访问深度	Page Visit Depth	一次启动过程中访问的页面数总和,同一个页面的重复访问均会被计数
视频播放量	Vedio View	视频被播放次数
完播率	Completion Rate	视频被完整播放的比率
点赞量	Likes	页面被点赞的次数
转发量	Forwarding Volume	页面被转发的次数
关注量	Amount of Attention	页面被关注的次数
收藏率	Collection Rate	页面被收藏的比率

3.用户的社交价值

用户的社交价值是指用户的社交网络能够给平台企业带来的价值,通常情况下体现为用户裂变。互联网病毒式的传播并不是依托于卖家单向的信息传递,而是靠人与人之间的社会传播。在如今的时代,传统告知式、说教式的广告的转发率已经越来越低,明星代言的公信力越来越被质疑,反而是朋友之间口

【延伸阅读】
社交估值理论

碑传播、社交平台上的互动迸发出了巨大的能量。

用户可能没有下单，但他依然值得被重视，因为他是一个"火种"。比如对一个品牌而言，其用户会更加了解这个产品的功能、特点、使用方法等，更加关注这个品牌的动态。尽管粉丝没有下单支付，但他有自己的社交圈子，这个圈子中的人相互之间有着更加频繁的沟通，也有着高度的相互信任。如果他了解到这个圈子里的人有需求，并且向他推荐该品牌的产品，会因为更高的信任基础而获得成功。

4.用户的涌现价值

用户的涌现价值，是用户量到了一定数量与质量，会涌现出一种新的价值，这种价值就是网络效应。

一个用户的价值是有限的，但是用户群体的价值是巨大的。如果世界上只有一部电话，那么这部电话只是一个玩具，因为它无法拨打给任何人。但如果十个人有，那么就可以远程通话了。拥有电话的人越来越多，电话的作用就越来越大，拥有一部电话的价值也越来越大。这种随人数变多而不断涌现出来的价值就是网络效应。

网络效应不是因为互联网才出现的。从古至今，最具有网络效应现象的是黄金。黄金能作为一种硬通货，是因为它的价值来自所有人的认同。语言也具备网络效应，使用人数越多的语言的网络效应越大。

互联网公司最好地诠释了网络效应的力量。用户量越多，网络效应越大。为什么我们要使用微信？既不是因为它比别的产品功能更加强大，也不是因为它免费。是因为我们的家人朋友都在用微信。为什么人们喜欢使用抖音？不是抖音的内容更加有趣，而是因为抖音上的内容多，能够满足我们各个方面的内容需求。

当用户量规模达到一定程度时，网络效应的威力就体现出来。在移动互联网时代，没有赢者通吃的市场，但存在各种具有网络效应的公司。即使是那些最初似乎赢得了市场、已经建立深厚"护城河"的公司，也难以阻止抄袭者和新进入者。这也是网络效应的威力。

四、用户价值评估

用户价值分析的雏形是帕累托原则，即企业80%的利润来自企业20%的客户。企业如果重视头部20%客户的需求，就可以在很大程度上提升竞争力。

（一）RFM模型

根据美国数据库营销研究所Arthur Hughes的研究，客户数据库中有3个神奇的要素，这3个要素构成了数据分析最好的指标——RFM：最近一次消费（Recency）、消费频率（Frequency）、消费金额（Monetary）。这三个指标分别代表客户的活跃度、忠诚度、消费能力。通过这三个指标可以细分不同价值的客户群，然后制订针对性的营销策略。RFM模型动态地展示了一个客户的轮廓，这给个性化的沟通和服务提供了依据，是衡量客户价值和客户创造利益能力的常用工具和手段。

(二)CLV模型

我们知道,不是所有的用户都具备相同的价值,如果企业能够专注于那些可以带来最大未来利益的用户,就可以实现更好的运营。所以企业识别出这些用户具有十分重要的实际意义。

CLV(Customer Lifetime Value,用户生命周期价值),也有人叫LTV(Life Time Value),是衡量用户在整个生命周期中(或者一个时间阶段内),对企业贡献总的价值收益多少的指标。例如,某用户注册了一个游戏App,一共使用了两年,后来就流失了。他在两年期间在App上一共消费了1000元,那么他的CLV就是1000元。

CLV计算公式为:

$$客户生命周期价值 = 客户价值 \times 平均客户生命周期$$

其中,

$$客户价值 = 平均购买价值 \times 平均购买次数$$

由于用户生命周期是一个偏长期的概念,在实际操作过程中,往往把一段时间内的收益作为一个生命周期来衡量。例如,把一年作为一个生命周期。因为在一年时间内,可能大部分用户已经完成了从引入到流失的过程。用户生命周期价值模型把留存和价值两个维度结合在一起,从长期角度评估用户的价值。这种评估方法更加科学与全面,能帮助企业从更长期的角度开展用户运营。

(三)基于用户行为的整体价值评估

用户价值评估的RFM和CLV模型计算了用户交易行为为企业创造的价值。在互联网广泛渗透到各个行业的今天,这种价值计算并不全面,并不能全面反映出用户的非交易行为。例如,用户在互联网上浏览、搜索、分享等行为的价值,也不能反映出用户参与企业经营活动带来的价值。

根据用户在互联网平台上的所有行为,可以把用户的价值分为交易指标、接入指标、活跃指标、裂变指标、反馈指标、参与指标。

1.交易指标

交易指标与CLV类似,是指的是用户在一个时间段内给企业贡献的价值。

例如,一个用户在某个时间段在平台上为某个产品或服务支付了200元,而这个产品或者服务在所有的产品或者服务中的权重为2。那么,200×2=400就是这个用户在这个时间段的交易指标值。

2.接入指标

接入指标是根据用户的登录情况来判断用户的接入情况。在一个统计周期内,用户如果登录了平台,则指标值为正,若未登录,则指标值为零或者负数。此外,在登录情况下,还要评估单位时间内的登录次数,且登录次数越多,权重越大。

例如,用户在某一天时间登录平台的次数为5次,第一次给定的权重为1,第二次为2,第三次为3……第5次为5。那么用户今天对平台的接入指标值则为15。若该用户在接下来三天没有登录过平台,那么他的接入指标值应为负值,假设流失权重为3,那么第一天使用指标值为-3,第二天为-6,第三天为-9,以此类推。那么,该用户的接入指标值为15-3-6-9=-3。

3. 活跃指标

活跃指标根据用户在平台上进行有效数据交换的数量和质量来判定,它是运营过程中判断用户价值的重要数据。对运营不同的产品或服务的互联网平台,数据的分类并不完全相同。

例如,内容运营平台的活跃指标是根据用户某个时间段的内容数据交换的数量和质量来评估的。这里用户产生数据交换的行为包括:发帖、评价、转发、点赞、收藏等;其中发布的帖子又可分为普通帖和推荐帖。我们为每个行为设置权重系数。针对内容运营,设定推荐帖的权重为50,发布普通帖的权重为3,评价和转发的权重为2,点赞和收藏的权重为1。假设某个时间段内用户发生上述行为各一次,那么,该用户的活跃指标值为50+3+2+2+1+1=59。

4. 裂变指标

裂变指标根据用户帮助我们推广产品的力度进行评估。用户的推广行为分为分享和邀请。分享可以按目标平台赋予权重,如微信为5,微博和QQ空间为3,人人网、豆瓣等为1;而邀请用户为10。假设用户在某时间段内发生上述行为各一次,那么,该用户裂变指标值为5+3+3+1+1+10=26。过裂变指标,可以精准地划分用户在推广方面的价值。

5. 反馈指标

反馈指标是根据用户对产品的反馈意见进行评估。用户的反馈意见包括:正面评价、负面评价、投诉、改进意见和建议。假设正面评价权重为5,负面评价为1,投诉为-10,改进意见和建议为15。假设用户在某时间段内发生上述行为各一次,那么,该用户的反馈指标指为5+1-10+15=-1。

6. 参与指标

参与指标根据用户参与平台的活动情况进行评估。用户参与企业包括参与企业线下关怀互动活动(如俱乐部活动)、产品研发和设计活动、众筹营销活动等。假设参与线下关怀互动的权重为5,产品研发设计活动为10,众筹活动为50。假设用户在某时间段内发生上述行为各一次,那么,该用户的参与指标值为5+10+50=65。

综合起来,根据用户行为进行整体评价,可以整体评估用户价值如下:

用户价值= 交易指标(经济价值)+接入指标(流量价值)+活跃指标(注意力价值)+裂变指标(推广价值)+反馈指标(体验价值)+参与指标(共创价值)。

第二节 用户运营模型

中国互联网络信息中心发布的《第49次中国互联网络发展状况统计报告》显示,截至2021年12月,我国网民规模达10.32亿,较2020年12月增长4296万,互联网普及率达73.0%。

这组数据表明我国互联网覆盖率进一步提升,互联网流量红利逐渐消失,野蛮生长的互联网时代也接近尾声。为了驱动新一轮的业务增长,各大互联网公司早已开始寻求更科学、更高效的方法实现用户快速发展,并且形成了各种用户发展方法和模型。

一、增长黑客——AARRR模型

(一)增长黑客的概念

"增长黑客"这一说法,最早在2010年由肖恩·埃利斯提出。它最初的定义指的是"一群以数据驱动营销、以市场指导产品方向,通过技术化手段贯彻增长目标的人"。

在流量红利逐渐消失、获取用户成本不断上升的背景下,"增长黑客"开始受到全面追捧,拥有"用户增长能力"的人渐渐成为了这个时代最稀缺的人才。

随着互联网商业模式的快速发展和变化,增长黑客的概念变得越来越宽泛。增长黑客不仅指这样的一群人,也代表一套数据模型:将一个结果(一级)指标拆分成多个过程(次级)指标,以数学模型的形态展现用户发展方法和策略。增长黑客甚至已经演变成一种数据驱动的工作方法:从数据出发,找到问题——提出假设——试验验证——解决问题,最终提升运营业务数据指标。

甚至,可以把增长黑客理解为一种运营方式,一种"以最快方法、最低成本、最高效手段实现用户大量增长,最终增加收入"的运营方式。

所以,增长黑客不再特指负责用户增长的员工或者岗位,其远远超出了数据工作的范畴,是融合了经济学、社会学、心理学的方法论。在提出假设、设计增长实验等多个环节中,增长黑客充分考虑用户的心理特征和主观体验,遵循人性的基本原理。在增长黑客的概念中,用户的主观体验和客观行为数据,是同一个事物的一体两面,且主观体验是因,客观行为数据是果。只有充分重视用户的主观体验,结合大数据,得出的产品和运营决策,才能实现低成本的裂变式增长。

【延伸阅读】
增长黑客的
例子

(二)增长黑客的模型

硅谷著名风险投资人戴夫·麦克卢尔在2007年提出以用户的生命周期为核心,把增长过程分为五个步骤,分别是:获取用户(Acquisition)、用户激活(Activiation)、用户留存(Retention)、用户变现(Revenue)、用户推荐(Referral)。这就是著名的AARRR模型。

AARRR模型之所以广受欢迎,主要在于它非常简单,容易操作,突出了增长的所有重要元素。通过五个方面的数据指标,就可以清晰地分析用户行为,为产品运营制定决策,从而实现用户增长。增长黑客模型中的参考指标如表6.4所示。

表6.4　增长黑客模型中的参考指标

阶段	核心问题	指标
获取用户 (Acquisition)	用户如何找到我们?	1. 渠道数量 2. 渠道转化率 3. 新增用户量 4. 下载App数量 5. 获客成本
用户激活 (Activiation)	用户的首次体验如何?	1. DAU(日活跃用户数) 2. WAU(周活跃用户数) 3. MAU(月活跃用户数) 4. PV页面浏览量(WEB) 5. UV独立访客数量(App)
用户留存 (Retention)	用户会回来吗?	1. 次日留存率 2. 三日留存率 3. 七日留存率 4. 三十日留存率
用户变现 (Revenue)	用户愿意付钱吗?	1. Revenue = AU× PUR ×ARPPU 收入 = 活跃用户数量 ×用户付费率×平均每付费用户收入 2. PUR = APA / AU 用户付费率 = 付费用户量/活跃用户总量 3. ARPU = Revenue/AU 用户产生的平均收入=总收入/总活跃用户量 4. ARPPU = Revenue / APA 平均付费用户收入=总收入/付费用户量 5. APA = AU×PUR 付费用户数量 = 活跃用户量×用户付费率
用户推荐 (Referral)	用户会告诉他人吗?	1. 转发率 = 分享的用户数量 / 看到的用户总数量 2. K因子 = 每个老用户带新用户的数量 K > 1则会增长,类似于滚雪球;K < 1一定数量后停止增长

在AARRR模型的五个步骤中,用户从知晓产品开始,经历五个环节。企业最终获取商业价值,取决于每个阶段用户的转化率,因此形成了一个"漏斗"。因此AARRR模型也常常被表示为以"漏斗"形式呈现的用户增长框架。

(三)增长黑客的基础体系

单纯的指标分析无法形成市场策略,增长黑客是一个体系化的运营过程。肖恩·埃利斯认为,一个完整的增长黑客体系的构成需要包括四个要素,分别是增长团队、足够好的产品、增长战略以及快节奏的试验。

增长黑客体系意味着用户增长从来都不单纯是营销部门的事情。对互联网公司而言,增长团队必须满足两个条件:扁平化的团队和快速响应市场变化。因此,完整的增长团队通常包含五个角色:增长负责人、产品经理、软件工程师、数据分析师、营销专员。

所有快速增长的企业都有一个共同点——无论它们的客户是谁、商业模式如何、产品类型如何、处于哪个行业或是世界哪个地区,它们的产品都广受喜爱。在用户的眼中,它们打造的产品是"不可或缺"的。必须要承认,无论营销和广告投入有多大,无论营销手段有多高明,我们都无法使用户喜欢一个不合格或者不需要的产品。因此,一个产品或者服务好不好,只能由用户说了算。因此,如果通过市场测试,发现产品无法满足用户需求,就应该进行产品优化。

但好产品不一定意味着市场成功。撬动市场的关键杠杆在于市场策略。那么什么样的策略是最好的呢?肖恩·埃利斯认为,只能通过不断的市场测试和验证才能得到。尽管用户运营的指标纷繁复杂,但仍然可以删繁就简,通过一些关键指标揭示出什么样的策略是最适合的。这些关键指标就是增长黑客经常说的"北极星指标"(这个指标会像北极星一样指引着团队朝着增长黑客过程的终极目标努力,使他们不会被某个短期的增长手段冲昏头脑)。北极星指标应该充分体现为用户创造的价值。例如,对微信来说,北极星指标是用户平均每天发送的信息条数,而不是日活跃用户数;对美团外卖来说,外卖订单数就是北极星指标。

市场上没有万灵药,增长黑客的成功往往来自一连串的成功的累加。增长团队平时的绝大部分时间就是在不停地做试验。撬动增长最终是要靠试验来完成的。通过不断地快速实验,一点一滴的总结会带来更好的表现,催生出更好的试验想法,进而带来更多成功,最终将一次次大幅改善转化为压倒性的竞争优势。

二、RARRA模型

在AARRR模型影响下,很长一段时间里,"拉新"是营销的第一重点,也是各类运营增长的关键数据指标。在消费互联网发展早期,这种追求广泛渗透和规模化增长模式曾受到广泛认可,尤其是视频、游戏、音乐、在线教育等完全线上化运营的行业都收获了巨大的红利。

但是,目前市场情况发生了很大的变化:根据Quettra收集的数据,77%的人在安装应用程序后的三天内就放弃了它。这一百分比在一个月内会增长到90%,并在90天内超过95%。用户App活跃度如图6.1所示。

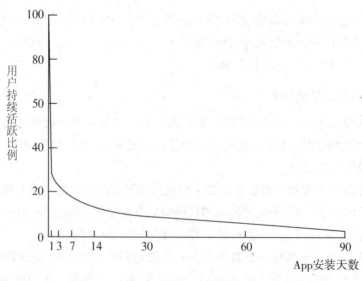

图6.1　用户App活跃度

造成这种现象原因主要是市场竞争格局变化。2008年，iPhone的App Store中只有500个App。在每个垂直领域，几乎都不存在竞争，只要入驻就可以获得iPhone带来的火爆流量，几乎没有获取用户成本。但是今天，App Store上的App超过了200万个，Google Play上已经上架超过300万个App。这意味着激烈的市场竞争要求企业不仅要重视拉新获客，也要重视存量老用户的经营。

2019年，托马斯·佩蒂特和贾博·帕普提出RARRA模型，强调通过运营核心用户实现用户留存，先获取用户本身的价值，再通过用户去转化新的用户，拓宽市场。具体步骤包括：用户留存（Retention）、用户激活（Activation）、用户推荐（Referral）、用户变现（Revenue）、获取用户（Acquisition）。

RARRA的要素组成与AARRR相同，主要的差异在于优先级不同，导致用户增长的步骤不同，更强调用户留存的重要性。从AARRR到RARRA如图6.2所示。

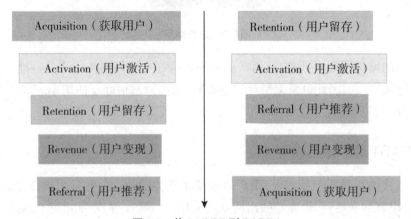

图6.2　从AARRR到RARRA

RARRA的主要思路是为了达到留存，需努力让用户体会产品/服务的核心价值；这样同时也能让用户自主分享，邀请身边好友一起使用该服务/产品；最后就能顺其自然地获利并且获取到新的用户。有研究表明：相比拉新，品牌每留存一名现有用户能够节省5～25倍不等的运营成本。用户留存率每提高5个百分点，产品的利润就会提高25%～95%。

【延伸阅读】
从"除法"思维到"乘法"思维

RARRA模型突出了用户留存的重要性，不再单独强调用户增长。这也意味着，企业由野蛮增长时代开始进入用户的精细化运营时代。

三、增长循环模型

然而，仅仅提高用户留存（Retention）的优先级还是不够的。实际上，大多数企业仍然设置市场营销、产品、财务三个部门，这三个部门独立运作，产生了用户运营流程断裂。例如把获取客户（Acquisition）、用户留存（Retention）与用户变现（Revenue）分解为三个目标后，分别由市场营销部、客户服务部、财务部负责，就会造成漏斗模型（AARRR／RARRA）的转化率低的问题。

我们早已知道,用户增长是一个连续的、不断循环的过程。所以,如何更加系统化地实现可持续的用户增长过程,对企业来说更有实际意义。2018年硅谷互联网公司的高管提出了一个新增长框架——增长循环。增长循环把用户增长看成建立一个连续循环的系统过程,由三个步骤构成:输入(Input,拉新/促活)、行动/步骤(Action/Step)、输出(Output,转化/收益)。增长循环如图6.3所示。

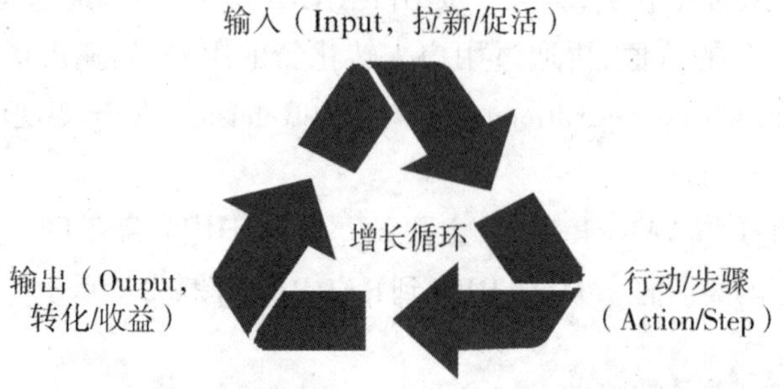

输入(Input,拉新/促活)

增长循环

输出(Output,
转化/收益)

行动/步骤
(Action/Step)

图6.3　增长循环

一个完整的增长循环为:用户使用产品→推荐给好友→好友使用产品→推荐给另一个好友→……因此可根据循环建立策略:老用户邀请好友使用App,双方均可获得10元现金红包。

【延伸阅读】
亚马逊飞轮
效应

四、HEART用户体验模型

对快速迭代的互联网产品来说,用户体验是非常关键的。一些常用指标,如页面浏览量或新用户数,很容易采集到,也能反映出网站或应用运行状况,但不能准确反映出用户体验的好坏。

谷歌用户体验分析团队在大量分析用户体验的基础上总结出了HEART用户体验度量模型,用来规范量化用户体验的过程。HEART模型包括"5+3"两个部分:5个用户体验测量维度和3个确定数据指标的步骤。HEART模型指标如表6.5所示。

表6.5　HEART模型指标

指标	含义	测量方式
愉悦度	用户在使用产品过程中的主观感受,包括满意度、推荐指数、视觉感受、易用性感知等	问卷调查
参与度	用户在一个产品中的参与深度,通常是一段时期内访问的频度、强度或互动深度的综合	平台抓取数据
接受度	产品对新用户的吸引程度,通过特定时期内大量的用户统计来反映新用户对产品或功能的使用情况	平台抓取数据
留存度	衡量现有用户的重复使用情况	平台抓取数据
任务完成度	衡量用户体验行为,如完成任务的时间、任务完成比例以及错误率	后台抓取数据

以上是谷歌团队在长期监控数据指标,衡量用户体验后总结归纳出的5个用户体验维度,适用于完整产品或产品中的某个功能。在量化用户体验的时候,不必在全部5个维度下

建立用户体验目标和数据指标,要根据产品特征选择合适的维度和核心目标。例如,对于企业内部用的办公类产品,参与度这个指标可以相对弱化,任务完成度或者愉悦度更加需要关注。

3个步骤为目标——信号——指标,主要用来保证数据指标和用户体验目标的相关性,从而保证量化用户体验结果的准确性。以美团外卖为例,使用"目标——信号——指标"三步走策略,来制定该功能的体验度量。HEART模型工具化表格如表6.6所示。

表6.6　HEART模型工具化表格

指标	目标	信号	指标
愉悦度	用户能够愉快地使用美团外卖完成一次点餐	用户打开美团外卖App进行点餐,而非其他方式	美团外卖的使用率、分享率
参与度	用户能够经常使用美团外卖点餐	用户经常使用美团外卖点餐,而且频率较高	美团外卖日UV、周UV访问时长
接受度	新用户能使用美团外卖点餐	新用户经常使用美团外卖点餐	新增用户留存率
留存度	老用户能使用美团外卖点餐	老用户经常使用美团外卖点餐	老用户留存率
任务完成度	用户能顺利使用美团外卖点餐	用户能进行商品选择、支付、地址管理、收货、评价	用户点餐总时长 用户操作错误率

用数据验证用户体验设计结果在产品快速迭代的背景下十分重要。而选择正确的数据指标对测量用户体验至关重要。HEART模型是一个规范性框架,在分析具体产品的用户体验时,可以根据需求情况灵活运用。

五、电商用户运营模型

(一)阿里巴巴AIPL模型

在AIPL模型出现之前,商家只能知道他们在天猫和淘宝上成交的用户数,具体这些用户是怎么转化来的、哪个转化环节出现了问题,对商家来说都是一个盲区。

为了帮助商家更好地认识自己的用户,更好地精细化运营用户,2017年阿里巴巴推出了品牌数据银行,通过数据化的方式运营品牌消费者资产。品牌数据银行的核心就是AIPL消费者行为全链路可视化模型,它是阿里巴巴数据银行和全域营销概念中至关重要的一个环节。AIPL部分指标如表6.7所示。

表6.7　AIPL部分指标

指标	指标
品牌认知人群	广告曝光 公域页面曝光 无品牌倾向搜索 被品牌广告触达 品类词搜索

续表

指标	指标
品牌兴趣人群	广告点击 粉丝互动 店铺浏览 品牌倾向搜索 关注、收藏、加购
品牌购买人群	购买 购买过品牌的人 购买过商品的人
品牌忠诚人群	反复购买 主动分享 正面评论 关注、收藏、加购

AIPL模型认为商家的用户是从认知开始的,用户先对商家和品牌有认知,之后产生兴趣,有了兴趣之后产生购买行为,多次购买之后形成忠诚用户。把不同阶段的用户规模和行为转化关系进行量化追踪和全链路可视化,就是AIPL模型。AIPL可视化链路如图6.4所示。

图6.4　AIPL可视化链路

AIPL模型帮助商家全面认识自己的用户/消费者资产,判断哪个环节导致成交用户不足,从而有针对性地制订用户运营或营销策略。

(二)阿里巴巴FAST模型

在淘宝、天猫平台上,随着商家的持续发展,商家追求的已经不仅仅是用户规模,用户的质量(如活跃、留存和复购)也同样受重视。这时除了AIPL模型外,另一个能帮助商家评估用户质量的模型或工具——FAST模型就出现了。

FAST模型主要由四个大指标组成,用四个英文字母表示,分别用来衡量和评价用户的数量和质量。其中F和S用来评估用户资产的规模数量,A和T用来评估用户资产的质量。FAST模型指标如表6.8所示。

人群总量(F):Fertility,AIPL人群去重后的总数量。

人群加深率(A):Advancing,消费者从认知到兴趣,再到购买,并成为忠诚用户各个阶段转化率。

超级用户数(S):Superiority,高价值人群总量,比如会员和粉丝总量。

超级用户活跃度(T):Thriving,超级用户活跃度。

表6.8 FAST模型指标

数量指标	质量指标
可运营人群,AIPL总量(Fertility)	人群转化率,AIPL转化(Advancing)
高价值人群总量,会员总量(Superiority)	高价值人群活跃率,会员活跃率(Thriving)

通过对FAST模型四大指标的量化分析,就可以评估商家的用户资产状况,分析其资产下滑是用户数量导致还是用户质量导致、是哪类用户导致,并且可以有针对性地制订策略,精细化运营,真正盘活用户资产,做到用户数量的持续增长。

(三)阿里巴巴GROW模型

随着商业环境变化,母婴、食品、家护、美妆、医药保健等快消行业增长陆续放缓,基本结束野蛮增长,进入存量时代。业务的增长思维也随之转变,从"流量为王"的逻辑开始转向"以消费者为中心的精细化运营"逻辑,更关注"用户价值的增长"而非"单纯的流量增长"。

在这样的背景下,GROW模型被提出来以指导商家发掘新的增长机会。

GROW模型包含四大指标,用四个英文字母表示,代表了驱动商家业务增长的四大增长因子。

渗透力(Gain),指通过对现有品类渗透更多消费者给商家带来的增长机会。

复购力(Retain),指通过让消费者更频繁或重复购买产品给商家带来的增长机会。

价格力(bOOst),指通过提升消费者购买的客单价给商家带来的增长机会。

延展力(Widen),指通过新品类的创新延展给商家带来的增长机会。

经过分析可以发现,GROW模型主要是针对GMV要素提出的。一般地,GMV = 流量 × 转化率 × 客单价。在GROW模型中,G的核心在于购买人数的增长,R的核心在于购买频次的增长,O的核心在于平均价格的增长。

通过GROW模型,商家分析驱动增长因子,然后分别制订相应精细化的运营策略,驱动这四个因子增长,就能带来业务最终的增长。

(四)抖音FACT模型

近年来,在传统电商模式中,单向漏斗转化逻辑遇到了瓶颈。2019年开始,以抖音和快手为首的兴趣或内容直播电商兴起,为商家在传统电商渠道之外开辟了新的流量和销售渠道。

在抖音的兴趣电商模式下,借助于平台AI推荐和分发技术,产生更好的转化和沉淀数据,从而让商家的流量进入无限"增长循环"阶段,即为"雪球式增长"。

抖音电商团队和贝恩咨询联合推出的经营矩阵模型——FACT模型。FACT模型详细分析了抖音电商生意的四大组成阵地,即商家自播(Field)、达人矩阵(Alliance)、营销活动(Campaign)、头部大V(Top KOL)。FACT模型的实际操作如表6.9所示。

表6.9　FACT模型的实际操作

经营矩阵	价值	实际操作
商家自播 (Field)	日常经营的自有阵地	品牌及商家IP打造 货品保障 售前、售后服务 广告投放 数据分析——抖音电商罗盘
达人矩阵 (Alliance)	通过与达人合作形成的生意增长的放大器	达人联盟：抖link、精选联盟、星云计划、直播电商基地
营销活动 (Campaign)	借助营销活动,短时间快速提高规模和销量	平台大促 营销IP活动 抖音超品日 抖音开新日 抖音新锐发布
头部大V (Top KOL)	借助大V影响力破圈,实现品牌和销量双赢	混场植入 专场直播

在抖音电商中,商家布局FACT四大经营矩阵,进行用户规模和交易数据的持续积累,通过转化、沉淀对流量获取进行持续校准和放大,让店铺不断进入"增长循环",从而实现店铺生意滚雪球式的快速增长。

需要强调的是,企业需要升级组织能力,使之与兴趣电商匹配。以内容激发消费者对商品的消费兴趣是抖音电商的核心价值,建设以内容为中心的电商经营能力和团队结构,会大大提升商家在抖音电商的运营效率和生意增长速度。

（五）京东GOAL模型

互联网营销最为常见的模型就是通过人群画像标签,找到目标人群进行广告触达,来实现精准营销。京东把营销的重心从工具、数据转向了人本身,GOAL模型是一个建立在对消费者的理解上的营销模型。

京东GOAL模型把用户增长分为了四个步骤:靶向人群(Targeting Group)、渗透增长(Osmosis)、价值增长(Advancing)、忠诚增长(Loyalty)。

靶向人群,解决"谁买我"的问题。所谓靶向人群,是根据京东数亿用户的自然属性、消费属性等数据,将人群聚类成十大靶群,如都市家庭、小镇中产等。这个环节旨在让品牌找到自己运营的发力的核心人群,扩展多个目标人群。

渗透增长,即从数量和质量出发,衡量用户运营的健康度。在这里,品牌可以对用户资产进行管理。基于代表了认知(Aware)、吸引(Appeal)、行动(Act)、拥护(Advocate)的4A消费者模型,从用户行为中找机会,提升品牌人群转化效率,让更多靶群用户"来买我"。

价值增长,是指在品牌瞄准的靶向人群中,识别用户的中长期价值,并通过运营持续提升用户的价值贡献,解决如何让用户在品牌上进行更多的消费的问题。这里用户价值贡献通过CLV模型评估,京东通过算法预测一个人在未来一年的时间内,对目标品牌的消费贡献值。通过解析中长期高价值人群,指导品牌企业在触达核心目标人群的基础上,进一步触达其中的高价值用户,为品牌带来长期的增长。

忠诚增长致力于提升用户对品牌的忠诚度,即转化为品牌会员。通过整合用户运营的工具和资源,促使会员高效招募和关系的加深。

京东GOAL模型标志着营销思维的转变:从流量思维到用户思维。在流量红利减退,获取用户成本不断攀升的大背景下,通过"广撒网"式的营销模式实现消费者转化、带动GMV增长变得越来越困难,而抓住每一个用户的整个消费生命周期,精细化深耕反而是更有效的增长路径。

 ## 第三节　用户激励原理

一、用户行为模式

用户运营的本质就是对用户进行激励和引导,通过建立清晰可感知的目标,设立有吸引力的奖励,引导用户自动传播。也就是影响用户的行为,使用户完成预设的动作。

斯坦福大学教授福格提出了一套完善的理论模型——福格模型,帮助我们分析和解释人的行为是如何改变的。

$$用户行为=动机(Motivation)×能力(Abilitu)×触发(Trigger)$$

(一)动机

行为设计中最有用的动机主要包括以下三点。

愉悦/痛苦。这两种情绪是人们面对一件事情时所产生的本能反应,也是最原始的驱动力。

希望/恐惧。这是人们因可能到来的结果而产生的情绪,会激发人们的行为。例如,在微信群发红包,希望对群成员进行肯定和鼓励;用户在讨论某个话题时对自己的观点没把握,因为担心说错话而沉默。

社会认同/排斥。社会接受与拒绝对用户的行为的影响源自人类的社会属性。比如,发朋友圈时,用户希望得到别人的关注与点赞。

(二)能力

用户需要具备一定的能力才能完成行为,能力越强,完成一件事也就越容易。通常考虑降低完成行为的难度,让用户轻松地完成某行为。能力包含六个子项:时间、金钱、体力、脑力、社会成本、习惯。

(三)触发

也就是在某个时刻促使人们采取行动的信号。福格把触发器分为三种类型。

火花。当用户没有足够的动机时,能够刺激用户的需求动机,让用户产生自驱力,促使目标行为的发生。例如,用户在抖音上看到某个漂亮的厨房创意挂钩,本来没打算添置厨房用品,刚好遇到"双十一"促销活动,也许就下单了。

引导者。引导者触发器比较适合没有足够能力的用户,在执行具有明确动机的行为时出现。商场里的导购、直播间的主播往往都是引导者角色。

信号。信号的作用是指示与传递信息。对于具有强烈动机与高能力的用户,他们只需要某个信号就能顺利完成某种行为。例如,当用户收到视频平台权益到期的信息,他们会很好地完成付费行为。但如果收到的是某一条加入某平台会员的邀请,则往往会忽略。

福格模型表明人的行为由动机、能力和触发这三个要素组成,同时满足这三个要素时,行为才会发生。一个行为得以发生,行为者首先需要有进行此行为的动机和操作此行为的能力。如果他们有充足的动机和能力,他们就会在被诱导/触发时来施行既定行为。在裂变活动策划中,我们可以针对不同的用户,从动机、能力、触发器三要素入手,促进用户自动传播行为的发生。

二、机制设计理论

用户裂变是互联网平台用户增长最基本、最常用的方式。用最通俗的方式理解用户裂变,是用一定的机制引导用户进行自发传播,利用用户的社交关系链,达到一传十、十传百的效果。在营销活动中,最希望达到的传播效果就是裂变,也就是通常说的病毒式营销。

然而病毒传播的机制是病毒自身的传染性,在市场上实现自动裂变并不容易。在互联网领域,关于"烧钱"的故事很多,几乎每年都在进行"烧钱大战",然而成功的却很少。之所以称之为"烧钱",就是因为投入了资金,却没有起到自动裂变的效果,或者裂变的效果未能达到预期的目的。这说明,机制设计存在问题。

用户裂变的核心是自动传播。对新媒体营销人员来说,关键在于能否设计一套机制(规则或制度)来实现用户裂变增长的目标。

这个问题具有普遍意义。在经济生活中,机制设计无处不在。例如,企业如何设计薪酬机制来激发员工的积极性,合作双方如何设计利益分配机制来保证合作目标的顺利完成等。但是,现实的情况是:每个人都会以自己的利益最大化来指导自己的行为。企业和员工都在追求自己的利益最大化;合作双方都希望自己少做一点事,多获得一点收益,那么目标必然是冲突的。同样的道理,如果没有一个好的机制,用户裂变也是很难自然发生的。

机制设计理论讨论的一般问题是,对于任意给定的一个经济或社会目标,在自由选择、自愿交换、信息不完全等分散化决策条件下,能否设计以及怎样设计出一个经济机制,使经济活动参与者的个人利益和设计者既定的目标一致。明尼苏达大学经济学教授哈维茨创立了机制设计理论,并因此获得了2007年诺贝尔奖。

机制设计理论主要解决两个问题:一是信息效率问题,二是激励相容问题。

(一)信息效率问题

每个人都需要一定的信息,才能做出自己的决定。现实世界中的信息是分散在交易双方的,他们各自拥有自己的私人信息,供应者更加了解产品的质量和功能等信息,购买者更加了解自己的需求信息,总体上信息具有不完全的特征。在市场经济中,交易双方是分散独立决策的,这意味着其实双方都需要更多地了解对方的信息,通过信息交换才能更好地做出自己的决定。

机制设计理论把经济机制看成是一个信息交换的过程。因为信息的传播、交换都是需要成本的,这一成本往往是决定性的。现实生活中,互联网平台往往需要花费天文数字的资金来传递自己的信息,就是所谓的"烧钱"。因此,一个机制的好坏,往往取决于需要传递和交换的信息的维度。

机制设计过程就是寻找既能够实现目标,又要信息成本尽可能低的过程。哈维茨证明了在纯交换的经济环境中,竞争的市场机制用最少的信息达到了最好的效率。如果考虑商品的复杂性、消费者偏好的差异性、企业生产能力差异性等不同的因素,要实现市场效率的提升,需要以高昂的信息成本为代价。这也从另外一个角度说明了互联网作为一个新媒体平台,在信息流转和交换上的无可替代的作用。

(二)激励相容问题

在市场经济中,每个理性的人都会追求自己的利益最大化,他会按照自利原则采取行动。如果有一种激励机制,正好使团队成员的个人目标与团队整体目标一致,就是激励相容。

在市场活动中,激励相容概念是非常深刻的。因为用户和企业的利益目标不一致是常态,而且即使是在互联网时代,信息不完全、信息不对称仍然是合理的假设。博弈论早就告诉我们,在很多情况下,讲真话不一定是占优策略。在别人都讲真话的时候,通过显示假的偏好和需求特征往往可以获得利益。哈维茨在1972年证明了真实显示偏好和资源的帕累托最优配置是不可能同时达到的。简单地理解就是,如果每个人都独立做出自己的决策,在追求自身利益最大化的前提下,是无法实现整体利益最大化的。也就是说,要实现整体利益最大化,那么个体就有可能放弃自己的最优选择。这也决定了任何机制设计都需要考虑激励问题。

【延伸阅读】
来自军队的
启示

哈维茨指出,机制设计者的目标和机制参与者的利益之间通常是不会完全一致的。这时,机制设计者要实现某种目标,就必须对机制参与者进行激励。一般来说,只有机制参与者获得的收益大于他付出的代价,他才会按照规则的约束和要求,把事情做好。否则,他不会遵循该机制的约束,或者不把事情做好。可以说,只有合理地设计激励机制,才能实现激励相容。

对市场营销人员来说,终极目标是实现利润最大化,过程目标是以最小成本实现市场占有率最高,现实目标是希望用户能够自动分享自己的产品和服务。对用户来说,以最低的成本获得自己想要的产品和服务是自己的目标,而分享行为只是用户根据自己的心情做出的一种自发行为。这两个方面的目标存在明显的不一致和错位,是激励不相容的。

按照激励相容理论,只有对用户进行"足够"的激励,才能促使用户通过分享等行为进行分享,从而实现自动裂变。这毫无疑问是正确的,很多互联网企业也正是这样做的。例如,拼多多在发展初期推出的"砍价免费拿商品""天天领现金""现金大转盘""守卫现金""邀请好友得现金"等,这些裂变措施中的激励方式都是现金,金额从100元到1000元不等,对用户形成了很大的吸引力,使拼多多在下沉市场上迅速获得庞大的用户基础。

三、社会认同理论

【延伸阅读】
社会认同催
化下的鸿星
尔克事件

哈维茨的机制设计理论把用户抽象成为只会做"成本收益计算"的"经济人",这明显不符合实际。用户首先是一个有血有肉的"自然人",同时也是一个有七情六欲的"社会人"。因此,只考虑利益驱动的激励相容理论,把传播看成一个理性的过程,并不能解释互联网上很多现象。

与机制设计理论相似,病毒传播理论也用来解释互联网传播和用户裂变,病毒传播理论很好地解释了病毒式传播的过程,却没有回答传播的动力到底是什么。

近年来,企业越来越开始重视用户情感分析。人们已经意识到情绪或许比理性更接近社会实际,情感认同也是解释社会行为乃至社会历史发展的深刻原因。

(一)社会认同的概念

我是谁?认同是每个人的人生中面临的最重要的问题之一。我们一生都在寻找认同的群体。

社会心理学家塔菲在1986年首先提出"社会认同"概念,社会认同是指一个人认识到他归属于某个特定的社会群体,而且也认识到作为群体成员赋予他某种情感和价值意义。在这个概念中,社会群体可以是人们自认为或者自我感知的他们所属于的一个社会群体。这种群体归属意识会强烈地影响他们的知觉、态度和行为。

按照社会认同理论,社会认同最初源于群成员身份,人们总是追求积极的社会认同来增强他们的自尊,而且这种积极的社会认同主要来自内群体与相关外群体之间进行的有利比较。人们如果没有获得满意的社会认同,就会试图离开他们所属的群体,或想办法实现积极的区分。

社会认同理论为人们判断如何决策某事提供了一条捷径:在判断某一行为是否正确时,人们往往会先看看其他人是怎么做的,并根据其他人的意见行事。该行为方式完全是无意识的、条件反射式的。

【延伸阅读】
举个例子——
有样学样

之所以会发生这样的情况,是因为人们在做决定的时候总是需要面对不确定性。一般来说,当人们自己不确定、情况不明或含糊不清、意外性太大的时候,人们最有可能觉得别人的行为是正确的。当不确定性发生时,同一行为做的人越多,越显得正确,因为这是集体智慧的表现。

人们会使用多种策略来实现积极区分的目标。特纳和塔菲尔认为,有三类变量可能会影响群体间的区分:一是人们必须在主观上认同他们的内群体,他人的界定是不够的,个体必须将其成员身份内化为其自我概念的一部分;二是社会情境允许进行可评估的群体间比较,这种比较使选择和评价相关的关系品质成为可能,并不是所有的群际差异都有评价的显著意义,而这些差异在不同群体间变异极大;三是外群体必须是可充分比较的(例如是相关的或近似的),而且这种区分的压力会随着可比性的增大而增加。

（二）社会认同的过程

社会认同理论认为,社会认同的建立有三个过程。

类化（Categorization）。人们在主观上认同他们的所在的群体,仅仅通过他人的界定是不够的,个体必须将其成员身份内化为其自我认知的一部分。在这个过程中,人们往往把群体内外的差别最大化,夸大群体内成员的相似和群体外成员之间的区别。例如,一个刚刚购买了某品牌电动汽车的人,往往会通过各种途径收集、关注该品牌电动汽车的优点。

比较（Comparison）。把自己所在的群体与其他群体在权力、声望、社会地位等各个方面进行比较,这个过程使分类的意义更加明显。例如,小米公司不断地推出"米粉"的特权、福利和各种俱乐部活动,使爱好小米产品的"米粉"们通过比较形成显著的品牌区隔。

积极区分（Positive distinctiveness）。人们把自己所在的群体与其他群体的权力、地位等进行比较以后,如果觉得自己的群体不够优越,就会远离该群体或者寻求达到积极区分的途径。人们常常说"比上不足,比下有余",就是这个道理。

（三）社会认同结构

所属某个群体对于人们真的很重要吗？为什么人们经常在无意识的情况下如此轻易地加入不同的群体？这些问题微妙而又深刻,意味着社会认同具有不同的结构和层次。阿什福思等认为认同的概念本身并不是简单的"认同"或"不认同",而是具有程度区分的连续变量,随着认同程度的加深,认同的内涵从狭义的认知和情感层面的第一层次认同,到社会身份内容的第二层次认同,包括这个身份所代表的价值、目标、信念等,再到行为层面的第三层次认同。

营销裂变更关注用户的自动分享和传播行为,可以从狭义上理解认同。最基础的社会认同结构包括四个维度:认知、情感、动机、行为。

认知维度指一个人对他所在群体的认识和了解程度,以及对他自己作为群体成员身份的承认程度。

情感维度指一个人属于某一特定群体时,所产生的情感联系和依赖。联系得越紧密,说明他对所属群体的社会认同状况也就越好。

动机维度指一个人选择某个群体进行交往的原因和目的。动机越强烈,则认同度越高。例如,鉴于在未来的工作中,驾驶技术已经成为一项基本技能,为了在毕业的时候更加方便找到理想的工作,越来越多的大学生选择了学习驾驶技术并考取机动车驾驶证。

行为维度指一个人对于其所处的群体的成员,所表现出的作为或不作为情况。

四、社交货币理论

（一）社交货币的概念

新媒体的出现,特别是智能手机的日益普及,使分享随时都能实现。这改变了消费者的身份与属性,消费者由"受众"变为"用户",分享成为用户寻求认同的基本方式,也是互联网社会中人们互动和社交的基本行为。

【延伸阅读】
社交货币实验

社交货币这个概念是皮埃尔·布尔迪厄在《社会资本论》中首次提出的。美国宾夕法尼亚大学沃顿商学院市场营销教授乔纳·伯杰对社交货币进行了定义："就像人们使用货币能买到商品或服务一样,使用社交货币能够获得家人、朋友和同事的更多好评和更积极的印象。"通过乔纳·伯杰教授的定义,可以发现,人们希望在社交互动中为自己赢得尊重、好评、关注度等,因此,凡是能买到别人的关注、评论、点赞的事物都可以被称为社交货币。

(二)社交货币的基本逻辑

社交货币是对人们追求社会认同的一种比喻。社交货币是人们情感账户中的资产。史蒂芬·柯维在《高效能人士的七个习惯》中指出:"你必须把每一次人际交往,都看成是在他人情感账户内存款的一个机会。在每一个人际关系中都有情感账户。不论你是否意识到,在人们初次相识时,彼此之间就开设了账户。"

情感账户如同真正的银行账户一样,投入的越多,能支取出来的就越多。这就是社交货币的基本逻辑。要想获得更多的社交货币,就需要不断在情感账户中积存信赖和感情。

(三)如何创造社交货币

如何创造社交货币?乔纳·伯杰教授在《疯传:让你的产品、思想、行为像病毒一样入侵》中给出的方法是:首先要能发掘标志性的内心世界;其次要有一套撬动游戏的杠杆;最后要使人们有浑然天成、身临其境的归属感。

发掘用户标志性的内心世界实质是引起用户的兴趣或情感共鸣。这类办法很多,如充分利用人们的好奇心,打破惯性思维等。19世纪70年代美国《纽约太阳报》的编辑主任约翰·博加特解释新闻时说,"狗咬人不是新闻,人咬狗才是新闻"。那些神秘事件、好玩有趣的事情、有争议的事情、反常的事情、非常规的事情,都会引起人们的好奇心。只要有具备了这些特征的事物,就等于拥有了走进人们内心世界的入口,因此会赋予人们社交货币,获得机会实现疯传效应。

撬动游戏的杠杆原理就是在做机制设计时,要善于让用户形成比较,通过比较形成认同和选择。"宁做鸡头,不为凤尾""不患寡而患不均"等,都是经过比较而进行的选择。在营销实践中,巧用杠杆的案例很多。例如,超市、银行、航空公司、通信运营商等许多公司都有业务积分活动,用户往往因为看重积分而加大了消费。但实际上,最终只有很少的用户进行了积分兑换,这就是积分的微妙之处。拼多多在用户裂变方面充分利用了杠杆原理。在拼多多电商平台上,常常可以看到"只差一人拼团成功""红包已经达到99.8元,似乎很快就可以达到100元提现门槛了"等,让用户觉得离最终目标仅剩"一步之遥",进而选择继续邀请好友拼团或者继续完成任务去领红包,充分显示了拼多多拼团优惠或者红包所赋予顾客的社交货币的价值。

使人们有浑然天成、身临其境的归属感,就是要建立一种有归属感的场景,让用户建立稀缺和专属服务的感知。例如,国航金卡会员专属服务非常丰富,包括在机场有专门的贵宾值机柜台,安检有贵宾通道,候机有航空公司贵宾休息室,可优先登机,到达后行李优先领取等。在飞机上,还会得到乘务员的特别问候和关照。这些专属的高端服务,会给人宾至如归的感觉。国航的VIP服务确实为贵宾客户提供了一种社交货币。

在新媒体的营销策略中,只有符合社交货币属性,才容易被消费者接受,并被消费者不断地转发、分享,从而实现多层级的营销传播目的。IP是社交货币,它让人们在共同的话题下产生连接协作、身份认同和归属感。越强的IP,社交货币的面值越高,流通速度越快。网红是社交货币。生活中的大部分人都羞于表达自己的观点和情感,而网红的表现力较强,搞笑的台词和夸张的表演替大家表达了内心的想法。网红将自己变成了社交货币,购买了粉丝的拥护。技巧是社交货币。创作人不一定要善于社交,但他们用自己的专业技巧(作曲、写作、摄影、烹饪、手工等)创作的作品,却是稀缺的社交货币。受众可以通过作品与创作人发生连接,也可以把作品作为社交货币去购买其他人的关注、评论、点赞。

第四节　用户增长裂变

一、裂变方式设计

(一)建立裂变动机

上一节我们分析了激励用户的两大理论基础,驱动用户自动裂变的动机主要有两个:一是被动式的利益驱动,主要靠机制设计实现;二是用户主动追求社会认同,通过为用户创造社交货币触发。互联网平台企业在此基础上创造了各种各样的裂变方式。用户裂变方式如表6.10所示。

表6.10　用户裂变方式

原理	方式	描述
机制设计理论	拼团裂变	用户发起拼团,通过社交的方式分享给好友,好友参与拼团,以低于单价的价格购买某种商品或服务,邀请者和受邀者都可以获取拼团价
	助力裂变	用户利用好友来帮助自己获取利益实现的方式是通过分享好友,让好友通过一定的操作,使自己得到收益
	邀请裂变	利用老用户的资源获取新用户,方式为通过一定的奖励,吸引老用户拉动新用户,在给予新用户奖励的同时,也会给予老用户奖励,邀请者和受邀者都能够获利
	分享裂变	用户在自己的社交圈分享后可获取产品或者服务
社会认同理论	口碑裂变	当用户体验或者使用某种产品后,觉得这个产品不错、体验好,此时用户就会产生推荐给亲朋好友的想法,在用户的社交圈形成口碑
	价值裂变	把知识干货、热点咨讯等分享给好友,得到好友的认同、共鸣、共识等
	兴趣裂变	有相同兴趣标签的用户会分享对应的商品、服务、干货等。通过朋友圈或者朋友交流,让更多的相同兴趣的用户看到,引起讨论和共鸣
	荣誉裂变	用户把运动打卡、知识打卡等在自己的社交圈晒出来,激励别人,也鼓励自己

（二）形成行为能力

能力在这里理解为完成裂变行为的难易程度。当一个行为足够容易的时候，用户有动机去做这件事情，则不需要太强的能力就能产生行为；当有足够大的动机时，用户会努力提升自己的能力去完成困难的行为。

因此，要提高用户自动裂变的发生率，对应的分享、转发操作要简便易行，相应的传播内容要尽量简洁和通俗，让用户有足够的能力能够做到。通常认为用户习惯于舒适区，不愿意改变、不愿意冒险、不愿意跳出原有思维。而改变这一切是需要成本的，这个成本不仅仅包括金钱，也包括形象成本、行动成本、学习成本、健康成本、决策成本等。

【延伸阅读】
出人意料的
实验结果

要跨越行动门槛，把动机最终转化成行动，我们要做的就是从各个方面让用户更有能力，降低用户总体行动成本，使他们能更加便利地动起来。用户能力和行动成本如表6.11所示。

表6.11　用户能力和行动成本

能力项	用户预期	举例
时间	减少时间成本，时间就是金钱	扫码支付、视频平台剧集播放自动跳过片头片尾
金钱	降低财力消耗	网购达到一定金额，免快递费
体力	减少体力支出	盒马鲜生，30分钟内送货上门
脑力	降低脑力支出	傻瓜相机；一键分享/转发
道德约束	规避社会压力，不悖常理	性别歧视、抹黑他人、夸大、虚假等
习惯	符合日常习惯，减少非常规的操作	减少注册会员需要提供的信息

总之，除了给用户提供足够的动机，还要让用户觉得"行动起来其实很容易""能够轻松搞定""很多人已经做好了"等，这是至关重要的一点。

（三）裂变触发方式

即使用户自传播的动力和能力都很足，裂变行为仍然不一定会发生，还需要适当的提示。有效的触发器有三个特点：用户感知到触发点；用户能把触发点和目标行为结合起来；触发点发生的时候，用户同时有动机和能力去完成目标任务。

移动互联网时代，用户的触发点其实非常多。因此触发器是一把双刃剑，用得好，会大大提升用户裂变的积极性；用得不好，反而会惹恼用户。有效的触发器不仅要考虑用户的动机和能力，还需要考虑各种环境因素。

（1）情境，即用户所处的具体而生动的场景、环境。从用户使用产品的典型情境出发，就可以很好地达到触发效果。比如喜马拉雅的"路上堵车，听喜马拉雅"。

（2）情绪，即触发用户使用产品时的心情状态，尤其适合感性化的产品。如"今年孝敬咱爸妈，送礼还送脑白金"、江小白的广告语"离别纵有千种理由，相聚只需朋友的酒"。

（3）时间，即适合使用产品的特定时间。例如，各大视频平台在每年七八月份推出暑期看大片活动。

二、裂变的持续:上瘾模型

很明显,如果用户只是自传播一次是不够的。对新媒体营销人员来说,可持续的自传播行为才能带来真正的裂变效应。当分享、转发等自传播行为成为用户的习惯时,才是真正意义上的成功。

如何让自传播成为可持续的行为? 可以借鉴由尼尔·埃亚尔、瑞安·胡佛提出的上瘾模型,该模型主要包括四个阶段,也就是让用户养成习惯的四大逻辑:触发(Trigger)、行动(Action)、奖励(Reward)、投入(Investment),模型的目的是如何让用户对产品"上瘾"。上瘾模型如图6.5所示。

图6.5 上瘾模型

一段时间以来,人们总是喜欢在坐地铁或者公交车时看短视频,总是喜欢在下班后打游戏。为什么有的产品会让人"上瘾"? 让用户养成自动传播的习惯,需要经历四个阶段。

触发。内部触发由用户情绪、情境和使用场景驱动,外部触发以提示、消息、权威推荐等方式为主,引发用户参与自动传播,实现裂变。

行动。驱动用户的行动,关键是满足用户的心理预期,包括利益价值和社会认同两个方面。

奖励。用户行动之后,要给用户奖励。而且奖励最好是多样的。想要留住用户,层出不穷的新意必不可少,否则用户失去新鲜感,也就失去了兴趣。奖励可以是现金红包、奖品、社交货币、精神奖励,让用户不断得到获得感和成就感。

投入。如果用户对一款产品或者活动投入了时间和精力,那么在无形中就提高了用户流失的门槛。

针对上述四个阶段,从营销策划的角度回答下面的关键问题,对策划自动裂变具有实际指导意义。

(1)用户参与自动传播的真正目的是什么?(内在驱动)

(2)靠什么吸引用户自动传播?(外在驱动)

(3)期待奖励的时候,用户可采用的最简单操作行为是什么? 如何简化产品使得该操作行为更加简单?(行动)

(4)用户是满足于所得奖励,还是想要更多奖励?(多变的酬励)

（5）用户做了哪些"点滴投入"？这些投入是否有助于继续自动传播,使用户在自动传播过程中的成就感和获得感得到提升?（投入）

三、从1到N的过程:K因子

第二章中我们把社会看成一个复杂网络,分析了信息在复杂网络中传播的动力模型。在复杂网络中的病毒传播动力模型中,有四个关键参数:接触率、发病率、治愈率。在用户增长概念中,一般会忽略"治愈率"。剩下的接触率、发病率对应营销传播的分享率、转化率。于是,借助病毒传播模型,我们可以进行营销效果评估。

亚当·潘恩伯格在《病毒循环》中给出了一个评估营销效果的简单易行的模型——病毒系数模型。病毒系数是新成员带来的用户数,当病毒系数为1时,网络基本人数会线性增加,并最终涨停。但当这一系数高于1时,网络用户的人数将以指数方式增长。

病毒系数的计算公式为:

$$K = I \times Conv$$

其中,I（Invitation）代表的是每个用户发送的邀请数量（分享率）,$Conv$（Conversion Rate）指的是每个邀请的成功概率（转化率）。

例如,在一次裂变活动中,一个用户向10个人分享了活动内容,那么$I=10$。如果这10个人中有2个人接受了邀请,那么$Conv=20\%$,$K=10\times20\%=2$。也就是说,每个初始用户可以带来2位新用户。当然,现在的用户一般也不会仅仅发送给个人,也可能会发送到朋友圈和微信群等。一般来说,假设一个人的通讯录＋微信群＋朋友圈总共覆盖了1000人,最后有5个人接受了他的邀请,那么就是$I=1000$,$Conv=0.5\%$,$K=5$。

为了更好地计算某一时间点上的用户数,经纬创投合伙人大卫·斯科克提出了一个病毒用户数计算公式:

$$Custs(t) = Custs(0) \times \frac{K^{\left(\frac{t}{ct}+1\right)} - 1}{K - 1}$$

其中,$Custs(t)$表示时间t的总用户数,$Custs(0)$表示活动开始时的用户数（初始用户数）,K表示病毒系数,T表示传播时间,ct表示每一轮传播周期的时间。

在用户从1增长到N的过程中,新媒体营销人员特别需要关注一个关键指标——K,它代表着传播带来用户数裂变的内生能力。假设用户裂变的周期为1,K分别为0.6、0.9、1.2、2,不同K因子情况下的用户增长数量比较如表6.12所示。

表6.12　不同K因子情况下的用户增长数量比较

	$K=0.6$	$K=0.9$	$K=1.2$	$K=2$
0	1	1	1	1
1	1.60	1.90	2.2	3.00
2	1.96	2.71	3.64	7.00
3	2.18	3.44	5.37	15.00

续表

	K=0.6	K=0.9	K=1.2	K=2
4	2.31	4.10	7.44	31.00
5	2.38	4.69	9.93	63.00
6	2.43	5.22	12.92	127.00
7	2.46	5.70	16.50	255.00
8	2.47	6.13	20.80	511.00
9	2.48	6.51	25.96	1023.00

通过表6.12,可以归纳出病毒系数,也就是常说的K因子的营销意义。

当K<1时,用户数的增长速度会不断趋缓,直至停止增长。这表明用户增长的空间比较小,营销的重心应该调整到存量价值经营上,采取有效措施防止客户流失。

【延伸阅读】
产品的病毒性

当K=1时,一个种子用户可以带来1个增量用户,用户总数呈线性增长态势。

当K>1时,系统具有真正的病毒性,用户裂变被启动,用户数会呈现出指数级增长,此时市场具有较大的成长空间。

【延伸阅读】
马尔科姆·格拉德威尔和引爆点理论

因此,K因子的营销意义在于,与其关注裂变结果,不如更加关注产品和营销活动的病毒性。

四、裂变活动策划

格拉德威尔的引爆点理论给了我们制造一场营销裂变的基本思路。

(一)选择种子用户

毫无疑问,从裂变过程看,种子用户的作用至关重要。格拉德威尔提到的"个别人法则",是指信息传播过程中的关键人物。在新媒体时代,这些关键人物获得了更大的舞台。他所比喻的"联系员、内行和推销员",就是KOL。被选择作为裂变种子的用户的KOL,必须具备三个方面的能力或者资源。

KOL作为一个"联系员",他拥有"流量",具有强大有力的人脉网络和粉丝基础,是在线传播的能手,是社会中的交际花,这样才能造成一件事情一传十、十传百,达到人人皆知的效果。此外,作为一个联系员,KOL善于把握弱关系,因为在传播信息时,弱关系因为更加具有广泛性而比强关系发挥的作用更大。

KOL作为一个"内行",必须全面了解产品的功能、性能、使用方法、原材料、生产、价格、优惠促销等方方面面的细节,才能显得既专业又权威,从而赢得信任。

KOL作为一个"推销员",格拉德威尔指出必须要有一种能力——超感染力,这种超感染力可以简单地理解为"种草"能力。

通过KOL的"种草"营销,带动新用户体验、了解、产生认同感,进而加入,成为老用户,进行下一轮的分享。通过种子用户的"一对多"传播启动的裂变过程,带动老用户的分享,不断吸引新用户的关注、理解、认同、加入。这个过程一旦开始,形成不断反复的持续循环,便进入威力巨大的正反馈过程。这个过程与旋风的形成过程类似,也被称为裂变旋风运作模型。裂变旋风运作模型如图6.6所示。

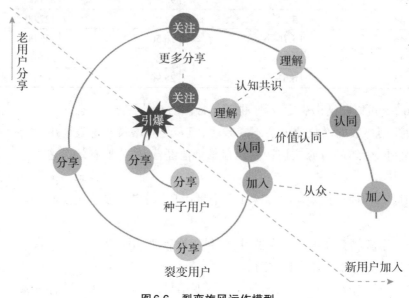

图6.6 裂变旋风运作模型

(二)策划传播内容

为什么某些产品、思想和行为能够成为流行趋势,而其他的却不能掀起波澜呢?这确实是一个值得人们深思的问题。

在分析了数以万计具有感染力的信息、产品和思想后,乔纳·伯杰注意到它们的感染力都有六个共同的原则在起作用,并形成了它们被广泛传播的深层次原因。他把这些促使大众谈论、分享和模仿的原则分解成六个步骤。

1.社交货币

研究发现,人们都乐于分享自己的所想、所爱、所需,特别是能够让他们自己感到更愉悦的内容——这就是社交货币。人们使用货币能够购买到产品和服务,使用社交货币能够获得别人的好评和积极印象。那么传播内容需要铸造怎样的社交货币才能被人们谈论呢?

首先要新奇、有趣和生动。"狗咬人不是新闻,人咬狗才是新闻",我们不难发现,生活中很多离奇故事、奇闻逸事很容易被广泛传播,因为人们乐于传播一些具有非凡吸引力的事情。

其次是游戏化设计。通过建立一种度量标志,记录人们所达到的成绩;同时还需要帮助人们显示成就,用可以看到的方式显示自己做得更好,超越了其他人。这样的方式有很多:等级、积分、荣誉勋章等。如QQ等级、QQ钻石身份、航空公司的里程积累(达到不同等级享受不同特权)、信用卡的不同种类(银卡、金卡、铂金卡等)。

最重要的是使人们有归属感。注册会员就是典型的让人们有归属感的方法,让人们感觉自己是其中的一员,从而与其他人区分获得成就感。归属感产生于稀缺性与专用性。例如限量款运动鞋,这种稀缺性和专用性能够让人们感觉有归属感,因为告诉其他人自己拥有这个产品或服务,能够增加他人对自己的社会评价,让自己看起来更新潮、更优秀,让别人更羡慕。

2.诱因

如何引起持续性的传播? 答案是与生活中常见的场景或事物建立关联。常见场景或者事物能够不断地唤起用户的情绪,这就是诱因。

奇巧巧克力通过广告将产品与咖啡相关联,不断宣传两者之间的联系,在短短一年时间内产品销量提高了30%。咖啡就是生活中的一个高频刺激物,人们一喝咖啡就想到奇巧巧克力,这就是很好的诱因。目前各大社交平台上流行的蹭热点现象,也都是让自己与高频出现的事物产生联系。

3.情绪

李子柒、丁真、刘畊宏都引起了现象级的网络传播,这是因为他们能引起读者的情绪共鸣。在传播内容的过程中,不应该仅仅只宣传产品的相关内容,而是应该聚焦于人的感情世界,想办法引起消费者的感情共鸣。只要简单地把一些具有高唤醒作用的情绪元素(如积极、阳光、兴奋、生气、担忧等)加入传播内容中,就能激发人们共享的意愿。

4.从众性

心理学上有一个概念叫社会证明,社会证明是一种人们参考他人行为来指导自己行为的心理现象,这种参考行为是由人们在大多数情况下"正确"行事的自然愿望所驱使的,无论是购买商品、决定餐厅,还是社会交往等。社会证明的一个强有力应用是情景喜剧中的笑声,实验表明,"罐装笑声"可以使观众笑得更长久和更频繁,并认为内容更有趣。日常生活中我们很多决定都是根据别人的决定作出的。这意味着,在传播内容上提供类似的社会证明,会带来更好的传播效应。

5.实用价值

我们会向别人分享生活中实用的小技巧、向朋友传播有价值的干货文章,尽管这些内容不酷,也不有趣,甚至没有任何诱因,仅仅只是因为它对我们来说具有实用价值。

6.故事

相比于直白的信息,大脑更容易记住跌宕起伏的故事。毕竟从孩提时代起,我们就喜欢听故事,甚至到如今,我们看的电影、小说,都是以故事的方式在传播。随着观众对故事的关注,里面包含的信息也被传递开。营销也是一样。过去仅仅描述产品特点的广告已经被人们所厌倦,而故事能够提供一个心理上的包装,不像一般广告令人厌烦。

【延伸阅读】
什么样的内容更容易让人分享?

(三)确定传播平台

格拉德威尔同样十分强调环境的影响。在互联网社交网络中,流量入口平台是裂变活动最重要的环境。这是因为流量本身代表着用户的选择,本质上是人心,更加准确地说是"人心所向"。

在互联网红利逐步消失的今天,吸引一个用户的注意往往需要付出更多的成本。如准确优质的内容、品牌IP的打造、持续高质量的宣传等,由此吸引到的私域流量都是对企业内容感兴趣的用户,也就是"人心所向"。

所以,如何选择流量入口平台至关重要。

确定裂变平台时,首先要考虑裂变营销活动传播内容的类型和流量平台的类型是否匹配。传播内容的主要类型有文字、图片、音频、视频等。在确定平台的时候,不一定要考虑所有类型的传播平台,但可以把不同类型的平台组合起来。例如,小米的内容运营平台除了自营的小米官网,同时也有自己的官方微博账号、官方抖音账号等。

从平台所承载的主要内容的类型看,营销裂变活动可以借力的公域流量入口主要有四种,包括视频、音频、即时通信、文字。公域流量入口如图6.7所示。

确定裂变平台时,还需要充分考虑公域流量平台的生态体系是否丰富。目前国内已经形成以腾讯系、阿里系、字节系、百度系四大流量生态为主的总体格局。国内四大流量生态格局如表6.13所示。

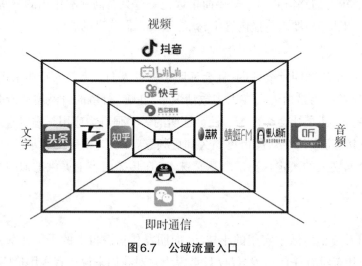

图6.7 公域流量入口

表6.13 国内四大流量生态格局

名称	流量属性	特征	优势	超级 App
腾讯系	社交	社交＋支付	社交流量为底盘,夯实社交+支付优势,向交易生态迭代	微信
阿里系	电商	交易＋支付	交易流量为底盘,电商+支付业态领先	淘宝
字节系	内容	短视频＋算法	短视频流量为底盘,持续拓展内容+算法能力,全球化突破	抖音
百度系	工具	技术＋内容	搜索流量为底盘,领先的算法和AI技术赋能效率	百度

目前上述四大阵营囊括了95％以上的互联网流量。这意味着用户的在线生活主要是由这些平台承载的,它们的流量生态系统构成了用户的在线生活空间,也是营销裂变的最大公域流量池。国内四大流量生态结构如表6.14所示。

表6.14 国内四大流量生态结构

名称	入口	能力
腾讯系	微信	微信群、好友、公众号、小程序、视频号
	QQ	QQ群、好友、QQ空间、私信、看点、兴趣部落、附近
	腾讯视频	视频、评论、Doki
	京东	商品交易、问答、评论
	快手	视频、用户评论、直播
	微视	视频、评论、私信
阿里系	天猫	种草猫、达人分享、用户评论
	淘宝	微淘、分享、评论、推广、私信
	优酷	视频、评论
	微博	微博、文章、视频、评论、私信
字节系	抖音	视频、评论、私信、直播
	今日头条	文章、视频、微头条、图集、问答、评论
	火山小视频	视频、评论、私信、直播
百度系	百度	搜索引擎、百度知道、自问自答、评论、圈子、百度贴吧、图文、视频、评论、吧主合作、论坛社区
	爱奇艺	视频、评论、泡泡

上述分析简要说明了目前国内互联网新媒体平台的总体格局。除了传播平台的特征,确定裂变平台更要从营销活动自身出发,考虑营销定位、目标客户、传播内容、传播过程等方面。例如,对美妆和个护产品而言,小红书是比较好的营销平台。因为小红书是一个展示生活经验的社区,除了美妆、个护,小红书还有关于穿搭、运动、旅游、家居、酒店、餐馆等的信息分享,触及了年轻女性消费经验和生活方式的方方面面。小红书凭借4.5亿注册用户,超1亿月活跃用户,45万＋每日新增笔记,100亿次每日笔记曝光次数,形成了强大的用户注意力优势。

为什么不首选自建平台?因为在一般情况下,随着野蛮生长时代过去,国内流量生态系统已经形成,形成了较高的进入壁垒。对一般的消费品或者服务企业而言,互联网平台作为营销基础设施,已经形成了完善的服务体系,选择第三方平台,不仅可以节约平台建设和维护成本,获得公域流量支持,还能够在流量生态体系中得到完善的配套支撑和服务。因此,对于创业阶段的企业或者中小企业而言,自建平台并不是最经济合理的选择。

【延伸阅读】
抖音生活服
务商合作手册

(四)搭建传播矩阵

传播矩阵是指能够触达目标群体的多种新媒体渠道组合。通过传播矩阵,可以实现互联网立体传播,协同放大传播效果。搭建完整的新媒体传播矩阵,需要考虑四个维度。

(1)自媒体维度。品牌的自媒体矩阵,包括品牌官方微博、官方微信等在各个社交平台上的官方账号。

(2)垂直维度,也称垂直舆论阵地,是指在某个垂直领域中的KOL,他们在该领域中具有强大的影响力。例如,拥有众多粉丝的评测达人、美食达人、美妆达人等,具有较好的专业性。

（3）口碑维度，也称口碑输出阵地。小红书、知乎、36氪、虎嗅等科技媒体的内容大咖，他们的信息既有垂直度，又很专业，具有较好的权威性。

（4）声量维度，又叫影响扩散阵地。主要是演员、明星等，他们具有庞大的粉丝基础，传播覆盖度广，主要进行付费传播，但专业性不强。但屡屡出现的明星"翻车"现象，导致其可信度进一步下降。

根据营销目标和客户特征，恰当进行新媒体组合，可以让传播内容多元，协同放大传播效果，也可以有效分散风险，更好地把控传播的速度、广度和深度。

从组成传播矩阵的平台主体上看，可以分为横向和纵向两种。

（1）横向传播矩阵是指把不同的社交媒体平台组合起来，形成一个跨平台的矩阵。横向传播矩阵如图6.8所示。

（2）纵向传播矩阵是指在某一个社交媒体平台上，进行多个传播账号的组合布局。以微信为例，在微信平台可以布局订阅号、服务号、社群、个人号及小程序。纵向传播矩阵如图6.9所示。

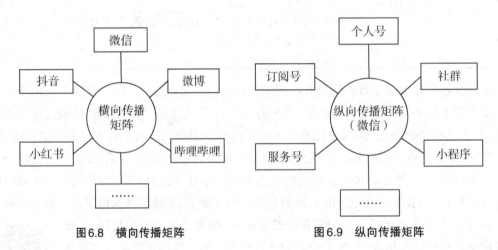

图6.8　横向传播矩阵　　　　图6.9　纵向传播矩阵

（五）快速市场测试

肖恩·埃利斯指出增长黑客的巨大成功往往来自一连串的成功的累加。每个月5%的转化率改进会带来全年80%的提升，这就是成功自然累加的特点。这种快速测试的思路与互联网时代的特征高度契合，说明了互联网时代的传播策略，也需要进行快速迭代，才能更好地适应互联网市场的节奏。

【延伸阅读】
AB测试

我们应该都清楚，要实现用户规模快速增长是很困难的，需要不断地进行迭代和试验。而且，不是每一次试验都能够收到成效，寻求成功需要坚持进行实验，每一次实验都很重要。

在实验中获得的每一点认知都会带来更好的表现，催生出更好的想法，进而带来更多成功，最终把一次次小幅度的改善转化为压倒性的竞争优势。

第五节　用户成长体系

在我们所提到的用户运营概念中，与用户增长裂变同等重要的，是用户成长体系。搭建用户成长体系是服务于用户留存及整个生命周期的价值运营。

一、什么是用户成长体系？

直观地理解用户成长体系，它是一套为提升用户价值而制定的营销措施，但其实这种理解存在很大的误区。如果我们站在用户的角度，就可以发现：

在游戏中，因为用户希望在游戏里变得更强，所以他才会去付钱买游戏币、买装备。

使用QQ时，因为用户想获取更多的权益，所以他才会去充值黄钻、SVIP等。

使用抖音时，因为用户想要获得更高等级的抖音荣誉勋章，所以他才会花钱买抖币并且刷礼物。

使用腾讯视频时，因为用户想要获得提前解锁剧集的权力，所以才会注册付费会员。

……

很明显，是因为用户想成长的欲望驱动用户的行为。而我们设计的成长体系，只是提供了一种场景，触发了用户行为。因此，用户成长体系是一种让用户自我驱动成长的方式，它的底层逻辑是用户激励，既然用户的本质是需求的集合，那么我们要做的就是要把用户的需求转化为用户成长行为。

从运营层面上看，用户成长体系不是简单的统一标准化运作。实际上，如果不进行精细化运营，用户成长体系取得的效果将会非常有限，甚至得不偿失。因此用户成长体系作为一种运营方式，实质是将用户分层，并进行差异化激励。

在互联网广泛普及的今天，用户成长体系几乎随处可见，比如QQ的黄钻、达人；美团、爱奇艺的积分、成长值；滴滴的滴币；京东的京豆；抖音的抖币；支付宝的芝麻信用……它们以各种形态出现，有时候也会叫作积分体系、金币体系，或者用户激励体系等。

【延伸阅读】
腾讯视频的成长体系

可以看到，用户成长体系是一套非常复杂的系统。在互联网新媒体平台上，可以用来搭建用户成长体系的模块有很多，如积分、虚拟货币、成长值、经验值、等级、身份、特权、成就、勋章、排行榜和虚拟道具，具备丰富的多样性。在平台发展的不同阶段，可以以某个模块为主，也可以以多元化组合建立成长体系。甚至可以建立多套子系统，如成就体系、财富体系、社交体系等多套子系统。

其实，再复杂的用户成长体系，也遵循最基本的逻辑主线：

用户的每一次"成长"，都来源于用户自己的决定。

用户的每一次决定，都是受传播过来的营销信息所触发。

任何一个用户,在做一个决定的时候,会比较两样东西:收益与成本。

所以也可以把用户成长体系理解为把各个运营模块串联起来,搭建一个"通畅且向上"的梯子,使用户沿着它不断地向上。

二、用户成长体系的构成

并不存在适用于不同垂直领域产品和市场的标准用户成长体系模板。但是,互联网发展到今天,几乎每个垂直领域的头部企业都建立了相对完整成熟而且有效的用户成长体系,而且很多中小型企业和创业公司也都在尝试建立自己的用户成长体系。

通常,比较完整成熟的用户成长体系都是围绕用户体验过程,结合各个触点建立起来的。当用户感知的获得感、幸福感超过用户感知的成本付出的时候,用户成长体系就会逐步固定下来,形成持续的用户驱动力。

(一)任务体系

"任务体系"是结合用户需求、产品功能和营销手段,为用户搭建的明确而且可重复的奖励获取通道,一般分为签到任务、新手任务、日常任务、成长任务、营销任务。

1.签到任务

(1)标准签到打卡:只要用户每天登录签到打卡专区,就可以获得相应积分。

(2)阶梯签到打卡:按照连续签到的时长不同,给予不同的奖励。这种任务比较能激发用户的坚持参与感,更好地养成习惯,进而提升用户黏性。比如连续签到7天、签到15天、签到30天,奖励不同且递增。

(3)盲盒签到打卡:盲盒签到打卡又叫彩蛋签到任务,商家可以在关键节点上设置不同的奖项。商家可以每天设置不同的彩蛋,比如积分翻倍卡;用户也可以在完成签到打卡的时候获得优惠券、现金、服务奖励等。盲盒签到比较容易勾起用户的好奇心,能有力调动用户的参与积极性和玩游戏的心态。

(4)养成类签到打卡:由于签到任务比较简单,用户只要点击签到按钮就算完成,参与感不强,认知度不够。如果想通过签到任务进行宣传,效果并不会很好。目前主流的签到打卡玩法都是养成类的游戏,比如云养猫、云养羊、云种树、云养鸡等。养成类签到打卡活动可以有效激发一个人的胜负欲、责任心、情感关系,比如有的人会担心自己的鸡没有饲料而逃去其他庄园了、担心自己的能量不够而种不成自己喜欢的树苗。

2.新手任务

新手任务一般是一次性任务。主要鼓励用户完善信息,如生日、年龄、地区、偏好、头像、昵称等;也可以鼓励用户熟悉平台、产品的功能、使用方法等。很多游戏产品都有一个新手任务,要求新用户完成类似于新手训练的任务,使用户熟悉游戏的场景、工具的性能和操作方法等。

【延伸阅读】
抖音电商新手任务

3. 日常任务

为鼓励用户养成使用习惯，平台往往设置日常任务，对每天登录完成相关任务的用户进行激励。用户完成不同的任务，获得的奖励不同。平台也可以根据发展状况和营销需要调整日常任务的项目和奖励。

【延伸阅读】
喜马拉雅主播的日常任务

4. 成长任务

成长任务有清晰的、较长期的成长目标设定，这点和新手任务、日常任务不同。而且成长任务通常被设定为闯关模式，任务是按顺序进行的，只有完成一个阶段的任务，才能解锁下一阶段的任务。

成长任务多见于社区类产品，与勋章、称号、等级等工具相结合激励用户。在多边平台上，成长任务也常常被用来激励内容提供商或者服务商等。

【延伸阅读】
百度百科内容创作者成长任务

5. 营销任务

营销任务主要是为了市场传播和推广，通过设置一些奖励，激励用户进行分享、评论、转发、使用、浏览和邀请拉新。

营销任务通常比较关注成本投入和市场收益。当参与用户数较多的时候，要做好用户付出成本和运营支出成本的合理配置。既要保证用户参与的积极性，又要追求较好的活动效益。

（二）会员体系

会员体系分为两种：免费会员和付费会员。

免费会员体系实际上是等级成长会员体系。通常，用户在平台上注册就会成为最初级的会员。然后平台根据用户的行为、参与活动的情况、完成任务的数据，给用户赋予不同的成长值。当用户成长值累积到了某一个分值时，就会自动升级到更高等级的会员，享受更高等级的会员权益。

付费会员体系是用户付费成为会员，即可享受相应的特权和权益。付费会员也可以理解为一种筛选机制，通过付费这种方式先把忠诚度高的用户筛选出来，然后通过付费会员体系本身激励用户提升自己的价值贡献，实现与会员的双赢。

【延伸阅读】
支付宝会员

（三）成就体系

人们一直在追求社会认同。根据马斯洛的需求层次理论，人们除了基础的（生理、安全）需要以外，我们还需要自我实现、尊重以及归属和爱的需求。

成就体系就是在人们追求认同的基础上建立起来的。一般情况下，成就体系根据用户使用产品或者参与活动的情况，授予用户称号及勋章。以精神层面的鼓励为主，结合积分、优惠券奖励，对用户进行综合激励。

【延伸阅读】
鸡蛋理论

成就体系把用户划分为不同的等级，累积到一定标准才能升级。成就和勋章的获得，需要付出时间和成本。

当用户经过努力完成阶段性目标的奖励的时候，身体分泌的多肽化合物是内啡肽。内啡肽能使人产生止痛效果和欣快感，相比于多巴胺，它能让人持续更长的快乐时间。用户在平台中花费了时间和精力,获得了勋章、成就,进而渴望获得更多的勋章、成就。随着勋章数量的增加,用户愿意为平台投入更多的时间和精力,这就形成了一个稳定的飞轮系统。

值得注意的是,勋章、成就的边际成本几乎为0。为了形成对用户的持续激励,成就体系的级别设置一般会比较多。例如,QQ设计的最高等级是256级,经过测算大约需要182年才能达到。

(四)积分体系

积分的本质是一种运营工具,用户获得的积分可用于指定方式的消耗,包括实物兑换、虚拟卡券兑换、增值服务兑换、营销活动参与等,平台不仅要设计足够多的积分消耗场景,还要为用户提供足够方便的兑换流程。

积分体系是平台为了引导用户完成目标动作所设计出的一套虚拟货币体系。在积分体系下,通过积分的获得和消耗,以利益驱动的方式,促使用户通过持续登录、浏览、参与活动、体验新功能和新业务等行为提升活跃度与用户价值。

目前互联网领域还存在其他"虚拟货币体系",如京东的京豆、喜马拉雅的喜点/喜钻、抖音的抖币,都是由积分体系优化衍生出来的。部分虚拟体系中,会采用设置特色场景的方式,以提升用户的新鲜感与兴趣度。如"养成型"互动场景:用户在平台云端养宠物,宠物需要的粮食、清洁、医疗等工具,都需通过各种用户行为赚取虚拟货币,再用货币进行购买(兑换),而随着宠物的不断成长,又可以进行用户权益的持续升级。

积分体系运用的关键在于以下三点。

合理积分成本规划。积分的获取通常与用户行为挂钩,并按照公司利润的一定比例进行成本预算。为了有效控制成本,积分一般都要设置有效期,否则就会造成沉重的财务负担。例如,加拿大航空公司就因为没有做好财务计划,让积分无限期累加,造成资不抵债并破产,最后将加航的常客计划剥离成AeroPlan单独运营。

正确定义用户行为的积分价值。积分体系是直接的物资激励,不同的行为自然要赋予不同的积分,并且形成明确的积分规则和标准。

积分兑换。积分兑换是用户感知积分价值的方式。通常情况下,用户不是为了积分而加入平台或者购买产品,大量的用户不会主动兑换积分。这就给用户激励留下了很大的空间:通过提醒用户或者帮助用户进行积分兑换,让用户获得意外的惊喜,不仅能够增加用户的获得感和成就感,也能形成很好的归属感。

【延伸阅读】招商银行个人用户积分奖励计划

(五)活动体系

活动体系是围绕用户运营目标进行的系列化市场运营安排。经常进行的活动有三类:拉新活动、促活活动、营销活动。

拉新活动主要是激活老用户实现自动裂变。设置不同的拉新奖励,具体方式参考见本章第四节。

促活活动主要是针对刚接入平台的新用户或者活跃度不高的老用户,通过设置任务门槛,让用户定期完成指定任务后可以获得奖励。例如打卡领取积分、支付宝的浇水种树、京东的领免费水果等,都是让用户每天来平台完成一个小动作,日积月累就可以拿到不错的福利。内容社区经常组织主题讨论活动和其他互动活动,也是为了活跃社区。

营销活动就是结合节日、假日、主题日等多种形式,以销售为结果导向的活动,例如妇女节、中秋节、天猫"双十一"、京东"6·18"等开展的营销活动。企业也经常根据发展需要,自己策划主题营销活动。

【延伸阅读】
抖音电商节点
营销活动体系

(六)推送体系

推送就是把企业希望展示的信息发送到用户的终端设备上。用户信息推送分为两种:站内推送(活动、公告、系统通知)和站外推送(App Push、短信通知)。

如何让推送的信息更加受欢迎?

可以尝试给用户定一个能参与进来的使命和目标——比如蚂蚁森林,在新年推出的福气林,通过汇聚网友的力量,来完成宏伟的目标。这种方法不仅仅大公司可以实施,所有的平台都可以定义出这种用户参与的目标。比如拯救"二哈"行动,通过让用户想办法,来探讨怎么更好地教"二哈"不拆家。

现在很多App都在增加游戏化的设计,给用户的点击加上游戏化的反馈。例如目前很多App点开就有金币、宝箱、优惠券等,给用户的感觉就是随时随地都可以获得奖励。

如果我们想让更多的用户留下来,就要给用户一条晋级成长之路。通过推送系统,激励用户参与,给用户每次的行为增加价值,就可以不断增大用户的沉没成本,增加用户的禀赋效应,从而提升用户的归属感。

三、搭建用户成长体系

我们将用户成长体系理解为把各个运营模块串联起来,搭建一个"通畅且向上"的梯子,使用户沿着它不断地向上。抓住这条逻辑主线,就可以保证在正确的方向上努力。

强调用户的参与感和体验,这是一种游戏化的思维。游戏化是一种思维,是将游戏中那些有趣的、吸引人的元素巧妙地运用于现实世界或者生产活动中,是"以人为本的设计"。如果我们的产品和服务能够让用户放松、感觉有趣,就能够让用户更多地参与进来。

【延伸阅读】
游戏化思维

可见,游戏化的核心是帮助人们从用户成长体系中寻找乐趣,通过让流程有趣产生吸引力。我们在搭建用户成长体系时要解决的关键问题是如何使用户成长体系诱导和吸引用户的参与。那么,我们一定要在用户付出之后,给予他一个非常明显的成长感知,这样才能继续引导他进行下一次付出。

在理清了用户成长体系的基本逻辑之后,就可以一步一步地搭建用户成长体系了。一个用户成长体系包括两个最基本的要素:成长的级数;每个级别的升级条件和降级条件。

可以发现,围绕这两个基本要素,需要回答五个问题:如何确定合理的级数? 每个级别升级/降级的关键指标是什么? 针对关键指标的用户行为有哪些? 如何量化关键指标,并把它和用户行为联系在一起? 如何引导用户去完成这些行为?

这就是搭建用户成长体系的五个步骤。

(一)第一步:设定成长级数

确定级数的实质是规划用户成长的路径。

前面讨论过,用户成长是由用户的欲望和需求驱动的。所以,用户成长路径不是"设计"出来的,而是根据用户行为的实际情况做出的合理规划。这里要用到一个基本概念:用户分层。用户分层是根据用户的行为、价值等差异把用户分为不同层次的过程。用户分层可以为制定用户成长规划提供参考。

用户分层的方法有很多,如常见的用户生命周期模型、金字塔模型、漏斗模型等。这些模型提供了很好的方法指引,但用于用户成长分析,不一定能规划出具有可操作性的用户升级路径。因而,对具体的平台和产品而言,需要结合具体选择指标建立分层模型,如层次分析法。

在确定了用户的分层结构以后,就可以把用户分成不同的级数。制定用户成长级数有个小技巧:入口不能太难,出口不能太容易(这里说的入口是指可以获得成长值/积分/虚拟货币的方式;出口指具有一定量成长值/积分/虚拟货币之后,用户可以相应获得的东西)。这很容易理解,入口太难了,直接就把一部分用户拒之门外了;出口太容易了,有些优质的活跃用户很快就达到最高级,失去了上升的动力,反而容易流失。

大多数互联网平台的用户级数为4~9级。例如,淘宝、支付宝的会员等级为4级;美团的会员等级为6级;顺丰的会员等级为7级;腾讯视频的会员等级为8级。最为特殊的是QQ等级,最高目前是256级,也就是四个皇冠,升级需要66560天,按照一年365天来算,大概需要182年才能升级到256级。

(二)第二步:确定关键指标

关键指标是衡量企业价值创造或者价值获取能力的核心维度。用户成长体系设定只有围绕这些关键指标才有意义。

关键指标不一定只有一个。在用户成长的不同阶段上,关键指标也不一样。用户成长部分关键指标举例如表6.15所示。

表6.15 用户成长部分关键指标举例

一级指标	二级指标	三级指标
用户指标	存量	DAU/MAU
	增量	新增用户
	健康程度	留存率
	渠道来源	广告、App 等
行为指标	次数/频率	PV、UV、访问深度等
	路径走通程度	转化率
	时长	停留时长
	弹出率	弹出率

续表

一级指标	二级指标	三级指标
业务指标	总量	GMV/总用户数
	人均	ARPU/人均访问时长
	业务健康度	付费率
	SKU健康度	SKU付费率

通过查阅平台和App的用户管理模块,可以看到:顺丰速运的关键指标就是"会员收寄件的消费值";腾讯视频的关键指标是"会员消费值",包括购买VIP套餐的费用和购买付费电影、小说等内容的消费值;京东的会员关键指标是"用户在京东平台上的消费值"、商品评论、晒单、满意率点评等;大众点评的关键指标则是用户的优质评价数。

分析这些平台的业务类型和商业模式,就能理解他们为什么选择这些关键指标。例如,大众点评是第三方点评模式的信息互动和分享平台,是消费者分享消费体验的互动门户,并在此基础上,扩展出了餐馆佣金、出版、广告等盈利模式。因此,大众点评关注用户的活跃度,激励用户对餐饮消费的体验进行评价和分享。

(三)第三步:规划用户行为

确定了关键指标之后,就可以围绕这些指标规划出各种用户行为了。部分关键指标与用户行为对应举例如表6.16所示。

表6.16　部分关键指标与用户行为对应举例

指标	行为	动作
用户数	用户注册	完善用户信息
		绑定手机
		绑定邮箱
		完善地址
	日活	登录
		签到
		点赞
		评论
		转发
销售额	用户支付	在线支付
		确认收货
内容数量	内容生产	发帖
		撰稿
		发布短视频
		在线直播时间

(四)第四步:行为量化

为了方便统一计算,需要对用户的关键行为进行量化。具体步骤如下。

1.为不同的关键行为赋予权重

用户不同的行为对平台的意义和价值是不一样的。在第一步中,我们通过层次分析法等确定了用户分层模型,进而确定了用户的成长级数。在这个过程中我们也得出了不同的行为的权重。这些权重就是不同行为的重要性的体现。

2.为不同的关键行为赋值

根据权重,给每一个关键行为赋值。例如,完成签到得1分、发表评论2分等,并且为这些值命名,如积分、成长值、经验值、金币等。

3.模拟计算用户成长周期

模拟一个用户的行为路径,并且计算出每天获得的数值。统计一个用户每天获得数值的最大值、最小值和中值。

4.规划成长周期

测算用户升级达到成长顶点需要的时间周期。确定好用户行为的数值和升级数值的标准。例如,根据规划中的用户裂变周期,希望从L0升级到L1的周期为30天;同时经过模拟,用户最多一年可以获得40分,那就可以设定从L0升级到L1的升级要求为1200分。

值得一提的是,根据鸡蛋理论,用户经过努力获得的成长,才会有更好的成就感。同样的道理,无论是积分还是金币,如果太容易获得,用户就不会珍惜。

(五)第五步:引导用户行为

在本节第一部分我们讨论过,让用户的幸福感、获得感超过用户感知的成本,就会实现用户自我驱动成长。于是,引导用户成长,就是增大用户成长过程中的获得感、幸福感,降低用户感知的成本。

引导用户成长的激励机制,主要有虚拟货币、权益/特权两种。虚拟货币包括积分、成长值、金币等各种具有兑换功能的货币,还有其他称呼如V力值、游戏豆等。权益和特权是与用户成长等级对应的可享受权力,主要包括各种优惠或者免费的资格。按照福格模型,用户的需求和欲望形成了用户成长的动机,而虚拟货币和权益/特权则成为触发用户成长行为的"扳机"。

【延伸阅读】
京东Plus会员

可以看出,京东Plus会员是引导用户成长的典型激励机制。为更好地发挥激励效果,互联网平台还把个性化推荐系统与用户成长体系结合起来,根据用户大数据画像,在不同的时间节点上向用户精确推送各种优惠特权信息,增强用户的"获得感"。

与京东、淘宝等电商属性显著的平台不同,在另外一些业务场景下,追求认同也是驱动用户成长的强劲动力。这类平台主要是以沟通、互动、分享为主的社交平台。在这类平台上,大量弱关系、强关系构成大量的社区,形成了不同的圈层。于是,追求认同成为用户不断成长的驱动力。

与用户追求认同的需求相匹配,平台可以授予用户各种"称号""勋章""荣誉""特权",把成长等级消费转化为身份消费,从满足用户"虚荣心"开始,形成身份"优越感",建立身份"自豪感",驱动用户向成长等级的高端不断攀升。

【延伸阅读】
QQ会员体系

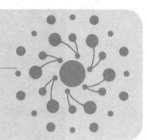

第七章

场景运营:表达与体验

亚马逊Kindle Paperwhite致敬阅读继承者

2018年10月17日,亚马逊推出了新款Kindle Paperwhite电子阅读器,并针对中国市场推出内容定制化Kindle,为此专门推出了一则全新的广告片,视频文案如下。

身处在瞬息万变的世界

我们如何找到完整的自己

我在沉重脚步中

抓住轻盈的时间

我在迷茫的路口

看见阳光的方向

我在生活的点滴里

看见美好的年华

我在孤独荒野里

追寻更远的天地

我在漫长旅途中

读遍无尽的世界

我在喧哗人群中

独享温柔的夜色

我,是阅读继承者

当点滴拉扯着思绪
她选择守望美好的时光

于无休无止的奔波
他选择无畏尽头的思考

　　整支广告看似是六个场景的混剪叠加，却从六个侧面反映了当下都市人的普遍心境和生活心态。上班族的焦虑，毕业生的渺茫，年轻人的迷失，探险者的孤独，旅行者的枯燥，独处者的失落，当你面临和视频中一样的处境时，不妨像这些人一样，拿起Kindle，静下心来阅读一本书，或许你就可以抓住轻盈的时间，看见阳光的方向，看见美好的年华，追寻更远的天地，读遍无尽的世界，独享温柔的夜色，找寻更精彩的世界和自己。

当迷失泛滥于夜色
她选择清新优雅的温柔

在迷茫驻足的路口
他选择坚定步伐的方向

　　与此同时，视频中出现的阅读场景，也折射了在数字化阅读时代，电子书所带来不同于实体书的阅读体验。不论是地铁、浴室、野外、旅途还是夜晚，没有沉重的实体书的羁绊，只需要一个轻便的Kindle，你就可以阅读任何一本电子书籍，随时随地享受阅读的乐趣。

在碎片当道的路上
她选择坚守完整的自我

在想要逃离的荒野
他选择勇拓心灵的边际

这支广告用文艺的基调，刻画出六位阅读爱好者的心态和感悟，揭示了阅读在我们生活中的价值所在。这与更多的阅读爱好者形成了一种很好的情感互通，并通过"我，就是阅读继承者"的使命召唤，激起更多人的阅读兴趣，参与到阅读行列。这种对大众阅读的呼吁和对个体心灵的关注，也进一步升华了全新 Kindle Paperwhite 的价值属性。

思考

1.请完整观看该广告视频，并说一说自己的感受。

2.场景在传播中起什么作用？

第一节　碎片化：移动互联网时代的挑战与出路

未来学家托夫勒指出："就个人而言，我们被一些矛盾，零散的形象所包围，旧的观念受到考验，注入我们脑海的是支离破碎的弹片。"

一、碎片化的成因

碎片化是指完整的东西碎成许多零块。这个概念的外延在移动互联网时代被扩大了，例如缺少关联的信息、独立的市场结构、一段时间、一块空间……甚至零散的工作、零碎的需求，都被视为碎片。

移动互联网时代是权威坍塌和个性化崛起的时代。"传统的社会关系、市场结构及社会观念的整一性——从精神家园到信用体系，从话语方式到消费模式——瓦解了，代之以一个一个利益族群和'文化部落'的差异化诉求及社会成分的碎片化分割。"碎片化时间、碎片化空间、碎片化信息、碎片化社交、碎片化需求、碎片化市场、碎片化营销、碎片化服务……碎片化无处不在，成为移动互联网时代的典型生活方式。

移动互联网的出现加速了商业模式的更替,创造与颠覆成为新的常态,这与后现代主义思潮不谋而合,后现代主义对现代化过程中出现的主体性、中心性、整体性、同一性等思维方式进行批判与解构,世界不再是统一的,而是碎片的。不可否认,去中心、反权威、拆结构也是互联网的内在精髓,不破不立! 在颠覆中创造,在创造中颠覆,意味着原有商业模式在碎片化时代的反思和剧痛,也孕育着新的机会。

(一)技术与文明

人和技术从来都是不可分离的,在唐伊德的"人—技术"日程表中,技术对人的影响从我们早上醒来的那一刻开始:"很可能唤醒我们的是一种技术,这可能是闹钟、石英钟的嘟嘟声,或者是钟控收音机的响声。当我们不情愿地离开被窝时,我们首先注意到,我们的睡眠是由睡眠用具来保障的(不管是高档的电热毯,还是中等档次的腈纶毯,即使是低档的天然纤维,仍然经过了各种转化,这就需要技术)……"

【延伸阅读】
阿尔法狗与人类对战成绩

但技术王国以其几何级数般的快步发展,已经把人类的精神王国远远地甩在了身后。

除了围棋,在越来越多的领域中,人工智能都超越了人类,已经或者正在进入大规模应用阶段的包括:语音识别、图形识别、在线客服、自动驾驶……人类需要拓展自己的精神领域并且跟上技术的步伐,才能让技术更好地服务于人类生活。

技术文明创造的人工世界①的边界已经远远超出了想象。个人在这个超巨型的人工世界面前是渺小的。信息认知是用户对接收到的信息进行处理并理解吸收的过程。在互联网时代,人们对世界的认知往往借助于超链接获取。但是在互联网的庞大信息海洋中,通常情况下,每个人只能连接它的某一个部分,只能感知其中的某一部分——碎片——在铺天盖地的信息中,用户的注意力是碎片化的。

(二)分工与专业化

分工是生产活动的必然,否则每个人都会变成一个"烟囱",把能力禁锢在最低的层次上,发展就无法谈起。亚当·斯密提出分工水平决定了个人的经验、知识与技能。分工越细,个人在专业领域的活动频率越高,积累的经验、知识和技能就越多。分工带来效率的提升,效率提升要求扩大分工,这是一个正反馈的过程。这个正反馈的过程对人的能力不断提出新的要求,人们通过总结经验、努力学习、创造和创新、探索未知来提升自己的能力,工具被发明出来,技术被创造出来,知识和规律被总结出来应用于生产,分工不断裂变,变得越来越精细,越来越专业化和专门化。从古典主义、新古典主义、凯恩斯主义到自由主义的所有的经济学家,从大卫·嘉图到萨缪尔森,都把分工看成是工业化进程不断深化、劳动生产率不断提高的重要根据。

生产力的发展要求分工与专业化,分工与专业化又推动生产力的升级。人们常说"三百

---

① 人工世界是由人的活动所创造的世界。人工世界首先指用技术改造过的世界,即由人造物构成的世界;还指由各种技术系统构成的技术世界;也可指人类精神世界。与人工世界对应的是自然世界,以及人类借助技术开辟的可能世界。这三个世界之间存在着相互联系。

六十行，行行出状元"，分工体现了人的社会性，人们在分工、协调、合作的过程中提高了整体能力；在分工与合作的过程中，专长得以培养，技术得以进步，又促进生产力的发展。

但人类活动领域和边界不断扩大，逐渐超越了个体能力的覆盖范围。每个人在分工链条上的工作范围越来越小，成为社会体系的一部分。阿斯麦公司的EUV光刻机是人类文明皇冠上的明珠，是目前为止人类在全球范围内分工与专业化程度最高的代表和结晶。分工程度不断裂变和加深，社会文明变得多维、多向：技术专业化、文化多元化、市场细分化……碎片化必然出现。

【延伸阅读】
工业之花——
光刻机

(三)自我意识与个性化需求

马斯洛的需求层次理论告诉我们，每个人都渴望自我实现。但是在弗洛伊德提出的本我、自我、超我的三重人格中，三者是对立的。本我是人最初的自己，注重追求生物性的需求，本能地趋利避害，追求欲望的满足而避免痛苦和不快乐。自我是人格的心理组成部分，它遵循社会的规则，也会考虑具体情况，会进行自我控制，让本能和环境和谐共处，因此抑制了本我的快乐原则。超我则是由道德原则支配的，如社会理想、价值观，它维持着个体的道德感，遵守社会秩序和规则。人们需要通过自我调节来协调本我和超我的矛盾，才能实现个人和社会的和谐。

尼葛洛庞帝在《数字化生存》中说过："后信息时代根本的特征是真正的个人化。"现实世界充满了规则、道德和秩序，移动互联网却为人们提供了自我实现的更大舞台。通过移动终端，人们时时刻刻与互联网连接，获取信息的成本大大降低，认识世界的方式从被动接受转变为主动搜寻。传统媒体的权威性被毫不留情地颠覆；品牌的影响力大大地下降，在大多数情况下品牌不再是"选择依据"，而是"选择参考"。人们更加愿意根据主动获取的信息作出判断。以往依靠某一个传播媒介的强势覆盖而"号令天下"的时代已经一去不复返了。

例如，大多数用户在互联网购物时，不仅会看商家发布的"商品详情"，更要看"客户评价""商家评分""销量"等指标，主动参考评论区的文字、视频和图片，对差评尤其关注。聪明的平台为了方便用户，还主动呈现之前用户所提的问题和答案。

人们以被动方式获取的信息都经过了加工和处理，所获取到的信息包含了信息发布人的意图和理解。自我意识觉醒意味着人不再被人为处理过的信息所裹挟，对"我是谁""我需要什么""我为什么要决定"等问题进行主动思考和理性判断。在自我意识的引导下，类似的过程多次重复，需求越来越个性化，进一步加剧了碎片化。

【延伸阅读】
我是一个人，
不要利用或
操纵我！

二、碎片化的困境

互联网不仅是重大科技发明，更是社会发展史上的里程碑。它不仅带来了便捷的信息交换平台，更从深层次改变了商业模式和社会的关系、秩序结构，造就了碎片化生存方式。

(一)碎片化生存

互联网最早是作为一种工作工具，而不是在生活场景出现的，这注定了追求速度和效率是网络世界长久的使命。从线上到线下，从工作到生活，碎片化不可避免。

碎片化还在加剧，生活被撕成碎片，仿佛人们已经没有办法集中精力干一件事情：边走路边看手机，边吃饭边看手机。没有办法获得整块的时间：当你正在享受周末，却收到一条工作相关信息；当你在集中精力干一件事的时候，短信、微信、邮件中却涌来了更多的事情。这就是碎片化的现实。慢生活从此停留在记忆中，成为一种情怀。

【延伸阅读】
从前慢

似乎碎片化会带给人们阵痛。现实却不完全是这样的，在不知不觉中，人们适应了这样的快节奏：在忙碌的工作中，偷闲给自己订好了一份晚餐；在线上购物平台下单了自己心仪的衣服；甚至做好了旅行的攻略。

碎片化也带给了人们机遇。社区团购平台兴盛优选为看似忙碌的宝妈们准备了一份"社区团长"的兼职职位，而且非宝妈不招。不少在办公室上班的年轻人，利用自己的碎片时间打理着自己的抖音账号，进行内容创作（文字、摄影、短视频），经营着自己的微店……在移动互联网条件下，人们对外的连接更加广泛和便捷，原来没有利用价值的时间碎片被重新利用起来了，可以在碎片时间中创造价值和获取价值。

（二）规模经济

相对于个人，碎片化使企业陷入两难境地。

对分工越来越细化的现象，斯密定理指出：随着市场范围的扩大，分工和专业化的程度不断提高。反过来，如果市场范围没有扩大到一定程度，即需求没有多到使专业生产者的剩余产品能够全部卖掉时，专业生产者不会实际存在。亚当·斯密写《国富论》的时候，大概不会想到今天碎片化程度越来越高会给企业带来困境。

现代管理的发展体现了在分工的基础上对效率的追求，换句话说，也是对碎片化的趋附。19世纪80年代，泰勒创造了科学管理，此后，质量管理、价值工程、系统工程等一系列提高分工和专业化管理水平的方法被陆续提出，并且引入了决策论、控制论、信息论等作为基础指导，在越来越细的领域内来研究如何适应碎片化的要求。

但这一切远远赶不上现代化生产和操作细化的速度。一架"波音747"飞机共有450万个零部件，是由6个国家、1100家大企业和1500多家中小企业协作生产完成的。阿斯麦公司的EUV光刻机中有十多万个零部件，美国光源占比27%、日本材料占比14%、荷兰的腔体以及英国的真空设备总占比在32%，EUV光刻机的制造，来自全球5000多家供应商，每一个环节都缺一不可。中国天宫空间站，是中国8.9万家航天企业共同努力的结果。

然而企业的目的是追求效益最大化。在新古典框架中，企业被视为一个生产函数，能够更加清晰地呈现这一目的：在一定的产量范围内，随着产量的增加，平均成本不断降低。因为在一定的产量范围内，固定成本变动不大，但新增的产品可以摊薄固定成本，从而使总成本下降。这就是规模经济。规模经济是如此重要，以至于它成了经济效益的代名词，是经济发展的指标、目标和路径。规模经济始终意味着，一个经济规模至少有一个最低规模，这个规模就是企业的生存空间。

【延伸阅读】
人工智能产业的碎片化发展

但人的需求是无限的，理论上对个性化的追求也是无限的，这意味着市场会越来越细分，技术专业化程度也会越来越高。在技术和市场的双重作用下，企业越来越难有效益地满足碎片市场的需要。

三、碎片化的曙光

（一）技术进步：从碎片到蓝海

满足碎片需求要有成本可行性，这是市场对技术的要求。技术也几乎从来没有让人们失望。2021年12月12日，根据外媒报道，英特尔发表文章，公布了突破摩尔定律的三种新技术：新型3D堆叠、多芯片封装技术；更高效的电源技术和DRAM（Dynamic Random Access Memory，动态随机存取存储器）内存芯片技术；基于硅芯片的量子运算芯片，有望在将来取代MOSFET（Metal-Oxide-Semiconductor Field-Effect Transistor，金氧半场效晶体管）。这些技术的目标是在2025年之后，还能够使芯片技术继续发展。

【延伸阅读】
摩尔定律的
生死之争

摩尔定律意味着芯片尺寸在逐年变小的同时，芯片上集成的晶体管数量越来越多，性能也越来越强。半导体产业也确实一直遵循着摩尔定律推进。实际上，单纯依靠缩小尺寸的确不会持续下去，但这并不意味着更复杂、功能更强大的电子系统的时代即将结束。相反，数字革命才刚刚开始，人们正在挑战并推进极限。

从经济角度看，摩尔定律意味着处理器的性能大约每两年翻一倍，同时价格下降为之前的一半。或者说用一美元所能买到的计算机性能，每隔18个月翻两番。在20世纪60年代初，一个晶体管要10美元左右，但随着晶体管越来越小，直到小到一根头发丝上可以放1000个晶体管时，每个晶体管的价格只有千分之一美分。摩尔定律问世以来的50多年时间里，计算机从庞然大物变成了每个人的手持终端，社交媒体把全世界的人连接起来，万物互联带来了丰富多彩的智慧生活。

也就是说，技术进步把曾经的碎片变成了具有广阔前景的蓝海市场。以视频技术为例，视频技术已经在多个行业得到广泛的应用，从交通管理到工厂管理、从人脸识别到自动驾驶……但是不同行业中不同的应用场景对视频的要求不同，需要有不同的算法支撑，如何开发满足不同行业特征要求的算法——碎片化挑战也随之而来。面对专用视频处理芯片需求爆发式增长，谷歌、Meta、字节跳动和腾讯闻讯而动开发视频处理芯片（Video Processing Unit，VPU），试图率先掌握开启这个蓝海市场的钥匙。预计在未来几年内，VPU市场规模将可能达千亿美金。

（二）长尾市场：串起碎片的价值

虽然碎片化给企业效率带来了前所未有的挑战，但发展的脚步却不可能停止。雨果说："上天给人一份困难时，同时也给人一份智慧。"事实就是这样，碎片的存在本身就是答案。克里斯·安德森在2004年发现了长尾现象之后，迅速被广泛认同：所有的领域中都存在长尾现象。长尾理论的核心内容为：第一，产品种类的长尾远比我们想象的要长；第二，现在我们可以有效地开发这条长尾；第三，所有利基产品一旦集合起来，就可以创造一个可观的大市场。

安德森把长尾归结为三种力量作用的结果:普及生产工具、普及传播工具、连接供给与需求。这三种力量分别降低了生产成本、传播成本和市场成本。

长尾理论形成对"二八法则"的补充。"二八法则"又叫帕累托法则,是意大利著名经济学家维弗雷多·帕累托提出的,意思是80%的结果通常是从20%的原因中产生的。如20%的消费者贡献了80%的消费额,20%的产品贡献了80%的营业收入等,这让我们不得不高度重视核心顾客和核心产品。人们长期以来用"二八法则"来界定什么是主流。辩证地说,没有80%就不会有20%,长尾理论让人们关注非主流的力量,"聚沙成塔,集腋成裘"。

【延伸阅读】
长尾现象的发现

究竟是什么让原本毫不起眼的"零散碎片"转变成有利可图的"香饽饽"?最重要的因素是互联网广泛普及和信息技术的大量应用,极大地降低了沟通和协调成本。Ecast(一家"数字点唱机"公司)首席执行官范·阿迪布认为"以这种形式提供的内容①,包装成本几乎为零,而且人们可以实时获得。亚马逊的杰夫·贝佐斯在1994年就提出利用在线零售的经济效益大规模销售相对非热门的产品。Ecast和亚马逊的例子有一个共同点:增加品种。在点唱机中增加非主流音乐,在亚马逊的线上店铺中增加一款非主流产品,边际成本也几乎可以忽略不计。在范围经济的作用下,众多的碎片汇聚、融合起来,形成了规模优势。

(三)走出碎片:企业家精神与网络效应

前文分析了人的自我意识崛起和个性化需求是市场碎片化的原因之一。从人本主义出发,打破碎片化也是人的本性。马斯洛需求层次理论揭示了人的需要有一个从低级向高级发展的过程,这是人类需要发展的一般规律。在满足了一定层次的需要以后,追求更高层次的满足,给了人们走出碎片的最基本内驱力。求更高层次的满足,需要打破常规、走出碎片。

1.碎片与企业家精神

碎片不是网络时代才出现的,每个企业都是从碎片中走出来的。但是走出碎片意味着改变市场秩序,建立新的规则,进行"创造性破坏",这正是熊彼特式的企业家精神。从底层上说,走出碎片需要企业家精神。但只有第一个吃螃蟹的人是很令人佩服的。敢于"吃螃蟹"的人就是企业家。张维迎2022年在《重新理解企业家》中提出:"企业家决策不是在给定约束条件下求解,而是改变约束条件本身,把不可能变成可能。对于真实世界的企业家来说,不仅资源、技术和消费者偏好不是给定的,甚至游戏规则也是可以改变的。没有能力改变约束条件的人,不可能成为一个成功的企业家。"

【延伸阅读】
顺丰——碎片中的成功之路

市场的扩大是企业家冒险开拓的结果。齐美尔在《货币哲学》中说:"金钱只是通向最终价值的桥梁,而人是无法栖居在桥上的。"打破碎片的边界和平衡,需要冒险精神。坎迪隆和奈特两位经济学家将企业家精神与风险或不确定性联系在一起。没有甘冒风险和承担风险的魄力,就不可能成为企业家。美国3M公司曾提出:"为了发现王子,你必须和无数个青蛙接吻。"冒险和创新是企业家的精神家园,通过戴维·兰德斯的《历史上的企业家精神:从古代美

---

① 是指在点唱机中增加非主流的音乐。

索不达米亚到现代》能够深刻地感受到每个时期企业家内心的不安与不甘:他们从不满足于现状,充满着激情与躁动,他们善于学习和创新,敢于突破和挑战,一次次超越自身的极限和局限创造奇迹。在张维迎看来,不安现状、会主动去寻找机会的那一批人就是企业家。企业家精神的本质是不变的,就是那种"敢于冒险、不守常规的创新精神"。

2.网络效应:规模从碎片中涌现

规模与碎片相对应,打破碎片需要有一定的规模。一个产品和业务,只要用户达到一定的数量,就会形成规模效应。

在第六章中我们重点讨论了如何建立和扩大用户规模:用增长黑客解决0到1的问题,用激励机制和情感认同实现从1到N的裂变,用成长体系提升用户价值。这是供给端的市场营销策略所期待的结果。

从用户侧来说,我们也已经知道,当用户数达到一定规模,突破临界点Y时,需求方规模经济——网络效应开始显现:使用者越多,对每个使用者的效用价值就越大。网络效应是一种正反馈,可以从量变到质变打破碎片的边界,改变市场格局,直至赢者通吃。

网络效应并不是随互联网而生的,在互联网之前,除了电信公司、银行具有典型的网络效应以外,百货商场、超市、电影院等都有可能形成网络效应,顾客越多,越能吸引品牌入驻进而带动顾客的增长,但面积的有限性和高扩建成本制约了这一增长过程。托马斯·弗里德曼在《世界是平的:21世纪简史》中指出信息技术改变了我们的生活,世界在以惊人的速度变平,人与人之间的竞争环境变公平了,每个人的机会也渐渐变得越来越均等了,科技、政治、经济革命正

【延伸阅读】
凯文·凯利:
颠覆源于碎片化创新

在消除各种壁垒,让世界更加平坦。每个人都可以找到自己特别而有价值的贡献力。在数字化浪潮中,人与人、人与物、物与物之间的连接越来越广泛,原有的物理限制被打破,网络效应成为普遍现象。

四、场景化黏合碎片

碎片犹如移动互联网时代散落在市场上的珍珠,催生着技术进步,呼唤着企业家精神,也激发着市场营销的创新。有什么方法可以把游离的碎片串起来,既满足用户的个性化需求,又能实现需求规模经济?

人的需求是无限的,生活的场景却是有限的。把用户置于具体的场景中,行为共性特征就会逐渐显现出来。

用经济学理论解释行为时,有的人认为行为决定于外在原因(如激励理论),有的人认为行为决定于内在原因(如需求层次理论)。心理学家勒温认为人的行为是由二者综合作用的结果,并从物理学中借用"场"的概念来解释人的心理与行为,并用公式表示个人与其环境的交互关系:

$$B=F(P,E)$$

其中,B(Behavior)表示行为,P(Person)表示个人,E(Environment)表示环境,F(function)表示函数。他认为,人就是一个场,人的心理现象具有空间的属性,人的心理活动也是在一种心理

场(或生活空间)中发生的,人的行为是由场决定的。勒温把心理学引入传播理论,在碎片化移动互联网时代具有十分重要的启示意义:建立从外(环境)到内(心理)的传播场景,可以向更多人传递营销信息。例如,众所周知的可口可乐"7X"配方,就像《达·芬奇密码》中的圣杯一样,关于它如何诞生、如何存放在银行保险柜中,甚至盗窃配方等故事,每隔一段时间就会在公众中流传,每次都有神秘感十足的场景,让人们津津乐道,也使品牌历久弥新。

【延伸阅读】
你被迫看电
梯广告了吗?

勒温的群体动力学理论指出,和每个人在他的生活空间里形成心理场一样,群体和它所在的环境也会形成社会场。群体是一个整体,群体中每个成员之间都会有彼此交互影响的作用,群体中的每个成员都具有交互依存的动力。这种动力体现在市场上,就是对一个用户而言,使用某种产品的人数越多,它的价值就越大——需求方规模经济。神州行广告语:"我挑卡就像进饭馆一样,一条街上哪家人多我进哪家。神州行,听说将近两亿人用。我相信群众!"虽然只是广告,却道出了需求方规模经济的秘密,营造了一种品牌使用者众多的印象,从而在更多的用户群体中引发从众心理。

第二节　场景逻辑:从个体孤独到群体狂欢

孤独是人类区别于动物的一种特有精神现象。在心理学里,孤独被定义为因为社交孤立而产生的一种复杂而不愉快的情绪反应。情感的期待和这种期待未能得到满足之间的矛盾构成了孤独。按照埃里希·弗洛姆的观点,孤独产生的本质原因是用户的人性需求没有得到满足。例如饥寒交迫会产生孤独感,事业受挫也会产生孤独感。经济学假设人的欲望是无穷的,那么每个人一生中的任何时候都是孤独的,只是每个人的孤独程度不一样。现代社会物欲横流,人的欲望更加泛滥,欲望越多,未能满足的欲望越多,孤独感就越强烈。

也正是由于需求没有得到满足而产生了孤独感,人们才会想办法消除孤独感,创造更美好的生活。在"高山流水"的故事里,伯牙弹奏起赞美高山的曲调。一曲弹罢,子期赞叹说:"弹得真好! 我仿佛看到了巍峨的高山!"伯牙凝神思索一阵,又换了一曲,这次是表现奔腾澎湃的流水。子期听后说:"真妙! 我好像看到了滚滚而来的河水!"只这两句,伯牙认定子期是自己千载难逢的知音。

因为"高山流水"的场景,伯牙和子期成为一生知己。与用户成为知音,是每个市场营销人的理想。

一、互联网的两面性:自由与孤独

互联网给用户带来了什么? 2012年,麻省理工学院的社会心理学家雪莉·图尔特在线上做了《保持联系,却依旧孤独》的演讲,视频得到了超过360万次的播放,她的演讲指出了当代互联网发展中的一个尴尬现实:虽然我们拥有万千的在线好友,然而内心深处却可能依然感觉孤独。这个尴尬的现实深刻地揭示了现代性困境:个体获得更多自由,但又陷入孤独和与社会的疏离。

互联网是当代科技发展的成果，也是现代性的象征，它对人们工作、学习和生活的影响越来越大。麦克卢汉在1964年出版的《理解媒介：人的延伸》中提出人类的三种延伸：身体器官的延伸、某种感官的延伸、中枢神经系统的延伸。从获取信息，到社交、娱乐、购物、办公……几乎每个方面，人的自由度都增加了。

但随着互联网使用时间的增加，现实生活中人与人之间的关系变得疏远，个体孤独感也在增强。互联网带给人们无限希望的同时，也打开了潘多拉魔盒：网络社交代替线下互动、网络游戏时间占据主要业余时间、刷短视频取代阅读……人类被自己的创造物"物化"了，每天沉浸在互联网中，信息来源越丰富，人类精神家园却日渐荒芜。

【延伸阅读】
游戏防沉迷，任重道远

在互联网高速发展的过程中，诞生了无数的商业奇迹，却未能开出遏制信息不对称的药方。用户的线上生活越来越丰富多彩，但信息安全、隐私侵犯、虚假信息、质量问题也屡见不鲜，每次不愉快的经历，都会增加用户的孤独感。

【延伸阅读】
直播购物成为维权重灾区

互联网作为现代社会的标志和象征，正在掀起各个领域新一轮的数字化浪潮，推动人类文明大踏步前进。人们在享受网络社交、线上购物带来的便利的同时，为什么会伴生疏离感，让人产生无所适从的孤独呢？

信息不对称。在现代经济中，信息已经是重要的经济资源，和资金、土地一样成为必需的生产资料。信息不对称是指交易过程中，各方拥有的资料不同。市场经济发展了几百年，都是处在信息不对称的状态下。一般情况下，拥有较少信息的一方谈判能力也相对较弱，因此在社会财富的分配中处于弱势地位。而且信息不对称还会带来欺骗、偷懒、逆向选择、道德风险、敲竹杠等现象。互联网带着消除信息不对称的美好愿望，在信息极大丰富的同时常常让用户迷失在信息丛林里，孤独地筛选自己想要的信息，几乎所有的平台都按照自己的意愿在展示商品信息。用户只能以商品评价作为主要参考资料，这就是对商家信息的不信任。

噪声。美国经济学家费雪·布莱克在1986年指出噪声是信息的反面，即炒作、不准确的想法和不准确的数据。他指出，噪声在经济活动中无处不在，人们很少能分辨出噪声和信息的区别。哪里有判断，哪里就有噪声。互联网信息大爆炸已经造成了人们的选择困难，例如，淘宝店铺超过1100万家，天猫店铺超过50万家；2021年抖音月均发布视频5000万条，虽然他们都自带搜索引擎，但是无论用户用什么关键字搜索，搜索的结果都会是一个庞大的数量。同时，几乎每个平台都在对用户进行个性化算法推荐，给潜在用户带来不胜其烦的"信息轰炸"的同时，还难免让用户担忧个人隐私泄露。

体验感。用户体验是主观的。用户体验的定义为"人们对使用或期望使用的产品、系统或者服务的认知印象和回应"。用户体验包括在使用一个产品或系统之前、使用期间和使用之后的全部感受，包括情感、信仰、喜好、认知印象、生理和心理反应、行为和成就等各个方面。线上购物相对于线下，用户的体验感拼图是有所缺失的。用户选择线上购物，主要因为时间、交通等机会成本超过体验感缺失的代价。

在移动互联网时代，人们对网络有了更多的期待，希望能够从网上找到理想的产品、真正的知己、精神的寄托,但现实却不尽如人意,也必然是孤独的。从这个意义上说,读懂了用户的孤独与存在,就读懂了用户。

二、场景:自我呈现的舞台

(一)媒介与场景

碎片化生存和潜在的孤独感作为一种移动互联网时代的客观存在,一方面激励着人们不断推进技术道路和商业模式创新,创造更加美好的生活,另一方面也让人们期待更多的情感支持,感受生活的美好需要更好的舞台来自我呈现。

按照戈夫曼的拟剧理论,人生如戏,社会与生活本来就是自我呈现的舞台。社会有很多规范和准则,人们不得不遵守。人们的社会生活,就是戴着面具在表演自己,迎合观众的需要;在后台,人们摘下表演的面具,放松和休息,回到真实的自我。久而久之,人们戴着的面具已经成为身体的一部分,也就无所谓面具和本我了。这就给市场营销带来了挑战:戴着面具的连接,是虚假的连接;摘下面具的用户,却在幕后,难以连接。

媒介的发展带来了不一样的场景。麦克卢汉认为,"媒介是人的延伸"。互联网把人们从"面具"中解放出来,也提供了连接人们的各种丰富场景。虽然有实名制等一系列保证网络社会秩序的基本规则,但互联网仍然大大减少了线下社会的条条框框,扔掉了面具以后的人们参与度高涨,通过各种新媒体平台,如社交软件、直播平台、短视频平台、游戏平台,甚至弹幕尽情地自我呈现。梅罗维茨的媒介场景理论认为,是新媒介的到来产生了新场景,新场景促进了新的行为变化。他注意到传统物理空间之外的电子信息空间中的大规模信息流动,打破了传统物理空间的限制,地域的限制消失了。互联网时代的新媒体依托移动终端、大众传媒、精确的内容分发算法,场景更加自由,人们在信息空间中形成新连接。

移动互联网时代、"万物互联"的时代,是真正的场景时代。2014年斯考伯和伊斯雷尔在《即将到来的场景时代》中提出"移动设备、社交媒体、传感器、定位系统和大数据是场景时代五大技术力量。"斯考伯说:"技术越了解你,就会为你提供越多好处!"技术的进步塑造出了线上与线下、现实与虚拟的多维度场景,为人们提供狂欢的生活舞台,也为营销连接提供了丰富的机会。

(二)场景:从同频共振到情感共鸣

互联网有着如此强大的"魔力",没有人因为孤独而抛弃线上的精彩生活,反而对互联网带来的新商业模式趋之若鹜。究其原因,是用户能够在互联网的应用场景中找到情感支持。

场景营销,就是要与用户产生共振和共鸣。在个性化彰显的移动互联网碎片时代,与用户共振并不是一件容易的事情。如果把营销场景定位在个性化需求本身,就无法产生规模效应。只有深入分析需求产生的心理状态和原因,才能使营销场景的"频率"与更多用户的心理形成一致,达到共振和共鸣。例如,现代人戴手表,往往象征意义大于实际意义,女士戴手表是为了修饰;男士戴手表则表明一种态度。这就决定了营销场景所需要表达的不是手表本身,而是手表的象征意

【延伸阅读】
同频共振

义:手表所呈现的自我认识、自我显示、自我表达。

1.承认人性弱点

市场营销要面对的"人",不是经济学中理性的"经济人",也不仅是社会学意义中适应社会环境和规则的"社会人",而是在自然属性和社会属性上更加完整的人,即人性是有弱点的。卡耐基在《人性的弱点》中认为,每个人都有本性上的一些"弱点",只有理解和宽容,去适应别人的这些"弱点",才能避免与人交往的误区,获得支持,因为每个人都有缺陷,只有能够包容,才能彼此认同。人际交往和营销沟通在本质上是一样的,承认每个人都有弱点,是建立连接的基础。

【延伸阅读】
读懂用户的贪嗔痴

2.具备包容性

包容不仅意味着要承认和包容人性的弱点,还包括文化包容、情感体验包容、心理社会包容、能力包容、习惯包容、需求包容、性别包容等。

包容性设计是指在一定程度上使用户有能力参与并且无差别使用的设计。包容性设计理念最早由欧洲建筑师理查德·哈奇提出,其出发点在于为老年人以及其他功能障碍人群提供更好的设计解决方案,后来从环境设计、产品设计逐渐延伸应用到服务设计、流程设计、活动设计等各个方面。

【延伸阅读】
传音手机与非洲黑人自拍痛点

在以碎片化和个性化为主要特征的互联网时代,只有具备最好的包容性,才有可能与更多的用户建立连接。人人都渴望被看见、被倾听、被体贴、被重视,同时也希望自己独特的背景和视角被注意到。只有思想上重视包容性是不够的,在场景设计时,应该时刻注意包容性。

以人为中心。场景设计时争取完备地考虑用户需求以及可能出现的问题,并提供合适的解决方案,使用户获得良好的体验。

多样化视角。在如此多元化的当今世界,很可能未来用户的行为方式和思维方式都截然不同。想要把少数群体的需求纳入场景设计,一个有效的思路就是让他们参与创作。只有这样,才能使更加广泛的群体受益。大多数公司都十分重视客户的意见,这是接受多样化视角的最佳方式。例如,海尔根据客户反馈意见,针对贵州山区用户开发了可以洗土豆的"洗衣机"。

【延伸阅读】
谷歌搜索引擎与极简主义

有不同选择。不同的用户群体有不同的使用习惯,提供与之匹配的操作与使用方法,可以使用户获得平等的体验。

可灵活操作。考虑到面对不同情景可能存在的问题,产品的功能与使用操作必须是灵活的,可以适应不同的环境与客户多变的需求。

越简单的场景越具有包容性。简单的本质是只把能传递目标信息的最小组合因子保留下来,把我们自以为重要但与最小因子有重叠的因素统统剔除。让传播更具生命力,经得起时间的考验,这是营销传播的个性与共性、局部与整体、短期与长期的一种平衡思想,是一种统筹兼顾的智慧,具有最大的包容性。

3.符合大众审美

营销传播的最大挑战在于:世界是多元化的。对于一件事物,每个人都有自己的判断尺度和标准。这就要求场景表达要兼顾大众的审美取向,贴近大众,关注日常生活。同时在场景设计的出发点上坚持最根本的共性:真善美。法国诗人马拉美说:"世界的最终目的就是为了写出一本完美的书"。营销场景的营造和设计,也应该追求真善美,"用现实主义精神和浪漫主义情怀观照现实生活,用光明驱散黑暗,用美善战胜丑恶,让人们看到美好、看到希望、看到梦想就在前方"。

真善美的和谐统一,是人们所向往的理想境界。康德的哲学三大批判所要回答的三个主要问题(我们应该知道什么? 我们应该做什么? 我们可以希望什么?)探讨的就是真善美。真善美是一个广泛的哲学概念,一般认为"真"代表科学精神,是面对事实,忠于事实本身所蕴含的本质;"善"代表伦理精神,是人类对外部现实性的要求,是人类在实践活动中所追求的有用或有益于人类的功利价值;"美"代表艺术精神,是人生内在的一种渴望,希望达到美的一种境界,是事物现象与本质的统一。

用户的眼睛是雪亮的,用户的感性也是公正且挑剔的。现实中想要与用户建立情感连接,在本质上是接受用户的一次审美批判——我们的场景是否符合用户对真善美的预期。真善美是一个普适的标准,有着丰富的内涵。苏联美学家卢那卡尔斯基说:"凡是助长生活的,就是真,就是善,就是美;就是一种积极的、好的、动人的东西。凡是毁坏生活或降低生活,以及限制生活的,就是伪,就是恶,就是丑;就是一种否定的、恶的、反拨的东西。"就场景营销而言,真善美的具体含义如下所述。

"真"主要指经济性。艺术来源于生活,一个营销人员首先必须真诚、热爱生活、有颗感恩的心、有颗热爱生活的心,才能从生活中发现和提炼业务和传播的灵感。其次是真实。以真为美是比较朴素自然的观念,符合营销大众传播场景。从真实的生产和消费环境出发是第一要求。例如,在电商平台上,商品详情页所展示的场景就必须真实。如果与实际场景存在差异,就会从客户评价中反馈出来。

"善"是指实用性。以人为本,满足人的需求就是"善"。唯物主义哲学认为,人的物质性是第一性,精神性是第二性。任何一个自然的人,都有自己的本能需求。这就要求从人的尺度和需求出发,遵从事物规律来创造与设计。

【延伸阅读】
卢浮宫金字塔——古老与现代结合的经典建筑艺术

"美"是指艺术性。美意味着人们可以获得精神上的愉悦体验和满足。一个好的业务场景设计,在兼顾了实用价值之后,还应该注重色彩、图形、形式以及流程的搭配与设计,就是为了使人们得到精神上的享受。

与卢浮宫金字塔一样,一个好的场景之所以能够与用户形成情感共鸣,是因为它具备实实在在的美,这种美可以让用户读得懂、摸得着,能够与用户形成情感共鸣。蒙娜丽莎的微笑之所以神秘且迷人,是因为无论你站在哪个角度,仿佛她都在看着你真诚地微笑,让人感觉到她的温和、宁静与优雅端庄。这就是每个人都能够懂的艺术。

三、场景连接：建立共性的互动仪式链

戈夫曼的拟剧理论把世界比喻为一个舞台是很贴切的，人们在舞台上戴着面具进行仪式化的表演，过于强调社会互动中的理性，未能注意到互动过程中的情感要素。但是他把互动作为一种仪式，却具有十分重要的启示意义。

一般情况下，仪式是指典礼的秩序程式，如升旗仪式、结婚仪式等，这些都是仪式。这种有着公开且正式的场合，借助于一整套标准程序进行的仪式，是狭义的"正式仪式"。

柯林斯认为，人们日常生活中看似漫不经心的互动，其实也是一种仪式。我们所生活的社会可以被看作一条互动仪式链，人们在这条链上不断地从一种际遇转向另一种际遇，不同水平的际遇反映的是不同表达意义的程序化活动。

日常生活中"表达意义的程序化活动"是自然仪式。例如，人们见面时的相互致意、断断续续的微信聊天，甚至你一句我一句的吵架，这些每天在我们的生活中上演着的互动，虽然没有严格的标准、刻板的程序和格式化的动作，但也按照一定的顺序推进，有一定的惯例和套路：人们打招呼的日常用语和动作是相对固定的，微信上表示情绪的表情包也有常用的频率，打电话的开头和结尾也通常相对固定地使用"你好"和"谢谢"。

（一）互动仪式中的情感能量

情感是社会生活中自然仪式的天然组成部分。法国社会理论家埃米尔·迪尔凯姆最早注意到社会仪式中的情感因素，他提出，仪式能够激发或重塑个体的集体感，促成信仰的增强、情感的升华以及集体意愿的一致，这就把个体融入了社会中。

柯林斯更加关注互动的场景，他认为场景，也就是一定的具体情境，是社会分析的出发点。他也因此注意到了场景中的情感要素。他提出，共同关注的焦点、共享的情感体验是构成互动仪式的最重要的要素。这两个要素在互动的过程中不断得到反馈和强化，形成了彼此之间的身份认同，最终体验到团结感并获得情感能量。因此，他认为社会就是情感能量交换的市场，人类社会通过互动仪式链交换情感能量，是为了追求社会对自己身份的认同。

现实生活中的情感丰富多彩、变化多端，难以量化和测度。柯林斯把互动中的情感作为一种资源，是一种天才式的创新，完美地揭示了人们在社会互动中关系的建立和强化过程。

（二）情感能量：从弱关系到强关系

互动仪式是一个过程：当人们在心理上存在共同展现和拥有共同的关注点时，便会产生类似的情感冲动，从而促使他们采用等价的符号（如非言语的和讲话的方式等）来表达共同的关注点和情绪。

人类的独特特征之一就是在形成社会纽带和建构复杂社会结构时对情感的依赖。在互动仪式过程中，参与者之间形成共同关注的焦点，并彼此感受对方的节奏与情感。仪式能够激发情感，而情感又会进一步回应和提升人们对仪式的感觉。

在仪式和情感混合在一起的互动过程中，柯林斯认为互动是因人们对其掌控的文化资本和情感能量的有效利用而形成的，但是他主张互动的真正动力是情感能量。相对于文化资本

而言,情感能量是最具价值且具有高回报性的。在互动的过程中,个体总是希望能够将其所拥有的积极情感能量最大化。

沟通的价值不仅体现在获取信息上,还体现在它所携带的情感价值上。成功的互动仪式能让参与者增强情感能量,而情感能量不断增加又成为互动进行下去的推动力量。最初,人们可能只是因为某种安排或者是纯粹的巧合而聚集在一起,但共同的关注焦点使人们有了短暂的感情连带基础。此时人们之间的关系是弱关系。

但在互动仪式链中,经过转换和长期的情感积累,弱关系中的情感逐渐在互动仪式链上传递、积累,情感能量不断增强,形成对彼此或者团队的深度了解,就产生了情感认同和团结感。在这个过程中,弱关系转化为强关系。

【延伸阅读】
《这个杀手不太冷》所诠释的情感连接

四、新媒体场景:群体狂欢

狂欢节为什么受欢迎?因为它是一个充满着无限可能的实践互动,是一种历久弥新的文化形态,符合大众的心理需要,打破了原有宗教、节日的框定,世界杯、奥运会、毕业季都成了人们的狂欢节。

尤其是进入互联网时代以来,新媒体平台崛起,新的场景把狂欢节常态化了,电商带给人们狂欢、网红自媒体带给人们狂欢、社交带给人们狂欢、游戏带给人们狂欢。甚至表情包、弹幕、网络热词都可以卷起一场狂欢的风暴,成为一个个新的狂欢广场。

(一)狂欢节的内涵

苏联思想家巴赫金给狂欢节赋予了空前的、非比寻常的内涵。他认为狂欢节最核心的特质是自由,它通过顺应人的本能欲望来突破等级制度和社会不平等地位的束缚,打破阶层、社会地位、年龄、性别、职位、财富等种种限制,营造了一个乌托邦世界,让人们获得自由平等。这种自由平等不是抽象的观念,而是通过狂欢节种种具体的活动和形式让人感受到的,也正是狂欢化在现实世界中的体现。只有在狂欢节上,人的本性才能得到真正显露,生命价值才能得到真正体现,所以体现出一种自由平等的美,饱含着浓浓的人文主义关怀,价值指向是真善美。

开放性。狂欢节没有边界和身份限制,每个人既是演员又是观众,在狂欢节上,人们不是袖手旁观,而是身在其中,是所有的人都身在其中,因为从其观念上说,它是全民的。在狂欢节中,除了狂欢节生活以外,谁也没有另一种生活。人们无从躲避它,因为狂欢节没有空间界线。在狂欢节期间,人们只能按照它的规律,即按照狂欢节自由的规律生活。

娱乐性。狂欢节中的所有仪式、语言、关系都以一种娱乐化的形式呈现。在狂欢中,人与人之间形成了一种新型的相互关系,通过具体感性的形式、半现实半游戏的形式表现了出来。也可以将其理解为一种充满诙谐、娱乐、戏谑的态度。在狂欢节中,人与人不分彼此,相互平等,自由往来,亲昵地接触,插科打诨,俯就和粗鄙的活动成为正常的交往活动。

仪式性。巴赫金把狂欢节中的庆贺、礼仪、形式等统称为"狂欢式"。其中,狂欢节的主要仪式是加冕和脱冕。通过加冕和脱冕活动,"小丑"也可以成为国王。众人在狂欢中得到虚拟荣耀和快乐。狂欢节上的仪式是欢乐的,和传统意义上的神圣仪式不同,充满节日气氛。

颠覆性。狂欢节是客观的，真实的，也是颠覆式的。巴赫金认为狂欢节以颠覆传统秩序、等级和教会观念为宗旨，现实社会的各种束缚在狂欢节中一一消解。因而它与现实生活相平行，是人们的"第二世界"。

在真善美的价值指引下，狂欢节总是深受人们喜欢。互联网世界中，狂欢节更是备受欢迎，是真正的"第二生活世界"。也正因为如此，狂欢节也具有商业价值，成为互联网时代最受欢迎的营销方式。

(二)狂欢中的情感连接

在个性化时代，每个人都需要一个舞台。在这个舞台上，每个人可以按照自己的方式进行表演，每个人都有属于自己的情绪认同和满足。这样的舞台在传统世界中不存在。但在互联网世界中，这样的舞台却很丰富。从微博到微信、从电商到视频，到处都是人们表演的舞台。

1. 舞台上的自我呈现

在新媒体所营造的场景中，人们的表演更加自由和多元化。新媒体场景的优势是和陌生人形成弱关系和平等的互动方式，扩大了社交范围。不仅纯粹的社交平台是这样，各类平台都具有让用户充分表达存在感的功能：电商平台的反馈评价、视频平台的弹幕，以及各种转发、评论和点赞，都是自我情绪的表达和释放。

【延伸阅读】
弹幕

2. 自我呈现中的使用满足

在马斯洛的需求层次金字塔中，人们追求每个层次的需求实现，最终目标都是获得"满足"。在传统媒体时代，人们只能被动地接受信息，媒体只能满足人们的信息需求。缺少表达的窗口和机会，参与感的缺失，制约了人们自我实现。

在新媒体所营造的场景中，人们首次拥有了表达的机会，"人人都有麦克风"。不仅可以"看"，而且还自主参与，通过表达和互动，获得更多的机会自我实现，从而得到认同和理解。不同的新媒体带来了更多的选择和自主性，通过微信、QQ、抖音，人们除了记录自己的生活，还能更多地表达自己的观点，在这个过程中塑造自我和连接社会。

【延伸阅读】
打卡

3. 互动仪式中的情感累积

情感不是自然的产物，是人们主动选择和创造的结果，并且在互动仪式中，通过行为来显示和表达。情感是行为的构成部分，也是人们互动的工具。因此，情感具有社会性特征和互动性特征。

善意、真诚、关爱、尊重、同情在互动仪式中被表达和体验，形成了双方共同的情感世界。人们的交往需要这个情感世界，因此人们不断追寻这个情感世界，形成了每个人行为的内驱力和需要。在柯林斯看来，互动仪式的目的就是唤醒情感。

相互认同产生正情感能量。赞美、肯定、承认使人体验到幸福、满足和喜

【延伸阅读】
迈克尔·杰克逊与粉丝

悦,它加强人们之间的协调,带来归属感。人们在互动仪式中获得越多的正情感能量,弱关系越有可能转化为强关系,也就越有可能对所在场景、社团、组织和对方产生承诺。

4.情绪引爆,群体狂欢

格拉德威尔在《引爆点:如何引发流行》中指出,思想、行为、信息及产品常会像传染病暴发一样迅速传播。当情感能量累积达到临界水平并爆发的那一刻,就是一个"引爆点"。

孤独是一群人的狂欢,狂欢是一个人的孤独。由于新媒体平台传播的去中心化特点,只要有一个合适的场景,一个人的孤独很可能引发一群人的狂欢。例如,表情包是一种利用图片来表达感情的方式。在社交平台上,人们从文字沟通开始,随后将一些简单的标点符号组合起来,表达自己高兴、难过等情绪,这样的表达生动、形象、简单、夸张,能够实现心理满足,因此迅速引爆并流行,逐步演变为日益多元化的表情文化。

群体情绪引爆的关键在于是否能够形成同频共振。每个人都有"七情六欲",就好比是由情绪和欲望组成的琴弦,如果被触碰到,就可能使情感能量爆发。群体情绪引爆的过程与传染病传播相似,能够在社会网络中迅速蔓延。如果设定恰当的传播信息,并且使它按照预期的路径和速度传播,就可以制造一场营销狂欢。

第三节　场景构建:从交互式设计到沉浸式体验

每当我们被一本书深深的吸引,开始全神贯注地读起来,时间便感觉不复存在了,我们甚至模模糊糊地生出一种永恒感,这就是为什么从书中世界走出来的读者们有着潜水员的神情,目光朦胧,呼吸徐缓,他们需要少许时间才能重返现实世界。

——夏尔·丹齐格《为什么读书:毫无用处的万能文学手册》

夏尔·丹齐格描述了一种沉浸式阅读体验,读者完全沉浸在阅读中,浑然忘我。如果我们能够营造类似的场景,让用户完全失去时空概念和对周围环境的感知,完全沉浸在我们设定的互动仪式中,也能给用户带来无与伦比的良好体验,实现从弱关系到强关系的转化,进而产生持续的参与热情。

一、从连接时代到交互时代

"人类连接在一个巨大的社会网络上,我们的相互连接关系不仅仅是我们生命中与生俱来的、必不可少的一个组成部分,更是一种永恒的力量。"正如《大连接:社会网络是如何形成的以及对人类现实行为的影响》中指出的一样,"我们镶嵌在巨大的社会网络上"。

在2017年中国云计算大会上,阿里巴巴自然语言理解和人机对话团队负责人孙健博士提出,传统互联网主要建立了三种连接:人和信息的连接;人和人的连接;人和商品服务的连接。人和信息的连接成就了谷歌和百度这样的互联网巨头;人和人的连接成就了Meta和腾讯这样的互联网公司;人和商品服务的连接,成就了亚马逊、阿里巴巴、京东这样的巨头。从这个意义上看,传统互联网最典型的特征就是连接。

随着人类进入万物互联时代,交互的设备已经从PC和智能手机延伸到更广泛的智能设备。2022年6月,市场调研机构IoT Analytics发布数据称,2022年全球物联网连接数量增至144亿个,同比增长18%,到2025年物联网连接数将达到246亿个。

连接承载和传递信息。交互,意味着连接的对象,可以相互交换信息,互相作用,互相影响。马克思说,人的本质是一切社会关系的总和。因此,社会的本质可以理解为人与人之间的交互。人与人、人与物、物与物之间可通过连接进行信息交互,信息交互过程可以使我们更好地感知世界与改造世界。

在传播学中,信息传播过程中信息与接收者发出反馈形成交互。通常,人与人之间通过语言、动作、视觉、听觉、触觉进行交互。当代社会从传统媒体时代进入新媒体时代,万物互联实现了人与人、人与物以及物与物之间的互联,感知无处不在,连接无处不在,数据无处不在,计算无处不在,开启了一场交互方式的革命。

新的交互方式革命正在涌现大量的创新:语音识别、眼球追踪、手势跟踪、肌电模拟、虚拟现实、脑机接口等。这些创新都有一个共同的出发点:以人为本。从人的需求出发,服务于人对世界的全方位态势感知。

然而人的意识由理性、情感、意志三个部分所组成,人作为有意识(精神)的动物,是理性动物、情感动物、意志动物的统一体。所以,行为经济学家霍华德·S.丹福德在《地球人,不靠谱》中幽默地写道:"突然有这么一天,一个叫琼斯的外星人从理性经济人星球来访问地球。'这个星球上的人,好像都是很不理性的动物。'这是琼斯的第一判断。琼斯是一个性格非常温和的人,但是他会按照利益最大化的原则做出决策并付诸行动。在琼斯看来,我们这些地球人是'很不擅长做出理性判断的动物'。"

不管是对完全理性的"琼斯",还是有限理性的"地球人"来说,交互只有在特定的场景中才有意义,因为场景赋予信息背景、条件和范围。失去场景的支持,真理和谬误无法区分。例如,牛顿三定律只适用于低速、宏观世界,在高速、微观世界并不适用。

人们穿梭在不同的场景之间:办公室场景、家庭场景、聚会场景、会议场景……场景把世界连为一体。场景应用无处不在:健康、消费、驾驶、交通、医疗、家用……换句话说,更需要以人为中心、以场景为单位的更及时、更精准的连接体验。新的商业模式必须满足每个用户在不同场景下的个性化需求。

只有理解了交互时代,才会理解谷歌为什么做眼镜,腾讯为什么做地图,阿里巴巴为什么投资社区团购。虽然这些尝试并不算成功,但它们揭示了场景时代的到来,就像《即将到来的场景时代》中所说的:"了解场景,就站在了风口上;谁能占据场景,就能赢得未来。"

二、交互设计

在过去很长的时间里,营销传播对用户进行不少强制性的广告灌输,包括网页弹窗、植入广告、电梯分众传媒,不考虑用户体验,只求曝光盈利,这种急功近利的行为难以得到用户的真正认可,只会让用户厌恶和抗拒,选择漠视、无视、卸载、屏蔽、举报。这正是传播的转化率越来越低的原因。场景交互的意义在于：在合适的时间，以合适的方式向用户提供他们所需要的信息，并形成良好体验。这就需要交互设计。

（一）交互设计思想

在传统意义上，设计一般被理解为对物的设计。以物为对象进行设计，有时会忽略人的体验。例如，夏天蚊虫猖獗的时候，蚊香可以说是生活必需品，但是想把两圈蚊香分开可是个技术活，一不小心就掰断。人们乘坐公交车时，在没有座位的情况下需要固定点来稳定身体，相当长的时期内公交车内都安装了挂索式公交吊环，殊不知挂索式吊环不仅不能起到稳定作用，甚至在司机刹车时抓着吊环还会晃得更加厉害。

进入信息社会以后，人们还要经常用电脑和手机完成复杂的工作，那么如何才能保证更好的体验呢？先看几个常见的例子。

（1）在公共卫生间门口，几乎所有的人都不会走错，尽管很多地方的标识并不是一样的。

（2）电视遥控器几乎人人会用，就算是老年人，适当教一下，也不会有问题。

（3）几乎每个人都会用手机进行支付。

在这些场景中，都有一个"对话机制"，通过这个对话机制来培训和引导人们怎么做。在（1）（2）中，是一系列的图形和标志；在（3）中，是一系列的弹窗和流程。这个"对话机制"就是所谓的交互设计。

实际上，如果需要传递的信息很简单，就不需要交互设计，因为人能够快很快理解它。例如，筷子一头粗一头细，每个人都知道怎么使用，不管他之前是否使用过筷子。而如果一件事物或者一个目标比较复杂，不能做到一看就懂，那就需要交互设计来辅助我们很方便地传递信息和进行引导。如此看来，是否能被人们快速方便地理解和掌握，是交互设计好坏的判断标准。

当交互设计符合人们的生活习惯和普通认知的逻辑时，人们的使用会更加顺畅。如何保证交互设计符合人们的生活习惯和普通认知的逻辑呢？

例如公共卫生间门口的"烟斗"和"高跟鞋"标识，这几乎没有人会弄错，因为烟斗和高跟鞋对每个人来说是一个简单、直接、高效的心理映射：看到它们就知道代表着男性和女性。

心理映射在交互设计中运用得非常广泛，例如，齿轮让人联想到机械，表盘让人联想到时间，刀叉让人联想到就餐。

因为交互设计使用了各种心理映射模型，我们能够简单快速地形成对复杂系统的认知，从而很自然、顺畅地使用这个复杂系统。以移动App为例，通过交互设计，把它的功能分门别类，通过界面的滑动、跳转、弹窗等方式，简化了复杂的使用流程，以便用户能够轻松地完成自己想要做的事情。

因此，交互设计应以人为本，它的终极目标是建立良好的"可用性"和"用户体验"。

（二）从"物的设计"到"行为的设计"

技术的应用和功能的堆砌变得越来越复杂，用户很难理解和使用。"交互设计之父"艾伦·库珀把这种现象称为认知摩擦，将其定义"当人类智力遭遇随问题变化而变化的复杂系统规则时遇到的阻力"。技术飞跃导致认知摩擦扩大，消费生活越来越复杂化，产品会因此失去亲和力而丢掉市场，拉大企业与市场的距离。

如何让设计者和使用者之间的认知摩擦度降低到合理的区间，使场景更加人性化，产品的使用更加简单？这一思想催生了交互设计思想。1984年，比尔·莫格里奇首次提出"交互设计"的概念。交互设计可以简单理解为：在设计过程中，使用者、设计者、产品之间形成的行为互动及信息交换。

交互设计的中心不再侧重"物的设计"，重在"行为的设计"，它也需要物，但只是把物当作实现行为的媒介。它改变了以往工业设计、平面设计、空间设计中以物为对象的传统，直接把人的行为作为设计对象。

【延伸阅读】
人机交互简史

为了实现对行为的设计，自然而然可以想到两条路径：一是设计过程中与目标客户进行交流；二是设计本身具有良好的交互功能。在数字技术广泛应用的前提下，"界面友好"能实现用户轻松学会使用并形成美好体验。

行为的设计也可以理解为让用户完成某个特定的任务，不仅要考虑如何运用计算、流程、结构和色彩等物理属性去实现产品功能，更要考虑用户的需求、心理、行为、习惯，激励和引导用户一步步完成目标。

【延伸阅读】
UI/UE

（三）交互设计的基本框架

交互设计是"行为的设计"，也就是以人为中心的设计。大卫·贝尼昂教授提出，人（People）、人的行为（Activity）、使用环境（Context）和支持行为的技术（Technology）四个要素（简称PACT）构成的系统称为交互系统。他认为，在交互过程中，"人"是首要的，"人"是交互的主体，交互是为了某些需求而在一定场景中采取的行为，系统允许这样的行为是由于"技术"提供了"机遇"。

1.人

人和人之间存在巨大的差异，模型化是显示差异的一种强有力的方法。艾伦·库珀首次提出"用户角色模型"。用户角色模型是真实用户的虚拟代表，是建立在一系列真实数据之上的目标用户模型。使用用户角色模型可以把用户置于设计过程的优先和中心位置。为了更好地获得准确的用户角色模型，需要进行定量和定性分析。在互联网大数据时代，获取用户数据已经不再困难，已经可以对用户进行精确画像。

这里的用户分析不是市场细分，而是认识用户的需求，了解用户的动机，从而更好地了解用户的使用模式。因为所有人的背后都隐藏着动机，有的动机很明显，如因为饥饿，本能会驱使人们寻找事物；有的很微妙，难以发现。使用用户角色模型发现和把握这些动机很关键，因为它决定了用户的行为方式。

2.人的行为

常规的用户行为首先要确保顺畅。但用户在使用和参与过程中可能会有很多不同的突发事件。这对设计师是非常严峻的挑战，因为要考虑到所有的可能性，并且根据整体设计目标为用户设定解决方案。

意外情况可能发生在任何一个环节。例如,在电商平台上,用户在完善自己的收货地址时,需要输入自己的手机号码,那么可能发生的意外情况主要包括以下几种。

(1)位长不对。可能出现多或者少的情况。

(2)格式不对。可能出现字母、标点符号或其他符号。

(3)首位或者中间出现空格。

(4)上述情况都没有出现,但是输错了号码。

上述情况中,(1)(2)(3)是比较常见的意外;(4)是比较少见的意外。但是设计师需要针对每种情况提供提示或者纠错方案。

考虑当用户犯错时系统会发生什么,并且为可能发生的意外情况提供合适的解决方案,对提高使用的容错率至关重要。因为对一个用户来说,十次良好的体验也许不能引起他的注意,但一次不良的感知就足以让他投下"否决票"。

3.使用环境

事件总是发生在一定的环境之中。把事件和环境结合起来分析,对设计者来说是必要的。

设计中需要考虑的环境包括实际环境、客观环境及目标环境。实际环境是用户实际使用产品的环境。客观环境是根据样本中的目标用户进行相应活动所发生的环境演变而来,是对众多实际环境的归纳与总结。目标环境是设计者构建的能满足用户需求的环境。

【延伸阅读】
电动汽车不
抗冻

环境是动态的,不是一成不变的。不同的环境对用户行为会产生影响,会影响用户的体验感受。

4.支持行为的技术

在交互设计思想中,技术是为人服务的。技术是交互系统使用的媒介,也是用户理解、使用、评估系统的主要支撑。所有应用场景都由硬件和软件组成,硬件和软件的功能都需要依托大量的技术去实现。进行系统设计时应了解当前可用的技术。

技术是在不断发展变化的。交互设计系统所需的技术包括硬件和软件技术。与交互相关的技术可以分为输入、输出及通信三大部分。

输入。输入设备是用户把自身的需求反馈给系统的媒介。传统的输入方式是键盘和鼠标。随着扁平化设计的发展趋势,各种按键的数量要尽量简化,只保留具有重要功能的按键。

为进一步"解放"用户,人们又发明了很多新的输入方式,如手势输入、语音输入等,这些新的输入方式也应用得越来越广泛。

输出。输出是向用户传递信息。人们主要通过视觉、听觉和触觉三种方式来接收信息。视觉输出的主要方式是显示器。听觉输出也是一种重要的输出方式,在驾驶、居家场景中,应用语音交互技术的产品越来越丰富。触觉输出在特定的场景下十分有效,例如,很多手机以震动的方式向用户反馈操作的有效性,这种反馈不仅及时,而且能够把对外界的干扰降到最低。

通信。在交互系统设计中,人与人之间、人与设备之间、设备与设备之间的通信非常重要。一个系统中的各个子系统之间需要数据的传输与存储。人、系统、设备之间的通信有很多种方式，除了远距离移动通信，还有各种近场通信技术，如蓝牙、NFC等；设备和系统之间也可以通过各种接口协议进行数据交换。社会经济数字化程度不断提高，对通信技术提出了更高的要求，不仅移动通信，各种通信技术都在快速发展。

人与设备之间的通信可以通过视觉交互、语音交互、触觉交互、体势交互等方式实现。设备与设备之间的交互可以通过无线通信的方式实现。很多电子产品都需要数据的传输与存储，这使得无线通信更加普遍。除了无线通信之外，还可以通过蓝牙技术、近距离通信技术技术运用是由系统设计师主动选择技术实现路径的结果。因此，系统设计需要同时理解软件、硬件相关的知识，并且借鉴工程学的知识、原则和方法。

三、交互设计过程

(一)交互设计过程的三个特征角色

如果一个设计能够达到预期目的，会让用户感到愉快和满意，乐于接受传播的信息，产生购买行为，从而实现营销目标。从营销传播的角度看，可以把交互设计理解为一个创造性的过程，它有三个基本特征：以用户为中心、特定的可用标准和迭代。

以用户为中心，这是交互设计的核心思想。交互设计是解决产品和用户之间互动机制的过程，所要解决的问题不仅包括解决用户需求和产品功能之间的矛盾，还要充分理解用户需求和用户体验。在交互设计的过程中，尽可能地让用户参与进来，是非常明智的选择。

特定的可用标准是指设计要有明确的可用性标准和用户体验目标。这要求对用户需求能准确识别，并且在设计团队中形成明确的一致。在一致的基础上进行明确的版本管理，对于确定的需求，不是不可以更改，而是绝对不能随意更改，以确保整个设计过程的目标是统一的。

交互设计是一个迭代的过程。用户对自己需求的认知有可能是模糊的，无论设计人员多么优秀，对设计方案进行修正是不可避免的。1970年，W·罗伊斯提出软件设计的瀑布模型，其核心思想是采用结构化的分析与设计方法，把设计过程中的逻辑实现与功能的物理实现分开，规定设计工序如同瀑布流水自上而下、相互衔接，每个阶段都在循环反馈的基础上逐级下落。

(二)交互设计的基本过程

交互设计的理念和方法一直在变化，描述设计过程有很多方法。从基本的流程上讲，营销传播场景的交互设计与建筑设计、软件设计、产品设计并没有太大的区别，只是在不同的设计中，物理功能的实现方式、用户的体验方式不一样，设计的基本流程基本是一致的。以用户为中心的交互设计流程主要包括理解、设计、创意展示和评估。

1.从用户画像到需求理解

交互设计是以用户为中心的设计，强调对用户的观察和理解，进而产生目标导向型设计。互联网可以汇聚很多关于用户的有价值信息，把每个具体信息抽象成标签，利用这些标签将用户形象具体化,就可以更好地理解用户。

用户画像可以使设计聚焦用户"痛点",更加专注。实际上并不存在适合所有人的场景。当一个传播的场景针对所有人的时候,商业模式注定失败,因为覆盖的人群越广泛,设计标准就越低,传播的场景就越没有特色。目标越聚焦、越具体,就越能够让人感同身受,也越能够建立共鸣。成功的传播,目标用户通常都非常清晰。

【延伸阅读】
经典设计:
Volkswagen
Bettle 大众甲壳虫

从交互设计的角度来讲,目标越聚焦,也越能够在团队中统一意见,达成精确的需求版本。

2.从需求理解到概念设计

在对用户和需求充分理解的基础上,可以进行概念模型设计。

人们在认识世界的过程中,把事物的共同本质特点抽象出来,就形成了概念。概念模型是一种用户能够理解的系统描述,它使用一组集成的构思和概念,描述系统应该做什么、如何运作、外观如何等。概念模型是了解用户的需求后,通过总结、抽象提炼出的用来回答要设计的"是什么"的问题。好的概念模型能够真实、充分地反映需求和现实世界。设计概念模型是为了在场景设计各个流程中保持目标一致,不发生偏差。

例如,鼠标的概念模型是计算机显示系统纵横坐标定位的指示器。这个概念决定了它的视觉设计和语言表达:它首先是一个对屏幕上的游标进行定位的外界设备,定位、选择、目标操作命令调用是系统所需要提供的功能。

鼠标是一种非常完美的交互设计作品,通常并不需要告诉用户鼠标的概念模型,也不需要对用户进行培训,用户可以靠直觉使用,因为鼠标的交互行为与期望完全相符。

概念模型在整个交互设计周期中起十分重要的作用。设计中最重要的就是开放明确、具体的概念模型,与此相比,其他的各种活动都处于设计的次要地位。

【延伸阅读】
小鹏旅航者
X2飞行概念
汽车

市场营销已经有很多概念模型,如波特五力模型、漏斗模型、波士顿矩阵、马斯洛需求层次等,这些模型也是对现实世界的理论抽象。对交互设计而言,概念模型的开发和设计需要不断地进行设计、尝试、验证、优化的循环,才有可能比较准确地符合用户的预期。

在确立概念方向后,通常的做法是围绕不同的功能方向,生成数个初步设计概念,并通过不同的设计想法和方式来寻求解决问题的最优方案。确定最优方案要依据项目主题以及客户需求讨论解决问题的手段,而不是直接选择界面或图标是否漂亮。

3.从概念设计到物理设计

物理设计是概念模型的具体化,主要解决的是设计各元素的细节:明确硬件设施和软件需求;明确用户所要完成的任务和活动。物理设计要对所有细节进行可视化呈现。

物理设计包括三个主要部分:操作设计、展示设计和交互设计。

操作设计规定系统各个部分如何工作,从需要实现的功能出发,设定系统的处理过程、运动方式和基本流程。基本的思路是确定系统中每个"事件"的诱发因素是什么,前置环节是什么，后续环节又是什么。

展示设计是确定系统的呈现方式，包括颜色、形状、大小、布局等。这些元素的运用包含了美学、心理学的原理，直接决定了系统的风格。这意味着把用户置于什么样的场景中：是简洁现代的还是厚重传统的？是优雅的还是笨重的？是时尚明快的还是沉稳保守的？是温暖的还是冰冷的？这些将直接影响用户的心情和感受。例如，肯德基、麦当劳的环境给人简洁明快的感觉；中餐饭店通常都布置成温馨典雅的东方风格；大多数App都采用暖色风格，希望传递给用户温暖轻松的体验；几乎所有的促销活动传播都采用红色作为基调，传递欢快热烈的狂欢节氛围。

交互设计，这里是指建立人和系统的"对话机制"，设计的目的就是使人和系统的对话简单、自然。创建对话最难的是系统如何有效接收来自用户的信息，以及用户如何看待来自系统的信息。确保设计建立有效的对话机制，人们开发了各种方法和规则。本·施耐德曼在《用户界面设计：有效的人机交互策略》中提出交互设计8项黄金法则，是公认的交互设计经典指南。

【延伸阅读】
交互设计8项黄金法则

4.从原型设计到方案优化

原型设计包含概念设计和物理设计。构建设计原型是为了评估和测试解决方案是否达到"可用性"和"良好体验"的目标。

由于专业人士与用户之间的天然差别，一个设计难以被用户完全理解是很常见的。科学地评估设计原型的可用性，可以验证设计目标是否达到，设计结果是否做到了界面友好、流程简洁。

真实的使用者——用户进行可用性测试是必不可少的，因为没有人可以代替用户进行体验。用户参与对发现设计中存在的主要矛盾、细节瑕疵都是非常有帮助的。和用户一起测试设计方案的方法有很多，可以进行非正式访问。但只要时间和条件允许，就应该进行正式的可用性测试。

【延伸阅读】
尼尔森十大可用性准则（Ten Usability Heuristics）

正式的可用性测试通常包括测试方案策划、招募测试用户、测试执行、分析测试结果，编写测试报告等环节。

以用户为中心的基本思想就是要在设计和开发的整个过程中都充分考虑用户的需要。为此，我们要在各个阶段进行评估，并且进行修改，以适应用户需要。设计需要经过多次"设计—评估—优化"的迭代过程。当设计经过了多轮迭代性的设计原型制作和测试之后，才会进行设计定型。

5.从市场测试到持续迭代

移动互联网时代，流量竞争白热化，机会稍纵即逝，用户的需求必须得到快速响应，留给我们构建和设计场景的时间窗口是短暂而且宝贵的。通常情况下，如何在快速响应和良好用户体验之间进行有效平衡是个难题。

在交互设计理论中，较少提到市场测试，通常认为在设计过程中已经通过多次可用性测试和评估达到了设计目标。然而从市场营销的角度看，市场测试是必不可少的。哈佛商学院的一项研究发现，企业创新失败率高达47%。尼尔森的数据显示，上市新品的失败率高达

90%。

市场测试是设计定型后,在一个可采信的小范围环境中对市场效果进行的测试。市场测试可以提供的信息包括以下几点。

(1)设计过程中被忽略的缺陷和问题。

(2)与竞争对手比较的相对优势和不足。

(3)用户实际使用体验和评价。

(4)用户对市场测试的反应。

通过真实环境的测试,可以对一个创新点是否具备商用的条件提供决策的依据。比较理想的情况是经过市场测试,各个方面都比较符合预期,那么就可以进行大规模商用。通常情况是,用户可以接受产品,但是体验并不完美。这意味着产品达到了可以推广的水平,但是需要继续改进。

对互联网应用产品而言,持续迭代、不断升级优化是快速响应与用户体验之间进行平衡的基本方式。

四、沉浸式体验的实现

(一)理解沉浸式体验

米哈里·契克森米哈赖在《心流:最优体验心理学》一书中,引用中国古代寓言故事《庖丁解牛》:文惠君问庖丁"技盖至此乎?"庖丁的回答——"臣以神遇而不以目视,官知止而神欲行"——描述了自己全神贯注的工作状态。他进而把心流定义为:"人们在所在情境中,对某件事情感兴趣时,全身心地投入而忘却周围环境,继而忘记时间存在的一种心理状态"。

在心理学中,心流也被称为沉浸式体验。在现实世界中,许多舞者、棋手、作曲家等在从事相应的工作时,常常能够完全沉浸在当前活动中,达到"物我两忘"的状态,这种主观的心理状态就是沉浸式体验。

沉浸式体验是一种主观感受,是一种正向的、积极的心理体验。按照波普尔的三个世界理论,客观知识(世界3)并不能直接指挥现实世界(世界1),需要有人的主观精神(世界2)的中介作用。例如,阿基米德发现了浮力定律,人类才能利用浮力更好地制造轮船。要产生沉浸式体验,设计者和用户要在三个世界中形成共同的理解。虽然观念世界、物理世界都是客观的,但精神世界却是主观的,对同一事物,人们有可能产生不同的理解。例如,雨打芭蕉,李清照听来是一种"愁绪",换一个人、在另外一种情境下,很可能觉得是"噪声"。

【延伸阅读】
波普尔的三个世界理论

如果人们在进行某项活动的过程中产生了沉浸式体验,就会带来愉悦感与满足感,从而对这项活动形成持续的热情。沉浸式体验激励人们追求更高的目标,促进人们自身技能的提升。

在这个科技推动生活方式变革的时代,随着XR、泛在智能、态势感知等新技术的发展,越来越多的领域给用户带来了全新的沉浸式体验,极大地改变了人们

【延伸阅读】
沉浸式体验游戏——剧本杀

的学习、工作、娱乐环境。新兴产业和传统企业都争相打造沉浸式体验场景作为目标，不仅推动着诸如VR等创新产品的不断涌现与更新，也掀起了一场营销传播的场景革命。

(二)沉浸式体验模型

目前沉浸式体验已经成为衡量用户体验的重要理论。但由于主观感受的复杂性和行为模式的多样性，对沉浸式体验的测量及其结构的认识仍然在不断发展和完善中。到目前为止，沉浸式体验模型的发展经历了三个阶段。

第一阶段：三区间模型。1975年，米哈里·契克森米哈赖采用随机抽样方式对样本用户的沉浸式体验进行了测量，提出人们所接受的任务难度与个人技能水平相匹配时，人们就会感觉良好，进而产生沉浸式体验。沉浸式体验三区间模型如图7.1所示。

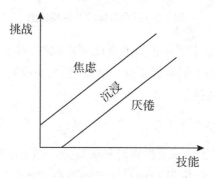

图7.1 沉浸式体验三区间模型

第二阶段：四区间模型。米兰大学的马西米尼和卡里根据用户所接受的任务难度与个人技能水平对三通道模型进行了细分，认为在任务难度与技能水平都比较高且相平衡时会产生沉浸，在技能水平不足时会产生焦虑情绪；当个人技能水平高于任务难度时会产生厌烦情绪，而在任务难度与技能水平都很低时则会导致冷漠。沉浸式体验四区间模型如图7.2所示。

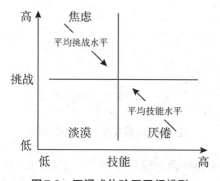

图7.2 沉浸式体验四区间模型

第三阶段：八区间模型。马西米尼和卡里根据大量第一手资料，对"挑战"与"技能"的关系进行了全面的梳理，认为在不同的技能与任务难度中，人们会体现八种不同的心理状态。当任务难度大于所掌握的技能时，人们会感到担忧、焦虑或觉醒；当任务难度小于技能水平时，人们会产生控制欲、放松甚至厌倦的情绪；当任务难度和个人掌握的技能水平都很低时，就会产生冷漠感,反之如果两者都高,就会产生沉浸式体验。沉浸式体验八区间模型如图7.3所示。

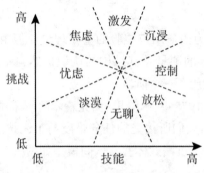

图7.3 沉浸式体验八区间模型

归纳起来,当人们的技能水平和挑战的难度相匹配时,就可能产生沉浸式体验。这和现实生活中的感受是一致的,当人们掌握了一定的技能,去完成具有一定难度的任务时,会全神贯注,进而忘记周边事物的感受。

(三)沉浸式的实现机制

沉浸式体验的实质是波普尔三个世界的和谐统一。创造用户沉浸式体验场景,也就是把技术、内容(世界3)、物理场景(世界1)通过用户的精神世界(世界2)有效地连接起来。沉浸式体验的实现机制如图7.4所示。

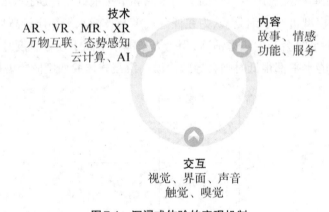

图7.4 沉浸式体验的实现机制

米哈里·契克森米哈赖在抽样调查过程中发现,无论多么不同的活动,人们的感觉都极为类似。不分文化、现代化程度、社会阶级、年龄与性别,被调查对象所描绘的乐趣大致是相同的。据此,他总结了9条沉浸式体验的构成要素:目标清晰、技能与挑战平衡、准确而及时的反馈、行为与意识的融合、注意力集中、用户掌控感、自我意识减弱、时间错觉和参与感。其中前三个特征被其归纳为激发用户产生心流体验的基本条件。

霍夫曼和诺万科在米哈里·契克森米哈赖理论的基础上,提出实现沉浸式体验的三类因素：条件因素、体验因素和结果因素。沉浸式体验的实现因素如表7.1所示。

表7.1 沉浸式体验的实现因素

因素	沉浸式体验构成要素
条件因素 （事前阶段）	目标清晰
	挑战与技能相平衡
	准确而及时的反馈
体验因素 （经验阶段）	行为与意识的融合
	注意力集中
	用户掌控感
结果因素 （效果阶段）	自我意识减弱
	时间错觉
	参与感

（四）沉浸式体验设计

用户体验旅程是由一个个场景构成的，在这些场景中，用户清楚地知道自己要什么、自在地进行操作，并能及时得到反馈，通过一系列选择和决策完成了一次愉快的体验。杰西·詹姆斯·加勒特把这个过程抽象出来，提出一个完整的设计过程，其包含战略层、范围层、结构层、框架层和表现层这五个部分，交互设计就是要围绕这五个部分充分考虑用户体验。用户体验五要素如图7.5所示。

图7.5 用户体验五要素

战略层，即场景目标、用户需求。站在产品经理的角度，这一层面的战略确定意味着明确了用户是谁、解决什么痛点等核心问题。战略层是整个场景的核心，若在这个层面目标模糊、用户定位不明确,那么在其之上的四层中就会迷失方向,只有推倒重来。

范围层,即功能说明、内容需求。我们在战略制定中确定了目标方向、用户痛点,接下来就需要确定系统功能与内容的范围,以实现目标,解决痛点。然后对系统功能的重要性排序,并对功能进行解释。最后进行业务流程设计,业务流程设计的关键是要代入用户的角色,站在用户的角度思考问题。这里的难点在于,不仅要涵盖用户所想的全部,而且要想到用户不能想到的意外情况。

结构层,即交互设计、信息架构。当确定了系统的功能和内容,就要设计业务流程,明确层级结构以及层级之间的跳转逻辑。专注于如何响应用户的动作和需求,充分考虑用户在完成某些操作之后的下一步是什么,就是交互设计。每一步向用户呈现什么信息,便于让用户理解,就是信息架构。这一步对于整个场景构建起到承上启下的作用,不仅是对之前流程功能的验证,还是之后的步骤的设计起点。

框架层,即界面设计、导航设计和信息设计。结构层重点关注的是功能与功能之间的衔接以及某个功能内部流程的逻辑性;框架层则是将功能具象化,用设计图和文档说明的形式展示出来,这就是我们常见的原型图。确定每个界面中的组件、控件、图片、说明的位置,框架层可以优化这些排列布局。导航设计就是要告诉用户"在哪儿",他能够"去哪儿"。导航设计要与用户操作习惯相吻合,让用户看一眼就能理解该产品的架构。框架层的信息设计主要决定如何呈现这些信息,使人们能很容易地使用或理解它们。信息设计和导航设计常常结合在一起,也是为了给用户提供能正确使用系统的信息(无论是用户出现了错误还是刚刚开始使用)。

表现层,即视觉设计。每个场景设计形成独特的视觉感受,用户所看到的事物直接影响着他的体验。表现层从人的审美感知以及趣味感知出发,通过特定的感知进行合理设计与交互。哪怕是一个小小色块的调整,都可能会给人眼前一亮的感觉。

不管场景多么复杂,用户的体验结构始终是相同的。用户体验五要素之间自上而下每个层面层层相扣,每一层都由其下面的层面来决定,共同组成了用户体验设计的完整过程。用户体验五要素在场景构建中运用得越来越普遍,是场景营销中用户体验管理的理论依据。

第四节　场景运营:从情感认同到心智构建

菲利普·科特勒给出的市场营销的经典定义把市场营销从具体的时代背景、技术环境、文化元素中抽象出来,揭示了它的本质特点。也就是说,市场营销是由时间、空间、信息、传播、人物、目的等元素构成的运营事件。同时我们也看到,相同的元素构成了本章所讨论的场景。也就是说,场景运营的本质是营销传播活动。

提到传播,很容易联想到5W1H传播模式,即从原因(Why)、对象(What)、地点(Where)、时间(When)、人员(Who)、方法(How)六个方面对选定的工作或问题进行思考的方法。它是一种思考方法,也可以说是一种创造技法。5W1H看似简单,所起到的作用却不容小觑。它可以使我们的思考更深入、更全面,也更科学。因此,从传播的角度出发,场景运营是指场景化营销。

场景化营销是把用户的场景进行梳理和划分，进行差异化营销。按照用户的使用习惯和关注点，在特定的场景中满足用户的需求，保证用户体验。

一、场景定义

在我们日常生活中，可以看到成功的品牌进行场景化传播，塑造产品定位，突出产品卖点，引导消费选择。例如，品牌针对消费者所处的特定环境，定义了一个新的消费场景。品牌场景化传播如表7.2所示。

表7.2 品牌场景化传播

品牌	场景	宣传
六个核桃	工作、学习	经常用脑，多喝六个核桃
王老吉	火锅店	怕上火，喝王老吉
红牛	运动	累了困了，喝红牛
士力架	爬山、打球等	横扫饥饿，做回自己

类似的案例还有很多。定义一个消费场景，并使之广为接受，意味着人们只要处于这个场景中，就会自然地联想到品牌所传播的理念，并产生相关的消费行为。这是每个品牌所追求的理想。

（一）理解场景定义

场景定义在这里不是界定场景的概念，而是赋予某个场景特定的含义，并使之成为广为接受的行为的过程。场景定义希望创造引人入胜的活动气氛、让人流连忘返的沉浸式体验。

场景可以从不同的角度进行定义。一般情况下，市场营销主要围绕用户体验定义场景。用户体验包括用户在使用一个产品或系统之前、使用期间和使用之后的全部感受，包括情感、信仰、喜好、认知印象、生理和心理反应、行为和成就等各个方面。影响用户体验的三个因素是系统、用户和使用环境。

【延伸阅读】
天猫"双十一"
是如何诞生的

2009年，天猫"双十一"取得意料之外的效果，如果我们从用户体验的角度分析，其实也在意料之中。根据第一财经报道，2009年网上购物金额相当于全国社会商品零售总额的2.1%，与同时期欧美、日韩等网购较为发达的国家相比，我国网上购物的渗透率还处于较低水平。说明当时我国的线上购物并不普及，但已经有了一定的知名度和物流基础，恰逢国庆黄金周和圣诞节之间的促销淡季，淘宝商城借此时机推出"双十一购物节"，让用户至少在三个方面形成良好体验：促销淡季线上线下的优惠力度对比；线上购物的优便捷性及节约时间成本；"光棍节"的知名度和戏谑性效果。在这些良好体验的共同作用下，自然而然地形成了一场狂欢节。

场景定义成功的标志是形成网络效应。场景设计具有与用户共鸣的内容表达，具有创意、富含情感且打动用户的场景设计，能够在目标用户群体中保持传播的延续性。在互联网时代，成功的场景定义意味着品牌IP形成，代表着场景中的标签、符号、文化现象引起用户的共鸣和兴趣,进而转发与分享自己的体验。就是在这个意义上,人们说"场景就是入口"。

(二)场景定义过程

场景交互设计过程就是对场景的各个维度进行定义。这是从场景构建出发的讨论。从市场营销角度看,场景定义首先要进行目标市场定位。互联网和大数据技术为我们提供了强有力的用户画像。

我们需要定义用户标签,然后由系统进行聚类分析,验证模型的合理性。5W1H传播模式为我们把用户放进一个明确具体的场景中进行画像提供了可用的基础框架。例如,5W1H场景画像如表7.3所示,给出了用户在具体场景中的画像标签。

表7.3　5W1H场景画像

场景	人员(Who)	时间(When)	地点(Where)	对象(What)	原因(Why)	方法(How)
在地铁上看视频	上班族	8～9点	地铁	新闻/视频	无聊	个性推荐
大学生线上购物	大学生	20～23点	宿舍、校园	零食	休闲	线上购买

5W1H方法提供了一种基本的场景定义框架,每个标签的颗粒度需要根据具体的需要细化。例如,对"人员(Who)"这个维度,可以按照性别、年龄、职业、习惯、爱好等进行进一步的细化;对"方法(How)"这个维度,可以按照过程、方式、流程等进行细化。通常标签颗粒度越细,对场景中的用户画像就越精准,对场景的定义也就越清晰。反之,就越模糊。

采用用户画像方式进行场景识别,是场景定义的第一步。第二步是给识别出来的场景赋予特定内涵。这一步的核心是能够让用户理解、接受和认可这个特定的内涵,由于认知摩擦的存在,这件工作充满挑战性。正如爱因斯坦所说,不能用与引发问题相同的思维方式去解决问题,本章在场景构建时重点讨论的是交互设计方法,它的重心在于"实现",而所谓的"创意",则需要从人与人之间的互动、营销传播的角度思考。

1.故事化

斯蒂芬·金在《肖申克的救赎》中说:"故事本身才是主角,而不是说故事的人。"相对于文字、图形和视频,通过故事来描述事实、分享体验和感受、传播知识,更容易减少认知摩擦。一个好故事是打动人心的利器,能迅速被人的大脑接受和储存,在受众心里留下深刻并且长远的印象,还能让受众理解和接受新的观点,并且能给人充分的想象空间,激发消费者的想象力,产生代入感,联想他们自己生活中发生的相似的情景。

【延伸阅读】
沈园

2.情感化

情感是人们对一种事物是否满足自己需要而产生的一种态度体验。它是人们对外界客观事物的一种主观生理反应,由我们的需要和期望决定。当我们的需要和期望得到满足时,就会产生愉快、喜爱的情感,反之,就会觉得厌倦,甚至愤怒。

情感化是指在进行场景定义时以情感交流为目的,旨在引起用户注意,诱发情感反应以提高特定行为的可能性。唐纳德·诺曼在其著作《情感化设计》中提出人的本性分为三个层次:本能层、行为层及反思层。定义场景也要从这三个层次提升用户愉悦感和场景之间的兼容性。

在本能层次上，人是视觉动物，对美的洞察和认知是本能思考的。美的事物总是能让人产生愉悦的情感。例如，抖音平台受欢迎的短视频类型中，颜值类排名第一。

在行为层次上，要求场景是友好的、有效用的。在行为层次上，积极的预期得到满足就会产生积极的情感反馈，反之就会产生消极的情感反馈。美好的体验促进人们产生行为层的情感满足。

【延伸阅读】
迪士尼乐园
为什么这么
受欢迎？

在反思层次上，要求场景有情感温度，使用户在场景体验的基础上产生更加深层的反应，或者说使用户产生安全感、幸福感、自豪感等，这会使用户与场景建立起情感连接。因此反思层次是情感化的最高层次。

3.真实化

前面提到用故事化方式进行场景定义，但这并不意味着故事创作。在文学创作中可以采用想象、加工、夸张、抽象等创作方法，而场景定义却不能脱离现实，尤其不能夸张。因为用户会作为真实的体验者，真实地体验场景故事。只有来源于真实生活并符合用户预期的场景，才更加贴近用户真实的生活，没有特殊的专业知识和技术背景要求，容易被人们接受和理解。从体验的角度看，超出用户预期，会给他们带来意料之外的惊喜。

4.简单化

信息社会，准确有效地传递、获取信息至关重要。在场景传播中，如果能够做到简洁清晰、自然易懂，才能让用户有效地获取信息，并迅速作出决定。

在购买决策前，人们有可能倾向于功能齐全、服务丰富的产品，这样似乎更能符合未来的需要。但在真正的使用场景中，真相却大相径庭。实际上，现实中存在大量的冗余信息和冗余功能现象。例如，每个用户关注了大量的公众号，真正使用的却很少。又如，家用电器总是把功能做得越来越复杂，实际上利用率却很低；某品牌电饭煲具有精煮、煮饭、保温、热饭、热水快饭、蒸煮、煲汤、做蛋糕八个功能，实际使用场景中只会用到其中1～2个功能。由此给用户带来了负向的体验：为不常用的功能多支付了费用。

这就要求用简单、简约的场景，用最少的元素来表达最多的信息；突出最核心的功能，让整个场景主题更加突出。

场景定义希望带给用户愉悦的体验旅程，总是把幸福与快乐作为第一位考虑。传统理论中关注成本收益比较多，而互联网场景则更强调愉悦感。为此，还必须重视艺术和审美。唐纳德·诺曼说"美观的物品更好用"，这是一句让人感觉十分不理性，但又十分有道理的话！

二、仪式设定

按照互动仪式链理论，场景就是一组互动仪式的集合。互动的过程让人们兴奋，积极的互动仪式能够创造情感连带。经过互动仪式长期累积情感能量，弱关系转变为强关系。

【延伸阅读】
科林斯的互动
仪式链模型

互动仪式链模型虽然产生于互联网大规模普及之前，但是它包含的"社会微观结构的基础是互动仪式"这一核心思想，也同样适用于互联网社会。用互动仪式链模型,可以清晰地解释微博、微信、社群、直播、App、短视频,甚至表情包、弹幕等互联网流行的密码。以这一模型作为理论指引,可以策划设计场景中的仪式设定,使之变成可执行的活动方案。设定场景中的互动仪式如图7.6所示。

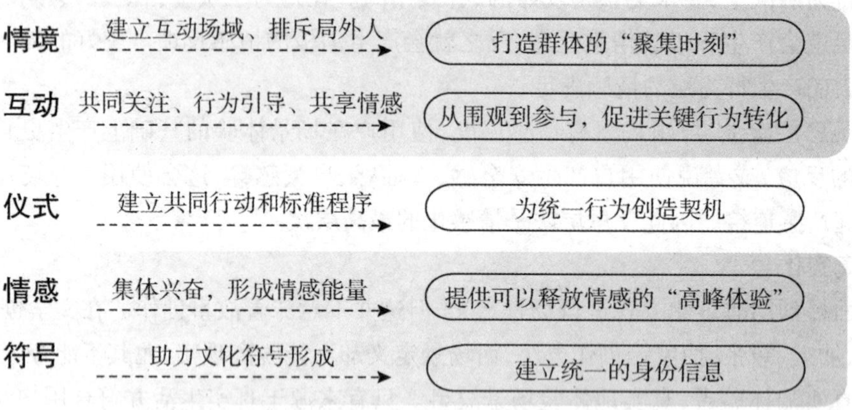

情境　建立互动场域、排斥局外人　→　打造群体的"聚集时刻"

互动　共同关注、行为引导、共享情感　→　从围观到参与,促进关键行为转化

仪式　建立共同行动和标准程序　→　为统一行为创造契机

情感　集体兴奋,形成情感能量　→　提供可以释放情感的"高峰体验"

符号　助力文化符号形成　→　建立统一的身份信息

图7.6　设定场景中的互动仪式

(一)情境——打造用户群体聚集平台

互动是一种需要"亲身经历"的过程。心理学认为人的生理体验与心理状态之间有着强烈的联系,并把它总结为具身认知理论,这说明身体在场对于互动仪式过程的必要性。身体"亲自"参与体验,近距离观察、听到其他参与者的声音、表情、动作,才能形成集体兴奋,构建群体社会符号,产生团结感。

【延伸阅读】
宝黛在《红楼梦》中的第一次见面

互联网信息技术的发展使人们的互动跨越了时空限制。梅罗维茨提出媒介的演化降低了"亲身参与"对经历人和事物的重要性。人们在不亲身参与的情况下就能观看社会表演,人们不在同一个地方会面就能够"直接"交流。也可以把梅罗维茨的观念理解为"亲身参与"的方式发生了变化:以移动终端方式接入网络,也是"身体在场"的一种方式。

运用新技术包括电商平台、社交软件、个性化推荐、虚拟现实、游戏等构建的"聚集空间",同样可以达到闻其声、观其颜、表情达意,直至"物我两忘"的沉浸式体验。统计表明,全球有超过46亿社交平台用户,占全球人口的60%;全球电商用户数也超过了40亿人。这表明互联网已经成为人们生活的第一场所。

为了更好地创设互动情境,互联网平台还可以通过注册、人设等各种方式建立区隔,以举办主题活动、互动玩法,促进活跃和共同情感表达。

(二)互动——行为引导与情感分享

互联网上的互动应用功能琳琅满目、层出不穷。从最基本的即时通信,到各种表情包、点赞、评论、关注、打赏,再到亲友团、粉丝团、社群,利用围观人群的从众心理,刺激人们的互动欲望。

线上线下结合还可以达到更好的互动效果。山东鲁宁监狱狱政管理科的

【延伸阅读】
快递小哥隔空示爱护士妻子

年轻干警周宁宁、宗鹏飞一直想给女友一场难忘、温馨的求婚仪式，但忙于工作，一直未能实现。2022年4月26日，同事们为他们准备了一场别开生面的远程视频求婚仪式，求婚互动中的浪漫氛围感染了现场的人们和无数网友。

（三）仪式——建立共同行动和标准程序

仪式的形成条件更加复杂。它是集体兴奋或集体意识确立的过程。人们通过身体聚集、关注的共同目标、互动和共享感情的体验形成了心理映射。心理映射是人类基于周围自然物质基础的内心反应。例如，人们看到玫瑰，就联想到爱情；听到理查德·克莱德曼的钢琴曲，就心情舒畅。具有正情感能量的体验在长期的互动过程中沉淀下来，就变成了共同行动或标准程序——统一的认知符号、神圣物、统一的道德约束等。

仪式的建立是一个长期自然沉淀的过程。例如，天猫"双十一"刚开始的几年，人们仍然习惯性地称每年11月11日为"光棍节"。时间久了，它更多地象征购物狂欢节，"光棍节"反而较少被人们提及了。在这个过程中，我们可以策划共同关注的焦点，以短期刺激、共享情感等方式，引导人们心理映射的建立，从而加速仪式的形成过程。例如，"光棍节"对天猫"双十一"的意义就是一个共同关注的话题焦点，而促销就是一个短期刺激手段，共享感情的方式则是人们在线上和线下的口碑传播方式。

1.设立共同关注点

例如，为了增加人们对天猫"双十一"的关注程度，从2015年起，阿里巴巴每年举办"天猫'双十一'狂欢夜"综合性晚会，邀请国内外明星助阵。

2.增强行为动力

在第六章中我们重点讨论的用户成长体系，就是为了增强人们的行为动力。游戏、社交平台、电商平台都建立了用户成长计划，通过建立激励体系鼓励用户。

抖音平台巧妙地设计了一个增强用户行为动力的活动：用户可以查询个人年度在平台上的表现，给每个人进行了角色设定。而且还鼓励人们在抖音平台上发布自己的个人年度报告，可谓一石二鸟。

【延伸阅读】
如何查阅抖音
个人年度报告

3.有节奏地推进情感体验

要建立一个正反馈机制。例如，设置会员等级，既要把会员和非会员区分开来，又不能让用户觉得门槛太低；既要让用户觉得有价值，体会到成就感，又要保持升级的渴望和动力。麦德龙超市中，价签上都明确地表明了会员价和非会员价的区别，京东商城在每次支付时都会告诉用户因为会员身份节约了多少费用，都是为了推进情感体验。

在抖音直播间，主播带货的过程中，屏幕中经常飘过"李**等**人正在去下单"，能起到很好的情感节奏连带作用，激发从众心理。弹幕作为一种情绪宣泄的出口，在视频平台上常常能够与内容相辅相成，使观众产生强烈的情感共鸣，不少人在追剧的过程中，甚至会因为弹幕而忽略了内容本身。

(四)情感——提供高峰体验

互动仪式带来的效果就是情感能量,或者集体兴奋。仪式和情感之间往往相互促进,仪式能够激发情感,情感又会强化仪式感。在长期互动仪式中,情感的纽带作用推动人们的关系从弱关系向强关系转化。

例如,在小米公司所有的庆祝活动中,往往有一个领导或者获奖者喝小米粥的环节。这个带着怀旧、期待,甚至有些作弄和搞笑成分的活动,每次都能把庆祝活动推向高潮,带给人们荣誉感和欢乐。

【延伸阅读】
小米公司的
小米粥

情感体验设计形式多样,例如,直播平台上的互动礼物,往往伴随动画和音乐送出,收到礼物的主播也会表示感谢,这就强化了双方的情感体验。电商平台中聪明的商家往往会给客户赠送小礼品,房地产开发商会给业主赠送露台或者小花园等,也是为了制造意外惊喜的情感体验。在微信中设计表情包,人们可以用玫瑰花来表示欣赏与爱、用竖起大拇指的动作来形象化点赞、用心形和拥抱图形来表示接受和认同,这些都强化了双方在对话中的情感。

(五)符号——建立身份标识

互动过程中产生的情感以特定的符号为载体。对一个群体而言,符号设定往往能够使积极的情感能量发挥更大的作用。符号对群体感情的影响往往不在于符号本身,而是在于带给人们的高峰体验和身份认同感。

具象化的符号可以是语言、图标、事物,也可以是活动、事件,甚至可以是某些观点与见解等,成功的符号设定可以对群体设定中的身份认同和感情起到强化和加固作用。

符号可以源自特定的观点和话题。例如,《掷铁饼者》是希腊雕刻艺术最具代表性的作品,它既是实际生活的真实形象,又象征着体育运动和健美体魄。因此《掷铁饼者》被视为希腊奥林匹克运动的符号象征。

符号设定需要符合群体的身份和特征。例如,"米粉""花粉""果粉"等分别成为小米、华为、苹果品牌的忠诚用户的代名词,也是他们和品牌的情感纽带。

三、心智构建

在竞争性市场中,如何影响消费者的心智模型,使自己的产品获得"先入为主"的优势,是所有品牌需要思考的首要问题。

抢占用户心智,成为第一,无疑具有极大的诱惑力。但打破常规通常是需要勇气的。如果我们需要用户去改变习惯、被"引导"时,就要思考:用户值得为我们改变习惯吗?

【延伸阅读】
心智模型

唐纳德·诺曼在《设计心理学》中提出,心智模型的特征是,人们对于现象所持有的心智模型大多是不完整、不稳定的。随着经验和认知的变化,人们还会不断修正和完善自己的认知。因此,影响人们行为的方式有两种:一种是不断缩小现实场景与用户心智模型的差距;另一种是通过互动仪式链不断修正和影响用户的心智模型。

（一）向用户心智模型逼近

艾伦·库珀在《交互设计精髓》中提出了三个模型：实现模型、表现模型和心智模型。实现模型是应用场景背后的实现原理和解决方案，用户并不需要关心和弄懂它。表现模型是场景与用户交互的视觉呈现方式、交互对话方式等。平时我们使用的产品、接触的App界面，就是表现模型。实现模型、表现模型和心智模型的对应关系如图7.7所示。

图7.7 实现模型、表现模型和心智模型的对应关系

场景的表现模型越接近心智模型，用户就越觉得舒服、简单、好用，符合自己的心理预期。反之就会觉得难以理解或者难以使用，从而形成不好的印象。因此，使表现模型不断靠近心智模型，是场景运营最重要的目标。为了实现这个目标，就要先了解用户的特点、偏好、痛点，也就是用户画像，它可以帮助我们不断接近用户心智模型。

应用场景设计需要根据用户反馈不断地迭代，因为我们不仅不太可能一开始就能够完整地理解用户，而且心智模型也不是长期稳定的，它会随着用户的经验不断改变。只有不断地迭代修正表现模型，才能不断逼近心智模型。

【延伸阅读】
汉字输入法
简史

（二）用户心智塑造

心智模型存在于人们的认知中，但它不是永恒的，也不是静止不变的。它会随着人们获得的新体验不断地优化。心智模型可以理解为我们对未来的预期，也就是人们内心根据以往的经验对接下来要发生的事所提前写好的剧本。人们相信这个预期是正确的，它指导人们采取相应的行为。人们采取行为之后，得到了新的体验和反馈，会调整自己的经验认知，心智模型也进行相应的修正，形成动态循环。心智模型的循环过程如图7.8所示。

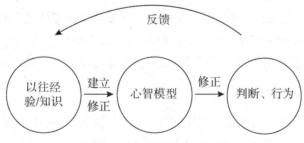

图7.8 心智模型的循环过程

场景传播，就是在修正甚至重塑心智模型。一旦心智模型发生改变，就会形成新的心智模型，从而具备高度品牌黏性。塑造用户心智模型常用的方法有以下三种。

1.善用隐喻

隐喻是一种比喻,是用一种事物暗喻另一种事物。隐喻通过一类事物来说明另一类事物,具有表达的间接性特征,因此许多隐喻带有"委婉"的功能。许多图形通过隐喻的方式构成,委婉地表达图形的意义,这种形式有时候更为受众所接受。

隐喻最明显的特点就是精练,简单的一个图形往往能表达一系列的含义,引起受众对整个相关事件和语境的联想。由于隐喻中喻体一般都比话题更为具体,更为受众所熟悉,为了强调某些事物的特征,加强记忆,突出所传达的信息,使用一些新奇、出乎人们意料的隐喻,可以使图形容易取得通俗易懂、风趣、幽默的特殊效果。

2.降低认知摩擦

在任何场景中,最好不要让用户思考。因为人总是有惰性的,会形成"路径依赖"——一旦人们根据自己的经验判断作出了选择,惯性的力量会使这一选择不断自我强化,并难以改变。人们总是以某种固定方式行事,习惯而成自然。例如,现在使用的QWERTY布局的电脑键盘并不是最省力的,效率也并不是最高的。曾经出现过更高效的键盘,但是却没有流行起来,原因就是QWERTY键盘出现得更早,人们习惯了。

【延伸阅读】
哪那种截屏方式更加适合你?

当用户在使用某些功能时,不能匹配原有的认知,与原有心智模型产生差异,就会产生可用性问题,因为产品不符合用户的期望和已有认知。在类似情况出现的时候,用户只能向产品使用说明书、操作手册等寻求帮助,但用户的体验已经变糟糕了。只有事先降低认知摩擦,才能更好地确保用户的轻松体验。

3.自然用户界面

通常在电脑、手机上都是图形用户界面,这要求用户必须事先学习相关操作后才能使用。在自然用户界面中,人们能够以最自然的交流方式(如语言和文字)进行操作,不需要经过学习和培训,显得更加人性化。

例如,在日常生活中阅读书籍时,人们用手指翻页。最早期的手机,是采用键盘+方向键的方式来操作菜单,步骤非常烦琐。1993年,IBM曾经研发了一款全触摸手机,配备了一支触摸笔,完全靠触摸实现操作。但触屏操作的触感一直未能有效改善。直到2007年苹果发布具备高像素、多点触控作用的iPhone,提供了一种非常自然的方式,只需用手指翻动页面进行触摸,就像我们在现实生活中一样自然。从此电容触摸屏变成了智能手机的标准配置。

应用场景的目的是希望用户专注于使用和体验,只需要具备基础知识和简单技能,用户就可以确切地知道自己在场景中该怎么做,以及自己可以得到什么样的反馈。

(三)从激励相容到情感认同

市场营销始终要回答一个问题:用户凭什么要听我们的。对这个问题,经济学和心理学有不同的回答。新自由主义经济学倾向于用市场的逻辑统率一切,其背后的支撑是"理性人"(经济人)的假设。因此制度经济学十分推崇机制设计,通过激励机制来让用户和我们的营销目标一致,也就是实现激励相容。

但在现实世界中,"理性人"的假设无法涵盖人类行为的多样性,更无法适应推动知识经济发展的团队努力的要求。行为经济学认为人是会自我实现的动物,真实的人不会像"经济人"那样做事情，而是经常被经验、直觉、惯性和冲动所驱使。例如晕轮效应，只有典型的社会人才爱屋及乌。场景营销的目的不是挑战人类行为所表现出来的种种人性的弱点，相反，我们应该理解和尊重它，推动人们去做出他们本应做出的选择。

管理学大师詹姆斯·马奇说过，如果我们只在不被辜负的时候去信任，只在有所回报的时候去爱，只在学有所用的时候去学习，我们就离弃了人性的根本。承认人性的弱点，通过场景中的体验修正和重塑用户的心智模型，也就是追求情感认同，对市场营销所要实现的目标来说，更加有现实意义。

四、营销狂欢：引爆情绪

在碎片化时代，人们生活的现实空间和数字空间都在被迅速"场景化"。人们生活的片段都被归结为不同的场景：移动状态、独处状态、工作状态、娱乐状态以及社交状态等。这种划分方式，是因为人们相信，在不同的场景中能够实现不同商业信息和碎片化消费需求之间的有效连接，交互式设计可以带来沉浸式体验，沉浸式体验可以改善用户心智模型。

然而，从市场营销的角度来说，场景化完成并不一定会形成狂欢。要形成一场营销狂欢，还需要点燃群体情绪的催化剂。马尔科姆·格拉德威尔在《引爆点：如何引发流行》中说："我们的世界看起来雷打不动，但你只要找对了一个点，他就可能被引爆。"

【延伸阅读】
羊了个羊——
一场拿捏人性
的大型营销狂
欢？

可口可乐公司的总裁乔格斯说："没有一个成功的品牌，不表达或不包括一种基本的人类情感！"场景营销也是如此，首先聚焦于情感。想感动别人，先感动自己。与其喋喋不休地宣传产品和相关内容，不如想办法引起消费者的情感投入。

【延伸阅读】
巴黎人之恋？

乔纳·伯杰在《疯传：让你的产品、思想、行为像病毒一样入侵》中提出了情绪唤醒原理：影响一个人分享欲望的不是积极情绪和消极情绪的维度，而是情绪的唤醒度。敬畏、幽默、兴奋的积极情绪和生气、担忧的消极情绪都具有高唤醒性。只要把一些有唤醒作用的情绪元素融入场景中，就能激发人们的情绪和行为。

第八章

计算运营：使能与创造

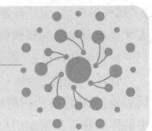

前导案例

全球计算能力超级竞赛

2022年5月，在德国汉堡举办的ISC 2022国际超级计算大会公布了第59届全球超算Top500榜单，其中美国橡树岭国家实验室的新型超算Frontier以绝对优势超越日本的上届冠军Fugaku，成功夺得世界最强超算的王座。它达到了1.102百亿亿次浮点计算速度的峰值实测性能，相当于排名第二的日本"富岳"（442千万亿次浮点计算速度）的两倍还要多，比Top500榜单上第二至八名性能的总和还要强。

所谓的E级超算，指的就是每秒钟可以进行百亿亿次数学运算的超级计算机，其运算能力非常强悍。若是我们以此来形容其运算能力，那么Frontier的运行速度是普通笔记本的一百多万倍。或者说，它的算力相当于468个非E级超级计算机加在一起，这种情况确实让它在榜单当中十分显眼。

资料表明，Frontier系统处在74个独立机柜当中，总计拥有9400个中央处理器和37000个图形处理器，在这种情况下，Frontier的内核数量高达8730112个。橡树岭实验室研究人员表示，Frontier的运算能力并未达到极值。他们认为，在未来，随着软件被优化，其算力将会进一步提升，如今的1.1百亿亿次只不过是个开胃前菜罢了。可以预见，超算在不断发展的情况下，一定会接二连三地打破纪录。

那么它到底有什么用呢？

大多数人觉得这么极致的运算能力，与我们普通人没什么关系，但实际上超算服务的领域非常广泛，比如气象预报、石油勘探、生物医药、材料计算等领域都有它的身影。并且，随着产业信息化的进一步提升和信息技术的快速发展，未来超算可以应用的场景将会变得越来越多，甚至成为一个国家综合国力的重要体现。

从本次排名中的激烈竞争可以看出各国对超算的重视，从全球超算市场的规模也能看出，它是未来的香饽饽。全球超算产业规模近年来整体呈增长趋势，全球超算产业市场规模在2019年突破275亿美元。这样来看，超算的发展无疑是非常重要的，从某种角度来说，它已经是支撑国家持续发展的关键技术之一了。

中国超算在这次榜单当中的排名没有十分靠前，意味着在这个领域已经落后于其他国家了吗？

根据亚洲技术信息项目主任发布的报告来看，中国首台E级超算已经运行了一年多，其峰值性能可以达到1.3百亿亿次，这相较于登顶的美国Frontier，明显是更快的。中国在研制出这两台超算并且让其投入运用之后，未公布太多与之相关的消息，也没让其参与榜单的评选。

2022年10月12日，外交部发言人在推特上公布了不同国家拥有的超级计算机数量，中国是173台，美国是128台，日本是33台，德国是31台，法国是22台，加拿大是14台，英国是12台，俄罗斯是7台，意大利以及荷兰分别是6台，最后世界其他国家一共是68台。超级计算机的数量多少，衡量的是一个国家的制造业与科学技术的水平高低。

营销4.0以大数据、社群、价值观营销为基础，企业将营销的重心转移到如何与消费者积极互动、尊重消费者作为"主体"的价值观，让消费者更多地参与到营销价值的创造中来。在数字化连接的时代，洞察与满足这些连接点所代表的需求，帮助客户实现自我价值，就是营销4.0所需要面对和解决的问题，它是以价值观、连接、大数据、社区、新一代分析技术为基础所造就的。

——菲利普·科特勒《营销革命4.0：从传统到数字》

营销4.0所揭示的营销革命事实是无可辩驳的。当今计算机已经无所不在，融入我们生活的每个方面。各种各样的"计算机"通过网络连接起来，并通过传感器等把信息采集、处理后传输到指定的地方进行存储，供人们共享和提供服务。从用户角度看，他们只希望随时随地获得自己希望的服务，并不关心这些服务是怎样实现的。一个切身的感受是，人们已经习惯出门不带现金、不带钥匙、不带卡，只要带上手机就可以应付各种各样的场景。一切仿佛在不知不觉中发生，这其实是计算技术发展的必然趋势。

所有技术创新无一例外都要通过市场实现自己的价值，市场营销对技术变化的反应是最为快速的。菲利普·科特勒的营销1.0到营销4.0概念体现了从工业化到数字化过程的巨大影响，市场营销从要素到结构，从过程到方法，一直在不断演进的过程中。如果我们用第一性原理把市场营销从具体的观念和方法中抽象出来，聚焦在6R（6个Right）营销概念，就可以发现一条贯穿于营销概念演变整个过程的逻辑主线：计算技术。从营销1.0到营销4.0，计算的影响越来越大，单纯作为一个底层因素，已经不能体现计算技术的作用和价值，是时候把它直接纳入市场营销策略了。

第一节　计算和计算思维

人类很早就开始从数学中汲取力量。远古时期的人们就认识到一只羊与许多只羊的差异,从而初步形成了数的概念。古埃及人利用数学预测尼罗河水定期泛滥,逐渐发展了几何学,成为世界上文化发源最早的地区之一。

华罗庚曾说过:"宇宙之大,粒子之微,火箭之速,化工之巧,地球之变,生物之谜,日用之繁,无处不用数学。"数学是照亮人类发展道路的火把,不仅在人们日常生活和生产中随时随地发挥重要作用,在很多重要领域中更起着关键作用。例如,法国人勒维烈和英国剑桥大学学生约翰·亚当斯根据牛顿万有引力定律几乎同时"算"出了海王星的存在;高斯创立崭新的行星轨道计算公式,成功预言了谷神星在何时出现哪一片天空里;麦克斯韦方程组预言了电场或磁场可以产生看不见、摸不着但能够向远处传播的波,奠定了现代电力科技和电子科技基础……

计算是所有数学活动的基石。纵观数学的发展史,可以发现,计算(数值计算和符号计算)和证明(包括公式推演)自始至终都是数学活动的两种主要方式。在中国古代就有"失之毫厘,谬以千里"的说法。现代社会中,工业、农业、商业、交通、医疗卫生、文化教育等各个领域中普遍存在的现象是:有许多数据需要计算,通过数据分析,可以掌握事物发展的规律。因此,数学的"计算"在现代社会中正发挥着越来越大的作用。

一、什么是计算?

(一)计算的概念

说起计算,大部分人就认为是指加减乘除运算,这是对计算的朴素理解。最朴素的理解往往从事物的形式开始。《周易·系辞下》中提到:"上古结绳而治,后世圣人易之以书契。"这表明,几千年前,人类就已经掌握了简单的算术和计算方法。

随着生产活动范围的增加和文明的进步,简单的算术已经不能满足人们的需求。例如,战国时期思想家列子创作的散文《两小儿辩日》中记载:"孔子东游,见两小儿辩斗,问其故。一儿曰:'我以日始出时去人近,而日中时远也。'一儿曰:'我以日初出远,而日中时近也。'一儿曰:'日初出大如车盖,及日中则如盘盂,此不为远者小而近者大乎?'一儿曰:'日初出沧沧凉凉,及其日中如探汤,此不为近者热而远者凉乎?'孔子不能决也。"这个今天看似简单的问题,包含着数学、天文、自然、地理等多个方面的知识。在两个小孩的辩论过程中,已经可以看到,他们在进行距离和温度的计算。然而整个故事却反映了一个问题求解的过程,这也是计算的含义。

把计算视为一个问题求解的过程,它的范畴就远远超出了数的加减乘除运算,求解过程既包括函数的微分、积分、方程的求解,也涵盖归纳、演绎等逻辑思维推理方法。把计算视为问题求解的过程,就意味着人们在决策的过程中,必然拿起计算的工具。

【延伸阅读】
传染病隔离措施背后的数学原理

数学的基本思想是抽象、推理、模型。通过抽象，人们把现实世界中与数学有关的东西抽象到数学内部，形成数学的研究对象；通过推理，人们从数学的研究对象出发，在一些假设条件下，有逻辑地得到研究对象的性质以及描述研究对象之间关系的命题和计算结果，促进数学内部的发展；通过模型，人们用数学所创造的语言、符号和方法，描述现实世界中的故事，构建了数学与现实世界的桥梁。

按照数学的基本思想，社会生活中各种大小事情的决策过程，包括学习与成长、沟通与传播、产品设计与生产、流通与交易等，都可以理解为不同形式的计算。人类早已开始运用计算的思想来统一地理解和解决问题。2500多年前，希腊数学家毕达哥拉斯就向世人宣称"万物皆数"。17世纪，德国数学家、哲学家莱布尼茨甚至认为，如果人们对某一问题的看法产生分歧，那么原则上只要他们坐下来计算一番就可以解决这种分歧。纽威尔和西蒙在1976年提出物理符号系统假说，认为：人类认知和思维的基本单元是符号，而认知过程就是在符号表示上的一种运算。人是一个物理符号系统，计算机也是一个物理符号系统，因此能够用计算机来模拟人的智能行为，也就是说可以用计算机的符号操作来模拟人的认知过程，从而实现人工智能。他们的思想可以简单理解为"认知即计算"。在当今的世界上，人工智能应用已经得到广泛的普及。计算无处不在，已经成为当今时代的基本特征。

（二）计算的本质

计算的概念如此普遍，似乎无所不包。那计算的本质是什么呢？对于这个问题，图灵通过归纳计算的一般过程，发明了图灵机，用形式化方法表述了计算这一过程。直观地说，计算就是按照一定规则对有关符号串进行变换过程：从已知符号开始，根据提前设定的规则一步一步地改变符号串，经过有限步操作后，得到一个满足预定条件的符号串。

这个过程和小朋友掰手指进行计算是异曲同工的。小朋友掰手指计算包含一个递归的思想：把复杂的计算问题分解为规模更小的相同问题；持续分解，直到问题可以用非常简单直接的方式来解决。一个小朋友把问题分解到每加1就用掰弯一根手指来表示。然后在计算的过程中，不断地重复这个加1的过程，直到计算完成。这就是递归的思想。递归提供了一种解决问题的思路和方法。它是如此优雅和奇妙，我们在面临"山重水复疑无路"的复杂问题时，使用递归方法往往能够"柳暗花明又一村"。

也就是说，计算的本质就是递归。任何一个问题求解的过程，如果它能够具体表现为一种计算，当且仅当它就能够被一台图灵机实现。这就解决了什么是可以计算的，什么是不可以计算的问题。从此，图灵的计算概念已成为数理逻辑和科学中的标准概念。

【延伸阅读】
图灵机

（三）计算的演变

计算的内涵是递归，计算之所以为计算，就在于它具有一种根本的递归性。至于计算方式，包括符号变换的实现方式、符号的载体及其表现形式，却是历史的。它随着人类生产方式的进步不断地进化，使计算的外延不断延伸。

人类早期的计算方式以计数为起点，首先使用自己的手指，然后利用绳结、算筹、算珠等来代表数,以移动和排列来实现符号变换,从而得到计算结果。这些早期的计算方式主要依赖于手工,没有分化出明确的输入和输出装置。

随着生产力的发展,工业时代到来。机械技术的发展把计算推进到了机械时代。1642年,法国数学家帕斯卡从机械时钟中得到启示——齿轮也能计数,成功地制作了一台齿轮传动的八位加法计算机。帕斯卡是公认的造出机械计算机的第一人。德国数学家莱布尼茨在1673年发明了乘法器。

帕斯卡和莱布尼茨使人类计算方式、计算技术进入了一个新的阶段。但他们发明的计算机器都缺乏程序控制功能。于是很多科学家开始向自动化、半自动化程序计算机发起挑战。但是人类社会开始大规模应用的机器不是计算机,而是纺织行业中的提花机。布匹上的花纹非常漂亮,但传统的编织效率却很低。1725年,法国纺织机械师布乔巧妙地运用穿孔纸带"存储"花纹图案,可以把设计师的思想"传递"给织布机。1801年,法国机械师杰卡德制造了第一台自动提花编织机。受此启发,英国科学家巴贝奇在1822年完成了世界上第一台差分机的制造。"差分"是指把函数表的复杂算式转化为差分运算,用简单的加法代替平方运算,快速编制不同函数的数学表。巴贝奇的差分机可以处理3个不同的5位数,精度达到6位小数。

巴贝奇的差分机使人类的计算工具从手动机械进入了自动机械的新时代。但由于当时工业技术水平的制约,他未能完成制造大型差分机的凤愿。1886年,美国人口统计学家霍列瑞斯利用穿孔卡原理制造了第一台可以自动进行加减四则运算、累计存档、制作报表的制表机,该机器参与了美国1890年的人口普查工作,第一次完成了大规模数据处理。

工业时代是计算方式发生重大变革的历史时期。这时计算依靠机械操作实现,是一种物理性质的符号变换,实现的基本过程由"加"和"减"两种基本动作构成。随着电气时代的到来,当人类将电作为生产劳动的主要动力时,电子计算机应运而生。

第二次世界大战期间,美军武器研制过程中需要完成大量复杂计算,为此集中了大量工程师与物理学家,研发全球首台电子计算机。虽然美国拥有最先进的电子技术,但缺乏理论指导,受困于十进制的计数方法。冯·诺依曼总结了前期计算理论的思想,提出至关重要的EDVAC方案,指出计算机由五个部分组成:运算器、控制器、存储器、输入和输出设备,并描述了这五部分的职能和相互关系。这就是现代计算机的逻辑框架。直至今天,世界上最先进的计算机都采用这个逻辑结构。冯·诺依曼因此被称为"计算机之父"。

1945年,美国宾夕法尼亚大学物理学教授莫克利和他的研究生埃克特为计算弹道和射击表成功研制了ENIAC,这是第一台真正意义上的电子计算机,标志着计算工具的历史性变革,也意味着人类的计算能力已经足够强大到开启信息时代。

进入信息时代以后,人类的计算能力进入加速发展的快车道。最早期的大型机、小型机时代,是专用计算,称为计算1.0时代;到了X86时代,在因特尔的带领下,由于摩尔定律的驱动,计算由专用走向了通用,大量数据中心开始出现,也是当前计算产业所处的阶段,称为计算2.0时代;随着数字化程度的加速发展,世界逐步走向智能化,计算已经不仅局限于数据中心,也开始走向全栈全场景,称为计算3.0时代,而这个时代的主要特征就是"智能",所以也称为"智能计算"。

几千年来计算方式的发展过程，充分体现了计算本质的统一性和计算方式的多样性。随着科学技术的不断发展，计算方式的多样性还会有新的表现。1994年11月，美国计算机科学家L.阿德勒曼在《科学》上公布了DNA计算机的理论，将有望颠覆硅基计算模式。2020年12月4日，中国科学技术大学宣布潘建伟等人成功构建76个光子的量子计算原型机"九章"。"九章"量子计算机在处理"高斯玻色采样"问题时，速度是当时最快超级计算机的100万亿倍，这让人们对量子计算机的实际应用效果充满了期待。

二、计算思维

培根说："数学是科学的大门和钥匙……轻视数学将造成对一切知识的危害。"计算渗透了社会生活的各个方面，改变了人们的学习、工作和生活方式，而且关于计算的观念和方法，正在改变我们认识世界的视角，已经成为一种新的思潮。我们应该如何更好地从计算中汲取力量？工欲善其事，必先利其器，掌握计算思维是首要的。

(一)计算思维的内涵

抽象地看计算过程，即输入、符号变换、输出。无论是用手指，还是用计算机来实现这个过程，本质上没有区别。然而今天的计算机已经发展到在处理某些复杂问题时，人类已无法望其项背：在实现了每秒百万亿亿次浮点计算的基础上，它可以模拟核爆炸、全球大气运动，同时支持数百万人在线支付、在线社交和驾驶导航等。实现这些强大到匪夷所思程度的功能的过程所包含的逻辑、思路、方法就是计算思维。

【延伸阅读】
从图灵机到冯·诺依曼结构

从图灵机到冯·诺依曼结构，是计算机从抽象模型到物理现实的发展过程，这不仅是计算方式的革命，更是人类思维的一次伟大跃迁。2006年3月，美国卡内基梅隆大学原计算机系主任、时任美国国家科学基金会计算信息科学与工程学部负责人周以真教授正式提出"计算思维"的概念：计算思维是运用计算机科学的基本理念，进行问题求解、系统设计以及理解人类的行为。

周以真教授概括了计算思维的内涵，并且明确地指出计算思维是人的思维，不是计算机的思维。计算思维作为一种思维模式，虽然其实现是建立在计算机技术上的，但并不意味着计算思维全部是建立在计算机上的。计算方式的发展历史表明，在电子计算机发明之前，就已经有了计算思维。电子计算机的发明赋予了人类超强的计算能力，可以对传统方法无法解决的问题进行方便快捷的求解。但是在这个过程中，计算机扮演的是执行者的角色，它的行动是由一条条指令驱动完成的，是人计算了整个过程，计算机在问题求解过程中的思路和方法都是人思考所得的产物。

【延伸阅读】
人工智能会产生独立思维吗？

计算思维是一种普适思维，面向所有人、所有地方。它不止存在于计算机科学中，而是会融入生活的方方面面，帮助人们解决各个领域的问题。计算思维的发展和普及是必然的趋势，它符合经济和社会发展的要求。

(二)计算思维的外延

按照人们与世界的交互关系类型不同,可以把计算思维概念解析为三组相互关联的思维:过程化思维和对象化思维;抽象思维和可视化思维;工程思维和自动化思维。

1.过程化思维和对象化思维

过程化思维是一种以过程为中心的程序设计思想。首先分析出解决问题需要的步骤,然后使用函数一步一步地实现这些步骤,使用的时候依次调用。面向过程的方法可以解决所有的问题,但也存在着重用性差、可维护性差、开发过程复杂等缺点。

对象化思维是指当解决一个问题的时候,先把构成问题的事物抽象成对象的概念,弄清楚这个问题里面有哪些对象。弄清对象不是为了完成一个步骤,而是给对象赋予一些属性和方法,然后让每个对象去执行自己的方法,从而使问题得到解决。

【延伸阅读】
把大象装进
冰箱

把事物进行分类,是人类认识世界的一种方式。在市场营销过程中也存在大量的分类和聚类,市场细分就是这样一个抽象化目标人群的方式。在对选定目标市场的认识过程中,往往把目标市场看成一个“黑箱”,我们只关注目标市场对特定营销信息的刺激—反应性,对其他方面并不关心。黑箱理论在计算思维中被称为封装。通过封装,我们在解决问题的时候,把关注问题的颗粒度维持在合适的程度,从而提高效率。市场细分就充分体现了“封装”的思想。

过程化思维在管理活动中有大量的体现。一切结果皆过程,关注过程可以把事情做得又好又快。过程的每一次重复被称为迭代。不仅在程序开发中,在市场营销活动中,迭代也是产品创新、传播问题解决的一种重要思路。在管理思想中,从并不是“最优”的地方开始,是一个不坏的选择,在很多时候还是解决问题唯一有效的途径。

2.抽象思维和可视化思维

抽象思维是计算思维的基本类型,指离开具体形象思维,运用概念、判断和推理等形式来反映客观事物的本质特征和内在联系的思维。可以把抽象思维比喻为事物进行“减法”和“除法”。“减法”就是忽略次要矛盾,突出主要矛盾——提取出事物中本质的、稳定的特征。“除法”就是把具有相同属性的事物划归为同一类,通过局部分析整体,得到普遍的、一般的规律。例如,数学中“点”的概念是一个0维的对象,在空间中只有位置,没有图形,也就是没有长度、宽度和厚度。然而在实际应用中,一辆车可能是导航地图中的一个“点”,甚至在旅行者一号拍摄的照片中,地球也只是一个“点”。这就是抽象思维的体现。

抽象的基础是分析、比较、综合。通过抽象,我们去芜存菁、去伪存真、由此及彼、由表及里地加工制作,寻找一般规律,发现一般模式,进行预测和解释现象。通过抽象,我们简化事物来建立模型,描述规律和说明事物的本质。例如,通过总结消费行为形成的AARRR模型揭示消费者接收到信息后的一般反应和决策规律。

与抽象思维对应,可视化也是一种理解和表达世界的方式。人类在文字出现之前,就已经通过在岩石上留下图画来记录自己的生活和精神空间,用以传承文明,这些可视化的图像几乎是我们了解远古文明的唯一方式。我们可以“读”到的历史或许不那么长,但我们可以

"看"到的文明却远远超出我们的想象。

思维的发展并不只是答案的积累，思维的方法和过程往往更加重要。通常，人们思维的过程是看不见、摸不着的，这要求我们要把"看不见的"思维过程和方法清晰地呈现出来。1967年，哈佛大学提出可视化思维研究。随后这种思维工具在全世界流行开来。如托尼·伯赞的思维导图、诺瓦克的概念图、爱德华·德·波诺博士的"六顶思考帽"、大卫·海勒的思维图、石川馨的因果图等。这些思维工具的横空出世，让我们拥有了多样化的方式去表达、沟通和相互理解。

可视化思维对新媒体营销传播具有很强的实际意义。需要说明的是，把可视化思维局限在直播和短视频是不够的，需要把它广泛融合在各种可视化传播技术和方法中。随着互联网时代传播方式不断创新与升级，对传播内容进行"可视化"表达的H5、海报、短视频、直播等已经成为主流。虚拟现实技术正在成为新的营销传播热点方式，元宇宙正在构建虚拟世界与现实世界交互的全新数字生活空间。

3.工程思维和自动化思维

计算机科学源自计算思维，计算机应用的实现却离不开工程思维，因为人们在实现复杂的计算应用时，需要考虑各种现实条件约束（资源、技术水平等），并且实现与实际世界的互动，而不能只是数学性地思考。例如，牛顿创立了经典力学，三百年后第一颗人造卫星才飞上天；图灵机出现十年之后，人类才造出第一台真正意义上的电子计算机。工程思维是从科学规律向生产力转化的桥梁，是从解决方案到实际应用的路径。所以科学的核心是发现，工程的核心是实现。

工程思维是尊重"资源有限、条件不足"的约束，实现"满意"的目标。因此，水桶原理的工程意义要大于其科学意义，"巧妇难为无米之炊"也可以理解为一种工程思维的体现。工程思维的基本特征是，在没有结构的情况下"预见"结构的能力、熟练地在约束条件下完成设计、经过评估后对解决方案和备选方案进行决断。例如，中国天宫空间站组合体采用"T"字构型，是充分考虑了在轨运行稳定性、发电效率、对接能力等多种因素的总体设计，充分体现了中国空间站建设"在规模适度条件下追求高效率"的目标，具有极高的资源利用效率和较强的可靠性。工程思维要求既要实现目标，又要保证可靠；既要尊重现实约束，又要有计划性。在工程思维的指引下，涌现了很多管理方法，如精益管理、敏捷管理、柔性生产模式等，推动了生产力不断提升。

抽象和自动化是计算思维的基本特点。其中，自动化反映了计算的根本问题，即什么能被有效地自动进行。在计算机实现的自动计算中，包含与、或、非三种基本逻辑运算，计算机的全部功能都建立在自动执行这三种计算的基础之上。人们把电信号的高电平抽象为1、低电平抽象为0，这样就可以表征逻辑运算中的1和0。把二极管和三极管封装成集成电路（芯片），形成基本的逻辑电路，就可以实现基本的逻辑运算，这就是计算机自动计算的基本原理。用自动化思维进行问题求解，体现为以下关键路径。

（1）把实际问题抽象为数学问题并建模，把我们对问题的理解用数学语言描述出来。

（2）进行映射，用符号——对应数学模型中的变量和规则等。

（3）通过编程，把解决问题的逻辑分析过程写成算法。把解题思路变成计算机指令，也就是算法。

（4）执行算法，进行求解。计算机根据算法，一步步完成相应指令，求出结果。

在上述关键过程中，前三步都是人工完成的，只有第四步由计算机自动完成。这样，让机器去做计算的工作，从而把人们从海量计算工作中解放出来。

借助工程思维，可以针对工程类问题设计出某种符合实际的解决方案，而自动化思维则是探寻自动执行这一方案的思维过程。计算思维中的工程思维离不开自动化思维的支持；自动化思维本质上是利用计算设备自动化求解问题的思维。

当我们理解了计算的本质后，借助于计算思维，我们发现许多原本看似不可计算的事物都变得可以计算了，原本看似与计算无关的问题其实也是计算问题，也就更加深刻地理解了计算和计算思维的普适性。当今世界正处在数字化与智能化的交汇点上，物联网、元宇宙、人工智能等领域越来越多地使用计算的方法来实现应用创新。只有掌握了计算思维，才能更好地破译和掌握市场运行和市场营销的规律。

第二节　计算与生活

"计算不再只和计算机有关，它决定我们的生存"

——尼葛洛庞帝《数字化生存》

尼葛洛庞帝在1996年出版的《数字化生存》中宣称，信息技术革命将把受制于键盘和显示器的计算机解放出来，使电脑成为能够与我们交谈、共同旅行、抚摸甚至穿戴的对象。《数字化生存》揭示了网络文化带来的一种生活方式，人们每时每刻都与计算机为伍。它是人类进入智能时代的经典生活指南，书中描绘的计算无处不在的数字生活画面在今天已经变成了现实。

在书中，尼葛洛庞帝提出了一个问题："多年来，我每天至少在电脑面前度过3个小时，但有的时候，我仍然发现自己饱受折磨。搞懂电脑就和搞懂银行结算单差不多同样困难。为什么电脑（以及银行结算单）非得毫无必要地弄得这么复杂呢？为什么'数字化生存'竟是如此辛苦呢？"一个根本的问题摆在了我们面前：是我们去适应机器计算，还是让计算融入生活？

一、普适思想规则

只有适应人类社会和满足人们生活要求的事物，才有可能获得普及的机会，从而实现大规模应用。"适者生存"是达尔文自然选择进化论的核心思想，这一思想也适用于任何个体、任何群体、任何系统。按照唯物辩证法，一切物质都是在不断运动和变化的，事物与事物之间都是相互联系、相互渗透、相互影响的。在事物发展过程中，矛盾是事物发展的动力，从量变到质变是事物发展的途径，"扬弃"是事物发展的方式。因此，普遍适应是所有事物发展的内在要求和动力,这就是普适思想。

我们所生活的世界,是一个充满了多样性的思想、信念和模式的世界。有一双无形的手,操控着整个世界的运转。它不是"神"的手,而是普适规则。普适规则是指人类集体的规则、观念和习俗。

谁创造了世界的各种规则?历史学家尤瓦尔·赫拉利在《人类简史》中提出了一个观点:一开始地球上可能同时存在过6种不同的人类,但是时光流逝,所有其他人种都逐渐灭绝,剩下智人成了我们的史前祖先。智人之所以能最后胜出,在于他们借助于语言的力量,传递复杂信息,使知识和经验得以沟通和传承,形成了文化、观念、规则和习俗等普适规则。因为建立了普适规则,人类在改造自己和改造世界方面越来越有觉察力,能未雨绸缪,解决各种问题。

社会生活中,到处都充满着普适规则。人们在各个领域中制定标准就是普适规则的具体应用。在工业领域,国家制定了各种工业标准。例如,我国工业用电的电压标准是380伏,民用电压标准是220伏。其他普适规则还有交通规则、食品卫生标准等。"没有规矩,不成方圆"。离开普适规则,我们的生产、生活都会因失序而陷入混乱。

普适思想是系统观的体现。系统论的核心思想是系统的整体观念。"整体大于部分之和"说明了系统的整体性,系统构成要素之间相互关联,形成了一个不可分割的整体。但系统不是各个要素的简单相加,每个要素在系统中都处于一定的位置,起着特定的作用,从而使系统呈现出各要素在孤立状态下所不具备的性质。也就是说,要素离开了系统,就会失去作用。换句话说,每个要素在系统中具有普适性,否则它就失去了在系统中存在的意义。

数学的普适性体现在它是对现实世界的思考、描述、刻画、解释、理解和应用,其目的是发现现实世界中蕴藏的数与行的规律,为社会进步和人类发展服务。到现在,数学已和科学技术、人文科学、经济发展等有着密切的联系。

二、普适计算产生

计算源于生活,又运用于生活,它具有普适性。我们身边的大千世界蕴含着大量的计算问题,而计算科学在现实世界中也有着广泛的运用。在应用中,通过抽象和简化,人们使用计算方法近似地刻画着现实世界,从而更深刻地认识和改造世界。

"最具深远意义的技术是那些消失在我们视野里的技术。它们将自己融入人们的日常生活中以致不易被察觉,……适合这类环境而不是迫使人类进入其中的机器,将会使人们在使用一台计算机时就像漫步在丛林里一般轻松惬意。"

——马克·维瑟《21世纪的计算机》

这是马克·维瑟1991年在《科学美国人》上发表的文章《21世纪的计算机》中提出的对未来计算的设想:普适计算的概念。他提出,我们尝试着去孕育一种全新的思考计算机的方式,这种方式让计算机融入人们的日常生活环境中,同时允许计算机本身消失在周遭的环境中。

实质上,只有当我们能够不用思考、挥洒自如地运用一件事物,能够把注意力集中在要完成的任务上时,这个事物才会以我们感知不到的方式消失。这被称为"林中漫步"理念。

"林中漫步"理念源于1987年施乐公司研究中心的一个研究项目:墙面计算机系统。这个系统既可以当作传统白板使用,又具有联网计算机的功能。这种"计算机墙面"引发了一种与个人计算机(PC)模式不同的思想:把计算机充分融合到环境中。专家们注意到,人们使用计算机时,较少考虑存储、像素等特性,更多的是考虑如何完成特定任务。这就要求计算机更好地嵌入人们的日常生活中。

在这种背景下,1988年初,以马克·维瑟为首的PARC计算机科学实验室开始了普适计算的研究(UC计划)。他们试图解决个人计算机(PC)存在的一些突出问题:过于复杂而难以使用、过于要求人的注意力、过分隔绝于他人和现实活动、过分的支配作用使我们的桌面和生活犹如殖民地。他们希望把计算机放回到它应有的位置:重新定位于环境背景中,集中于人与人的交互,而不是人与机器的交互。

UC计划建立了"万物互联"的初步构想:由各种传感器、执行器、显示器和计算元件充分地、不可见地相互编织起来构建物理世界,这些设备无缝嵌入我们日常生活的事物中,并且通过一个连续的网络相连接。这一构想意味着计算融入人们的生活,帮助人们轻松完成日常各种各样的工作。换言之,普适计算使计算机从人们的视线中消失,但是又能够以最自然的方式为人们提供服务。人们不用为了使用计算机而去寻找一台计算机。无论身在何时何地,都可以根据需要获得计算能力。

为此,马克·维瑟有一个著名论述:"最深奥的技术是那些消失了的技术,这些技术将它们自身交织于日常生活中,直至不可区分。"这就是普适计算的核心思想:"无处不在、无时不在而又不可见"。

普适计算的提出,是毕达哥拉斯"万物皆数"思想在现代科学中的继承和发扬。普适计算泛化了计算的概念,把它延伸到了计算科学以外的心理学、行为学、生物学、生命科学等不同的领域。以此为发端,以"认知的本质是计算""万物皆算法""自然是一个计算过程""宇宙是计算机"为代表的当代计算主义思潮正在兴起。沃尔弗拉姆在《一类新科学》中宣称:"我相信,'一切皆为计算'将成为科学中一个富有成效的新方向的基础。"计算主义世界观在人工智能等新兴科技领域中起着越来越重要的作用。如果沿着"一切皆计算"的思路深层次地思考,普适计算能够驱动的价值还远远没有发掘出来,它具有强大的生命力和广阔的前景。

三、普适计算概念

普适计算是信息空间与物理空间的融合,在这个融合的空间中,人们可以随时随地透明地获得数字化的服务,物理计算设备将从人们的视野中消失。

这个概念揭示了普适计算的本质属性体现在"随时随地"和"透明"两个方面。"随时随地"是与桌面计算相对而言的,普适计算像空气一样无处不在,人们可以在任何场所获得服务。"透明"更体现了普适计算的本质要求,它提供了具有通信能力和计算能力的环境,人们在这个环境中,以自然的方式使用普适计算提供的服务,甚至不会注意到它的存在,这就是自然交互。因此，普适计算也被称为泛在计算、普存计算、普及计算以及遍及式计算，重点强调人们能够在任何时间、任何地点，以任何方式进行信息的获取与处理。

马克·维瑟远见性地提出了普适计算，但当时并不具备相关的通信技术和硬件技术基础。他充分关注了人的体验和感受，注意到了桌面计算在给人们带来极大方便的同时仍然存在束缚和限制，进而提出"最具深远意义的技术是那些消失在我们视野里的技术"。因此，普适计算是深度嵌入的计算，连接世界中一切具有计算能力的事物，进而深刻地改变了人与人、人与物的关系。

技术的演化并不总是连续线性增长的，技术变迁过程中许多重大波动都从根本上改变了技术在人们生活中的位置。这种波动的实质不是技术本身，而是技术与人的关系。普适计算虽然是一个技术的概念，但它最核心的属性并不是技术本身所规定的，而是它与人的关系的体现，包含以下几点。

人本性。舒适、自然是人对技术的根本要求。亚里士多德就曾经幻想，"每一件工具都能按照命令，或者，甚至按照自己的预想去完成它所担负的工作，比如织布的梭子会自己穿梭"。普适计算对人的感受和满意度的关注度远远超过了主机计算和桌面计算，把人从专业要求和系统知识中解放出来，正是普适计算应用的生命力所在。

普遍性。又称"泛在性"。"无处不在、无时不在"的规定性要求普适计算普遍存在，与人们的生活场景融为一体。人们的生活丰富多彩、千变万化，相应的计算能力也必须普遍适应而且广泛普及。

透明性。这一特点的典型标签是"不可见性"和"消失"。普适计算作为一种革命性的计算方式，是一种工具，并不进入人的意识，人只需要专注于任务而非工具。例如，眼镜是一个典型的"好"工具，人们通过它看世界而不是看眼镜。

【延伸阅读】平静技术如何分配我们的注意力

自适应性。向用户提供满意的服务，需要建立对应用环境的态势感知，自主判断用户需求，并进行自适应服务管理。例如，智能音箱在感应到用户进入睡眠状态时，自动降低音量和亮度。

间断连接。用户需要与企业和应用服务器交换数据，因此保持联系至关重要。但是在中断联系的情况下，普适计算设备也要能处理这些信息。例如，车载导航系统需要连接到全球定位系统，以获取实时位置以及其他信息，包括天气、路况、加油站、停车场、饭店地址等。同时，当人们驾驶汽车进入隧道，车载导航系统失去与卫星导航连接，甚至失去通信信号时，导航服务却不能中断。

轻量计算。即计算资源相对有限。在普适计算环境下，如何在体积有限的情况下实现更多的功能，把功耗降到最低以保证续航时间，是产品设计中经常遇到的难题。

从以上特点可以看出，普适计算并非纯粹的技术概念，更多体现了从用户出发对计算技术的要求的集合。与桌面计算相比，普适计算可以使用任何设备、在任何地理位置以任何格式进行。当用户进行人机交互的时候，该计算机可以以各种形式存在，包括冰箱、平板电脑和终端机，甚至是一副眼镜。支持普适计算的基础技术包括互联网、高级中间件、操作系统、传感器、微处理器、新I/O和用户界面、网络、移动协议以及新资料。

今天的普适计算涵盖的范围越来越广,是融合了新一代移动通信技术、大数据、云计算、人工智能、物联网、区块链、虚拟现实等多方面技术发展的最新成果。在以人为本的要求下,未来普适计算的外延还将不断扩展,不断地推动新技术的涌现,而且不断融合新技术结晶来服务于人类生活质量的提高。

四、普适计算系统

普适意味着系统架构必须适应任务环境。普适计算任务环境的独特性体现在:它是一个传感器密集、异构资源众多、服务大量存在的智能空间,传感器和执行器嵌入在环境中的各个角落;用户、资源、环境是动态变化的,用户的需求多种多样,交互方式繁杂多变;"决策机构"根据用户的多样化任务需求进行问题的求解,最小化用户干预,为用户提供各种透明的、不可见的服务。

这些特点决定了普适计算系统是一个开放的复杂系统。这个系统需要与环境进行大量的信息交换,所以是开放的;而且系统整体提供的普适计算功能是各个子系统和要素所不具有的,所以具有涌现性。然而,普适计算系统所要求实现的应用却必须是透明而且不可见的,这就对系统架构提出了新的挑战。

(一)系统结构的一般规定性

普适计算系统的最初雏形是图灵机。图灵机是一个思想模型,证明了任意复杂的计算都能通过一个个简单的操作完成,从而从理论上证明了无限复杂计算的可能性。它给出了一个可实现的通用计算模型,还包含了存储器、程序、控制器等概念的原型,为现代计算机奠定了基础。

冯·诺依曼在图灵机的基础上建立了计算系统结构的一般规定性:二进制;系统分为输入、处理、输出三个大的过程;程序控制原理。将程序编码为数据,然后与数据一起存放在存储器中,计算机调用存储器中的程序来处理数据。无论是什么程序,都转换为数据的形式存储在存储器中,执行相应的程序时,只需要从存储器中依次取出指令、执行。冯·诺依曼计算机系统如图8.1所示。

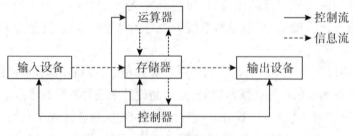

图8.1　冯·诺依曼计算机系统

冯·诺依曼结构消除了机械式计算机体系中只能依靠硬件控制程序的状况,把程序编码存储在存储器中,实现了可编程的计算机功能,实现了硬件设计和程序设计的分离,减少了系统中硬件的连接,从而大大促进了计算机的发展。从根本上讲,从图灵机到冯·诺依曼结构,不仅规定了计算机的基本结构形式,而且也构建了大型复杂计算系统平台层次结构的基本思想。

(二)系统层次结构

计算技术发展的历史,是一部与复杂性做斗争的历史。冯·诺依曼结构实现软件与硬件分离,是降低系统复杂性的一次重要创新。在电子计算机发明以后的计算技术发展中,为降低系统复杂性,人们又发明了分布式计算、并行计算等。以软件为例,从机器码到汇编,再到高级语言描述计算,直至建立结构化编程、面向对象等各种方案,并且引入工程化思维,发展软件工程,也是为了降低计算系统的复杂性。

构建复杂系统的生产力,必须在降低复杂性的同时保证复杂系统的性能与可靠性,解决思路主要源自计算思维:递归、抽象、自动化等,这也是所有计算系统架构的底层思维。面对复杂系统,人们通常用控制论的方法来解决应用的核心问题,如协同、反馈等,至少需要三个功能:感知、决策和执行。同时把不同业务和任务模块化,通过模块间的分工、协作保证效率,是人们所采用的普遍方案。

人类对一切复杂问题的处理思想都是分而治之,这也是计算思维的集中体现。人们在解决一个复杂问题时,通常使用的方法就是分解,把复杂的问题分解成为若干个简单问题。在分解完成后,一个大的系统已经拆分为了众多小模块。一个小模块的实现过程本身又分为了多个步骤、阶段。这些零散的节点必须向上汇集和归纳,形成一个完整的整体架构。这个过程体现了分层的思想。一般来讲,分层中,每个层次负责不同的功能;下层为上层提供服务,上层不需要知道下层的具体实现细节,只需使用下层提供的服务;层与层之间的联系被称为"接口",所有的层整合起来构成完整的系统。

稍加留意,就可以发现很多分层的例子。例如,OSI(Open System Interconnect,开放式系统互连)网络模型把整个网络分了七层,自下而上分别是物理层、数据链路层、网络层、传输层、会话层、表示层和应用层;网络传输TCP/IP(Transmission Control Protocol/Internet Protocol,传输控制协议/因特网互联协议)协议把网络简化成了四层,即链路层、网络层、传输层和应用层,网络层负责端到端的寻址和建立连接,传输层负责端到端的数据传输等,同时相邻两层还会有数据的交互等。

因此,分层思想的本质是把复杂问题简单化,按照单一职责原则,每一层各司其职,不同的层次专注做不同的事情。同时,不同层次之间又互相联系和互相帮助,从而使整体系统实现以下目标。

(1)高内聚,可以简化系统设计,让不同层次专注做某一模块的事。

(2)低耦合,层与层之间通过接口或API来交互,上层使用了下层提供的服务,下层对于上层一无所知。每一层都对自己的上层隐藏细节。这样很容易用新的实现方式来替换原有层次的实现方式。只要前后提供的服务(接口)相同,就可以替换。在营销过程中,业务功能需求发生变化,就可以很方便地替换现有的层次,以满足新的需求变化。

(3)高复用,分层之后可以做到代码或功能的复用。

(4)高扩展,可以让系统更容易横向扩展。

分层体系为我们管理庞大的计算系统提供了强有力的武器。现代所有大型系统架构都采用了分层的思想。普适计算系统中,运用系统工程思维把体系中必要的功能模块梳理出来,并进行分层,统一标准、模块化分工,可以得到一个可供参考的普适计算体系架构模型。普适计算体系架构参考模型如图8.2所示。

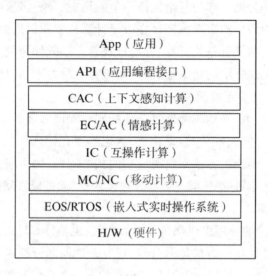

图8.2 普适计算体系架构参考模型

1. 物理层和操作系统层 H/W(Hardware);EOS/RTOS(Embedded Real Time Operating System)

物理层是整个系统的硬件基础,主要包括微处理器、输入/输出、通信、传感等设施设备。物理层提供基本的可计算资源,是操作系统和上层软件赖以工作的基础。

操作系统层是最靠近硬件的软件层,包括嵌入式实时操作系统。它对计算机硬件作首次扩充和改造,主要完成计算资源的调度和分配,信息的存取和保护,并发活动的协调和控制等许多工作,使之在规定的时间约束下完成。

2. 移动计算层 MC/NC(Mobile/Nomadic Computing)

移动计算层是使人们能在任何时间、任何地点,能不间断地从网络中获取所期望的服务的技术总称。它是对嵌入式实时操作系统的首次扩充,主要解决计算的不间断无线移动问题。在移动计算中,最大的问题就是如何面对无线移动环境带来的不确定性。在无线移动环境中,信号要受到各种各样的干扰和衰落影响,这使所有的应用都建立在一个不可靠或者说是一个可能中断的网络连接上。因此,要实现移动计算服务,需要系统性地考虑对移动性的支持。

3. 互操作计算层 IC(Interoperable Computing)

互操作计算层是系统各个部分之间的交谈和对话,它解决系统不同功能模块之间的交换和共享数据、协调工作,从而实现任务目标。互操作一般而言是一种交互行为,一方提供服务而另一方接受服务,其中包含两个功能模块之间的信息交流过程。为了实现互操作计算,需要建立大量的标准规范,不仅包括数据结构、格式、语法、通信协议等静态的标准规范,还需要更多的服务过程、组合、注册、发现等方面的体系规范。

4.情感计算层　EC/AC(Emotion/Affective Computing)

情感计算与智能交互就是要赋予计算机类似于人一样的观察、理解和生成各种情感特征的能力，最终达到像人一样能进行自然、亲切的智能交互。

人类之间的沟通和交流是自然且富有感情的。在开发一个系统时，如果能够对人类的情感进行检测、分类、判断和回应，就能够使系统的用户获得高效而且亲切的感觉。传统的人机交互，主要通过键盘、鼠标、屏幕等方式进行，只追求便利和准确，无法理解和适应人的情绪或心境。没有情感计算能力，人机交互很难做到自然、亲切和生动。

情感计算就是通过传感器获取由人的情感所引起的生理及行为特征信号，建立"情感模型"，使系统具备感知、识别和理解人类情感的能力，并能针对用户的情感做出智能、灵敏、友好反应的计算系统，从而实现自然和谐的人机交互。

5.上下文感知计算层　CAC(Context-Aware Computing)

实现自然和谐的人机交互，还需要设备能进行情境感知，并能根据具体情境作出判断，形成决策，自动地提供相应服务。

上下文感知计算是指识别用户所处的情境，自动为用户提供适合当前情景(包括任务、位置、时间、用户的身份等)的服务。上下文感知计算通过对现实世界进行抽象后建立各种情境模型，并且与现实情境进行融合，然后进行决策。

6.API与应用层　API(Application Programming Interface)；App(Application)

经过对系统功能的封装，可以通过应用程序编程接口方式对外提供信息和服务。例如，用户在电商平台上下单付款之后，商家选用快递公司发货，用户可以在电商平台上实时查看当前的物流信息。这是因为电商平台利用快递公司提供的API，调取了实时物流信息并呈现出来。

系统也可以利用App，通过智能终端向用户提供普适计算服务，如智能家居控制、健康管理等。

这个参考模型定义了普适计算开放系统的层次结构、层次之间的相互关系以及各层次所包括的可能的任务，作为一个框架来协调和组织各层所提供的服务。它不是一个可以实现具体普适计算用的解决方案，而是描述了一些概念，用来协调进程间通信标准的制定，而且包含可选部分。因此它是一个在具体普适计算应用设计时可以参考的概念性框架。

针对普适计算模式的特性，还有其他的层次模型。例如，美国国家标准与技术研究院普适计算由下而上分为5层，分别为：环境层、物理层、资源层、抽象层及意图层。德国学者根据普适计算理念实现的程度及层次的不同，将其分为3个层次：基件级、集成级和普适世界级。澳大利亚分布系统技术中心的研究人员把普适计算归纳为4个元素：设备、用户、软件组件及用户接口。我国科学家以用户为中心构建了"智能影子"模型，通过用户建模和服务建模，把普适计算环境抽象成一个"智能影子"模型，把普适环境映射成一个以用户为中心的高度动态的移动虚拟个人空间，也称"智能影子"，与物理世界的影子一样跟随用户，如影相随。这个模型逻辑上简单、自然,可以灵活处理普适计算空间的动态变化。

(三)系统结构平台

普适性是对环境、对计算的要求。互联网时代对普适计算的要求更加苛刻。来自用户的需求压力:个性化程度高,容易发生变化,时效性要求高,要求业务经常进行调整和优化。来自竞争的压力:进入壁垒低,市场机会稍纵即逝,因此有新的业务机会要尽快上线。

上述特点对计算系统带来了严峻的挑战:在短时间内匆忙上线功能,没有进行系统性、全局的考虑,导致新的业务逻辑在原有系统逻辑上不断形成"补丁","补丁"的不断增加使整体的效率及稳定性降低。最终,系统不堪重负,不得不采用系统重构的方法来解决问题。

当系统承载的业务数量、用户数量达到一定规模时,业务逻辑复杂,重构成本非常高,因此要尽量减少重构系统的次数。在不得不重构系统的情况下,怎么重构系统,才能在开发效率要求越来越高的情况下,实现可持续发展,尽量减少系统重构次数呢?

这就要求平台化。平台化是一种底层功能的架构转变:从业务耦合到业务分治;从多头管理到归口管理;从刚性支撑到柔性支撑;从能力自用到能力分发。

1.从业务耦合到业务分治

在发展初期,业务处于摸索阶段、业务边界模糊不清,不同的业务流程交叉在一起,出现耦合的情况实属正常。但随着业务发展,流程越来越复杂,不同业务流程"咬死"在一起,若不及时解耦,耦合就会越来越紧,系统维护成本越来越大,最终影响到双方各自的发展。平台化目标之一就是实现业务分治,划清不同业务,依赖业务之间保持较松的、健康的耦合关系。

2.从多头管理到归口管理

多头管理是一个下级同时接受多个上级领导的现象。在实际业务场景中,表现为一块业务由多个团队进行维护。这种情况弊大于利。而归口管理则是按业务范畴进行分工管理,不同团队、不同系统、不同模块各司其职、边界分明。平台化目标之二是实现业务归属从多头管理到归口管理的转变,简化彼此连接关系,业务边界分明,接口清晰,统一维护业务。

3.从刚性支撑到柔性支撑

在业务初期,业务不确定性小,刚性支撑能快速满足业务方的需求。随着业务发展,小批量、多批次、时效要求高的需求场景越来越多,刚性支撑无法适应。平台化目标之三就是要抽象出更加精确的业务模型,通过微服务、容器化等多种方式提升快速满足业务方需求的能力,需求完成得越迅速,成本越低,支撑柔性越高。

4.从能力自用到能力分发

平台化目标之四是通过封装类似SDK/API形式进行接口交互,进行能力分发,合作方根据需要进行调用,实现生态化发展。

五、普适计算发展

由于人类对生产效率、生活质量的不懈追求,总是希望能随时随地、无障碍地使用计算能力和信息服务,形成驱动计算技术进步的根本动力。由于计算技术在各种科学中的基础性作用,计算技术发展中有一个趋势越来越显著,那就是不断加速。尤其是在互联网大规模普及带来的数字化汹涌浪潮中,这个趋势表现得越来越明显。互联网三定律——摩尔定律、吉尔德定律和迈特卡夫定律揭示了这种趋势的技术规定性和社会规定性。普适计算也是如此,技术和市场之间的正反馈仍然在持续不断加强的过程中。这意味着,普适计算正在创造和带来更加美好的生活。

(一)普适计算时代

上一节我们在讨论计算方式时,按照时间顺序讨论了计算技术的演变历史。普适计算的概念更多地包含技术与人的关系。从这个角度审视电子计算机出现以来的70多年的计算发展过程,可以发现,随着每一次计算模式的重大改变,计算与人的关系都会发生重大变化。第一节中我们讨论了当代计算方式的演变,按照计算与人的关系变化,还可以作如下划分。

1.第一次浪潮:主机计算时代

计算机是稀有资源。计算机一般放在密闭房间里,由专家操作,其他大量用户共享一台计算机。计算与普通人之间是间接关系。

2.第二次浪潮:PC计算时代

计算与人是一种个人关系。计算机以私有财产方式出现在人们生活中,帮助人们解决问题:办公、看电影、打游戏等。

PC时代,互联网尤其是移动互联网的快速发展,比前一种关系更加深刻地改变了人类社会的面貌,数十亿用户被连接在一起,同时主机和PC也成为网络中的重要节点,涌现了全新的人与人关系——社交网络横空出世;出现了全新的商业模式,平台生态成为主流战略,无情地摧毁了传统价值链的护城河,线上生活全面冲击线下商业。

3.第三次浪潮:普适计算时代

普适计算是其他计算模式的集成和延伸,同时,它又带来了计算与人之间关系的深刻变化:嵌入关系。从概念提出到今天,普适计算已经在全球范围内形成了共识,并且技术发展和商业实践已经在这一方向不断前进了。随着新一代移动通信服务、大数据、云计算、物联网、人工智能、区块链、虚拟现实等技术发展,普适计算在硬件和接入层次、网络通信层次、系统软件层次和人机交互层次上,许多关键技术已经成熟。通信能力和计算能力快速发展的同时价格变得越来越便宜,各种设备的体积也越来越小,各种形态的传感器、计算/联网设备蓬勃发展,正在把社会变成"林中漫步"式的现实。

当今的时代,万物互联的序幕已经拉开,计算设备被嵌入鞋子、手表、床、电灯开关、门、冰箱、微波炉、汽车等事物中。无论是在人们衣食住行的基本生活方面、还是在学习、工作中,与不远的过去相比,已经发生了巨大的变化:智能手机集中代替了钥匙、钱包、身份证以及各种凭证卡;移动支付已经全面代替了纸币支付;智能电动汽车正在取代传统燃油汽车;随时随地处理工作事务,极大提升了工作效率……普适计算是如此普遍,以至于没有人能够回避它。虽然还不能完全"归于平静",但人们已经可以感知到计算的无处不在——人类已经进入普适计算时代。

(二)主要挑战

计算机仍然不能从人们的生活中"消失",各种计算设备在为人们提供服务的过程中的普适性还需要进一步完善。例如,老年人的数字化障碍、不同语言/方言的适配门槛;不同标准制式形成的"信息孤岛"、智能化程度与用户期望的差距、专业性和技术性带来的认知门槛等。普适计算仍然有很多具有挑战性的问题待解决。

1."消失"计算要求低功耗和嵌入式技术

微型化和嵌入化是实现"消失"计算的主要手段。而微型和嵌入设备,其能量储备是有限的,对能耗问题相当敏感,除了借助物理、化学、生物技术在材料上的成果以外,如何用系统的观念来进行设备的设计和制造? 计算机技术中的休眠与唤醒是一种尝试,更好的软硬件联合设计技术可以降低功耗,但这种降低总是有限度的。一般情况下,设备的生命周期远大于设备所储备能量的支撑时间。储能、节能、借能、供能等多角度解决能量消耗的方案尚待开发和优化。

2.场景计算需要合适的场景模型

基于场景推理来实现个性化服务是普适计算追求的目标之一。但场景具有实时性、多样性、隐蔽性、时效性、模糊性,这些因素影响和制约着场景推理技术的发展。人工智能经过几十年的发展,仍然未能很好地解决推理问题。在普适计算环境下,追求建立一种统一格式来表示场景模型也许是不现实的,也无法表达出多种多样的场景。如何优化机器设备的学习能力和推理能力,需要新的思维来指导算法开发。

3.自主协同计算需要准确理解环境

在普适计算环境中,人、普适设备、软件系统等实体构成了一个协作共同体,需要建立多层面的自然交互和自主协同,包括普适设备之间、软件系统之间、人与普适设备之间、人与软件之间,才能达到"消失"的效果。目前自然交互技术成熟度比较高(如语音识别),而自主协同计算要求更高,要求设备既具有"动口"能力,还要有"动手"能力。设备必须能够准确理解环境,包括信息本身的含义及其逻辑上的准确性,并且掌握实体有什么能力(功能)、能力的大小和效能,这就要为它们建立合适的语义描述方法和协调这些能力的机制。目前最先进的成果体现之一是大规模蜂群自组织协同飞行,但距离实际使用还有不小的距离。

4.系统健壮性需要创新的计算模型

图灵计算理论模型指引计算机发展,带来了该领域的辉煌和全球技术进步。但对于分布式计算和并发性问题,图灵模型的刻画能力存在不足。而分布式和并发性问题,正是普适计算系统的重要特征。新的计算理论模型,是普适计算发展最具挑战性的工作。

(三)关键技术

普适计算是一个广泛的概念,它是多种计算技术融合发展的结果。根据普适计算的特点,它涉及的关键技术点包括通信技术、嵌入式系统、数据库、情境感知、自适应技术、交互技术与用户接口、网络信息安全与隐私等多个方面。

1.通信技术

移动通信延续着每十年更新一代技术的发展规律，已历经从1G到5G的发展。每一次代际跃迁，每一次技术进步，都极大地促进了产业升级和经济社会发展。国际电信联盟定义了5G的三大类应用场景，即增强移动宽带(eMBB)、超高可靠低时延通信(uRLLC)和海量机器类通信(mMTC)。5G作为一种新型移动通信网络，不仅要解决人与人的通信问题，为用户提供增强现实、虚拟现实、超高清(3D)视频等更加身临其境的极致业务体验，更要解决人与物、物与物的通信问题，满足移动医疗、车联网、智能家居、工业控制、环境监测等物联网应用需求。最终，5G将渗透到经济社会的各行业、各领域，成为普适计算的关键基础设施。

短距离无线通信技术包括：Wi-Fi、蓝牙、NFC以及ZigBee。通常情况下，通信收发两方利用无线电波传输信息，且能够在几十米范围内传输，都可以称为短距离通信技术。短距离通信技术具备多种共性，即对等性、成本低以及功耗低等，是普适连接的重要补充。

2.嵌入式系统

嵌入式系统是普适计算发展的前提。嵌入式系统由硬件和软件组成，是能够独立进行运作的器件。它的软件内容只包括软件运行环境及其操作系统。硬件内容包括信号处理器、存储器、通信模块等多方面内容。它是以特定应用为中心的专用计算机，根据需求的不同，可以灵活裁剪软硬件，组建符合要求的最终系统。

嵌入式系统一般专用性强、体积小、功耗低、可接入网络，而且能够方便灵活地"嵌入"目标系统中，是普适计算突破发展的关键。嵌入式系统的应用十分广泛，涉及工业生产、日常生活、工业控制、航空航天等多个领域。随着芯片技术和软件技术的发展，嵌入式系统在传统的非信息类设备(如消防器材)中也显现出越来越显著的作用。

3.数据库

数据库技术研究如何安全高效地管理大量、持久、共享的数据。随着信息管理内容的不断扩展和新技术的层出不穷，数据库技术面临着前所未有的挑战。面对新的数据形式，人们提出了丰富多样的数据模型(层次模型、网状模型、关系模型、面向对象模型、半结构化模型等)，同时也提出了众多新的数据库技术(如XML数据管理、数据流管理、Web数据集成、数据挖掘)。

普适计算发展的结果是数据量指数级增长，数据存储结构也越来越灵活多样，日益变革的新兴计算需求催生数据库及应用系统的存在形式愈发丰富，这些变化对数据库的各类能力不断提出挑战，推动数据库技术不断向着模型拓展、架构解耦的方向演进，与云计算、人工智能、区块链、隐私计算、新型硬件等技术呈现取长补短、不断融合的发展态势。

4.情境感知

情境感知计算，也称上下文感知计算，是指系统能够发现并利用情境信息(如用户位置、时间、环境参数、邻近设备和人员、用户活动等)进行建模的一种计算方式。一般情境包括：计算情境(如网络可用性、网络带宽、通信状态、周边的打印机、显示器等资源)、用户情境(如用户的个性、位置、周围的人员、社会关系等)、物理情境(如光线的明暗、噪声的大小、交通状况、气候、温度等）。情境感知是普适计算的特点之一，通过有效利用情境信息建模来模拟人类潜意识交互，使设备更具有智能感知特点，从而使普适计算更加人性化。情境感知计算是多种技术融合发展的结果，如传感网络、图形识别、系统仿真、人工智能等。随着情境感知计算技术的不断成熟，计算机将以前所未有的密切程度为人类生活带来更大的便利和帮助。

5.自适应技术

普适计算环境中的各种设备是千差万别的，各自的计算能力、交互方式都不一样。随着设备在不同的环境中移动，网络状态也会发生变化。更加重要的是，用户在不同的环境中具有不同的需求，自适应至关重要，它决定了产品的经济性、安全性和舒适性。

自适应要求计算设备能够根据情境特征自动调整处理方法、处理顺序、处理参数、边界条件或约束条件，使设备的策略与环境特征尤其是用户需求相适应。自适应过程是一个不断逼近目标的过程，它所遵循的途径以数学模型表示，称为自适应算法。通常采用基于梯度的算法，其中最小均方误差算法（即 LMS 算法）尤为常用。时至今日，自适应技术已经广泛应用于手机、医疗监测设备、自动驾驶等不同的应用场景中。

6.交互技术与用户接口

在普适计算环境中，人与设备的信息交流是必不可少的。人机交互技术有三个组成部分，人、设备、交互软件，从计算机出现开始，人机交互发展了大半个世纪，经历了命令语言界面、图形用户界面、多通道界面三个阶段。交互系统应该具有的功能就是用户可以自由实现人机对话，这就是用户接口。在普适思想的要求下，交互式用户接口设计一直在优化过程中，目前的趋势是自然交互方式的发展，包括语音、手势、手写等，当这些方式成为默认方式，实现自然、和谐的人机交流，才能实现计算机从人的感知中"消失"。

7.网络信息安全与隐私

普适计算无处不在，也就意味着个人信息和环境信息高度结合，每个人的个人信息、行为信息都被系统数字化并储存下来，而操作系统、应用软件存在的安全漏洞和隐患使网络信息安全问题成为全社会关注的热点问题。网络安全是普适计算发展的基本保障已经成为全社会的共识，并且上升成为国家战略。

网络安全指网络系统的硬件、软件及其系统中的数据受到保护，不受偶然的或者恶意的原因而遭到破坏、更改、泄露，系统连续、可靠、正常地运行，网络服务不中断。网络安全从其本质上来讲就是网络上的信息安全。凡是涉及到网络上信息的保密性、完整性、可用性、真实性和可控性的相关问题都属于网络安全领域。网络安全关注的问题主要有四个方面：病毒、非法访问和破坏、管理漏洞、网络的缺陷及漏洞，主要策略包括授权、访问控制策略、责任管理。

隐私计算是近年兴起的个人信息保护计算技术，是指在处理和分析数据的过程中能保持数据的加密状态、确保数据不会被泄露、无法被计算方以及其他非授权方获取的技术。隐私计算主要有两类主流方案：一类是采用密码学和分布式系统；另一类是采用基于硬件的可信执行环境。

（四）关联技术

普适计算严格意义上来说是计算技术的发展目标，而不是某一种或几种计算技术的概念。可以认为，所有计算技术都是服务于普适计算的。今天所形成的普适计算的丰硕成果，是人类科技成果的综合结晶。未来普适计算的发展完善还有很长的道路要走，还需要不断地与各种周边关联技术融合发展，才能实现"林中漫步"理想。

1.芯片技术

芯片是一切计算设备及软件的底层基础支撑，也是满足普适计算对计算设备微型化和高性能要求的基础。但目前，按照摩尔定律，硅技术芯片发展已经接近极限，同时对人工智能、物联网、超级计算及其相关应用提出了更高的性能要求，半导体产业正在寻找新的突破口，新架构和新材料是未来的主要方向。

在新材料芯片方面，传统碳化硅晶体管和氮化镓晶体管比较成熟，制造工艺已经实现3纳米芯片量产，已经接近极限，必须寻找比硅基芯片更加优越的替代品。开发硅基材料的替代材料，研发新型电子器件是解决当前芯片发展瓶颈的方法。石墨烯和碳纳米管是主要方向。

在新架构芯片方面，存内计算人工智能加速芯片、量子计算芯片、深度神经网络专用芯片、类脑芯片、光电继承芯片等已经取得初步成果。美国密歇根大学开发了全球首个存算一体通用人工智能芯片，可快速、低能耗地执行多种人工智能算法。2022年11月，我国第一条量子芯片生产线开始生产"悟空芯"——量子计算机"悟空"配套的量子芯片。

在新型存储器芯片方面，动态存储器是当前主流的存储芯片，占据95％的市场份额。但随着数据处理需求量呈指数级增长，它在耗电量及数据访问速度方面越来越"吃力"，逐渐受阻于一些高速计算的应用场景。新型存储器结合了动态存储器的高速存取，以及闪存在关闭电源之后保留数据的特性，打破内存和闪存的界限，使其合二为一，实现更低的功耗、更长的寿命、更快的速度。目前，以相变随机存储器、磁性随机存储器、阻变存储器、铁电存储器为代表的新型存储器能够带来独特的性能优势。

2.大数据

普适计算的发展必然带来庞大的数据量，数据的复杂性也越来越高。传统数据处理软件无法胜任所需要的分析任务。大数据技术的出现让数据的存储和分析不再成为瓶颈。它是在一定的真实性的基础上，为数据背后的价值服务的。

目前常用的大数据技术以Hadoop生态为主。Hadoop是一个分布式系统基础架构，它的数据存储和加工过程都是分布式的，由多个机器共同完成。这样的并行处理可以提高安全性和数据处理规模。

普适计算有着广泛的应用场景，如智慧城市、物联网，带来了很多需要数据融合应用的场景，多元异构的数据融合将盘活数据，通过数据挖掘开发数据价值，发挥数据作为生产要素的作用，使大数据成为社会的重要基础设施。其中，最主要的方向是机器学习。机器学习是人工智能的一项分支，允许计算机在没有明确编码的情况下学习新事物。换句话说，就是分析大数据以得出结论。当今最先进的机器学习和人工智能系统正在超越传统的基于规则的算法,创建出能够理解、学习、预测、适应,甚至可以自主操作的系统,从而把普适计算向前推进。

3.云计算

传统模式下,企业自建计算系统不仅要购买硬件等基础设施,还要开发或者购买应用软件,并建立专门维护团队,而且要定期升级各种软硬件设施以满足需要。对企业来说,自建计算系统是一项很"重"的投入,成了一道横亘在企业面前的数字化门槛。对于企业来说,计算系统等硬件和软件本身并非他们真正需要的,它们只是完成工作、提供效率的工具。是否存在一种更"轻"的方式来满足企业的计算需求呢?

云计算应运而生,它把计算任务分布在由大量计算机构成的资源池上,使各种应用系统能够根据需要获取计算力、存储空间和各种软件服务。云计算通过云平台管理技术、分布式计算的编程模式、分布式海量数据存储、数据管理技术、虚拟化技术五大关键技术把互联网上成千上万台电脑和服务器的资源协调在一起,利用互联网技术进行远程计算和数据存储。

"云"实质上就是一个网络,从狭义上讲,云计算就是一种提供资源的网络,使用者可以随时获取"云"上的资源,按需求量使用,并且可以看成是无限扩展的,只要按使用量付费就可以。"云"就像自来水厂一样,我们可以随时接水,并且不限量,按照自己家的用水量付费给自来水厂就可以。

按照云计算平台提供的服务种类,可以划分出云计算平台的三层架构,即基础设施层(Infrastructure as a Service,IaaS),平台层(Platform as a Service,PaaS)以及应用层(Software as a Service,SaaS),概括为基础设施层、平台层和软件服务层三个层次。云平台的三层架构如图8.3所示。

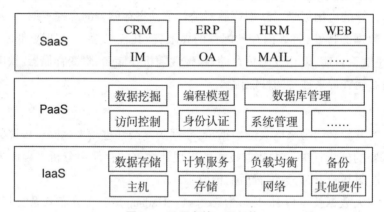

图8.3 云平台的三层架构

云计算改变了计算应用模式,是继计算机、互联网之后的第三次IT革命。在云计算模式下,用户的计算变得十分简单,只需要给"云"发送指令和接收数据,就可以使用云服务提供商的计算资源、存储空间和各种应用软件。云计算极大发展的结果是把计算、服务和应用作为一种公共设施提供给公众,使人们能够像使用水、电、煤气和电话那样使用计算机资源。

4.物联网

物联网和普适计算的理念是一脉相承的。在普适思想下,人们必然追求人与物、物与物之间的信息自动交互与共享。物联网是指通过信息传感设备，按约定的协议，将任何物体与网络相连接，物体通过信息传播媒介进行信息交换和通信，以实现智能化识别、定位、跟踪、监管等功能。物联网的目标致力于把各种功能不同的智能传感器嵌入桥梁、建筑等各种不同场景的物体中，通过无线传感器网络、互联网、超级计算机和云计算等组成物联网，实现人类社会与物理系统的整合，实现"万物互联"。

物联网强调对周围环境的感知，通过包括传感器、电子标签等在内的各种感知设备来获取环境信息，并通过通信模块实现信息的传递。它具有普通对象设备化、自治终端互联化和普适服务智能化三个重要特征。普适计算的实现依赖于物联网基础设施的构建。

物联网又称为工业互联网。物联网平台的本质是云平台，其核心由基础设施层(IaaS)、平台层(PaaS)、应用层(SaaS)三层组成，再加上端层、边缘层，共同组成物联网平台的基本架构。

端层也称设备层，包括各种物联网设备，如数控机床、工业传感器、环境监测设备等。端层以物联网技术为基础，产生并汇聚大量的数据，包含历史数据和即时数据。但是，由于端层的数据来源于不同设备、不同系统，因此需进一步处理，才能向上层传递并利用。

边缘层对端层产生的工业数据进行采集，并对不同来源的数据进行协议解析和边缘处理。它兼容各类物联网通信协议，把采集的数据进行格式转换并统一，再远程传输到物联网平台。

边缘计算技术是边缘层的重要组成部分。它基于高性能计算芯片、实时高速处理方法、高精度计算系统等先进技术或工具，在工业设备、智能终端等数据源头一侧，进行数据的先处理和预处理，提升系统反应速度和数据传输速度，解决数据传输和通信的时延问题。边缘计算的优点是具有较低的延迟以实现较短的响应时间，以及具有解决能源消耗、带宽负担和安全问题的潜力。

5.人工智能

1956年夏，麦卡锡、明斯基等科学家在美国达特茅斯学院开会研讨"如何用机器模拟人的智能"，首次提出"人工智能"这一概念，标志着人工智能学科的诞生。

人工智能就其本质而言，是对人的思维的信息过程的模拟。它主要研究开发能够模拟、延伸和扩展人类智能的理论、方法、技术及应用系统的技术科学，目的是促使智能机器会听(语音识别、机器翻译等)、会看(图像识别、文字识别等)、会说(语音合成、人机对话等)、会思考(人机对弈、定理证明等)、会学习(机器学习、知识表示等)、会行动(机器人、自动驾驶汽车等)。

60余年来，人工智能主流核心技术经历了3次创新，分别是规则和逻辑驱动的人工智能、知识和推理驱动的人工智能、数据和深度神经网络模型驱动的人工智能。近十多年来，随着大数据、云计算、物联网等信息技术的广泛应用，泛在感知数据和图形处理器等计算平台不断成熟，推动以深度神经网络为代表的人工智能技术飞速发展。尤其是专用人工智能取得了突破性进展，例如，阿尔法狗在围棋比赛中战胜人类冠军；人工智能程序在大规模图像识别和人脸识别中达到了超越人类的水平；人工智能系统诊断皮肤癌达到专业医生水平。

人工智能极大地提升了计算的普适性。从"能用"到"好用"，正是普适计算的理想。虽然专用人工智能领域已取得突破性进展，当前的人工智能系统在信息感知、机器学习等方面进步显著,但人工智能总体发展水平仍处于起步阶段,在概念抽象和推理决策等"深层智能"方面的能力还很薄弱。总体上看,目前的人工智能系统可谓有智能没智慧、有智商没情商、会计算不会"算计"。未来人工智能的发展趋势主要在以下三个方面。

从专用智能到通用智能。像人一样思考、像人一样从事多种用途的机器,被称为强人工智能,是未来人工智能发展的主要目标。

从人工智能到人机融合智能。简单地说,就是着重描述一种由人、机、环境系统相互作用,充分利用人和机器的长处产生的智能形式。人机融合智能不是简单的人机结合,而是让机器逐渐理解人的决策,让机器从不同条件下的人的决策过程中渐渐地理解价值权重的区别。人通过对周围环境的感知加上自己的欲望冲动形成认知,而机器只能对周围环境获取数据、信息,通过特定的数据触发特定的执行过程,将人的认知能力与机器的计算能力融合起来,建立新的理解途径,进而做出合目的性、合规律性的决策,产生出"人×机">"人+机"的效果。

从"人工+智能"到自主智能。自主是人工智能高级阶段最重要的体现之一,体现的是对智能目标的追求。自主智能应用体现为各种具有自主能力的智能装置与系统。这些装置与系统可以是有形的,如机器人、无人车,也可以是无形的,如具有搜索和收集信息能力并进行自我决策的智能软件。例如,与医生和设备进行交互,从与医生的交互中进行学习并能自我提高准确度的医学影像处理软件。

6.虚拟现实

虚拟现实是一种可以创建和体验虚拟世界的计算机系统。虚拟世界是全体虚拟环境或给定仿真对象的全体。虚拟环境由计算机和电子技术生成,通过视觉、听觉、触觉等作用于用户,使之产生身临其境的感觉。

虚拟现实技术追求的目标是沉浸性,力求使用户置身于计算机产生的三维虚拟环境中,使用户与虚拟环境中的各种对象相互作用,就如同在现实世界中。虚拟现实系统中的人机交互是一种近乎自然的交互,是三维的,用户是交互的主体,交互是多感知的。

得益于动态环境建模、实时三维图形、立体显示、传感技术的发展,虚拟现实技术在游戏、影视娱乐、教育、设计、医学等领域已经得到了广泛的应用。

虚拟现实技术的最新体现是"元宇宙",是人类运用数字技术构建的,由现实世界映射或超越现实世界,可与现实世界交互的虚拟世界,具备新型社会体系的数字生活空间。智能视觉、智能语音、自然语言处理、知识图谱等在内的技术的发展,使虚拟现实内容平台、虚拟现实交互平台开始走向成熟,推动了消费体验的升级和内容生产效率的提升。

虚拟现实技术的发展应用也推动了普适计算的发展。这一点大大出乎了马克·维瑟的预料。他曾经认为虚拟现实是普适计算的反面,与计算机融入人类生活的大方向是背道而驰的。现实证明,VR、AR、MR、XR以及元宇宙概念的出现和发展,也加速了物理世界与信息世界的交互和融合。

构建完善普适计算体系,不是由几个领域的关键技术和关联技术就能完成的拼图,而是需要融合所有领域计算技术的结晶才能实现的目标。中间件技术、区块链技术等,也是不可缺少重要技术环节。甚至包括未来涌现的新计算理论以及不同垂直领域中的应用计算技术,也都会被纳入普适计算大家庭中。

六、普适计算应用

在普适计算提出的30多年里,技术创新把普适计算一点点朝我们推进。今天普适计算早已随着智能音箱、扫地机器人、智能门锁、智能手表、智能汽车等产品的大规模商用"飞入寻常百姓家"。随着这些产品的不断成熟、功能不断完善,人们已经习惯了智能生活:用移动支付代替现金;用智能手表进行健康管理和运动管理;习惯智能门锁而嫌带钥匙麻烦;有了导航软件再也不用记住城市和街道了……

(一)个人和家庭应用

个人和家庭普适计算应用最典型的是智能手机,此外围绕个人和家庭生活场景的普适计算很多,如居家生活场景、驾车出行场景、运动场景等。这类普适计算的特点是:终端设备属于用户购买的私人物品,接入企业提供的业务平台进行协同结算。

1.智能家居

目前,智能家居主要分为三部分,分别为智能家居系统、智能单品、智能设备。智能家居系统主要起感应、链接以及控制等作用,智能单品更多的是对传统家居产品赋予智能化功能。

小米坚持"手机×AIoT"的战略,在很早之前就开始布局智能家居,投资孵化了众多较为优秀的小米生态链企业,这些企业在米家生态系统中各司其职,使消费者能够体验到成熟完善的智能家居体验。

华为在2021年发布了全屋智能产品,推出"1+2+N"的全屋智能解决方案,目标是5年销售500万套。过去5年,华为已经和1800+行业伙伴合作了4000+的智能单品,为了加速全屋智能的商业化,华为还把HUAWEI HiLink全面升级到鸿蒙智联,通过HarmonyOS Connect生态赋能认证体系,帮助单品融入全体智能体验之中。

【延伸阅读】
华为"1+2+N"全屋智能解决方案

2.智能穿戴

智能穿戴设备指拥有独立的处理器、能够无线连接的可佩带电子设备,产品涵盖蓝牙耳机、智能手表、智能手环、智能眼镜等。随着居民消费水平的持续提升和5G、AI、蓝牙等技术的不断发展,智能穿戴设备已广泛应用于信息娱乐、医疗与保健、健身与健康等领域。

智能穿戴设备可以通过软件支持以及数据交互、云端交互来实现强大的功能数据显示,全球可穿戴设备出货量不断增长,从2016年的1.02亿台增长至2021年的5.33亿台,年均复合增长率达39.2%。从市场竞争格局来看,2021年全球可穿戴设备前五大厂商为苹果、三星、小米、华为、Imagine Marketing,合计市场份额60%,集中度较高。其中,苹果的Airpods、Apple-watch产品广受欢迎,占据绝对优势地位,市场份额高达30.1%;Imagine Marketing是印度的一家可穿戴设备公司,受益于印度新兴市场需求的增长,近年来发展较快。

3.智能汽车

智能汽车是在一般车辆上增加了先进的传感器(如雷达、摄像头等)、控制器、执行器等装置,通过车载环境感知系统和信息终端,实现与人、车、路等的信息交换,使车辆具备智能环境感知能力,能够自动分析车辆行驶的安全及危险状态,并使车辆按照人的意愿到达目的地,最终实现替代人类操作的目的的汽车。

《中国制造2025》对智能网联汽车提出了明确的发展目标:"到2020年,掌握智能辅助驾驶总体技术及各项关键技术,初步建立智能网联汽车自主研发体系及生产配套体系。到2025年,掌握自动驾驶总体技术及各项关键技术,建立较完善的智能网联汽车自主研发体系、生产配套体系及产业群,基本完成汽车产业转型升级。"

智能汽车主要的创新领域是智能座舱和智能驾驶。随着汽车变成生活的第三空间,智能座舱正在加速普及。主流车企搭载消费电子厂商如高通、英伟达、英特尔、华为的芯片在逐渐增加,芯片体积更小、发热更低、算力更高,稳定性和速度有更好的保证。在中控屏和仪表盘方面,车企主要通过超大中控屏幕尺寸,以"一芯多屏"增强科技感,借触控和语音提升用户体验。

智能驾驶领域,L2级别自动驾驶汽车正处于商业化落地发展阶段。车企布局智能驾驶主要有两种路径,一种是以特斯拉、蔚来、小鹏等新造车为代表的全栈模式,另一种则是车企与科技企业及自动驾驶初创公司深度合作。

【延伸阅读】
汽车驾驶自
动化分级

智能汽车正越来越快地走进人们的生活。2021年全年,智能网联汽车累计销量271.8万辆,在全年累计销量中的占比超过12%。以特斯拉、蔚来、小鹏、理想为代表的新势力跨行进入,直接定位在智能汽车,已经形成强大的市场竞争力。以比亚迪、丰田、大众、奔驰、宝马为代表的传统车企也在迎头赶上。其中比亚迪借助新能源动力、车载操作系统等方面的优势,正在成为赛道新龙头。

(二)企业应用

企业普适计算通常是企业为了生产、管理、经营效率而投资建设的智慧解决方案。这类解决方案通常是由企业投资建设计算平台,同时也集成外部计算能力,包括运营商提供的通信能力、语音识别能力、位置服务能力等。企业普适计算涵盖办公、生产、物流、销售等经营管理的各个方面。

1.智慧办公

智慧办公是利用云计算技术对办公业务所需的软硬件设备进行智能化管理,实现企业应用软件统一部署与交付的办公模式,可以支持PC、手机、平板电脑等多种终端设备的安全远程接入,能够增强办公环境的安全性、易用性和可扩展性,提高资源的协作和共享,全面提升管理效率,优化业务流程,降低运营成本。

智慧办公主要包括两个方面:办公环境的智能化,包括门禁、考勤、灯光、窗帘、网络、电力等,主要解决环境舒适度和环境管理成本问题;业务场景的智能化,包括行政方面的OA系统、生产方面的ERP和MES系统、销售方面的进销存和CRM系统以及研发相关的协同工作系统等,主要解决业务流程自动化和效率问题。目前较为完善的解决方案包括从人脸门禁、智慧访客、视频会议、多屏联动、无线投屏、一键Wi-Fi、云打印,到智慧停车、智能灯光调控、空气质量检测,再到高效移动办公系统。

2.智慧工厂

智慧工厂是在数字化工厂的基础上,利用物联网技术和设备监控技术加强信息管理和服务,清楚掌握产销流程、提高生产过程的可控性、减少生产线上人工的干预、即时正确地采集生产线数据以及合理的生产计划编排与生产进度的现代工厂信息化发展的新阶段。

智慧工厂包含工厂运营管理的五个方面:制造资源控制、现场运行监管、物流过程管控、生产执行跟踪、质量工作监督,通过对 MES、QMS、ERP、SCM 等系统的集成以及对自动化设备传感器数据的对接,打造企业的智慧工厂管理平台,实现制造管理的统一化与数字化。

企业普适计算已经涵盖了企业经营管理的各个方面,随着各种新计算技术的融合,也在不断的扩展,目前已经衍生出各种综合和针对某个业务场景的转向解决方案,如智慧物流、智慧仓库、智慧营销等,帮助企业提升智能化水平。

虽然企业经营管理职能是大致相同的,但每个企业的业务流程、管理方式和企业文化并不完全一样。企业普适计算解决方案可以是标准化的,但在具体的项目实施过程中,个性化计算是不可避免的。在通用性解决方案的基础上如何解决好专用性是企业普适计算的关键挑战。

(三)社会公共应用

在一些为整个社会提供服务的公共产品领域,如高速公路、市政设施、城市公园等,主要由政府进行建设和维护,也需要普适计算来提升管理和服务水平。

1.智慧交通

随着城市规模不断扩大,城市人口迅速增长,交通需求极大增加,而城市的基础设施、交通管理设施和管理能力跟不上交通需求的发展速度,城市交通中基础设施不足、拥堵现象明显,停车难矛盾突出。

智慧交通是普适计算面向交通运输的服务系统。它是以交通管理需求为导向,综合集成图像识别、地理信息系统、海量数据存储、云计算、物联网等计算手段的智慧交通指挥管理系统。

智慧交通以信息的收集、分析、处理为主线,为交通参与者提供多样性服务,如交通视频监控集成、交通事件监测与处理、交通信号控制、路况分析、交通运营监控、智慧停车等。系统以拥堵治理、安全管理、违法监管为核心,实现市民服务便捷的核心价值。

2.智慧社区

智慧社区是利用物联网、云计算、移动互联网等计算技术的集成应用,实现智能化社会管理与服务的社区。它实现丰富多样的应用场景,包括社区管理、物业服务、社区节能、安全监控、智能家居、健康管理、智慧养老等社区功能,为社区居民提供安全、舒适、便利的智慧化生活环境。

3.智慧医疗

智慧医疗是通过将大数据、XR、物联网、5G、云计算、AI等计算技术与医疗业务融合,使医疗体系逐渐开始向数字化、智能化、无人化发展的结果。应用场景包括智慧医院系统、区域卫生系统、家庭健康系统。主要功能包括远程探视、远程诊断、医疗监控、临床决策、智慧处方等,通过提升计算技术在医疗过程中的应用,在医疗资源共享、医疗信息协同基础上改善医务人员行医体验,降低工作负荷,提升医疗效率;改善患者就医体验,提供安全、智能、优质的医疗服务;弥补医疗资源不平衡、不充足的问题,加强医疗资源共享;更有效地防范和应对公共卫生突发事件。

第三节　计算能力构建

计算力就是生产力。全球的数字化转型已进入倍增创新阶段,各个国家的数字经济占比将持续提升,计算力是数字化技术持续发展的重要因素,是数字经济时代的核心生产力。

——《2020全球计算力指数评估报告》

2021年2月23日,《2020全球计算力指数评估报告》对各国计算力水平进行全面评估。报告显示,计算力与经济增长紧密相关,计算力指数平均每提高1个点,数字经济和GDP将分别增长3.3‰、1.8‰。当一个国家的计算力指数达到40分以上时,指数每提升1点,对于GDP增长的拉动将提升到1.5倍;当计算力指数达到60分以上时,对GDP的拉动将进一步达到2.9倍。

计算已经全面融入企业生产经营过程中,成为数字经济中最重要的一种生产能力,而数据则已经成为最重要的经营资源。计算能力运营,意味着对内优化管理、改造传统生产过程;对外支撑用户发展、服务合作伙伴、打造业务生态系统。

一、企业能力内涵

企业能力是企业在日常经营管理活动中满足企业生存、成长和发展的系统方法和综合表现。从企业整体上看,宏观的企业能力包括战略能力、定位能力、品牌能力、资源能力和价值链管理能力等;从企业职能上看,企业微观能力主要包括研发能力、生产管理能力、营销能力、财务能力和组织管理能力等。现代企业理论把企业看成是能力的集合体。

从内部的角度来解释企业获得超额利润和竞争优势的来源,企业的资源和条件是关键概念,它们代表着一个企业做得比另一个企业好的根本原因。这种战略能力观和古典经济理论一脉相承,解释了企业成长的内在动力。彭罗斯的《企业成长理论》首次从企业内部活动入手分析企业行为,提出"企业资源—企业能力—企业成长"的分析方法,解释了企业成长的内在动力,并且奠定了企业能力理论基础。理查德森是第一个提出企业能力概念的人,他认为企业能力是企业积累的知识、经验和技能的反映,是企业活动的基础。20世纪80年代以来,企业能力理论形成了丰富的流派，如"企业资源基础论""企业核心能力理论""企业动态能力理论""企业知识基础理论"，从不同的角度解释了能力的形成原因。

然而，互联网数字经济的兴起加速了企业竞争优势的更新换代，新技术带来的创造性破坏不断地冲击所有的行业，构筑在传统优势基础上的"护城河"轰然倒塌，而以大数据、云计算、人工智能为代表的技术创新能力因其对企业能力理论的完美契合而成为企业能力的典型代表，一大批基于计算技术优势的企业，如IBM、微软、亚马逊、谷歌、苹果、华为、小米、百度、阿里巴巴、腾讯、字节跳动等，成为了数字经济时代的代表力量。

由于计算技术的巨大应用价值，计算机诞生以来的每次技术进步都带来了巨大的社会经济效益。巨大的应用潜力又不断驱动计算技术进步。在这个不断加速的正反馈过程中，计算技术不断演化出新的分支，技术分工也随之不断细化。在这个过程中，计算产业链中的每个环节上都涌现了成功的商业模式，催生了一大批拥有独特能力的优秀品牌。计算产业链中的部分企业和品牌如表8.1所示。

表8.1　计算产业链中的部分企业和品牌

产业层次	优势领域	典型企业/品牌
L4应用	应用	用友、SAP、惠普、CATechnologies、Symantec、凯捷、小米、华为等
L3系统	行业平台	通用电气Predix、西门子MindSphere、ABB Ability、菲尼克斯电气ProfiCloud、施耐德电气EcoStruxure、艾默生PlantWeb、霍尼韦尔工业物联网Niagara、库卡KUKA Connect、海尔卡奥斯COSMOPlat、根云互联ROOTCLOUD
L3系统	云中心	亚马逊、微软、阿里巴巴、谷歌、华为
L3系统	超算中心	美国橡树岭国家实验室、巴塞罗那超级计算中心、莱布尼茨超级计算中心、澳大利亚Pawsey超级计算研究中心
L2基础软件	操作系统	微软、苹果、谷歌、华为
L2基础软件	数据库	甲骨文、MySQL AB（MySQL）、微软、MongoDB、DB2
L2基础软件	中间件	IBM、甲骨文、微软、SoftwareAG、Tibco
L1整机	服务器	戴尔、HPE慧与、浪潮、Thinksever、IBM、华为
L1整机	主板	华硕、技嘉、微星、映泰、华擎
L1整机	存储设备	三星电子、海力士半导体、茂德科技、力晶科技
L0芯片核心元器件	芯片	英特尔、三星、英伟达、高通、超威、美光、华为海思、联发科、海力士、台积电
L0芯片核心元器件	内存	东芝、西门子、美光（迈克龙）、现代、三星、南亚、英飞凌、钰创、华邦、LG、日立
L0芯片核心元器件	显卡显存	Intel、ATI、nVidia、VIA（S3）、SIS、Matrox、XGI、3D Labs
L0芯片核心元器件	硬盘	IBM、迈拓、希捷
L0芯片核心元器件	网卡	英特尔、普联、博通
L0芯片核心元器件	IPM	安森美、英飞凌、意法半导体、罗姆、三菱电机、富士电机
L0芯片核心元器件	SSD	三星、SK集团、西部数据、美光、铠侠

计算技术创新可以通过多种方式形成企业的能力。第一，形成独特的产品。例如，谷歌和百度的搜索引擎技术提高了人们获取信息的速度。第二，形成产品的用户价值。苹果公司在2007发布具备高像素、多点触控功能的iPhone，给用户使用手机带来了全新的体验。阿里巴巴在2013年开始商用个性化推荐技术，大大降低了用户跳失率。第三，提升进入壁垒。企

业通过技术创新形成自己的专利产品、专利技术和技术品牌,使竞争对手难以模仿。甲骨文公司在数据库领域一直处于领先地位,它的数据库系统可移植性好、使用方便、功能强,适用于各类大、中、小微机环境,是世界上最流行的关系数据库管理系统。

【延伸阅读】
淘宝个性化
推荐技术

计算技术能力发端于生活需求,形成于技术创新,随市场和应用状况而不断发展与完善,这是计算技术能力发展的特性。以商汤科技为例,其2014年自主研发的DeepID系列人脸识别准确率达到98.52%,超过了同期的DeepFace算法,突破了工业应用红线,并且在ImageNet国际计算机视觉挑战赛中,获得检测数量和检测准确率两项世界第一,成为首个夺冠的中国企业,标志着企业在计算机视觉领域核心能力的形成。商汤科技迅速把计算能力应用于市场,服务于各种智能化应用解决方案。截至2022年6月30日,智慧商业解决方案服务超过100家《财富》500强企业及上市公司客户,涵盖能源、管理、工业制造、基础设施运维、物流、交通、园区管理、零售、金融等众多行业;全球155个城市部署了商汤科技的城市方舟管理平台。《2022上半年中国人工智能市场份额》显示,商汤科技位居中国AI软件市场首位,成为市场领导者。同时,在关键的计算机视觉子市场,商汤连续六年蝉联桂冠,整体市场份额达20.7%,超过第二名到第四名之和,彰显了强大的行业领导力和市场标杆作用。商汤在激烈的竞争中持续取得领导者地位,构建了"一平台四支柱"战略布局,即基于人工智能基础设施的SenseCore商汤AI平台,持续推进AI技术在智能汽车、智慧生活、智慧商业、智慧城市领域的落地赋能,在加速实现行业智能化升级的同时,与技术能力累积形成了良性互动发展趋势。

二、计算能力构建

数字经济时代没有"孤勇者"。这是因为,用户需求的多样化、个性化催生了越来越细的技术颗粒度,不同领域的技术专业性更加明显,资产专用性程度提高。但是需求的变化却越来越快,意味着技术更新更加迅速、企业竞争更加激烈,无论实力和规模多么庞大的企业,都不可能孤立地进行创新。技术与市场都要求企业主动开放自己的边界,主动放弃"闭门造车"。

(一)技术创新模式

虽然一开始人们就认识到了技术创新的意义,但是在相当长的一段时期内,技术创新过程被看作一个"黑箱",新古典主义经济学家如索洛、阿罗等并不关心这个"黑箱"内部的过程,他们更关心在技术创新资源分配方面的"市场失灵",以及技术创新结果对经济增长的作用。

熊彼特在1912年提出创新理论以后,揭示了"黑箱"内部运作机制。他提出创新是指新的生产函数的建立,即企业对生产要素的新组合,它包括五种类型:引入一种新的产品或提供一种产品的新质量;采用一种新的生产方法;开辟一个新的市场;获得一种原料或半成品的新的供给来源;采取一种新的组织方式。

此后,弗里曼、罗森伯格、纳尔逊等在熊彼特的创新理论基础上提出了很多著名的创新模型,如需求拉动模型、技术推动模型、技术市场交互作用模型等。这些模型把技术创新看作一个线性的过程,且过程中的各个阶段都是连续发生的。

技术创新并不完全是线性的流程,克莱因和罗森伯格在1986年提出了链环—回路模型,认为创新有多种途径,生产经营活动中的任何一个环节都和科学技术一样,都有可能成为创新活动的起点;创新过程中各个要素之间的作用不是单向的,而是相互的和连锁反应的。

【延伸阅读】
链环—回路
模型

上述模型主要是抽象描述,揭示主体对创新活动的组织和管理更加有实际意义。1980年,特维斯提出了一个企业创新的综合模型,描述了创新的一般微观组织过程,把企业创新过程分为若干个具体阶段,明确了各个阶段的组织和管理任务。特维斯企业创新综合模型如图8.4所示。

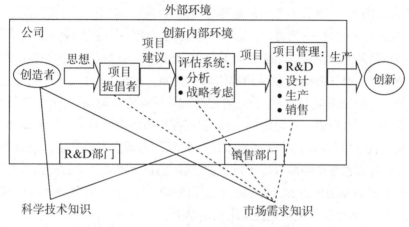

图8.4 特维斯企业创新综合模型

该综合模型揭示了创新过程与企业外部技术、市场的关系,也说明了企业内部组织研发和销售部门在创新过程中的作用和价值。

数千年来计算技术发展的过程表明,上述模型有重要作用。计算发展的最初动力来自生产生活实际需要,如古埃及尼罗河测量、结绳记事等。

国家出现以后,统治阶层迅速掌控了社会资源,成为基础研究的推动者。例如,公元前4世纪下半叶,亚历山大大帝在地跨亚、欧、非三洲大帝国的战争中,从各地掠夺、搜罗了大批艺术珍品和文献资料,交给他的老师亚里士多德研究。亚历山大去世后,他的部将托勒密以埃及亚历山大里亚为都城,在公元前3世纪初兴建了亚历山大里亚博学园,开启了公共权力机构资助学术研究的先例。阿基米德、欧几里得、阿里斯塔克、希罗菲卢斯等都曾在这里从事过科学研

【延伸阅读】
2022年全球
企业研发投
入报告

究。国家的出现催生了大学和专门的科研机构,使计算创新有了强大的资源基础和组织保障,基础研究迅速取得一大批成果,如勾股定理的证明和无理数的发现。"技术驱动"成为计算应用创新的重要方式。今天,大学和科研机构仍然是计算技术创新的主体。

需求拉动模式、技术驱动模式、技术与需求交互作用模式是长期以来计算技术创新的主要方式。现代企业出现以后,为了生存、发展和应对不确定性,计算技术迅速成为重要的创新

主体。链环—回路模型和企业创新综合模型揭示了企业创新的基本方式和过程。

（二）开放式创新

哈佛商学院教授亨利·切萨布鲁夫在分析了帕洛阿尔托研究中心之后，认为"有价值的创意可以从公司内部和外部同时获得，其商业化路径可以从公司内部进行，也可以从公司外部进行。这种创新模式把外部创意和外部市场化渠道的作用上升到和封闭式创新模式下内部创意和内部市场化渠道同样重要的地位"。开放式创新强调突破企业边界，从企业外部获取资源，甚至有意识地将知识溢出作为其战略之一。开放式创新被定义为"利用知识的流入和流出，来加快内部创新和扩大外部创新市场"。

开放式创新是相对封闭式创新而言的。封闭式创新是企业在进行内部创新时，聘用最好的员工，招揽最好的技术人员，不考虑产业环境，包括供应商、竞争对手，甚至不考虑消费者的需求，企业以先进技术实现"一招鲜，吃遍天"。在封闭式创新中，企业内外部边界泾渭分明。

开放式创新是外部知识流入企业和内部知识流出企业的过程，企业的商业模式决定其引入什么样的技术以及什么样的技术从内部输出。例如，一个企业开发了移动导航技术，随之该技术被竞争企业复制或学习，竞争企业通过搜集新技术的基础知识，加上自身研究开发形成与该公司相近的研究成果。一段时间以后，智能终端市场中所有的产品和服务会把这类技术作为标准配置，也就是技术产生了溢出效应。阿罗认为新投资具有溢出效应，不仅进行投资的厂商可以通过积累生产经验提高生产率，其他厂商也可以通过学习提高生产率。罗默认为知识不同于普通商品的地方在于知识具有溢出效应。于是任何厂商所生产的知识都能提高全社会的生产率，因此技术进步是经济增长的动力。

开放式创新是一种"技术溢出"，所谓技术溢出，是指知识或技术在特定项目外产生的创新效应。在市场交易或其他经济行为中，先进技术拥有者往往有意识或无意识地转让或传播他们的技术。开放式创新不是无目的地溢出，企业可以有目的地管理知识或技术，如从外部引入技术（内向开放），或有目的地输出技术（外向开放）。

【延伸阅读】施乐公司帕洛阿尔托研究中心

（三）形成机制

在任何情况下，企业都会选择对自己成本更低和回报更大的策略。如果在一个缺乏创新规则的"黑暗森林"社会中，谁公开自己的技术革新，就会第一个被对手消灭，企业必然选择封闭式创新。

早期企业创新都是在内部独立进行的"封闭式创新"。在这种模式下，成功的创新需要强有力的控制，自己研发技术、生产、宣传、销售产品，同时自己提供售后服务。换言之，要想获得超额利润，企业从设备、材料、产品设计与制造，到销售、服务和技术支持，事事都要独立完成。在从创意到形成产品并且在市场上销售的过程中，一部分项目会失败，整个过程好像是一个"漏斗"。封闭式创新的"漏斗"如图8.5所示。

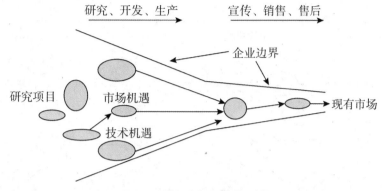

图8.5　封闭式创新的"漏斗"

　　封闭式创新的目的是保证技术保密、独享和垄断。如杜邦公司的杜邦实验室、朗讯科技公司的贝尔实验室、IBM公司的沃森实验室和施乐公司的帕洛阿尔托研究中心等著名的企业中央实验室几乎垄断了行业的大部分创新活动，在实现业务自然垄断和规模经济中发挥了重要作用。

　　开放式创新是技术进步和社会分工的必然。当分工细化到一定程度，企业依靠内部的资源进行高成本的创新活动，已经难以适应快速发展的市场需求以及日益激烈的企业竞争。在这种背景下，"开放式创新"正在逐渐成为企业创新的主导模式。

　　企业经常需要面临"创新困境"：企业如果不创新，就难以生存；如果创新，则面临巨大风险，甚至陷入困境。而开放式创新实际上在整个产业链上分摊了研发风险，对市场机会的认识也是所有参与者的共识，因此开放式创新风险更低。开放式创新的目标是快速获益、降低风险。企业不仅自己进行创新，也充分利用外界的创新；不仅充分实现自己创新的价值，也充分实现自己创新"副产品"的价值，这主要以技术输出方式实现（包括专利转让、技术许可、技术交易等）。可以用"筛子"来比喻开放式创新，创意从产生到最终成为进入市场的产品的过程如图8.6所示。

　　计算技术发展到今天，分工和专业化早已远远超出企业边界，任何一个计算产品或者服务都不可能依靠单个企业的力量完成。如果企业单独投入资本和人力进行封闭式技术创新，开发出来的产品推向市场，必然结果是与其他软件、应用不兼容，最终无法和整个市场"兼容"。

　　在计算技术市场上，企业运用开放式创新并不意味着对自身权利的放弃，而是意味着对各方参与者价值的承认。只有整体市场的"蛋糕"变大，企业的技术创新才能最终实现其价值。

【延伸阅读】
2021年苹果
供应商清单

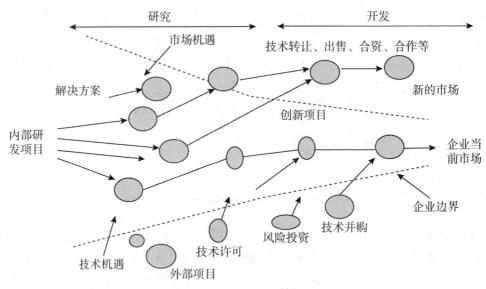

图8.6 开放式创新的"筛子"

(四)实现途径

在瞬息万变的市场环境中,数字经济的底层分工逻辑正在发生着变化,而唯一不变的是变化本身。无法跟上急剧迭代的技术是企业落伍的主要原因之一,旧秩序主导的市场日趋饱和,传统企业往往在不期而至的跨界竞争中败下阵来。为此,越来越多的企业开始采用开放式创新模式,通过引入外部创新能力来保持企业生命力,将外部市场化途径与内部途径相结合,以提升企业的技术能力。开放式创新理念,始于技术,贯穿从创意到市场的整个过程。数字经济时代,数不清的大企业、大集团,甚至中小企业和初创企业,都意识到了"开放"的重要性,纷纷跳出舒适圈,探索各种创新方式。

1.合约授权

传统合约授权指的是某一方提供特别的技术授权或者许可,然后双方进行合作。这种模式已盛行数十年,主要表现为针对某项特定技术签订授权或者许可协议,受让方支付专利使用费。这是一种纯粹市场化的方式。

例如,华为在3G、4G时代,以专利许可协议方式获取技术授权,然后在此基础上进行通信设备和产品研发。华为先后与爱立信、西门子等商业巨头签署付费使用专利等许可协议,借助西门子所拥有的TD-SCDMA(Time Division-Synchronous Code Division Multiple Access,时分同步码分多址)技术专利,补自己在WCDMA(Wide band Code Division Multiple Access,宽带码分多址)方面的技术短板。华为则向西门子提供更优惠的数据通信产品代理条件,借助西门子在欧洲良好的客户关系,使自己的数据通信产品顺利打开欧洲市场。华为与NEC和松下也是如此,不仅提升华为手机终端的技术含量,又通过NEC和松下的渠道影响力使光网络、数据通信和3G产品进入日本市场。

华为在5G技术方面取得了优势地位,据德国专利统计公司IPlytics在2020年发布的一份数据显示，华为5G专利申请数量为3147项，超过了诺基亚、爱立信和高通等老牌通信企业，位居世界第一。2022年12月16日，华为宣布公司专利许可费收入已连续两年超过支出。华为美国首席知识产权法律顾问史蒂文表示，华为在2019至2021年从全球获得了约12亿美元的专利授权收入。据报道，华为已将技术授权给奔驰、奥迪、宝马和保时捷等顶级汽车制造商。华为知识产权部全球负责人阿伦称，这些专利许可协议均在2022年下半年达成，这意味着全球每年生产的7000万辆汽车中将有1500万辆使用华为技术。此外，除了四家德国汽车制造商，华为还与日本斯巴鲁、法国雷诺、意大利兰博基尼和英国宾利签署了授权协议。

2. 合作创新

在项目特别复杂，单个企业推进比较困难的情况下，通常采用战略合作模式，通过合作，发挥双方优势进行互补，实现创新。70年代中后期，合作创新开始成为发达国家的主要创新组织形式，在计算技术、生物技术和新材料技术等高技术领域中尤其盛行。合作创新资源共享以优势互补为前提，以共同利益为基础，以合作研发为主要形式，有明确的合作目标、合作期限和合作规则。合作各方在技术创新的全过程或某些环节共同投入、共同参与、共享成果、共担风险。

合作创新可以在战略层次展开，如建立技术联盟、技术网络等，也可以是具体项目上的短期合作，如研发项目和许可证协议。合作创新作为一种重要的技术创新方式，组织形式多种多样。企业之间，企业与大学、研究机构之间投入各自的优势资源所形成的技术合作都可以视为合作创新。惠普公司曾计划为电影制作开发一种新技术，它选择和梦工厂合作。因为惠普认为可以实现资源互补，双方实现技术上的强强联合，更可能成就重大创新。作为回报，惠普向梦工厂共享自己的服务器以及云计算的路线图。

【延伸阅读】
英特尔，开放式创新的典范

3. 投资并购

投资并购是企业获得技术的重要途径。公司通过股权投资获得其他公司一部分股份，从而获得对该公司创新技术的使用权或者排他性占有。一直以来，技术性投资并购是资本市场上的热点。科技巨头经常采取投资并购方式实现技术、业务、市场的创新和战略布局。

投资并购可以使企业获得新的发展赛道，再强化主营业务，从而达到产业一体化协同效应和资源互补效应，在资源整合后实现新增价值的目的。例如，马斯克不止一次谈到，互联网、新能源和太空探索将是三个对人类未来产生积极影响的领域，他所主导的特斯拉、SpaceX正在探索后两个领域。2022年4月25日，马斯克与推特董事会达成最终协议，以440亿美元价格对其完成收购。对推特的收购，正是他对互联网的探索。早在接管推特之前，马斯克就提出了一个构想，打造一款万能App，他将这款应用程序形容为"瑞士军刀"，服务涵盖消息传递、社交网络、点对点支付和电子商务等。马斯克在2022年11月末再度试图推动该计划，他在演讲中称推特将是一款万能App，具备视频、支付、长推文、加密私信等新功能。

【延伸阅读】
软件巨头微软的重要收购与发展起伏

4.创新社区

开放式创新的核心在于强调打破组织边界,从外部获取创新资源。合约授权、合作创新、投资并购是一种跨越企业边界的创新方式,但企业内外边界仍然是清晰而且分明的,这样的方式是离散的、一事一议的,针对具体的创新项目来说,具有很强的目的性,可以达到快速推进的效果。但对于只确定了技术创新方向和应用领域,但具体应用的概念并不清晰的情形,并不适用。例如,到目前为止,元宇宙的具体应用和业务形态尚在形成之中,就不太适合采用上述创新模式。

一种新的技术或者概念可能带来丰富多彩的应用,甚至会催生一个新兴的产业。例如,计算机视觉技术、语音识别技术的出现,会带来不同领域中各种具体应用的升级,这就要求围绕新技术或者新概念进行裂变式创新。从组织形式上看,裂变式创新打破了企业边界,形成开放式创新社区。

社区是由相互作用的个体形成的社会网络。开放式创新社区是指以围绕某个技术领域或应用领域形成的多个成员共同参与的社区,成员之间互动合作、信息共享。开放式创新社区是一种充满能量的社会环境,它能产生新颖创意和先进技术。对开源软件社区的研究表明,社区成员通常都具有彼此交流、分享和合作的意愿。

开放式创新社区是一种非正式组织。在创新社区中,共享的社会规范对创新产生积极的作用。社会规范是社会成员共同遵循的行为准则,是确立和调整群体共同活动及其相互关系的基本原则。创新社区通过社会规范建立和维持社区边界,形成和巩固社区专业知识并利于内部成员快速获取与共享。创新社区组织通常期望通过奖励好的(亲社区组织)行为、忽视普通行为、惩罚坏的(反社区组织)行为影响着创新社区成员行为,促使其遵守创新社区社会规范。

(1)用户创新社区

在开放式创新中,用户非常重要。用户是组织的产品和服务的使用者和评价者,对产品和服务的实际有效性存在预期。当用户的需求发生变化时,组织及时通过产品创新而满足用户需求。因此,为更好地把握用户需求的特点、变化、动态和趋势,最佳的办法是把用户纳入企业的创新过程中。互联网的出现使用户创新社区成为可能,互联网的出现帮助组织克服了用户分散性带来的沟通障碍,使用户创新社区变得越来越流行。

用户创新社区是在线形式的创新,它以互联网为支撑,是由具有共同兴趣的用户成员组成的产品问题处理或解决方案开发的网络虚拟社区。用户创新社区突破了时间和空间的限制,使原本孤立、分散的用户通过网络联结起来,在社区中能够方便快捷且低成本地与其他用户进行沟通,还可以联合开展自己无法独立完成的创新活动。目前,越来越多的企业意识到用户创新社区的重要

【延伸阅读】
小米社区

性,耐克、宝洁、微软等公司都已建立专门的用户创新社区,使用户可以相互交流、进行新产品开发中的各项知识创新活动。

用户创新社区是一个发布、传播平台,更是一个交流创新载体。在社区中,一方面,企业可以与用户进行实时交互,从不同的用户群体中收集大量企业亟需的创意信息和知识资源;

另一方面，也能拉动用户参与到企业内部的创意设计、研发、实施与营销等一系列创新活动中。可见，用户创新社区的出现能够为企业带来持续的创新资源。

（2）开源社区

开源的意思是开放源代码。开源软件最大的特点是开放，也就是任何人都可以得到软件的源代码，加以修改学习，甚至重新发布。

【延伸阅读】
开源软件

可见，开源为反垄断而生。但开源所具有的开放、对等、分享、无缝协同等生产组织方式，使它符合计算产业规律和市场快速变化的需要，逐步发展成为一种社会运动。从本质上讲，开源是数字经济的典型生产组织方式，它能够更加充分地利用人力资源，更加有效地激发人的创造力，以集体创新代替个体创新，可以实现单个组织所不能完成的成果。

开源社区是开源创新的主要组织形式。开源社区即开放源代码社区，由拥有共同兴趣爱好的人所组成，是根据相应的开源软件许可证协议公布软件源代码的网络平台，同时也是网络成员自由学习交流的空间。

开源社区的核心是开源社区的开放、共享、协同创新精神，开源社区除了开放代码，还包括更广泛的开放技术领域及协同创新的理念与机制，以及文档、测试用例、Issues管理、版本发布、升级策略、书籍、视频等，所有资源都为了方便共同兴趣爱好者们的协作。由于开放源码软件主要被散布在全世界的爱好者共同开发，开源社区是他们协同交流的必要平台，因此开源社区在推动开源软件发展的过程中起着基础平台的作用。

开源社区的运行主要由开源基金会主导。开源基金会是专门为支持开源软件项目而创建的非营利性组织，开源基金会遵循公开、透明、开放等理念，为开源软件的孵化提供技术、运营、法律等全方位支持和服务，为开源社区建设和运营提供指导，是开源软件成长发展的孵化器和加速器。

目前国际上已有几十家权威开源基金会在全球的开源生态中发挥着重要作用，如1985年建立的自由软件基金会、1999年创建的Apache基金会、2007年成立的Linux基金会等。包括中国的开放原子开源基金会，都已经成为开源生态中非常关键的部分。尽管每个基金会都有不同的价值观和模式，也有着不尽相同的发展路线，但是他们共同的宗旨是一致的，就是为开源提供法律、运营、市场、技术等全方位支持，为社区建设和运营提供指导。

开源基金会是开源社区最重要的组织者，基金会的运行主要依赖志愿者，孵化的软件项目主要依靠来自不同地区、不同组织的开发者协同合作。基金会遵循开放共享机制，鼓励企业、开发者、志愿者等共同参与开源。其主要管理模式有三种。

共同决策模式。基金会由整个社区共同决策，如果出现分歧，就以投票方式做出决策。该模式的典型是Apache基金会，它以"扁平化"方式运作，鼓励社区成员发表意见，项目决策由社区所有成员讨论决定。当需要协调时，项目会以一种懒惰的共识方式做出决策：几票赞成，没有反对票就可以实施，但涉及项目战略发展或法律立场时，必须以投票方式决策，此时只有项目提交者和项目管理委员会成员具有投票权。

"仁慈的独裁者"模式。该模式主张项目决策者对项目整个生命周期保持绝对控制，负责确定项目方向,出现分歧时作出最终决策。Linux基金会采用该模式,项目负责人被称为"仁慈的独裁者",具有最终决策权,负责制订战略方针、带领项目发展。当社区出现质疑项目提交者的决定时,项目负责人可通过检查电子邮件存档来复审其决定,来支持或推翻决定。这种模式不需要正式冲突解决程序,由项目负责人来最终决策。

公司主导模式。公司主导的项目由软件公司控制和资助,通常是为了加速开发并确保与客户需求保持一致。在这样的设置中,公司对开发的控制权比基金会在社区主导的努力中的控制权更大,但治理仍然植根于社区。

5.平台生态

大数据、云计算、区块链、人工智能等计算技术快速发展,使产业链分工和应用领域更加专业化、精细化,同时计算技术的进步也使市场需求更加个性化。这要求企业在计算技术及其应用开发上进行加速创新和颠覆性创新。加速创新是指重新设计研发和创新过程,使新产品的开发速度更快、成本更低;颠覆式创新则指创新者在最初以质量更佳、成本更优的方式进入市场,第一阶段不与现存在位者进行直接竞争,但最终将颠覆在位者。因此,计算技术创新的内容往往超越了技术层面,还带来了企业战略、商业模式、业务、运营、用户体验的转变,单一组织很难拥有创新所需的全部资源,企业必须探索适应技术环境变化的新型创新模式,通过吸引各类技术、资金、合作伙伴、供应商、客户,组成创新合作网络。这使构建创新生态系统成为计算技术创新的新趋势。

开放式创新平台生态系统如同生物系统,企业不再是单个产业的成员,而是成为开放式创新平台多边生态系统的一部分。开放式创新平台的基础可能是底层技术,如操作系统、芯片;也可能是应用系统,如云计算平台、工业互联网平台;也有可能是围绕计算技术的管理孵化平台,如海尔的HOPE创新平台。在一个生态系统中,企业在创新中不断发展提升能力。他们依赖合作与竞争进行产品和应用创新,满足客户需求。"生态系统"的概念体现了创新方式从关注系统内部要素构成向关注组织之间、系统与环境之间的动态过程转变。

【延伸阅读】
一段关于国产芯片和操作系统的往事

平台生态模式要求核心企业起到技术平台和整合者的作用,而所有的创新者围绕这个核心企业形成一活跃而多元化的创新生态系统,在核心企业的协调和指导下进行互惠互利的创新活动。例如,苹果通过iPhone和iPad硬件平台吸引了数目众多的第三方开发应用软件和服务,并利用自身的技术优势对这些创新进行深度整合,以达到综合效益最大化。苹果公司的创新能力就是依靠这种开放式创新模式实现的。

另一个采用这种模式的典型是英国的安谋公司。安谋的低能耗芯片占据全球移动平台芯片市场的份额高达90%。它利用自身的技术平台吸引多达400家企业,从而形成了一个庞大的生态系统。在这个生态系统内,安谋和相关企业深度合作,引导他们发展各类芯片。这种开放式创新模式充分利用各家之长,又能够灵活快速地应对多元化的市场需求,在技术和需求快速变化的计算技术市场具有强大的竞争优势。谷歌的Android体系、微软的Windows体系、英特尔的芯片体系、亚马逊的云计算体系、华为的鸿蒙体系等创新平台也都遵循这种模式。平台生态系统之所以难,不但因为核心企业需要管理众多相关企业之间协调配合的复杂关系,更重要的是这种创新模式的成功要求核心企业对自身的商业模式进行深刻变革,这才是开放式创新的最大挑战。

三、计算技术产品化

从计算理论到生活中实用的计算产品和服务的过程,都是创新的过程。创新的本质是突破,突破旧的思维定式和旧的常规定式,发现或产生某种新的有价值的新事物、新思想的活动。判断一个活动是否属于创新,就要看它是否增加了人类利益总量,是否是对事物的发现利用和再创造,特别是对物质世界矛盾的利用和再创造。从这一点上说,人类历史上每一次计算的重大创新,如算盘、计算机、人工智能的发明,都是对物质世界的利用和再创造,制造了新的矛盾关系或者形成新的物质形态,推动了社会文明大大地向前发展。

产品的出现必须要经过一个“过程”,这个过程的作用是改变输入特性,使之按照预期的特性输出。产品化就是把技术、服务转化成一种可大规模生产的产品或可以多次复用的能力。产品化所形成的复用性和可移植性是通过标准化、规范化的流程实现的。通常一种技术或者一种成果一旦完成了产品化,意味着真正意义上转化成了生产力。

(一)计算产品类型

我们讨论的计算产品,通常是在现代电子技术背景下的计算产品。现代计算技术产品化之后会形成的产品通常按产品形态分为硬件、软件、服务三种类型。

1.硬件

计算技术产品化形成的硬件产品一般是指具有计算能力,能独立承担一项或多项功能的设备,包括具有计算能力的配件产品,如CPU、内存、主板、各种扩展、键盘、鼠标卡等计算机硬件。另一类单纯基于物理性能,能承担一项或多项功能设备,如数据线、机箱、散热器、电源等,并不属于计算技术产品化所形成的硬件。

智能硬件通过软硬件结合的方式,对传统设备进行改造,进而让其拥有智能化的功能,由此形成新的终端产品。改造对象可能是电子设备,如手表、电视和其他电器;也可能是以前没有电子化的设备,如门锁、牙刷、水杯等。目前智能硬件的产品形态已经从智能手机延伸到智能家居、智能汽车、智能穿戴设备、智能防丢设备、智能蓝牙耳机、智能医疗设备等不同的领域。

2.软件

软件产品是指向用户提供的计算机软件、信息系统或设备中嵌入的软件,或在提供计算机信息系统集成、应用服务等技术服务时提供的计算机软件。

软件是一种逻辑产品,不是客观的实体,具有无形性。它是脑力劳动的结晶,它以程序和文档的形式保存在作为计算机存储器的磁盘和光盘介质上,通过计算机才能体现出它的功能和作用。软件产品的生产主要是研制,软件产品的成本主要体现在软件的开发和研制上,软件开发研制完成后,仅需要较少的人力和物力,通过复制就可以产生大量的软件产品。

【延伸阅读】
软件产品分
类国家标准

软件产品主要分为系统软件、支撑软件、应用软件、嵌入式软件、信息安全软件、工业软件、其他软件。

3.服务

计算技术产品化还有一类重要的产品,就是服务。计算技术服务与硬件、软件不属于同一个划分标准范畴,但在数字化的经济社会中,计算技术服务普遍存在。近年来兴起的5G、大数据、云计算、人工智能、区块链等新兴技术几乎都是以服务的方式为用户创造价值的。

菲利普·科特勒对服务的定义是由活动、利益或满足组成的用于出售的一种产品形式,它本质上是无形的,对服务的出售不会带来所有权的转移。这一定义一直沿用至今。按照服务内容和方式的不同,可以把计算技术服务分为解决方案服务和能力输出服务两类。

(1)解决方案服务

解决方案服务是针对客户某项工作、任务、问题,进行需求分析和系统设计,充分集成各种计算技术所形成的方案。解决方案服务的核心是"集成",就是要把软件、硬件技术成果融合到一个统一协调的系统之中,帮助客户解决问题。

解决方案的类型十分丰富,有的按技术类型划分,如云服务解决方案;有的按功能划分,如安全解决方案;有的按业务划分,如个性化推荐解决方案等。解决方案服务主要是专业技术人员提供的服务,专门为客户提供解决方案的公司称为解决方案提供商。

一般情况下,一个企业为了在市场竞争中获得优势,需要把全部精力都投入核心业务中。但是为了让企业具备更强的竞争力,只关心核心业务是不够的。例如,从1996年开始,华为历年来累计支付给各类咨询公司的咨询费高达几十亿美金,帮助华为构建了研发、供应链、财经、人力资源、市场等方面的制度、流程体系。华为曾聘请过IBM、埃森哲、波士顿、普华永道、美世和合益、日立咨询、日本丰田董事等公司的专家进行咨询。任正非曾对记者说:"从几万块钱的生产开始,到现在几百亿美元、上千亿美元的生产,华为才越搞越好。我们每年花好多亿美元的顾问费。"

【延伸阅读】
工业互联网解决方案提供商榜单(2022)

把最新的计算技术与企业自身的发展结合起来,是获得竞争优势的有效途径。

(2)能力输出服务

能力输出服务是企业把自己的计算能力对外开放,客户可以根据自己的需要选择服务。与解决方案服务不同,能力输出服务的核心是"被集成",即客户根据自己的解决方案的需要,集成所需要的能力。

按照能力的形成基础,可以把能力分为不同的层次,以云计算为例,可以简单地划分为以下三种。

基础设施即服务(IaaS)。交付给用户的就是基本的基础设施资源,用户无需购买、维护硬件设备与相关系统软件,就可以直接构建自己的平台与应用。

平台即服务(PaaS)。为用户提供应用软件的开发、测试、部署与运行环境的服务。

软件即服务(SaaS)。以互联网为载体,以浏览器为交互方式,把服务器端的程序软件传给远程用户来提供软件服务的应用模式。

(二)两个重要概念

单纯的计算技术和计算能力,对用户不会产生直接价值。只有将它们通过标准化、规范化的流程形成产品,才能用来为用户服务。这个过程,就是计算技术产品化。

计算技术产品化的过程中有两个重要概念:集成、封装。

1.集成

集成是一些孤立的事物或元素通过某种方式改变原有的分散状态,集中在一起,产生联系,从而构成一个有机整体的过程。集成的概念在各个领域中都有着广泛的应用,如集成照明、集成装修等。计算产品集成是把不同的计算模块组合起来,为用户解决信息处理问题的过程。

集成的本质是综合优化统筹设计,计算产品集成包括软件、硬件、操作系统技术、数据库技术、网络通信技术等的集成,还包括不同厂家配件、模块选型、搭配的集成。

集成的目标不但要实现预期的功能,还要追求整体性能优化。所有部件合成产品后不但功能完整,而且成本低、效率高,兼具可扩充性和可维护性。由于集成部件可能来自不同的供应商,为实现这个目标,就要把它们集成到相互关联的、统一和协调的系统之中,使资源充分共享,实现集中、高效的管理。

【延伸阅读】
智能手表中
集成的16个
传感器

2.封装

封装,顾名思义,就是密封包装起来。严格地说,封装是隐藏不需要对外提供的内容、属性、实现细节等,仅对外提供功能输出或者访问方法。

计算产品的封装分为硬件封装和软件封装。

硬件封装是把封装体与基板连接固定,装配成完整的系统或电子设备,并确保整个系统综合性能的工程。数码硬件的制造工艺越来越精密,越精密就越容易被外界干扰。为了排除干扰,封装就成为必需的一道工序。比如现在的电脑中央处理器(CPU)、随机存储器(RAM内存条)等都会封装,封装工艺一般就是加一个金属壳,可以提高散热能力,增强屏蔽电磁干扰的能力,屏蔽灰尘等。

【延伸阅读】
集成电路封
装工程的技
术层次

软件封装又分为两种,一种是底层封装,一种是发布前封装。

在一个软件程序中,如果需要多次执行某项功能或者操作,则可以把完成该功能或者操作的程序段从程序中独立出来,定义为函数。需要执行该功能或者操作时可以通过调用该函数来实现,从而实现程序简化、提高效率的目的。因此,隐藏函数内部的细节,仅对外预留数据接口,就是底层封装。对于编程人员来说,用封装好的函数会极大地提升程序的复用率。

为了方便下载和传播,大部分程序都会进行封装。例如,我们安装软件的时候,在安装过程中往往会看到安装了一大堆程序文件。在安装完成以后,我们在安装的文件目录中,甚至会看到数千个文件。这些文件是开发商在发布软件产品时把运行软件所需要的文件都打包封装起来了,变成了一个安装包。这就是发布封装。

第四节　计算能力分发

一个新技术或者新理念如果不能为社会创造价值,就会失去普适性。普适计算的显著目标之一是使计算机设备可以感知周围的环境变化,从而根据环境的变化做出自动的基于用户需要或者设定的行为。这个目标的实现,除了技术上的可行性,还需形成有效的商业模式,才能真正创造市场价值。

计算天然地会被人们理解为一种数学技能,如果把它理解为整个自然科学的工具,也是很自然的,因为现代社会学科繁多,涉及面广,分类越来越细,在当今的各个学科中都要进行大量的计算。未来人类的生活也不能离开计算。

计算产业覆盖面广且渗透力强,大数据、云计算、人工智能等正在与各行业融合发展。数字经济的发展,关键在于计算能力的高效分发,使其快速融入生产、分配、流通、消费和社会服务的各个环节,推动社会经济的数字化、网络化和智能化,进而实现社会经济高质量发展。

一、计算的两重属性

人们谈到计算,首要含义是它的技术属性。计算首先被作为一种数学工具、方法,是人类在利用自然、改造自然的过程中所掌握的技术手段。然后计算被应用到各个学科领域,基于计算原理的技术、方法、系统、设备等成果也被称为计算,如大数据、可穿戴式计算、云计算、移动计算等。

(一)计算技术属性的重要内容是技术实现

计算需要通过软件和硬件来实现,或者说利用硬件设备,在相应的标准框架范围内,以软程序方式实现业务逻辑。例如,一个用户希望通过智能手表了解当前的时间,那么他抬腕,智能手表亮屏,他就可以看到时间了。这样一个不经意的动作,它的背后是硬件、标准、软件三个因素共同作用的结果。

在上述过程中,时间并不只是手表本身计算的结果,还包括网络授时校准。这就需要在手表和互联网授时中心之间传输数据,以及网络数据传输标准(如TCP/IP)。这表明智能手表并不是一个孤立的离线计算设备。实际上,智能手表上不同类型的表盘、健康管理、运动管理、通话、短信、微信、轨迹管理等系列功能都是通过互联网与云端平台数据传输实现的。

(二)计算之所以如此重要,更在于它的应用属性

应用属性是计算普适性的体现,开发者要思考应用功能应该如何在产品和服务中体现才是最好的,是否可以用一种新的计算方式打破用户的"路径依赖",从而更好地解决问题。与技术属性关注可能性、可行性不同,应用属性更关注人,关注如何才能让用户更好地运用这些功能。

例如,没有互联网时,人们使用现金支付,每个人都要带一个钱包,既不方便又不卫生。互联网在应用层解决了这个问题。社交软件出现以后,采用转账方式也可以实现支付,但是

操作比较烦琐，所以只能偶尔使用。后来扫码支付大大简化了这个流程，迅速成为主流的支付方式。

应用属性体现为价值和使用价值，即计算的社会经济属性。随着人类迈入数字经济时代，计算的应用属性在数据、算力、算法的要素价值上得到了越来越充分的彰显，已经成为先进生产力的典型标志。

数据是物理世界中事实行为结合在一起的一种真实表达，蕴含着规律，已经成为数字经济时代最有价值的资源。2020年4月，中共中央、国务院重磅公布《关于构建更加完善的要素市场化配置体制机制的意见》，首次将数据纳入生产要素范畴。同年5月印发《中共中央　国务院关于新时代加快完善社会主义市场经济体制的意见》，要求加快培育数据要素市场，建立数据资源清单管理机制，完善数据权属界定、开放共享、交易流通等标准和措施，发挥社会数据资源价值。

数据不是天然就有价值的，计算让数据可以有效地收集利用，并且在使用数据和数据流动中产生价值，这个过程中需要消耗大量计算能力。就像路上的一串脚印，在没有被数字化、被计算之前，它无法产生价值，但用户在网上的"足迹"，被计算后就变得有价值了。面对互联网产生的海量数据，算力的重要性愈发显著。例如，在生产端，服务器等算力工具已成为核心生产工具之一，越来越多地与各行各业的应用相互融合，通过提供算力资源，满足各行业的共性需求，提高各行业全要素的生产率；在流通端，算力工具作为基础设施，支撑大数据与智能化应用，为个人及企业提供更加便捷、高效、智能的商品流通与交易。

社会生活的每个场景都离不开算法。传统经济中，工厂生产数量的多少、流程规划设计需要算；商店采购哪些货、货架如何摆放也要算……人们通过算法平衡供需，提高效率。数字生活更需要算法支撑经济运转与服务的效率。电商、物流、外卖、网约车、导航是否便捷，都与算法息息相关。以导航为例，每一次确定目的地，系统要在毫秒内算出最优路径，这需要通过算法实现。在算法应用的每个场景中，使用者获得的收益，直接或间接来源于算法创造的价值。

二、计算与需求

(一)需求的本质

经济学对需求的标准定义是：在一定的时期，在既定的价格水平下，消费者愿意并且能够购买的商品数量。市场营销学继承了这个标准定义，需求一般是指对有能力购买并愿意购买的某个具体产品的欲望。

这个定义服从于经济决策的目的。按照这个定义，需求可以量化和统计，这为做出经济决策提供了依据。然而，这个定义却没有触及需求的本质，从这个定义出发，并不能得到如何满足需求的钥匙。例如，公寓、住宅可以是标准化产品和定价，而家装却不可以，因为每个家庭的具体情况不一样。

为了更好地满足需求，要先弄清楚需求的本质。现实生活中现象和本质不完全是一一对应的。同一现象可以表现不同的本质，同一本质在不同条件下也会表现为不同的现象。正因为现象跟本质的关系比较复杂,所以我们要问为什么,主动寻找需求背后的原因,才能认识需求的本质,进而更好地满足它。

【延伸阅读】
黄金圈法则——
从为什么开始

市场营销学中有个经典案例:用户要买打孔机,我们就真的要生产一台打孔机来满足他吗? 我们可以通过追问"为什么"来辨别用户的核心需求:"为什么用户要一台打孔机?"因为"他想要墙上有个洞"。有时候追问一个"为什么"也许并不能触及问题的本质,但这为我们找到用户真正的"痛点"提供了方法:通过分析原因以挖掘需求的本质。沿着这个逻辑继续推理:"为什么他想要墙上有个洞?"因为"他想要装空调"。"为什么他想要装空调?"因为"天气太热/冷"。至此,我们明白了用户为什么要一台打孔机。

案例展示了一个分析需求的过程,从中以得出结论:需求是对问题的反映。把"需求"归结为"问题",具有普遍解释性,因而揭示了需求的本质。这一本质也指出了满足需求的根本方法:解决用户的问题。

(二)需求问题的"求解"

解决一个需求问题,包括技术和市场两个方面。从市场的角度,一个需求可以通过交易来解决。交易的对象是产品,在经济学范畴中把产品看成一个黑盒子,称之为生产函数。而从技术出发,则需要一个完整的解决方案来实质性地解决问题。

1.需求问题的"求解"的过程

通常,计算与需求满足看似没什么关系。但是如果我们从抽象概念来看,需求是"问题的反映",而计算是一个"问题求解的过程",计算和需求满足之间存在内在联系。随着计算机日益广泛而深刻地应用,计算的概念已经被泛化到各个知识领域,并且在不同的学科领域中发挥了基础性作用。按照"一切皆为计算"的计算主义世界观,需求概念中的"问题"是计算概念中问题的"子集",也就是说,需求的满足过程可以理解为一个计算的过程。

这并不是一个隐喻。在数字化高度发达的今天,计算的观念越来越显示出它在各个领域内的基础性影响。我们不打算深入讨论计算主义思维,但普适计算已经全面渗透并彻底改变了人们的生活方式,这也是不争的事实。如果充分融合计算科学最新的方法和应用成果到营销理论和方法中,它对企业市场管理的实用性和价值性将进一步扩展。针对"需求的满足过程是一个计算的过程",可以从三个层面进行理解。

从现实层观察,今天人们的生活中"计算无处不在",从最基本生活的衣食住行,到学习、工作的每个方面,都依托互联网和一系列数字技术应用来实现方便快捷。

从技术层分析,可以看到新一代数字技术体系包括大数据、云计算、物联网、区块链、人工智能五大方面,分别从数据、算力、算法三个方面极大推进计算的普适性,主要体现在三个方面。第一,数字化生产方式。智能制造、工业互联网等推动传统的标准工业化大生产变革为大规模定制化产品生产。第二,数字化商业模式。传统的线下商业逐渐向线上迁移,并不断促进线上线下一体的新零售模式,智能家居、移动穿戴、自动驾驶、机器人等市场不断兴起。第三,数字化管理范式。互联网模糊了企业内外部边界,从传统规模经济向范围经济转变,平台生态异军突起。邬贺铨院士在2017年中国物联网大会上指出：一个计算无处不在、软件定义一切、网络包容万物、连接随手可及、宽带永无止境、智慧点亮未来的时代已经来临，数字革命进入了融合深化的新时代。

从底层归纳，计算已经成为各个应用领域的基础工具。广义的计算包括计算理论层、算法层和实现层。其中，计算理论层是确定采用什么样的计算理论去解决问题；算法层是寻求为实现计算理论所采用的算法；实现层是给出算法的可执行程序或硬件可实现的具体算法。从这个尺度上理解，计算已不仅成为人们认识自然、生命、思维和社会的一种普适的观念和方法，而且成为一种新的世界观。不仅生命和思维的本质是计算，自然事件的本质也是计算。

【延伸阅读】
三层解释思维模型

2.问题的解决方案

针对任何问题，求解的结果是解决方案。有些问题的解决方案看起来比较简单，例如对于一个饥饿的人，给他面包就好。有些问题的解决方案并不简单，例如对于一个生病的人，先要搞清楚病因，然后才能对症下药。

通过上面的分析，可以发现解决方案有两层：逻辑层和实现方式层。

逻辑层是在认清问题之后，确定如何解决问题的思维。逻辑层与广义的计算中的计算理论层和算法层对应，是解决问题的关键。《战国策·魏策四》中"南辕北辙"的故事为我们提供一个经典案例："今者臣来，见人于大行，方北面而持其驾，告臣曰：'我欲之楚。'臣曰：'君之楚，将奚为北面？'曰：'吾马良。'臣曰：'马虽良，此非楚之路也。'曰：'吾用多。'臣曰：'用虽多，此非楚之路也。'曰：'吾御者善。'此数者愈善，而离楚愈远耳。"这个故事表明，如果逻辑层与所要解决的问题背道而驰，那就是无效的解决方案。

对同一个需求，可以有很多问题解决方案。择优是解决方案的重要原则。例如，一个农产品企业想要实现线上销售，扩大市场范围，那么理论上它有很多种选择：自建平台或是入驻第三方电商平台；自建平台可以选择自研还是外包方式；可供选择的第三方平台除了淘宝、京东、拼多多、抖音之外，还有微商平台、社区团购平台等。用结构化的思维看，这个问题需要考虑的层次和要素还有很多。所有的解决方案都不会凭空带来收益，任何一项收益都要付出相应的代价。择优是在收益、风险、成本之间进行平衡。

在确定解决方案的过程中，经常不得不在各种选择中进行取舍和平衡，"满意原则"告诉我们要关注重点而不是追求完美。任何解决方案都不会完美无缺，而且现实情况是千变万化的，不可能对每种情况都提供相应的方案。

解决方案的实现方式层是在逻辑层的基础上，把相应的资源、能力等要素组合起来所形成的系统实体、产品或者服务。实现方式层与广义计算中的实现层对应，它承载着计算技术开发者/生产者劳动的价值。

三、计算能力分发

计算能力分发是指企业完成计算技术对外赋能的过程。"赋能"不是简单地赋予能力，而是激发行动主体自身的能力，实现既定目标，也可以理解为为行动主体实现目标提供一种新的方法、路径和可能性。目前人们已经广泛认识到,大数据、人工智能、物联网和移动互联信息等计算技术的运用,能够推动企业创新和服务升级,其中"赋能"是最为关键的机制。

因此计算能力分发是通过应用计算技术,形成一种新的方法、路径或可能性,来激发和强化行动主体自身的能力实现既定目标。

(一)动力

1.能力分发的原动力来自市场需求

随着移动互联网的普及,计算技术给人们带来了便捷的生活。同时,终端用户消费习惯的随之改变,对智能化的期望越来越高。人们越来越希望能够以一站式、无缝衔接的方式满足各种不同需求,或者通过简单操作就能完成一系列的消费活动。例如,用户希望用一个App包含购物、订餐、购票、酒店预订、导航等多种功能,或者通过手机替代众多遥控器,控制家里的温度、灯光、窗帘、电视、音响、门锁、烟感报警器、玩具甚至汽车等各种智能应用。

面对这种多类型、多功能、集成式而且经常变化的需求,单个企业业务范围难以完全覆盖。这就需要依托移动互联网、云计算等技术,将过去不相关的产品或服务关联起来,由多边参与者共同组成网络化和动态化的生态圈,创造并满足消费者的集成式需求。

多边参与者可能由供应链上下游企业构成,更可能是由数字化环境引入的跨界企业构成。例如,智能家居生态圈就是路由器、电视、音箱、空调、冰箱、安防、消防、移动健康等产品智能化,为用户提供服务。

生态圈的形成也改变了竞争思维。从生态圈的角度看,是整体解决方案为用户创造价值,而不是生态圈中某个企业创造价值。离开生态圈整体,任何一个单个企业都无法为用户创造价值,也无法单独实现自己的局部盈利。因此,在生态圈中的不同产品之间存在互补性。例如,高德地图的导航应用,在快递、电商、打车等服务中具有巨大的互补性价值,因此有可能成为相应生态圈中的重要一环。

2.计算能力分发是数字经济时代商业模式转变的要求

通常情况下,传统市场上一次成功的销售,意味着价值获取的完成。然而在计算产业市场上,一次成功的销售却是价值获取的开始。因为从本质上看,计算市场销售的并不是实体资源基础上生产出来的有形产品,而是服务。在计算市场上,竞争的重点不再是传统资源,而是业务能力与数据服务。资源是有限的,而服务却是不断延续的。例如,最初云服务提供商为客户交付云化资源之后意味着交易结束。但目前的云服务商都意识到这只是一个起点,在为客户上云之后,继续帮助客户用云和管云,对客户进行全生命周期的服务和指导,通过优化、升级等解决客户需求中存在的各种痛点问题。

因此,市场商业模式的核心从零和博弈走向正和博弈,使各参与方的利益都能有所增加,而不是一方的收益却带来另一方的损失。

3.计算能力分发是开放式创新的要求

由于企业自身内部资源的单一性和局限性,传统的封闭式创新难以适应数字时代创新的复杂性和多样性要求,企业的创新形式早已实现从封闭式向开放式转变。与封闭式创新相比，开放式创新强调在创新和开发过程中，企业有意识、有目的地允许信息、技术、知识和资源的流入与流出，促进企业内部创新的同时加速创新成果商业化。

（二）载体

在互联网时代，计算能力以平台为载体向外分发。人们对互联网平台的通常理解是：一种"基础设施"，为各业务模块提供操作系统。

互联网本身的发展也经历了从封闭到开放的过程。2007年5月，脸书宣布平台开放，开创了开放平台的先河，至今早已成为互联网企业能力开放的标志和发展的标杆。移动互联网时代，越来越多的企业选择开放、合作的方式，与合作伙伴一起为用户提供多元化的创新服务。2011年4月，360和腾讯经历了3Q大战之后，分别开放了自己的平台。从此，开放、合作、共赢成为移动互联网时代的业务创新的趋势，标志着中国互联网进入了开放平台时代，平台企业向外分发计算能力成为主流趋势。

2015年3月5日，在第十二届全国人大三次会议上，李克强总理在政府工作报告中首次提出"互联网＋"行动计划："推动移动互联网、云计算、大数据、物联网等与现代制造业结合，促进电子商务、工业互联网和互联网金融健康发展，引导互联网企业拓展国际市场。"在"互联网＋"战略影响下，传统产业和传统企业也积极秉持开放、共赢的理念，积极寻求与互联网企业合作，实现传统业务转型和发掘新的利润增长点。

在自上而下的引导和自下而上的推动下，开放平台的计算能力分发业务开始了爆发式增长，渗透到了生活的方方面面。

互联网平台的定义是开放地面向公众提供服务载体，通过开放的平台资源获取服务收益，平台的开放性既是提供服务的基础，也是获取资源的来源。

【延伸阅读】
能力分发平台

（三）形式

计算能力分发是一种要素配置方式，以市场化的方式为主。通常情况下，能力在市场上以业务和服务向外提供，既可以发挥市场在要素配置上的优势，又符合平台生态系统中价值共创的目标。

互联网平台的开放性是能力分发的基础。随着互联网平台开放性的不断增强，平台上多边参与主体打破了传统的企业边界，相互赋能，共创价值，产生了丰富的商业模式。对不同的连接对象和不同的连接功能的平台而言，计算能力分发形式有所区别。

2021年10月29日，国家市场监管总局出台了《互联网平台分类分级指南（征求意见稿）》，依据平台的连接对象和主要功能把平台分为六大类：网络销售类平台、生活服务类平台、社交娱乐类平台、信息资讯类平台、金融服务类平台、计算应用类平台。《指南》提出平台通过网络技术把人和商品、服务、信息、娱乐、资金以及算力等连接起来，构成平台对外开放的主要业务和服务。

能力分发的过程就是业务和服务的提供过程。不同互联网平台的能力分发的内容和方式具有不同的特点。而且，随着计算技术演进带来新的应用方式和商业模式，计算能力分发的外延也随之变化。

1.交易功能

线上商品交易是互联网最成熟的应用之一。例如,2022年亚马逊每月用户访问量达到了惊人的55亿次;易趣超过30亿。目前全球线上交易市场依旧有很大的潜力,仍然在发展过程中,新兴的交易市场向跨境电商、农产品电商等持续发力,直播电商、短视频电商等传播方式正在发挥越来越大的作用。

在网络销售类平台上的双边市场中,交易功能同时分发给供求双方。平台企业并不直接进行商品和服务的交易,主要负责交易能力的研发、汇聚,使之集成在互联网销售类平台上,并且制定平台运营的规则,保证平台的有序运行。

个人或者企业在平台上进行商品销售,只需要完成几个很简单的步骤:第一,接受平台制定的规则,签订电子协议。第二,在平台上完成注册,就可以获得平台分发的互联网店铺、交易、营销的全部功能。平台交易功能分发如图8.7所示。普通的个人或企业可以大大地节约搭建网络店铺所需要的基础设施、软件、硬件等各种投入。

平台对消费者的交易能力分发与之类似,消费者只需要完成平台注册,就可以获得平台赋予的交易能力,从而减少线下购物所需要的时间、精力、交通费等各种机会成本。

【延伸阅读】
京东私域电
商解决方案
为商家提供
全方位支持

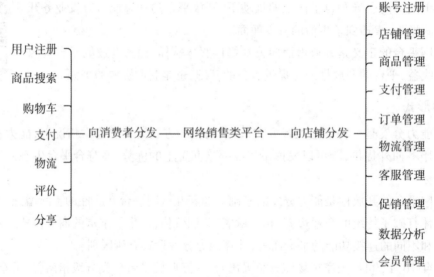

图8.7　平台交易功能分发

2.服务功能

生活服务平台已经发展成为一种比较完善的电子商务形式。平台主要连接消费者和生活服务行业,使其之间能更好地进行沟通,能使服务行业及时高效地为消费者服务。

在日常生活中,人们需要各种各样的服务,如装修、家政、订票、求职等,但存在专业知识不足、信息不对称、谈判能力弱的现象。商家则面临需求分散、个性化特征显著、传播成本高的问题。生活服务交易平台把服务商家和消费用户汇聚在平台上，实现规模化的能力分发，精准匹配双方需求，以多方共赢的商业模式迅速发展。

平台企业分发服务能力要解决的关键问题是建立供需双方的匹配机制。"匹配"是经济社会中的常见现象，比如买卖双方匹配，雇主与雇员匹配等。1985年，埃尔文·罗斯指出双边匹配是如何使市场双方主体匹配起来，形成稳定的状态的。2012年，埃尔文·罗斯及加州大学罗伊德·沙普利因为双边匹配理论获得诺贝尔经济学奖，以鼓励他们在稳定配置理论及市场设计实践上所作出的贡献。

平台企业通常需要开发双边匹配的算法，算法模型主要有两种：一是盖尔-沙普利算法，也称为延迟接受算法，该算法能从任何偏好排序清单开始产生一个稳定匹配。二是中央化的匹配算法，基本思想是"尝试—派遣—最新修正"，主要用于劳动力市场匹配问题服务。针对具体的业务问题，平台企业需要根据供需双方的具体特征开发各种具体的算法，如H-R算法、线性规划方法等。

平台要运用计算技术实现"交易功能＋双边匹配算法"，但双边匹配算法只是作为一种业务实现方式，虽然算法模型会影响到用户体验，但并不会直接分发给最终用户。因此，平台分发给用户是围绕服务的"交易"功能。平台服务功能分发如图8.8所示。

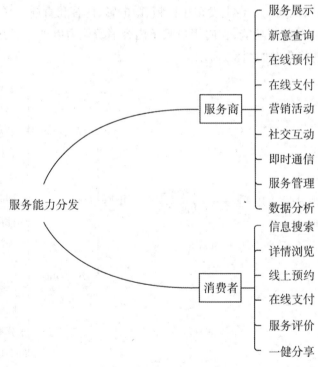

图8.8　平台服务功能分发

3.社交娱乐功能

按照参与主体类型的多少，互联网社交娱乐类平台的主要业务模式可以分为两类：一类是以聊天社交为主的"平台—用户"模式；另一类是"平台—多边主体"模式。

（1）"平台—用户"模式

这种模式以即时通信基础上的社交平台为主,是互联网的一类基本应用。主要平台如脸书、QQ、微信等。这类平台的特殊性在于它本身是市场参与主体,又作为产品和服务的提供者,开发即时通信功能并分发给有需求的用户。

即时通信社交平台的商务模式是"免费＋收费",通常对普通用免费,但高级会员功能和企业用户则需要付费。因此,平台分发的是"业务功能＋交易功能"。

平台把即时通信功能分发给用户,用户使用即时通信功能进行在线社交活动。于是平台连接了大规模的用户群体和庞大的互联网流量。因此即时通信社交平台形成了一种虚拟空间,又在这个空间中衍生出社交生态系统。以微信为例,衍生的社交生态包括朋友圈、公众号、小程序、视频号等,在此基础上又产生了不同的商业模式,如广告、电商等。

（2）"平台—多边主体"模式

这类平台本身并不作为业务的提供者,而是搭建分发和运营平台,为游戏和娱乐内容提供者和用户赋能。因此,平台上接入的参与主体包括游戏开发商、内容创作者、用户等不同主体,是一个多边市场。平台主要包括游戏类、视听类、直播类、短视频类和文学类平台。

与电商平台不同,这类平台以游戏和娱乐内容等"虚拟商品"为主。一个显著的特征是用户往往也是"生产者",他们在平台上发布短视频、微电影、博客和直播。平台通过向用户同时分发"生产""交易"和"消费"功能,在向用户赋予内容消费能力以外,也为他们提供自我呈现的舞台。社交娱乐功能分发如图8.9所示。

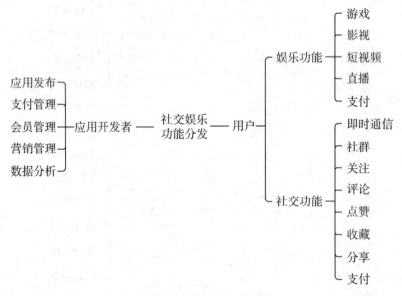

图8.9　社交娱乐功能分发

4.信息资讯功能

信息资讯类平台连接人与信息。平台商开发出信息聚集、信息发布和信息消费功能,并把它们向信息提供者和信息消费者分发出去。

获取信息资讯是全年龄段用户的刚性需求。随着互联网的发展，人们利用碎片化的时间，通过手机阅读新闻资讯，获取信息。伴随着以提倡个性化为主要特点的Web2.0概念的兴起，移动用户的交互作用逐渐突显，用户既是网络内容的浏览者，也是网络内容的创造者。

围绕这一显著特点，平台需要开发的首要功能是搜索引擎以及第五章中提到的"编辑""算法""社交"等内容分发功能，以及社交功能。信息资讯功能分发如图8.10所示。

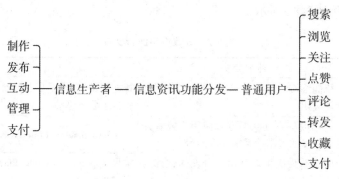

图8.10　信息资讯功能分发

5.金融服务功能

金融服务类平台连接的是人与资金。其主要功能包括提供支付结算的功能，提供网络贷款服务、金融理财服务、金融资讯和证券投资服务等。在我国需要审批的金融牌照主要包括银行、保险、信托、券商、金融租赁、期货、基金、基金子公司、基金销售、第三方支付牌照、小额贷款、典当12种。只有获得牌照的企业才能对外分发相关服务。

在互联网时代，随着社会经济的不断增长，人们需要便捷的交易、结算和投资服务以开展经济活动，互联网金融服务已经广泛普及。人们每天都在使用互联网分发的金融功能进行在线购物、资金转移和线下购物活动。但由于网络上鱼龙混杂，金融服务的安全性是人们关注的首要问题。互联网金融不是互联网和金融业的简单结合，而是平台在开发和实现了安全保障的基础上，才能向外分发。金融服务功能分发如图8.11所示。

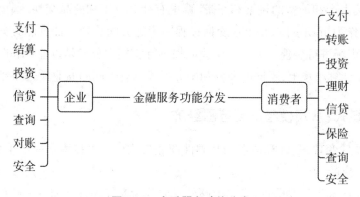

图8.11　金融服务功能分发

6.网络计算功能

计算应用类平台,连接的是人与计算能力,其主要功能应用在手机上、操作系统上,包括各种互联网计算应用。《互联网平台分类分级指南(征求意见稿)》把提供计算应用功能的平台分为:智能终端类、操作系统类、手机软件(App)应用商店类、信息管理类、云计算类、网络服务类、工业互联网类。参照这个分类,计算应用能力举例如表8.2所示。

【延伸阅读】
百度大脑

表8.2 计算应用能力举例

分类	能力分发	实例
智能终端类	以智能终端为载体,终端+云端实现多种计算应用	智能门锁、健康手环、智能快递柜、社区便民服务自主服务终端
操作系统类	以终端设备或互联网方式向用户或者开发者分发的基础性系统计算能力	Windows、macOS、Linux、iOS、Android、华为鸿蒙
手机软件(App)应用商店类	向应用软件提供商和用户分发的软件下载和交易功能	苹果App Store、Google Play、华为应用市场、小米应用商店
信息管理类	以license方式向用户分发的应用计算能力	财务管理、进销存管理、CRM软件等
云计算类	提供云计算服务,包括提供网络基础设施服务(IaaS)、平台服务(PaaS)、应用软件服务(SaaS)等的平台。	亚马逊、微软、阿里巴巴、谷歌、IBM、腾讯
网络服务类	向用户分发的互联网服务功能,使用户能够接入互联网,并且交换数据。	域名服务(DNS)、动态主机配置协议(DHCP)、Windows 网际命名服务(WINS)、文件传输协议(FTP)、远程终端协议(Telnet)
工业互联网类	向制造企业分发数字化、网络化、智能化能力,使之实现数字化转型	卡奥斯、阿里云、树根互联、徐工汉云、航天云网

第五节 计算能力变现

市场是连接生产和消费的桥梁和纽带,哪里有社会分工和商品交换,哪里就有市场。一般情况下,企业作为市场主体,在市场交换过程中确定分配关系。计算能力分发是一种分工的体现,需通过市场进行变现。上一节中我们提到计算能力分发是以业务和服务的形式向外提供的过程。在计算市场上,不同的业务和服务形式具有不同的商业模式和变现方式。

一、硬件模式:从规模经济到范围经济

通过销售硬件变现,是计算市场的基础性商业模式。计算技术每一次重大进步,都是由划时代的硬件开启的。

以人机交互技术为重要节点,可以把硬件发展分为交互硬件之前——硬件的工具化时代和交互硬件之后——游戏主机、个人电脑、智能手机。在人机交互技术出现前,早期的硬件是功能型的工具,与人的沟通是单向性的,更多的作用是增强人在体力上的能力。在计算机技

术出现之前,人们所用的机械或电气化的机器只能算作工具,机器的运行步骤仍需要人实时把控,机器起到的作用是辅助或替代人类体力劳动。交互硬件重构了与人的关系,甚至是构建信任关系。机器从机械化到智能化的发展,尤其是有了人工智能技术加持之后,开始具备人的认知、思考、执行能力,帮助人类不只是实现体力的进化,并可以反过来作用于人,延伸人类在脑力方面的能力。

过去50年,交互硬件经历了多次迭代,从早期的垂直计算硬件——游戏主机,到通用计算硬件——个人电脑,再到目前的小型化硬件——掌机和智能手机,交互硬件进化史大致遵循垂直计算硬件→通用计算硬件→小型化硬件→智能化的发展路径。

【延伸阅读】
垂直计算硬件——家用游戏机

物联网的发展开启了人们的智能生活,硬件产品不断突破信息孤岛,应用更加趋向于场景化。互联网巨头及科技巨头利用其用户资源及平台优势,纷纷布局互联互通的智能硬件平台,不断扩充平台中产品的种类及品牌数量。智能化基础设施完善和应用服务市场的不断成熟,推动智能硬件的产品形态从智能手机延伸到智能可穿戴、智能家居、智能车载、医疗健康、智能无人系统等,成为信息技术与传统产业融合的交汇点。智能化之后,硬件具备连接的能力,实现互联网服务的加载,形成"云＋端"的典型架构,催生了"硬件＋服务"的商业模式。

从硬件发展过程可以看出,随着计算市场的用户的硬件功能要求的不断升级,硬件变现的商业模式核心理念经历了从"规模经济"模式向"范围经济"模式的转变。追求规模经济模式下的利润大多来自强大的品牌,IBM、惠普、思科、华为、联想等设备厂商都是全球著名的硬件设备品牌,以其强大的品牌影响力保证所销售的硬件产品的销售规模和品牌溢价。

【延伸阅读】
硬件公司转型服务公司,苹果之后谁与争锋

随着数字经济"云、管、端、边"不断融合,纯粹的硬件销售模式逐渐式微,"硬件＋服务"带来了范围经济,成为新的趋势。

二、软件模式:从许可到订阅

20世纪70年代以前,计算市场上软件流通的主要方式是"买计算机送软件",软件还不是商品,没有自己的市场。软件的来源主要有三个,即用户购买计算设备后赠送软件,或者由计算机制造商协助客户开发软件,或是客户自己开发应用软件。

随着PC逐渐普及,个人用户对软件的需求不断增加,迫切需要建立通用软件市场,形成独立的第三方软件开发力量,将计算机制造商和客户从重复且繁重的软件开发中解放出来,这是社会化分工的必然要求。软件产业的独立,需要形成符合软件特征的独立商业模式。按照经济学的基本规律,一般商品随着生产规模的扩大呈现出递减的边际效应,而软件产业的边际效应是递增的。软件业独立运动的结果,是人们创造出了"版本控制""许可控制""API",以及Wintel生态系统等典型商业模式。软件商业模式的成功,成就了微软、甲骨文、IBM等软件巨头。他们坚持认为,软件是一种知识财富,最重要的是所有权,通过市场交易要体现其价值,并且对软件的使用、修改、分发和复制进行了种种限制。比如法律方面的限制是版权和专利,技术方面的限制是只有发售机器才能读懂的二进制代码。

在许可模式下,软件开发商不断增加用户不需要的功能,以此获利,激起了用户的"愤怒",引发了商业模式创新——自由软件运动,也就是开源运动。Linux是最早也最成功的开源软件,也是基于互联网开发复杂软件"集市模式"的成功典范。

但无论是闭源还是开源,都是一种产品思想,服务仍然处于从属地位。这意味着当软件买家停止使用时,售后服务成本消失,软件厂商因此获得高额利润。这种方式鼓励用户购买而不鼓励使用,导致了一种逆向淘汰现象:软件厂商不断推出新版本让用户购买,同时停止旧版本的服务。软件是工具,服务才是目的。但这种现象使软件偏离了其本质。于是市场酝酿新的商业模式。

1998年1月,网景公司宣布把Navigator浏览器的代码开源。毋庸置疑,开源对传统的商业模式是一种颠覆,它以"免费+开放"的姿态,得到了程序员的普遍欢迎。越来越多的软件开发者愿意参与开源软件的开发。2000年之后,互联网蓬勃发展,随着网络基础建设的普及以及开发技术的演变,任何人都可以参与网络上的事情,包括开发软件。任何一个公司的资源都是有限的,单个公司就算有再多的工程师,也无法与全世界的开发者匹敌。而如果把软件开源,就可以借助全世界的资源来升级和完善软件。

【延伸阅读】
开源许可证

以Linux、MYSQL、MangoDB、Memcached、Redis、JQuery、Hadoop、Android……为代表的一批开源软件崛起,游戏规则已经被改写,也带来了全球IT格局的巨变。微软曾经对开源持敌对态度,把"禁止参与任何开源项目"作为员工规范,现也开始拥抱"开源"。可见"开源"的影响力和作用已经越来越大。开源正在以"自由"的传播形式,成为全球信息技术发展的强大推动力。目前世界上97%的开发者和99%的企业都在使用开源软件,开源创新已经渗透到操作系统、云计算、大数据、数据库等众多计算领域。从整个计算产业链上看,开源已经成为未来信息技术的主战场。

【延伸阅读】
Linux——开源模式下的伟大产品

开源软件的发展与云计算的关系密不可分。由于云计算的发展,软件商业模式从以前的卖套装软件许可,转变为SaaS平台订阅服务。

SaaS的商业模式不再以产品为核心,而是按照用户的使用量和定制程度收费。随着云计算技术的成熟,企业可以准确地掌控客户使用了多少流量,订阅制的收费模式开始大行其道。对长期以来只有"商业+闭源"一种选择的需求侧企业与机构而言,开源显然提供了一种新的选择。SaaS等云服务是以用户为中心的商业模式,开源软件的业务模式如表8.3所示。

表8.3　开源软件的业务模式

开源模式	典型案例(产品、公司)
免费开源版本+付费企业版本	CentOS、RedHat、Linux
开源免费+服务付费	MySQL
基于开源产品的发行商	Mirantis Fuel
开源广告(PR)+赞助	OpenStack等开源项目
开源结盟	CloudFoundry、Kubernetes
开源+闭源组合	IBM BlueMix、Huawei FusionSphere

三、云计算模式：从功能到服务

云计算本质上是一种网络应用，是计算技术在互联网时代实现专业化的必然。单个企业为了获得计算能力，需要进行硬件、软件、网络等资源的投入，存在较大的沉没风险。哪里有需要，哪里就有市场。随着网络计算、分布式计算技术的不断成熟，云计算作为计算技术专业化的必然结果，正好满足这一需要。

2006年8月9日，谷歌首席执行官埃里克·施密特在搜索引擎大会上首次提出"云计算"的概念。这是云计算发展史上第一次正式地提出这一概念，宣告了云计算时代的到来。

云计算不止是一种功能实现的计算技术概念，从商业模式上看，它更是一种服务的概念。云计算的典型特征是IT服务化，也就是将传统的IT功能、计算能力通过互联网，以服务的形式交付给用户，形成了新的商业模式。云计算的商业模式可以简单地划分为基础设施即服务（IaaS），平台即服务（PaaS），软件即服务（SaaS）。

IaaS：基础设施即服务。基础设施层主要包括计算机服务器、通信设备、存储设备等，能够按需向用户提供计算能力、存储能力或网络能力等IT基础设施类服务，也就是能在基础设施层面提供服务。例如，阿里云杭州数据中心ESSD磁盘存储服务价格如表8.4所示。

表8.4 阿里云杭州数据中心ESSD磁盘存储服务价格（2023年1月5日）

类型	最大IOPS/最大吞吐量	云盘容量范围（GiB）	按量价格	包月价格
ESSD云盘PL0	1万/180MB	40~32768 GiB	0.00105元/1GiB/小时	0.5元/1GiB/月
ESSD云盘PL1	5万/350MB	20~32768 GiB	0.0021元/1GiB/小时	1元/1GiB/月
ESSD云盘PL2	10万/750MB	461~32768 GiB	0.0042元/1GiB/小时	2元/1GiB/月
ESSD云盘PL3	100万/4,000MB	1261~32768 GiB	0.0084元/1GiB/小时	4元/1GiB/月

PaaS：平台即服务。平台层为应用开发人员服务，提供支撑应用运行所需的软件运行时环境、相关工具与服务，如数据库服务、日志服务、监控服务等，让应用开发者可以专注于核心业务的开发。PaaS提供了一种框架，开发人员可以基于该框架进行构建，从而开发或自定义基于云的应用程序。用户不再需要任何编程即可开发包括CRM、OA、HR、SCM、进销存管理等各种企业应用软件，而且不需要使用其他软件开发工具并立即在线运行。借助PaaS服务提供的工具，用户还可以分析和挖掘自己的业务数据，以改进预测、产品设计和投资回报等业务决策。

【延伸阅读】
软件终结者

SaaS：软件即服务。应用层是一种通过互联网提供软件服务的软件应用模式。广义上说，所有不需要本地化部署的云服务产品都属于SaaS产品，包括微信、微博这类我们常用的社交工具。而从狭义上讲，市场上所说的SaaS产品大多指的是像OA、CRM这些通用型的To B类软件产品，用来区分本地化部署传统的To B软件。因此，可以将SaaS理解为传统软件的互联网化。

SaaS首先是一种软件产品，而不是本地化部署。例如，企业为了管理自己员工的差旅费，常用Word、Excel文档记录相关信息，并存储在电脑里。如果使用SaaS管理工具，相关的数据不存在自己的电脑里，而存在云端。只要有账号密码，就可以在任何地方进行查看和编辑。

如果改用CRM工具来做客户管理,这当然也是软件应用,数据内容不是存在电脑硬盘里,而是在网络云端。只要有账号密码,就可以在任意地方通过互联网登录查看、编辑,这就是SaaS服务。

SaaS服务提供商向用户收取一次性的项目实施费用和租赁服务费。但与自建系统相比,企业节约了大量资金。这种商业模式的魅力就在于降低了企业信息化的门槛和风险。

四、数据模式:从信息资源到要素使能

世界无时无刻不在产生数据。数据就是对客观世界状态变化的数字化描述。然而,人们对数据的认识经历了一个不断深化的过程:从单纯认为数据是"资源",将其看作静态的信息,到逐步认识"大数据"的重要价值,认为其具有海量规模、多样化结构、高速增长等特征以及高度经济价值,再到将数据看作一种与劳动、资本、土地等生产要素并列的新型生产要素。

数据被誉为数字经济时代的"石油"。第一个将数据与石油进行比较的人是英国数学家克莱夫·洪比,他提出了"数据就是新的石油"的说法。他认为,数据是有价值的,但如果没有提炼,就不能使用。数据必须像石油一样转化为气体、塑料、化学品等,以创建一个有价值的实体,推动盈利活动。因此,必须对数据进行分解和分析,使其具有价值。也就是说,数据通过计算的过程发挥其作为要素的作用而创造价值。

数据作为一种生产要素,必然要参与分配过程。通常,不同的核心能力规定了企业在产业链上的位置以及价值变现的方式。在数据产业链上,有三种类型的大数据公司:数据拥有者,拥有大量数据资产;技术提供者,具有技术优势;服务提供者,拥有智力资源。

(一)"数据拥有者"的变现模式

拥有海量数据资源,意味着有得天独厚的优势。这类公司具有强大的数据收集能力,如谷歌、亚马逊、百度、阿里巴巴、腾讯等综合互联网巨头,或者在某个垂直领域具有数据资源,如通信运营商、金融机构以及芝麻信用、千寻网络等。他们通过强大的数据收集和整合萃取能力,掌握了丰富的数据资产。

对数据资源的反复利用是这类公司的原动力,并且形成了不同的价值获取路径。

把数据作为企业生产经营的使能器。企业自身拥有海量数据和大数据技术,能够根据数据分析结果进行商业决策,不断改进原有产品、推出新产品以及预测企业的发展方向,使企业持续获得利润。如运营商、银行等,高度重视经营数据分析,服务于主营业务发展,实现盈利。对外大数据服务属于非主流业务。

数据租售,向外分发。通过建立平台,实现数据的分析、分享和交易等功能,为用户提供方便快捷的个性化平台服务来获取利润。例如,高德地图在交通信息领域,面向导航设备生产商和交通规划部门、物流公司、快递公司以及个人用户,出售完整的当前甚至未来的交通状况的模式图或者数据库。

(二)"技术提供者"的变现模式

技术提供者主要在企业客户市场上,为客户提供大数据整体解决方案。技术提供者以IT

厂商为主。例如，IBM提供软硬一体的大数据解决方案Platform Symphony，为大部分全球主要银行提供服务；华为基于IT基础设施领域在存储和计算的优势，提供整体大数据解决方案FusionInsight HD，在不同行业客户中受到欢迎。

一种新的商业模式——DaaS（Data as a Service，数据即服务）——提供E2E在线大数据技术或者解决方案，它提供数据存储、性能报告、数据分析等工具，将所有商业智能分析所需的数据和任务都搬到了云上。用这种方式来管理企业每天生成的大量数据，可以在整个业务范围内提供有价值的信息，以便于用户进行数据驱动的商业决策。

【延伸阅读】
让企业使用数据像拧开水龙那样简单

DaaS强调的是数据服务，侧重于通过API的方式按需提供来自各种来源的数据。从本质上讲，DaaS为企业提供了一种利用其日益庞大和复杂的数据源提供最重要的洞察商业机会的方法。它代表了一个机会，可以将组织的数据资产变现，通过更加以数据为中心的业务运营，使企业在市场竞争中获得优势。

（三）"服务提供者"的变现模式

服务提供者有两种，一种是应用服务提供者，另一种是咨询服务提供者。应用服务提供者是基于大数据技术，对外提供收费服务。在面向个人市场，也有大量平台提供基于数据分析的服务。例如，航旅纵横是中国民航信息网络股份有限公司推出的第一款基于出行的移动服务产品，为旅客提供从出行准备到抵达目的地全流程的完整信息服务，通过手机解决民航出行的问题。面向个人市场的数据服务往往采用后向商业模式：面向个人用户免费，用基于流量的广告或者业务分成方式变现。

咨询服务提供者提供技术服务支持、技术（方法、商业等）咨询，或者为企业提供数据咨询服务。例如，利用社交平台、电商平台的用户在线评论数据对企业产品的质量、价格、服务、宣传等进行分析，可以帮助农牧业、旅游业、餐饮业等传统企业更好地利用互联网开展营销活动。

五、解决方案模式

计算技术是当今科技发展创新最活跃的领域，计算理论、计算架构、计算系统等层面都已经发展到了前所未有的高度，技术进步给用户带来丰富的应用以及极大的便捷性，也产生了越来越细分的技术领域和专业化分工。

按照价值链理论，越接近用户的企业越有话语权。谁掌握了用户，谁就掌握了产业价值链，谁的战略自由度就高，发展空间自然就更大。于是一部分企业偏向应用平台，聚合庞大的用户资源基础，例如美团、爱彼迎、喜马拉雅。另一部分企业把战略重心往技术和资源端发展，形成技术或资源壁垒，提高产业链上企业对自己的依赖性，英特尔、高通、华为是典型代表。

高度专业化的分工对产业链的运行提出了很大的挑战。"我感到目前半导体企业正面临一个问题，就是他们不了解应用，更不要说多个相互衔接的应用了。这使他们与系统客户之间出现了一个'断裂带'，发展受到了限制。"有30多年半导体行业经验的前恩智浦执行副总裁西奥·克拉森先生对《中国电子报》的记者说。在产业链的下游，全球电子制造业的竞争已经白热化,制造商本身的研发成本不断上升,产品的复杂程度不断提高,但又要降低成本,因为市场对价格的压力非常大。这就要求有一个角色既熟悉应用,又掌握底层硬件和软件技术,由它来在产业链上起到承上启下的作用。

专业化分工走向极致,必然要求融合。这就是解决方案提供商存在的价值。20世纪末以来,产业重心逐步由制造业向服务业转移。世界上很多大型制造企业利用长期以来形成的供应合作关系,率先进入下游的高收益服务业,由传统生产商转变为集成解决方案商。IBM、卡特彼勒、GE、ABB、海康威视等企业均是此类转型成功的典范。

【延伸阅读】
蓝色巨人从制造商向方案商的转型

IBM公司的服务是由多方面构成的整体服务。具体来看,IBM的服务内容涵盖了行业战略层面的商务战略咨询和托管服务,企业管理层的电子交易、电子协同、客户关系管理、供应链管理、企业资源规划、商务信息咨询等全方位服务,还包括IT系统的设计、实现和后期的维护服务。

目前IBM是全球范围内为数不多,甚至可以说业界唯一的"全能型选手":既能提供全方位咨询,又能提供完整软硬件解决方案和IT运维服务。基于大数据、云计算、AI的战略,IBM为企业提供包括软件、硬件、平台、战略和服务等全方位、可持续发展的解决方案,赋能企业根据所处阶段选择适合自身的方针,协同创新技术全面实施可持续发展战略,打造面向未来的竞争力高地。

参考文献

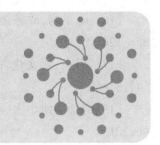

[1] 阿里巴巴集团双11技术团队.尽在双11——阿里巴巴技术演进与超越[M].北京:电子工业出版社,2017.

[2] 奥兹·夏伊.产业组织:理论与应用[M].周战强,王子健,危结根,译.北京:清华大学出版社,2005.

[3] 阿斯沃斯·达摩达兰.故事与估值[M].廖鑫亚,艾红,译.北京:中信出版集团,2018.

[4] 艾伯特-拉斯洛·巴拉巴西.巴拉巴西成功定律[M].贾韬、周涛、陈思雨,译.天津:天津科学技术出版社,2019.

[5] 艾·里斯,杰克·特劳特.定位[M].邓德隆,火华强,译.北京:机械工业出版社,2010.

[6] 艾伦·库珀.交互设计之路[M].倪卫国,刘松涛,薛菲,等译.北京:电子工业出版社,2006.

[7] 布莱恩·阿瑟.技术的本质:技术是什么,它是如何进化的[M].曹东溟,王健,译.杭州:浙江人民出版社,2014.

[8] 巴赫金.巴赫金全集第五卷[M].王焕生,译.石家庄:河北教育出版社,1998.

[9] 本·施耐德曼.用户界面设计:有效的人机交互策略(第5版)[M].张国印,汪滨琦,等译.北京:电子工业出版社,2011.

[10] 蔡剑,朱岩.数字经济的开放式创新模式[J].清华管理评论,2021(6):14-20.

[11] 陈威如,余卓轩.平台战略:正在席卷全球的商业模式革命[M].北京:中信出版社,2013.

[12] 陈应龙.双边市场中平台企业的商业模式研究[M].杭州:浙江大学出版社,2016.

[13] 陈福平,李荣誉,陈敏璇.孤独地在一起?——互联网发展中的在线情感支持问题[J].社会科学,2018(7):77-88.

[14] 陈剑,刘运辉.数智化使能运营管理变革:从供应链到供应链生态系统[J].管理世界,2021(11):227-240+14.

[15] 陈劲,李佳雪.数字科技下的创新范式[J].信息与管理研究,2020(Z1):1-9.

[16] 陈小娟.政务短视频内容生产的连接逻辑与策略[J].江汉大学学报,2021(3):58-65+126.

[17] 程杰.泛文化背景下新媒体营销发展对策研究[J].贵州广播电视大学学报,2019(4):57-62.

[18] 岑科,傅小永,邓新华,等.张维迎寓言经济学[M].上海:世纪文景/上海人民出版社,2015.

[19] 车培荣,王范琪.互联网企业价值创造新路径:从价值链到价值网——以小米公司为例[J].北京邮电大学学报,2019(4):63-73.

[20] 段鹏.传播学基础:历史、框架与外延[M].北京:中国传媒大学出版社,2006.

[21] 道格拉斯·洛西科夫.当下的冲击[M].孙浩,赵晖,译.北京:中信出版社,2013.

[22] 丁志慧,刘伟,黄紫微.面向用户创新社区的企业知识创新价值链模型研究[J].科技进步与对策,2015(12):129-133.

[23] 杜漪,宋晓颖,游毅.知识经济背景下的产品创新流程再造[J].科技管理研究,2007(5):144-146+170.

[24] 彼得·德鲁克.21世纪的管理挑战[M].朱雁斌,译.北京:机械工业出版社,2006.

[25] 大卫·莫罗,安东尼·韦斯顿.高效论证:美国大学最实用的逻辑训练课[M].姜昊骞,译.成都:天地出版社,2021.

[26] 丹尼尔·卡尼曼,奥利维耶·西博尼.噪声:人类判断的缺陷[M].李纾,汪祚军,魏子晗,译.杭州:浙江教育出版社,2021.

[27] 大卫·贝尼昂.交互式系统设计[M].孙正兴,冯桂焕,宋沫飞,等译.北京:机械工业出版社,2016.

[28] 戴维·兰德斯,乔尔·莫克尔,威廉·鲍莫尔.历史上的企业家精神[M].姜井勇,译.北京:中信出版集团,2021.

[29] 菲利普·科特勒,加里·阿姆斯特朗.市场营销:原理与实践[M].楼尊,译.北京:中国人民大学出版社,2015.

[30] 葛松林.市场营销与系统思维[J].系统辨证学学报,1995(3):69-75.

[31] 郭庆光.传播学教程[M].北京:中国人民大学出版社,2011.

[32] 马克·格兰诺维特.镶嵌:社会网与经济行动[M].罗家德,译.北京:社会科学文献出版社,2015.

[33] 詹妮·普瑞斯,伊温妮·罗杰斯,海伦·夏普.交互设计:超越人机交互[M].刘晓辉,张景,等译.北京:机械工业出版社,2020.

[34] 郝宁湘.计算哲学:21世纪科学哲学的新趋向[J].自然辩证法通讯,2003(6):37-42+110.

[35] 胡泳.商业生态系统[J].商务周刊,2006(17):96.

[36] 黄谦明.论商业模式创新与企业家精神[J].改革与战略,2009(8)163-165.

[37] 黄琦,毕志卫.交互设计[M].杭州:浙江大学出版社,2012.

［38］亨利·切萨布鲁夫.开放式创新:进行技术创新并从中盈利的新规则［M］.金马,译.清华大学出版社,2005.

［39］赫曼特·塔内佳,凯文·梅尼.去规模化:小经济的大机会［M］.杨晔,译.北京:中信出版集团,2019.

［40］霍华德·S.丹福德.地球人,不靠谱［M］.张柳丽,译.北京:北京联合出版公司,2019.

［41］姜婷婷,陈佩龙,许艳闰.国外心流理论应用研究进展［J］.信息资源管理学报,2021(5):4-16.

［42］蒋融融,翁正秋,陈铁明.工业互联网平台及其安全技术发展［J］.电信科学,2020(3):3-10.

［43］杰西·詹姆斯·加勒特.用户体验要素:以用户为中心的产品设计［M］.范晓燕,译.北京:机械工业出版社,2011.

［44］吉姆·柯林斯.飞轮效应［M］.李祖滨,译.北京:中信出版集团,2020.

［45］杰奥夫雷G.帕克,马歇尔W.范·埃尔斯泰恩,桑基特·保罗·邱达利.平台革命:改变世界的商业模式［M］.志鹏,译.北京:机械工业出版社,2018.

［46］科学技术哲学编写组.科学技术哲学［M］.北京:高等教育出版社,2019.

［47］凯文·韦巴赫,丹·亨特.游戏化思维:改变未来商业的新力量［M］.周逵,王晓丹,译.杭州:浙江人民出版社,2014.

［48］凯文·凯利.新经济,新规则［M］.刘仲涛,译.北京:电子工业出版社,2014.

［49］凯文·凯利.必然［M］.周峰,董理,金阳,译.北京:电子工业出版社,2016.

［50］克里斯·安德森.长尾理论［M］.乔江涛,译.北京:中信出版社,2006.

［51］兰德尔·柯林斯.互动仪式链［M］.林聚任,王鹏,宋丽,译.北京:商务印书馆,2012.

［52］郦全民.计算与实在——当代计算主义思潮剖析［J］.哲学研究,2006(3):82-89+129.

［53］刘春雄.模块化经营,才是互联网时代核心的变化［J］.中外管理,2017(4):77-79.

［54］刘鹏,吴兆峰,胡谷雨."新摩尔定律:深入分析大数据的时代来临"［J］.中国战略新兴产业,2015(7):76-77.

［55］刘伟.追问人工智能:从剑桥到北京［M］.北京:科学出版社,2019.

［56］梁旭艳.场景:一个传播学概念的界定——兼论与情境的比较［J］.新闻界,2018(9):55-62.

［57］梁佳欣.Web2.0时代基于大数据的消费者洞察［J］.中国市场,2017(33):97-98.

［58］梁芳.计算机引起的数学哲学反思［D］.北京:中国社会科学院大学,2000.

［59］李康桥.数字赋能和价值共创视角下电信运营商能力开放策略演化分析——以中国移动为例［D］.北京:北京邮电大学,2020.

［60］李雷,赵先德,简兆权.网络环境下平台企业的运营策略研究［J］.管理科学学报,2016(3):15-33.

［61］李丹丹.音乐社交:网易云音乐的互动仪式链研究［D］.重庆:西南大学,2016.

［62］李可为.集成电路芯片封装技术(第2版)[M].北京:电子工业出版社,2013.

［63］李龙,黄敏.内容生产的IP化及其影响[J].青年记者,2017(21):17-18.

［64］李文浩,陈安宁.双边市场的文献综述[J].生产力研究.2016(12):157-160.

［65］李畅.心流体验的研究综述[J].开封教育学院学报,2017(3):187-189.

［66］罗晓慧.浅谈云计算的发展[J].电子世界,2019(8):104.

［67］罗伯特·西奥迪尼.影响力[M].陈叙,译.北京:中国人民大学出版社,2006.

［68］罗伯特·斯考伯,谢尔·伊斯雷尔.即将到来的场景时代[M].赵乾坤,周宝曜,译.北京:北京联合出版公司,2014.

［69］马尔科姆·格拉德威尔.引爆点:如何引发流行[M].钱清,覃爱冬,译.北京:中信出版社,2014.

［70］迈克尔·波特.竞争战略[M].陈小悦,译.北京:华夏出版社,2005.

［71］尼尔·埃亚尔,瑞安·胡佛.上瘾:让用户养成使用习惯的四大产品逻辑[M].中信出版集团,2017.

［72］尼古拉斯·克里斯塔基斯,詹姆斯·富勒.大连接:社会网络是如何形成的以及对人类现实行为的影响[M].简学,译.北京:中国人民大学出版社,2013.

［73］牛连强,王金东,赵海.普适计算体系结构的研究[J].小型微型计算机系统,2005(6):1097-1099.

［74］尼尔斯·约翰·尼尔森.人工智能[M].北京:机械工业出版社,1999.

［75］潘东燕,王晓明.腾讯方法[M].北京:机械工业出版社,2014.

［76］张犁,潘纲,李石坚,等.智能影子(Smart Shadow):一个新的普适计算模型[J].软件学报,2009(20):40-50.

［77］秦剑.社会网络前沿理论发展及其应用价值研究[J].技术与创新管理,2013(2):128-131＋135.

［78］乔纳·伯杰.疯传:让你的产品、思想、行为像病毒一样入侵[M].刘生敏、廖建桥,译.北京:电子工业出版社,2014.

［79］乔纳森·特纳,简·斯戴兹.情感社会学[M].孙俊才,文军,译.上海:上海人民出版社,2007.

［80］乔纳森·奥尔德雷德.通往衰败之路:经济学如何掌控我们的生活[M].苏京春,译.北京:中信出版集团,2020.

［81］荣先林.真善美及其在现代景观设计中的诠释[J].安徽农业科学,2007(1):94-95.

［82］石奇,孔群喜.接入定价、渠道竞争与规制失败[J].经济研究,2009(9):116-127.

［83］史蒂芬·柯维.高效能人士的七个习惯[M].高新勇,王亦兵,葛雪蕾,译.北京:中国青年出版社,2015.

［84］斯莱沃斯基.发现利润区[M].凌晓东,译.北京:中信出版社,2010.

［85］桑辉,井淼.顾客转换成本与营销策略[J].当代财经,2006(10):74-76＋86.

［86］孙小东,王劲松,李强,等.工业互联网平台的架构设计[J].工业加热,2020(5):48-50＋54.

［87］谭铁牛.人工智能的历史、现状和未来［J］.智慧中国,2019(Z1):87-91.

［88］阿尔文·托夫勒.第三次浪潮［M］.黄明坚,译.北京:中信出版集团,2018.

［89］托马斯·弗里德曼.世界是平的［M］.何帆,肖莹莹,郝正非,译.长沙:湖南科学技术出版社,2006.

［90］维克托·迈尔·舍恩伯格,肯尼思·库克耶.大数据时代:生活、工作与思维的大变革［M］.周涛,译.杭州:浙江人民出版社,2012.

［91］亚历山大·奥斯特瓦德,伊夫·皮尼厄.商业模式新生代［M］.王帅,毛心宇,严威,译.北京:机械工业出版社,2016.

［92］王新新,张佳佳.价值涌现:平台生态系统价值创造的新逻辑［J］.经济管理,2021(2):188-208.

［93］王维国.基于双边市场的移动互联网平台所有权的比较研究［D］.北京:北京邮电大学,2013.

［94］王节祥,杨洋,邱毅,等.身份差异化:垂直互联网平台企业成长战略研究［J］.中国工业经济,2021(9):174-192.

［95］王赛.营销4.0:从传统到数字,营销的"变"与"不变"——"现代营销学之父"菲利普·科特勒专访［J］.清华管理评论,2017(3):60-64.

［96］王玉,杨倩,曹策俊.基于ISM的用户创新社区持续参与意愿影响因素研究［J］.系统科学学,2019(4):112-116+129.

［97］王塈.普适计算［M］.北京:北京交通大学出版社,清华大学出版社,2014.

［98］王立娜,唐川,徐婧.未来芯片技术发展态势分析［J］.世界科技研究与发展,2020(1):47-56.

［99］项亮.推荐系统实践［M］.北京:人民邮电出版社,2012.

［100］徐光祐,史元春,谢伟凯.普适计算［J］.计算机学报,2003(9):1042-1050.

［101］肖恩·埃利斯,摩根·布朗.增长黑客:如何低成本实现爆发式成长［M］.张溪梦,译.北京:中信出版集团,2018.

［102］徐楠.逆向营销:帮助你找到自身的蓝海［M］.北京:机械工业出版社,2011.

［103］辛向阳.交互设计:从物理逻辑到行为逻辑［J］.装饰,2015(1):58-62.

［104］西蒙·斯涅克.从"为什么"开始:乔布斯让Apple红遍世界的黄金圈法则［M］.苏西,译.深圳:海天出版社,2011.

［105］亚历山大·奥斯特瓦德,伊夫·皮尼厄,格雷格·贝尔纳达.价值主张设计［M］.余锋,曾建新,李芳,译.北京:机械工业出版社,2015.

［106］姚小涛,席酉民.社会网络理论及其在企业研究中的应用［J］.西安交通大学学报,2003(3):22-27.

［107］约翰·霍兰.涌现:从混沌到有序［M］.陈禹,译.上海:上海科学技术出版公司,2006.

［108］杨继伟.企业能力理论述评［J］.产业与科技论坛,2008(6):138-140.

［109］杨华.略论勒温对传播学研究的贡献［J］.社科纵横,2004(4):176-177+179.

［110］杨艺林.积分广告学与经济［M］.北京:中国时代经济出版社,2014.

［111］杨烨.胡塞尔生活世界理论及其教育启示［J］.中国科教创新导刊,2013(5):233-234.

［112］俞军.俞军产品方法论［M］.北京:中信集团出版社,2019.

［113］喻国明.解读新媒体的几个关键词［J］.广告大观,2006(5):12-15.

［114］亚当·潘恩伯格.病毒循环［M］.刘素洁,译.杭州:浙江人民出版社,2013.

［115］叶虎.巴赫金狂欢理论视域下的网络传播［J］.理论建设,2006(5):66-68.

［116］岳占仁.平台战略的新思考［J］.IT经理世界,2010(22):94-97.

［117］赵守香,唐胡鑫,熊海涛.大数据分析与应用［M］.北京:航空工业出版社,2015.

［118］曾国屏,苟尤钊,刘磊.从"创新系统"到"创新生态系统"［J］.科学学研究,2013(1):4-12.

［119］周文彰.谈谈互联网思维［N］.光明日报,2016-4-9(6).

［120］周濂.你永远都无法叫醒一个装睡的人［M］.北京:中国人民大学出版社,2012.

［121］张苇锟,杨明婉.用户多归属、平台竞争与排他性交易［J］.财经论丛,2020(11):103-112.

［122］张金萍,周游.基于商业生态系统的企业竞争战略［J］.管理世界,2005(6):159-160+166.

［123］张淑谦,徐顺治,李登科.社会网络理论及其研究述评［J］.智库时代,2019(37):264+268.

［124］张秀娥,张皓宣.社会网络理论研究回顾与展望［J］.现代商业,2018(20):154-157.

［125］周政希.个性化营销研究［J］.现代商贸工业,2010(6):150-151.

［126］张才刚.自媒体内容变现的途径与策略［J］.青年记者,2017(17):99-100.

［127］张维迎.重新理解企业家精神［M］.海口:海南出版社,2022.

［128］张小龙.微信背后的产品观［M］.北京:电子工业出版社,2021.

［129］张基温.大学计算机:计算思维导论［M］.北京:清华大学出版社,2017.

［130］张汝斌,陈琪,周祥,等.创新社区社会规范固化的形成机理研究［J］.中国科技资源导刊,2020(2):29-40.

［131］钟柏昌,李艺.计算思维的科学涵义与社会价值解析［J］.江汉学术,2016(2):88-97.

［132］郑彦平,贺钧.虚拟现实技术的应用现状及发展［J］.信息技术,2005(12):94-95+98.

［133］ASHFORTH B E,HARRISON S H,CORLEY K G. Identification in organizations:an examination of four fundamental questions［J］. Journal of Management,2008,34(3):325-374.

［134］GRÖNROOS C,VOIMA P. Critical Service Logic:Making sense of value creation and co-creation［J］. Journal of the Academy of Marketing Science,2013,41(2):133-150.

［135］ LIM Y,NICKPOUR F. Inclusive design:from physical to psychosocial - a literature analysis towards a definition of psychosocial dimensions in design［C］. Milan:20th International Conference on Engineering Design (ICED 15),2015.

［136］ NOVAK T P,HOFFMAN D L,YUNG Y F. Measuring the customer experience in online environments:a structural modeling approach［J］. Marketing Science,2000,19(1): 22-42.

［137］ PRAHALAD C K,HAMEL G. The core competence of the corporation［J］. Harvard Business Review,1990,68(3):79-91.

［138］ ROSENGERG M J. Attitude organization and change:an analysis of consistency among attitude components［M］. New Haven:Yale University Press,1960.

［139］ TAJFEL H,TURNER J C. The social identity theory of intergroup behavior:psychology of intergroup relations［M］. Chicago:Nelson Hall,1986.

［140］ KRAUT R,PATTERSON M, LUNDMARK V,et al. Internet paradox a social technology that reduces social involvement and psychological well-being?［J］. American Psychologist,1998,53(9):1017-1031.